现代基础教育研究

RESEARCH ON MODERN BASIC EDUCATION

Vol. 47 SEPTEMBER 2022

现代基础教育研究

2022年9月25日出版

课程教材改革

学科教学策略

执行编辑：孙　珏，王中男，张雪梅

Research on Modern Basic Education

Vol.47   September 2022

CONTENTS

(Main Articles)

《现代基础教育研究》

（Research on Modern Basic Education）

第47卷，2022年9月

Vol.47, Sep. 2022

中小学劳动教育的价值、困境及路径

汪盛玉，陈德洋

（安徽师范大学 马克思主义学院，安徽 芜湖 241002）

摘　要：中小学劳动教育对于学生增进"何为劳动"的认识、提升"如何劳动"的能力、健全"善于劳动"的素质、养成"唯有劳动才会幸福"的价值观，进而在劳动中学以成人、促进个体的全面发展具有重要意义。目前的中小学劳动教育需要使学生从劳动的"知"上升到对劳动的"爱"，并由此把对劳动的喜爱转换成生活方式和思想品质，但实际上面临着劳动教育支撑不足的外源性困顿和参与劳动教育"具身"约束的内源性困境。为解决现实困境，实现劳动教育对于学生的主体性关照，需要设定以学生劳动价值观培育为核心的劳动教育目标，设置以学生特点为依据的劳动课程体系，打造以学生全面发展为终极目标的劳动教育格局，构建以学生成长规律为原则的劳动教育机制。

关键词：中小学劳动教育；劳动认识；劳动能力；劳动素质；劳动价值观

2020年3月，中共中央、国务院印发《关于全面加强新时代大中小学劳动教育的意见》（以下简称《意见》）；2020年7月，教育部印发《大中小学劳动教育指导纲要（试行）》（以下简称《纲要》）。两份文件均强调要加强劳动教育，直面青少年中出现的不珍惜劳动成果、不想劳动、不会劳动的现象，体现出中小学学生迫切需要增进"何为劳动"的认识、提升"如何劳动"的能力、健全"善于劳动"的素质、养成"唯有劳动才会幸福"的价值观。针对文件中提出的现象和目标，学界多从国家、社会、学校、家庭等层面，尤其着重从学校层面探讨劳动教育的困境与路径，但以学生为主体性视角的研究不多。为此，本文基于"劳动教育的本质是以劳动幸福为导向的'学以成人'教育"[1]思想的启发，进一步阐明劳动教育的价值，解析劳动教育的困境，探索劳动教育的路径。

一、中小学劳动教育的四维价值

笔者着重以学生如何"学以成人"为切入点，着力从认识、能力、素质与价值观四个维度探讨劳动教育的价值。

1. 劳动教育可增进"何为劳动"的认识

劳动教育是学生在具体参与、直接体验与深切感悟中认识社会、体验劳动、接受教育，从而更好地增进"何为劳动"的认识。

一方面，劳动教育可促进学生获取劳动知识。马卡连柯认为："劳动如果没有与其并行的知识教育——没有与其并行的政治的和社会的教育，就不会带来教育的好处。"[2]要想学生更好地获取劳

基金项目：本文系国家社科基金项目"新时代社会公平正义实现方式研究"（项目编号：18BKS157）的研究成果。

作者简介：汪盛玉，安徽师范大学马克思主义学院教授，博士生导师，博士，主要从事马克思主义理论与基础教育研究；陈德洋，安徽师范大学马克思主义学院讲师，博士研究生，主要从事学校思想政治工作研究。

① 何云峰：《当前劳动教育存在的几种认识误区》，《上海教育》2021年第13期，第54页。

② 马卡连柯：《马卡连柯教育文集》（下卷），吴式颖等译，人民教育出版社2004年版，第369页。

动知识、增进劳动认识,关键在于既继承传统,又勇于创新。一是劳动教育本身就是生活教育。不劳动就没有生活的基础,同时也就没有人的社会属性。劳动教育首先要让学生认识劳动、体验劳动,继承"勤劳"文化传统。二是新时代尤其要重视人工智能的劳动教育意义,启迪心智,帮助学生了解新技术、新工具和新形态。

另一方面,劳动教育可增进学生的劳动认知和热情。认识来源于实践,劳动教育通过劳模精神宣讲、课堂教育教学、社会实践参与,联动社会、学校、家庭等各个场域,促进学生深化劳动认识、内化劳动精神。其中,在小学阶段,劳动教育可促进学生正确地认识人类生活;在中学阶段,劳动教育可促进学生明确劳动对于追求美好生活的意义,从学生思想深处解决"愿不愿"劳动的问题。

2. 劳动教育可提升"如何劳动"的能力

劳动教育是中小学"立德树人"的重要抓手。以学生为中心的中小学劳动教育,着重解决"怎么立德""如何树人"等现实问题。爱劳动就是爱生活,会劳动才会生活。同时,学生爱劳动、会劳动也是中小学"立德树人"的基本要求。关于"德"的培育,明大德,可激发学生劳动的内在动力;关于"人"的化育,做真人,是对学生综合能力提升的现实关照。这种关照体现在学校有序组织学生参加劳动教育,提升学生劳动能力。

劳动教育的持续发力能够引领学生不懈奋斗、勇攀高峰,并逐渐养成创新思维,提升创新能力,在这个方面,中小学的劳动教育具有重要意义。劳动教育可促进学生知行合一,习得劳动技能,增进师生、学生之间的情感交流,促进学生身心调节和综合素质的发展。可见,劳动教育既从学校层面"立德树人",也从学生主体层面激发兴趣,帮助学生在劳动中展现自我。更为重要的是,劳动教育可解决学生"会不会"劳动的问题,提升劳动能力。

3. 劳动教育可健全"善于劳动"的素质

劳动会导致人的体能和精神的消耗,这其实就是生活的历练,是人的生活能力和精神境界提升的过程。因此,劳动教育需要培养学生"善于劳动"的素质,需要通过多场域协同以帮助学生形成更好的生活态度、更健康的身体素质。

其一,日常生活劳动、生产劳动和服务性劳动是学生接受劳动教育的重要方面,是提升学生劳动素质的重要途径。日常生活劳动以宽广的场域、宽松的时间限制,为劳动教育提供了便利;生产劳动是劳动教育与社会生产的结合,让学生在劳动实践中锻炼手脑;服务性劳动可让学生通过志愿服务、社会实践践行奉献精神,形成良好的劳动品质。

其二,劳动教育可在激发学生主体意识的过程中健全劳动素质。劳动教育通过实践解决了学生"我能做什么"的思想困惑。劳动中的创造精神,可激励学生走出思维定势,尝试新方法,探索新技术,开拓新领域。劳动教育化知识为实践,化理论为智慧,让学生在参与、体验中把握劳动的本质,从学生综合素养上解决了"能不能"的问题。

4. 劳动教育可培养学生"唯有劳动才会幸福"的价值观

追求幸福是人的本性,人只有通过劳动才能创造幸福,"人的全面发展是历史的动态过程,在历史的发展中劳动越来越确认人的本质,呈现出劳动幸福"。[①]人只有在劳动关系中才能展现人的本质,并通过劳动教育促进学生养成"唯有劳动才会幸福"的价值观。

"劳动教育实际上就是一种幸福教育"[②],中小学劳动教育的价值观引领意义之一在于,启发和指导学生深刻领会言,新时代劳动教育可促进学生形成"唯有劳动才会幸福"的坚定信念。学校怎样培养合格建设者与可靠接班人,关键在于通过劳动教育帮助学生明白个人的幸福必然与国家富强、民族振兴相统一。

二、中小学劳动教育的困境及成因

近年来,中小学劳动教育实践不断推进,并取得了可喜成绩。但同时不可否认,劳动教育依然存在一些困境:从认识层面来看,劳动教育在定位

---

① 涂建新,何云峰:《马克思主义劳动理论视角下的教师劳动幸福感》,《现代基础教育研究》2018年第1期,第134-137页。
② 何云峰,张荆京,苏长恒,周继舟:《劳动教育何以在智能时代增进劳动幸福》,《东华大学学报(社会科学版)》2021年第1期,第1-6页。

上可能存在"窄化""泛化"倾向[①]；从价值层面来看，劳动教育面临价值观念畸形化、价值取向功利化的困境[②]；从实践层面来看，劳动教育实践中存在"技术化""形式化"等症结[③]。这些困境主要包括劳动教育目标实现存在差距、课程体系不够完善、机制不够健全、体系不够完备等外源性困顿，以及学生的劳动价值观存在偏向、主动性关照不足、主体性消解等内源性困境。

1. 外源性困顿：学生接受劳动教育的支撑不足

（1）劳动教育目标与预期存在差距

社会的转型发展、市场经济消极因素的影响、现有的教育机制与升学体制的弊端、教师素质欠缺等因素，导致施教主体在劳动教育上存在认知与行为偏差，进而导致育人成效与劳动教育目标之间存在差距。

其一，施教主体的劳动价值观存在"多元化"倾向。从社会主体来看，社会上排斥劳动尤其是体力劳动的思想仍然存在，以升学为主要目的的价值导向弱化了劳动教育的长远价值；从家庭主体来看，部分家长认为，劳动教育对学业成绩提高作用不大，因而不够重视劳动教育；从学校主体来看，社会观念、家长态度、唯升学率的价值倾向会对学校的教育行为产生影响，再加上劳动教育与学校升学关联不大，因此劳动教育存在形式主义倾向。

其二，教师的育人行为存在"单一化"倾向。很多学校的专职师资不足，学校劳动教育大多由其他课程教师兼任。教师缺少专业培训，劳动教育缺乏相应教研，"纸上谈兵""照本宣科"的情况依然存在。另外，兼职教师往往在超负荷、高压力的情况下工作，进而造成对劳动教育本身的排斥。这就导致有些学校将劳动教育停留于课堂，缺少手脑并用、出力流汗的劳动实践，育人行为呈现"单一化"。

（2）劳动教育课程体系不够完善

劳动教育需要完备的课程体系支撑，但由于主客观条件的限制，"劳动教育的内容、教学策略、课程标准、评价标准等都不够成熟"。[④]

其一，劳动教育课程的系统性、衔接性不强。劳动教育课程囿于教育资源、师资队伍等实际情况，不同阶段的课程存在同质化问题，这会影响从小学到中学劳动教育的层次性。其二，劳动教育课程还存在一些偏向，比如将劳动教育等同于体力劳动，课程内容缺少劳动精神内核。[⑤]其三，劳动教育课程在制度执行上有待完善。劳动教育课程体系不仅要依据学生特点，遵循学生的成长规律来设计，还要结合学校的实际，将课程落实到具体的教育教学中来。但遗憾的是，有些学校在课程内容上显然不够充足。

（3）劳动教育体系不够完备

教育与学生的成长特点决定了劳动教育不可能一蹴而就。这就要求劳动教育必须以系统观念加以统筹，以系统思维进行设计。然而，有些学校的劳动教育过程存在"间隙"、场域联动不足。

其一，劳动教育过程存在"间隙"。有些学校由于劳动教育顶层设计、具体规划还不成熟，造成劳动课程安排存在随意性，课时往往被其他课程侵占。此外，劳动教育还在一定程度上存在目标定位模糊、内容选择单一、教育执行无力、效果反馈缺失、评估调整缺位等问题，导致学校劳动教育在执行上存在"间隙"。

其二，劳动教育场域联动不足。这种联动不足主要表现在课上课下、线上线下、校内校外协同联动不足。课上，其他课程对于劳动教育的渗透不深；课下，劳动教育与实践活动的结合不足。线上，结合虚拟空间对于劳动教育的新形态、新形式认识与利用不充分；线下，家庭、社会、学校的劳动教育缺乏协同。校内，劳动教育平台、资源建设与整合滞后，劳动教育难以深化；校外，由于资金、资源以及安全问题，"走出去"的劳动教育难以延展。

（4）劳动教育机制不够健全

劳动教育科学、有序地开展，凸显施教主体的

① 张应强：《新时代学校劳动教育的定性和定位》，《重庆高教研究》2020年第4期，第5-10页。

② 张旸，陈珊珊：《中小学劳动教育的价值困境与本真复归》，《现代教育管理》2021年第11期，第11-18页。

③ 刘泰洪：《劳动教育实践中的劳动伦理及构建》，《中国大学教学》2022年第Z1期，第113-118页。

④ 何云峰：《劳动教育的本质是以劳动幸福为价值导向的"学以成人"教育——代〈劳动哲学研究〉第四辑前言》，《劳动哲学研究》第四辑，上海教育出版社2021年版，第1-6页。

⑤ 李群，郝志华，张萍萍：《中小学劳动教育的实践观照与理性回归》，《中小学管理》2019年第5期，第8-10页。

主导性,激发学生的主体性,提升育人实效,这些都离不开劳动教育机制的有效运行。但事实上,有些学校劳动教育机制不够系统,机制运转"不畅"。

造成这种现象的原因是多方面的:一是课上课下、线上线下、校内校外的劳动育人存在脱节,场域之间相互"隔离"。二是劳动教育评价机制不健全。这就导致对于施教主体与学生的激励不够,进而造成主体观念与行为存在偏差。三是劳动教育的育人合力难以形成。一方面,劳动教育各要素的合力难以形成。教师主导教育的引导力、育人环境的支持力、育人载体的传导力以及学生接受劳动教育的内驱力在"同向同行"上还存在差距;另一方面,社会、学校、家庭在合力构建劳动教育上还有短板。

2. 内源性困境:学生接受劳动教育的"具身"偏离

当下,不少学生存在劳动知识缺乏、认识不清、技能不熟、素质不高等问题。

(1)学生的劳动价值观存在偏差

学生劳动价值观存在偏差,主要表现为学生被动接受劳动教育,缺乏劳动自觉。原因如下:其一,学校劳动价值观和劳动精神教育存在短板,致使学生对劳动缺乏情感。劳动课程缺乏劳动精神内核,忽视学生生活的社会情境。其二,以升学为导向的价值倾向导致学生的劳动价值观偏移。劳动对升学"无用"的错误思想,导致学生排斥劳动。其三,劳动教育面临娱乐至上,"躺平""佛系"等消极文化的冲击以及技术依赖造成劳动能力弱化的困境。部分家庭乃至学生本人将自我价值仅仅归结于知识学习、生活娱乐,而不愿劳动、不会劳动。

(2)对学生主动性的关照不足

学生对劳动幸福的体会不深,导致接受劳动教育的主体性激发不足。这种不足主要是因为劳动教育的内容和政策多是从社会发展的需求出发,而非基于人、为了人、走向人之内在生命的价值追求。① 如果没有将学生身心发展规律与社会发展规律统一起来,学生在教育过程中只能被动接受、消极应付,再加上有些劳动教育内容枯燥、

形式单一,导致学生对劳动教育产生抗拒心理。

(3)学生的主体性被消解

学生缺乏劳动实践,导致其主体性的消解。其一,学生的动手能力差。新时代对于劳动者的总体要求是体脑并用,而事实上,脑力劳动仍处于受人尊崇的位置。观念上的偏差加上参与体力劳动的机会不多,导致学生接受劳动教育的次数较少,劳动中"眼高手低"的情况较为普遍。其二,学生参与劳动的创造性不足。由于忙于应试学习,缺乏创造欲望,学生也就很少有时间和精力从事创造性活动。其三,人工智能替代了人的部分主体性。智能技术取代了人的部分劳动,一定程度上人的生活被以智能技术为基础的工具所控制与支配。

三、中小学劳动教育的四重关照路径

中小学生养成积极向上的劳动精神,形成正确的劳动价值观是展现生命价值和学以成人、实现人生幸福的基础。如何回应劳动教育支撑不足的外源性困顿和劳动教育"具身"约束的内源性困境,关键在于坚持以学生为中心,在推进家庭、社会、学校协同合作的同时,坚持对现有劳动教育模式既守正又创新。

1. 设定以学生劳动价值观培育为核心的劳动教育目标

劳动教育目标致力于全面提高学生的劳动素养,培养社会主义建设者和接班人。劳动教育的核心是要培育学生的劳动价值观。

第一,目标需要纠正施教主体教育理念与行为的偏差。恩格斯强调要把"教育和生产结合起来"②,劳动与教育的结合是纠偏教育理念与行为、设定劳动目标的依据。马克思强调劳动的过程是人与自然的物质交换的过程,也是人获取物质、能量的互动、劳作过程。可见,劳动过程的动态性、互动性,决定了劳动教育不仅是理论上的说教,更是实践上的参与,要在实践中关照"现实的人"的生存方式。

第二,目标需要明确学生成长的价值取向和

① 刘克利,欧阳鹏:《教育的元价值是创新生命本质——生命哲学视域中教育的本真意蕴新探》,《大学教育科学》2019年第3期,第29-36页,第123页。

② 《马克思恩格斯选集》(第1卷),人民出版社2012年版,第305页。

社会规范。在劳动教育中，学生要手脑并用，培育劳动情怀，增加劳动锻炼，自觉抵制不劳而获、一夜暴富的错误思想。此外，学生的成长需要实现德智体美劳"五位一体"的共同发展，而不是唯智力的发展。而且引导学生明确"教育不应只是生活的准备，而是人的一种生活方式"。①

第三，目标需引领学生认识世界与改造世界。劳动教育是学生认识世界和改造世界的重要途径。体系化的劳动教育课程设置、规范的社会实践劳动、浸入式的劳动精神体验等，能够帮助学生形成正确的劳动认知和合理的人生定位。"生活靠劳动创造，人生也靠劳动创造"②，融入生活、人生的劳动教育目标设定，可以激发学生需要、兴趣与劳动创造。

2. 设置以学生特点为依据的劳动课程体系

处于网络时代和信息社会的中小学生具有宽广的视野，丰富的情感以及更加多元化、个性化的发展需求，这对劳动课程设置提出了更高的要求。而劳动教育课程能否满足主体的需要，直接决定劳动教育的效果。为此，需要结合学生特点，做好课程设置。

首先，以制度化为标准。从教育部联合共青团中央等相关部门出台的《关于加强中小学劳动教育的意见》，到中共中央、国务院印发的《意见》，再到教育部印发的《纲要》文件，劳动教育制度化不断完善并更加凸显学生的主体地位。学校的劳动课程设置逐步规范，并将体系化的劳动教育课程落实到具体的教育教学之中。

其次，坚持显性与隐性课程相结合的原则。劳动教育课程主要是指劳动教育的必修课程，必修课程是以显性教育形式呈现的。从广义上来说，劳动教育课程不仅包括以必修课形式呈现的劳动教育课程，还包括隐性的劳动教育课程。隐性课程主要是指劳动教育在德育、智育、体育、美育中的渗透。此外，中小学各阶段劳动课程内容要既统一又区别，防止课程内容同质化。

最后，以人工智能发展为导向。信息技术、人工智能的发展要求劳动教育课程必须创新。创新是劳动教育走向未来的动力，课程设置结合"互联网+劳动教育"以促进劳动教育形式做到虚实结合。

3. 打造以学生全面发展为终极目标的劳动教育格局

习近平总书记指出："把劳动教育纳入人才培养全过程，贯通大中小学各学段和家庭、学校、社会各方面。"③ 劳动教育需要在"点""面"教育的基础上构建"体"的教育，贯通大中小学，联动各个场域。正如马克思所说，"生产劳动同智育和体育相结合"是"造就全面发展的人的唯一方法"。④

其一，劳动教育过程要相互衔接、持续有序。教育的特性决定了劳动教育是一个过程，这个过程重在实现学生"主体客体化"和"客体主体化"的统一。也就是说，劳动教育并不是阶段性或者某个时间点的教育，而是持续、相互衔接的过程性教育。最为重要的是，学生劳动价值观的形成也是一个过程。在这个过程中，如何填补劳动教育中存在的"间隙"，需要中小学各个阶段劳动教育的相互配合、持续贯通。

其二，劳动教育场域要全局与局域相互配合。劳动教育以学校为重点，但绝不仅仅局限于学校，需要社会、家庭的支持，需要实现各个场域联动育人。一方面，劳动教育场域搭建或选择需要从全局出发，统筹谋划，日常生活劳动、生产劳动、服务性劳动要相互配合，打通课上课下、线上线下、校内校外的不同育人场域，这样可以防止劳动教育"缺位"或者出现低质量的重复。另一方面，劳动教育也要注重局域。劳动教育在中小学不同年级的侧重内容和资源平台有所差异，因此，要结合不同劳动类型的特征和各个年级的学生特点进行针对性的教育。

4. 构建以学生成长规律为原则的劳动教育机制

未来劳动教育发展的主要趋势是注重科学性、全面性与协调性⑤，劳动教育的科学性、全面性与协调性必须在尊重学生成长规律的原则下着力

① 朱小蔓：《教育的问题与挑战——思想的回应》，南京师范大学出版社 2000 年版，第 18 页。

② 中共中央文献研究室：《习近平关于青少年和共青团工作论述摘编》，中央文献出版社 2017 年版，第 89 页。

③ 习近平：《在全国劳动模范和先进工作者表彰大会上的讲话》，《人民日报》2020 年 11 月 25 日，第 2 版。

④《马克思恩格斯文集》（第 5 卷），人民出版社 2009 年版，第 557 页。

⑤ 夏惠贤，杨伊：《我国中小学劳动教育的百年探索、核心议题与基本走向》，《教育发展研究》2020 年第 24 期，第 13-20 页。

完善劳动教育机制才能得以保障。

第一,劳动教育机制的运转离不开持续有效的动力协同推动。劳动教育需要合力。首先,加强教师队伍建设。学校应加强教师培训,提升教师劳动教育素养,提高劳动教育的技能,建设一支本领突出、素质过硬的专兼职师资队伍。其次,优化劳动教育环境。将劳动教育纳入人才培养,可以探索将考核纳入升学考试中。同时,在社会中营造"劳动光荣"氛围,让社会认同劳动教育并积极支持劳动教育。再次,劳动教育内容、方法、载体需要不断创新。劳动教育内容要不断充实,劳动教育方法要转化话语方式,创设教育情境,激发学生兴趣。劳动教育载体要注重现代技术与人工智能在劳动教育中的运用,但也要防止技术对人的主体性的消解。最后,协同多种力量。一方面,劳动教育需要实现学生内驱力与教师引导力、环境支持力、介体传导力的共同作用;另一方面,劳动教育需要实现学校层面的规范化、家庭层面的日常化、社会层面的多样化,着力构建以社会发展需求为导向、以学生成长规律为原则的协同育人机制。

第二,劳动教育机制完善需要凸显学生参与的评价导向。劳动教育评价不能只注重社会发展的劳动评价尺度,还要注重引导学生作为劳动主体的自我评价,从内源发展的角度突出学生作为主体的评价,让学生成为评价的主角。[①] 只有这样,才能激发学生接受劳动教育的主动性。

综上所述,中小学劳动教育旨在引导学生实现由对劳动的"知"上升到对劳动的"爱",把对劳动的喜爱转换成淳朴的生活方式和思想品质,并进而在劳动价值观塑造中"学以成人",实现社会关系的发展和个性的全面发展。为此,需要把握时代发展需求,不断探索劳动教育的路径。

Value, Difficulties and Paths of Labor Education in Primary and Secondary Schools

WANG Shengyu, CHEN Deyang

(School of Marxism, Anhui Normal University, Wuhu Anhui, 241002)

Abstract: Labor education in primary and secondary schools is of great significance for students to increase their understanding of "what is labor", enhance their competence of "how to work", improve their quality of being "good at labor", cultivate the value of "only labor can lead to happiness", and thus students can grow up in labor education and have an all-around development as a result. At present, the labor education in primary and secondary schools needs to elevate students' "awareness" of labor to their "love" for labor so that this "love" can be transformed into a way of life and moral quality. However, there exist both exogenous difficulties from the shortage of support for labor education and endogenous difficulties incurred by the "embodied" constraints from the labor education participation. To resolve the practical difficulties and realize the subjective care of the students through labor education, it is necessary to establish the goals of labor education with the cultivation of students' labor values as the core, set up a labor curriculum system based on the characteristics of students, develop a pattern of labor education with students' all-around development as the ultimate goal, and construct a labor education mechanism based on the nature of students' growth.

Key words: labor education in primary and secondary schools, labor awareness, labor competence, labor qualities, labor-related values

---

① 程豪:《从外在设计到内源发展:劳动教育变革的可能逻辑》,《大学教育科学》2021 年第 3 期,第 54—62 页。

论教育惩罚的向善性及其实现

李雪庆，徐继存

（山东师范大学 教育学部，山东 济南 250014）

摘　要：教育惩罚的向善性旨在纠正学生的错误行为，使学生改过迁善，促进其道德成长，最终发展成为身心健全的人。当下教育惩罚实践存在"追求工具价值，育人价值式微；囿于硬性规制，漠视学生感受；裹挟负面情绪，惩罚临场失控"等背离教育惩罚向善性的问题。其原因在于教师对惩罚目标的片面认知、忠实制度的行为取向和教学理性的消解。为实现教育惩罚的向善性，促进学生身心健全发展，需要澄明惩罚目标，改善惩罚方式，并且从教师良心和外部制度两个方面规约惩罚强度。

关键词：教育惩罚；向善性；功利主义；个体发展

惩罚本身是一种"恶"，具有"恶"属性的惩罚之所以能够存在于学校教育中，是因为其具有纠正学生错误行为、帮助学生道德成长、促进学生身心健全发展的向善性。但是在教育实践中，向善性的缺失使得惩罚"恶"的属性暴露出来，因而，过度惩罚或体罚学生的现象如顽垢一般夹杂在学校教育中，戕害学生身心健康，破坏教师职业形象，激化家校矛盾。18世纪末，杰里米·边沁（Jeremy Bentham）在其著作《道德与立法原理导论》中系统地提出功利主义社会惩罚理论。在报应主义惩罚理论的影响下，边沁所处的时代律法森严，社会惩罚严厉苛刻。边沁为使功利主义惩罚不像他所处时代的大多数法律那样严苛，对惩罚做了一系列复杂的解释，以体现人道的思想和使人向善的伦理关怀。边沁提出惩罚的目的是威慑和预防，惩罚的作用是道德教诲，使用惩罚时需谨慎、节制，选择惩罚方式时要考虑受罚者的敏感性和所处环境等。这些观点切合教育惩罚[①]的向善性原则，可以为教育惩罚的向善性提供理论基础，进而为学校正当且有效地实施教育惩罚，提供理论启示和实践参照。

一、教育惩罚向善性的理解之维

1. 教育惩罚的目的：体现教育性与发展性

教育惩罚的向善性，要求惩罚目的体现教育性与发展性。功利主义认为，惩罚的目的不是让犯错者遭受"报应"，而是使其认识到过错，预防以后重复犯错。"在教育中，受教育者倾向于认为：处于成长期的未成年人，其过错行为一般不具备成

基金项目：本文系山东省社会科学规划研究项目"高校思想政治理论课教学设计模式研究"（项目编号：20CKSJ07）的研究成果。

作者简介：李雪庆，山东师范大学教育学部博士研究生，主要从事教学基本理论研究；徐继存，山东师范大学教育学部部长，教授，博士生导师，博士，主要从事课程与教学基本理论研究。

① 在边沁功利主义社会惩罚理论中，惩罚的目的在于威慑和预防。在此理论中，惩罚本身蕴含着惩戒的意蕴。本文以功利主义社会惩罚理论作为理论基础来探讨教育惩罚的向善性，为了更好地契合理论的表述，文中使用了"教育惩罚"一词，而未用"教育惩戒"的表述。但本文中所论述的"惩罚"与《中小学教师实施教育惩戒规则（试行）》中的"惩戒"，在内涵上并没有本质区别。

人意义上的主观故意性,因此,惩罚的主要目的在于警示和告知。"① 因此,对学生实施的惩罚必须以教育性和发展性为旨归,注重教育惩罚的威慑预防和道德教诲作用,使学生能从中获得道德成长,如此才能保证学生的身心健康不受侵害。

一方面,教育惩罚的目的是威慑和预防。边沁认为,"所有惩罚本身都是恶,所有惩罚都是损害,如果惩罚应当被允许,那只是因为它有可能排除某种更大的恶"。② 教育惩罚的目的是预防更大的恶出现,并不是给学生带来痛苦。涂尔干也提到,"惩罚所带来的痛苦或多或少不过是制裁的一种附带反应而已,而不是问题的关键所在"。③ 依此来看,教育惩罚的目的不是"以牙还牙"般地让学生身心受到相应的苦痛,不是让学生承担已经犯下的恶的报应,也不是让学生对错误进行"补偿",而是让学生知其自身的错误,预防未来可能犯下的恶或减少各种可能的损害。另一方面,教育惩罚是为了道德教诲。从功利主义社会惩罚理论的角度看,"严厉的刑罚代表了社会对犯罪人行为的强烈谴责,因而起到道德教育的作用"。④ 学生的身心发展尚不完善,更需要通过外部因素的介入对其进行正确积极的引导,培养正确的是非观和良好的道德规范。当学生看到错误行为被惩罚时,就会给此类错误行为贴上负面的标签,助使其意识到这种行为的不道德性和不合理性,进而使学生厌恶、排斥、规避这种错误,最终达到道德教诲的目的。

2. 教育惩罚的方式:体现适切性与情境性

教育惩罚的向善性,要求惩罚方式体现适切性和情境性。学生的个体差异要求因材施教,不能对其进行"一刀切"式的管理和教育。教育惩罚同样要求教师考虑学生的个体差异性,根据学生的差异性有针对地实施惩罚。功利主义惩罚理论认为,作用在犯错者身上的苦痛是由其本身的敏感性和所处的情境共同决定的,选择惩罚方式时要考虑到这两点,才能保证惩罚有效性,防止惩罚

带来意外伤害。

一般而言,由于惩罚是针对学生的行为而非学生本身,故而,让犯同样错误的学生受到相同方式和同等程度的惩罚是公平合理的。然而,从功利主义惩罚规则来看,学生所接受惩罚的痛苦是所受的直接痛苦以及自身的敏感性和所面临的情境的总和。不同受罚者的敏感性和所面临的情境不同,相同的惩罚不总是能产生同样的效果,因此,惩罚学生时还要考虑到受罚者的敏感情况和所面临的情境。一方面,学生自身的敏感性——身心发展阶段、性别、气质、个性、道德情感、健康状况、文化背景、家庭情况等方面的差异,对惩罚的效果有较大的影响;另一方面,"任何惩罚方式造成的痛苦,将是施于他的惩罚和他所面临的环境这两者的结合效应"⑤,即相同的惩罚方式在不同的情境下,会给被惩罚者带来不同的痛苦,同样能产生不同的惩罚效果。因此,教育惩罚的向善性要求关注学生从惩罚中所遭受到的实际痛苦,根据犯错学生的敏感状况和所处情境来选择适切的惩罚方式,如此才能在保证惩罚效果的同时避免伤害学生的身心健康。

3. 教育惩罚的强度:体现谨慎性与节制性

教育惩罚的向善性要求惩罚强度体现谨慎性与节制性。2021年《中小学教师实施教育惩戒规则(试行)》(以下简称《规则》)的出台确立了惩罚在学校教育中的合理地位,惩罚权重新回归到教师手中。但拥有了惩罚权的教师应如何把握教育惩罚的"度",如何兼顾惩罚的有效性和学生身心健康,成为教育惩罚的关键。关于惩罚的强度,边沁认为,惩罚要超过犯错者从过错行为中获得的收益,以保证惩罚的有效性。在此基础上,要本着"谨慎"和"节约"的原则施加惩罚的强度,以避免过度惩罚带来不必要的痛苦。

为保证教育惩罚的有效性,惩罚强度要超过学生过错行为的得益。边沁将惩罚定性为"恶",对学生过错实施的惩罚即"以恶治恶",要想达到

① 傅维利:《论教育中的惩罚》,《教育研究》2007年第10期,第11-18页。
② 边沁:《道德与立法原理导论》,时殷弘译,商务印书馆2002年版,第216页。
③ 爱弥儿·涂尔干:《道德教育》,陈光金译,上海人民出版社2006年版,第129页。
④ 罗冠杰:《刑罚正当性之功利主义根基》,吉林大学博士学位论文,2016年,第74页。
⑤ 边沁:《道德与立法原理导论》,时殷弘译,商务印书馆2002年版,第236页。

能使学生不再犯错的目的，就必须使惩罚的"值"超过学生过错的"得益"，不然惩罚必定无效。因此，当学生因为较大的诱惑犯了错误，他从所犯错误中得到了"收益"，这时就应该对其施加更大的惩罚，来抵消这种"收益"；学生的过错越大，对其实施的惩罚就要越重，以此来超过过错的"收益"。在确保惩罚带来的痛苦超过罪过得益的前提下，边沁提出惩罚的损害不能超过要预防的损害，要以最小的支出行事，即"以尽可能小的代价来防止罪过"。[①] 由此看出，边沁始终在计算行为本身的危害和惩罚所造成的损害之间的利益得失，他将惩罚看成一种"投资"，认为惩罚需要"谨慎""节约""低成本"，以避免产生不必要的额外痛苦。学生作为正在成长和发展中的个体，心智尚未成熟，承受挫折的能力相对较弱，因此，教师在实施惩罚时更加谨小慎微，要根据学生所犯错误或依据要预防错误的严重程度，来选择惩罚的强度。特别是当犯错学生人数过多，且惩罚造成的损害可能会远远超过要防止的损害时，更要罚不责众，慎用惩罚。

二、教育惩罚向善性缺失的现实表现

教育惩罚本应是关注学生身心健全发展、促使个体向善的活动，然而，当下有些教育实践却缺乏对受教育者向善的引导和关怀。如学校的教育实践中，教育者愈发放大惩罚的工具性价值，而忽略其最基本的育人价值；拘泥于教条的规定，对学生在惩罚中的真实感受漠然置之；惩罚学生时情绪失控，会使用体罚、辱骂等极端的手段过度惩罚学生。这些教育惩罚异化的现象违背了惩罚的向善性，会导致学生身心遭受不同程度的伤害。

1. 追求工具价值，育人价值式微

教育惩罚作为特殊的教育手段和方式，兼具促进学生个体向善的育人价值和有效管理班级的工具性价值。而在教育实践中，教育者往往陷入工具主义的泥沼，把教育惩罚仅仅当作维持班级秩序、强化纪律规范、树立教师权威的教育管理工具，忽略了其促进学生个体向善的育人价值。教育者在实施惩罚时往往关注班级秩序是否得到有效的维持、纪律规范是否得以强化、教师权威是否树立，而缺乏对学生身心健全发展的关照。进而导致教育者在实施惩罚时偏离向善的教育目的，忽略惩罚的教育性和发展性，甚至出现带有"报应主义"倾向的极端惩罚学生现象。2016 年 3 月，江苏扬州一小学学生因上课时讲话遭教师体罚，教师要求其将粉笔头含在嘴里作为上课讲话的惩罚。[②] 小学阶段是学生养成良好习惯的关键期，在这一阶段小学生自我控制能力较差，在课堂上难免出现捣乱、开小差、违反课堂纪律的情况。教师在这种状况下，应该通过悉心教导来矫正学生的坏毛病，以促进学生良好习惯的养成，而不应为了维持课堂纪律，放大惩罚的工具性价值，"以牙还牙"地通过极端的手段来惩罚学生，危害学生的身心健康。这种极端惩罚大大折损了教育惩罚应有的育人价值意蕴，丧失了惩罚的教育性和发展性。

2. 囿于硬性规制，漠视学生感受

为了保证学生的身心健康不受伤害，禁止体罚已然是当前教育界的共识。体罚通常被认为是教师直接或者间接作用于学生身体对学生造成伤害，或者通过谩骂、侮辱、诋毁性的语言攻击学生，使学生心理或身体上产生痛苦的一种行为。根据《规则》来看，体罚被严令禁止，但允许"增加适当运动要求或者面壁思过"，这样说来，"运动"和"面壁思过"的方式便算不上体罚，但实际上以上方式同样能给学生带来痛苦，而且也很难衡量"运动""面壁思过"与"教师打学生手掌心"所带来的痛苦孰多孰少。在教育中，教育者往往拘囿于硬性的规制，用相关教育惩罚规定来保证自己所实施的惩罚符合政策要求，而不顾及学生真实感受到的痛苦程度和可接受性。这种惩罚方式，很有可能会违背教育惩罚的向善性，伤害学生的身心健康。2016 年 9 月，萍乡市 8 岁小学生在早读期间因领读错误，被教师罚做 10 个俯卧撑后导致下身瘫

① 边沁：《道德与立法原理导论》，时殷弘译，商务印书馆 2002 年版，第 225 页。

② 中国新闻网：《江苏扬州小学生遭老师体罚：将粉笔头含在嘴里》，载央广网：http://news. cnr. cn/native/gd/20160324/t20160324_521703079. shtml，最后登录日期：2022 年 6 月 23 日。

痪。① 2020年9月，武汉市九年级学生因为在教室打扑克被学校叫来家长，随后在走廊被母亲连扇两耳光后跳楼，因伤势过重不治身亡。② 看似普通的惩罚方式，在忽视了惩罚的环境和学生的个体差异性、敏感性和可接受性的情况下，施加在不同的学生身上会产生不同程度的痛苦，进而可能会导致严重的教育事故。为减少此类教育事故的发生，必须要综合考量各方面的因素，在符合政策规定的前提下，根据学生所可能感受到的痛苦程度，采取合理的方式实施教育惩罚。

3. 裹挟负面情绪，惩罚临场失控

在教学实践中，教师对过度惩罚学生的危害有着清醒的认知，但在学生犯错时，往往受个人负面情绪的支配，难以把控惩罚的限度，导致施加过量的惩罚。这种受教师个人情绪支配的教育惩罚，很容易因失控对学生造成较大的伤害，这样不但达不到惩罚向善的目的，有时会走向反面，激起学生强烈的抗拒与反感，使得师生关系走向僵化。2020年7月，陕西省一初中男生因上课睡觉被班主任连续掌掴20多下，致口鼻出血，脸部红肿。③ 事情发生的经过是因该男生上课睡在凳子上，班主任让他站起来，他不站，并与教师有语言上的冲突，教师愤怒情绪一下升到了顶点，对着坐在自己座位上的学生"左右开弓"掌掴了20多次。事后，涉事教师承认"自己当时情绪失控，不知道怎么会有这么过激的反应"。据了解，该名教师从业多年，曾被评为师德优秀教师，却因一次情绪失控犯下不可挽回的错误。作为普通人的教师难免有个人的负面情绪，尤其在学生犯错误并顶撞教师时，暴怒和冲动的情绪吞噬所有的理性，容易使惩罚行为失去控制。

三、教育惩罚向善性缺失的归因分析

1. 教育惩罚目标定位的片面性

学校不啻是社会所需要的集体智慧和人才的"蓄水池"，更是完善学生人格、促进学生发展的主要场所，因此，学校教育的价值主要体现在育人价值和工具价值辩证统一的动态平衡当中。然而，在当今工业化高度发展和科学化过度泛滥的双重影响下，学校教育的价值观念表现出日益严重的工具性倾向，深刻地影响教育的价值立场和教师的行为表现。在工具理性的驱动下，学校中的教育异化成了出售智力商品的活动，通过学校教育传授知识和技能的价值遮蔽了其他的价值。正如石中英教授所言，"现代教育最大限度地满足了个体和社会世俗性发展的要求，但是却导致了个体的人格危机、精神危机、德性危机以及由此产生的严重片面发展和畸形发展，培养了许多有知识、有能力，但在人格、精神和德性上却有很大缺陷的'空心人''单面人''不道德的人'"。④ 在工具理性思想层层渗透于学校教育各环节的背景下，教育越来越把"效率逻辑"作为评估和处理学校事务的唯一价值尺度，工具理性的膨胀不断挤压育人价值的空间。教育惩罚作为学校中不可或缺的教育和管理学生的手段，不可避免地成为追求教育教学有效性的手段，使得教育惩罚的工具性价值凌驾于育人价值之上。惩罚的目标也被定位在维持班级秩序、强化纪律规范、树立教师权威等外部价值上，而忽视了形塑学生的性格、培养学生的责任感、锻炼学生的意志等最基本的育人价值，教育惩罚愈发走向了一条片面、窄化的道路。教育惩罚作为教育增效赋能的手段，它的运用有其必然的道德边界和伦理约束，如果教师仅仅将其作为管理学生或者追求各种考核成绩的辅助手段，而

① 新法制报：《8岁女童在校做俯卧撑后瘫痪》，载江西法制网：http://www.jxlaw.com.cn/system/2016/12/06/030010211.shtml，最后登录日期：2022年6月23日。

② 大众网：《武汉一初中生被家长扇耳光后跳楼身亡　起因系在校玩扑克被"叫家长"》，载大众网：http://www.dzwww.com/xinwen/guoneixinwen/202009/t20200918_6638774.htm，最后登录日期：2022年6月23日。

③ 观察者网：《老师掌掴20多下致学生口鼻出血，曾被评为师德优秀教师》，载中华网：https://news.china.com/dtxw/13000844/20200730/38578680_2.html，最后登录日期：2022年6月24日。

④ 石中英：《知识转型与教育改革》，教育科学出版社2001年版，第108页。

忽视了最基本的教育性和发展性要求，那么，在教育实践过程中容易冲破道德的边界和伦理的约束，偏离教育的初衷而不觉。

2. 教育惩罚制度取向的平庸性

汉娜·阿伦特（Hannah Arendt）在康德"根本恶"的基础上，结合对艾希曼的审判过程，揭露出人类无自主判断、无主体意识、盲目服从的"平庸之恶"。阿伦特指出，人类这种"不思想"与"不判断"的"无思之恶"所带来的灾难，远大于或超出人作恶本身的危害的总和。"可怕的是，随着时光的推移，这种无反思的恶就不再仅仅是作为个体的人的行为属性，而会蔓延和渗透到社会的各个面、领域和角落，成为作为群体的人的行为属性，一种恶的日常化，一种不自觉的平庸性。"[①] 教师在教学过程中，如果缺乏批判反思的意识，一味地被外在规制操控和钳制，不能积极发挥教学主体的主观能动性，就会逐渐地陷入这种平庸之中，进而消解教师的教学责任和尊严。近年来，关于教育惩罚造成教学事故的报道屡见不鲜，学校中的惩罚成了一个敏感而又隐蔽的话题。因此，许多教师在使用惩罚时表现得畏首畏尾，甚至"闻惩色变"。直到 2020 年《规则》的出台以及地方教育部门教育惩罚细则陆续颁布，才给了教师实施教育惩罚权的合理依据。教育惩罚权重新回到教师手中，教师也成了惩罚学生的第一风险责任人。因此，为了规避惩罚可能给自己带来的不必要的风险和纠纷，大多数教师往往选择一种忠实制度的行为取向。他们拘泥于惩罚制度所规定的条条框框，不做自主研判，不思索实际情况，不考虑个体差异，不顾及学生真实感受，教师变成了抽象意义上的"艾希曼"。作为制度的忠实实践者，他们还可以堂而皇之地为自己的不作为和不负责任进行辩护。因而，教师这种"不思考""不判断"和"不负责"的行为态度，大大增加了学生在接受惩罚时身体和心灵受到伤害的风险。

3. 教育惩罚实施过程的非理性

教学既是情感活动，也是理性活动，教学过程同时受教师情感的驱动和理性的指导与规约。情感是师生交往和开展教学活动的基础。教师的教学情感可以在教学过程中提升学生的情感素养，丰富学生的情感世界和精神世界。但是教学情感并不都是积极的，如果教学情感打破教学理性的规约，溢出了教学理性的边界，让消极的情感在教学中肆虐，教师也可能会做出愚蠢和卑劣的教学行为。在亚里士多德的哲学中，"理性是指高级人类的能力，是高于感性、理智的能力，是超越感性事物之上进行概念、判断、推理的能力和有效工具"。[②] 因此，理性的意义就在于协调、指导和规约人类的行为表现。在教学中，理性的在场可以克服因盲目、冲动、片面和草率带来的消极教学后果；反之，"抛开教学的基本理性，教学就必然被粗心的冲动、不稳定的欲望、反复无常的任性和一时的情境所支配"。[③] 随着社会结构的日趋复杂和社会价值的多元化，一方面，教学的难度越来越大，社会对教师职业的要求也越来越高，教师的职业压力使得教师群体的负面情感愈发强烈；另一方面，由于现代社会存在价值多元和冲突，教师的价值立场变得飘摇不定，教师对自我价值的定位变得模糊不清。在教学中，教师失去了教学的信仰和信念，感受不到自我的成就感和幸福感，精神和热情不断损耗。久而久之，他们就很难把握住自己，控制不住消极的教学情感和情绪，放纵了自己的不当教学行为。于是，在惩罚学生的过程中，教室可能成为他们宣泄负面情感的场所，学生也可能成了他们任意发泄的对象。

四、实现教育惩罚向善性的可能路径

恪守教育惩罚的向善性，既能发挥惩罚的教育效能，也能在一定程度上保障学生的身心健康。实现教育惩罚的向善性，必须要回归育人价值取向的教育惩罚目的，综合考量各方面的因素，选择恰切的惩罚方式，提高教师职业道德素养，并辅之以外部制度的规约来防止过度惩罚。

1. 澄明惩罚目标，防止惩罚异化

教育惩罚是为了让学生认识到错误并改正，

① 徐继存：《论教学判断——教学平庸之恶的抵御》，《教育研究与实验》2020 年第 6 期，第 1-7 页。

② 吴萍：《"人是理性的动物"辨析》，《福建师范大学学报（哲学社会科学版）》2000 年第 3 期，第 21-26 页。

③ 徐继存：《主观主义教学及其批判》，《山西大学学报（哲学社会科学版）》2015 年第 1 期，第 81-87 页。

最终的落脚点在学生的道德规范的建立，而不是作为管理工具，以让学生遭受到"报应"或为自己的错误付出"代价"。因此，教师必须坚持惩罚的教育性和发展性目标，防止教育惩罚异化为管理工具，才能保障惩罚合理地发挥其教育作用。

第一，明确事前预防与事后惩罚的主次关系。当下的多数极端惩罚手段都是事后惩罚，让犯错误的学生感受到相应惩罚带来的痛苦，故意施加痛苦在学生身上，带有强烈的"报应"惩罚的痕迹。惩罚作为教育学生的特殊的、负向强化的手段，或多或少都会给学生带来一定程度的伤害，因此，只有在其他常规教育手段失效的情况下，才被允许使用。简言之，教育惩罚应该以预防为主。第二，要把握实在惩罚与形式惩罚的分量。在尽可能减少学生身心伤害的前提下，使学生体验到所犯错误带来的耻辱感和内疚感，能反思和检视自己，使得惩罚作用于内心，发挥惩罚的警示功能。第三，充分利用个体教育惩罚的群体效应。根据班杜拉模仿学习和替代强化理论，当错误行为被惩罚时，会引起学生的畏惧心理，即使惩罚没有作用在其身上，犯类似错误的学生也会修正自身错误的观念与行为。"即使强制性手段对于受惩罚的学生没有产生太大的效果，能够引起其他学生的畏惧，对他们也是很大的刺激"[1]，因此，教育惩罚的适当公开也是增强学生群体约束的有效手段。

2. 改善惩罚方式，保证惩罚灵活有效

教师在惩罚学生时需要重拾自主判断力和责任意识，发挥教师主体能动性，对制度规则做出理性研判，因为"在惩罚问题上不能开出一张通用的药方，每一种行为都是带有个别性质的，应当严格按照具体情况和不同的学生使用惩罚"[2]。所以说，学生个体的特点、惩罚的具体环境以及惩罚可能带来的后果，都应该被纳入选择惩罚方式时的考虑因素。

首先，惩罚方式的选择要关注学生的个性特点和心理状态。通过日常的教学管理、班级活动以及学生之间的互评，了解学生的身心发展状况，以便在对不同学生进行惩罚时能"对症下药"。对于心理脆弱、敏感的学生，要详细调查其犯错的前因后果，选择书面提醒或者单独谈话的方式进行教导，尽量避免正面、直接的惩罚。其次，惩罚方式的选取要与具体环境相匹配。教育的终极目标既是提升学生的社会化程度，也是发展学生的个性化水平，所以在选择惩罚方式时就应该特别注重环境的选择，因为它既关乎整个学生群体对教育纪律乃至社会规则的遵守，同时也关乎学生之正确是非观和价值观的养成。从这种意义上来讲，教育惩罚中的环境选择既是一门技术，也是一门艺术。再次，要准确判断惩罚方式的可接受性。基于工具理性假设的教育惩罚，是出于消除或降低学生错误行为和观念的目的而采取的负向措施，但是这种观点恰恰忽视了教育惩罚独具的向善性特征和本应负有的信念伦理，因为教育惩罚的初衷不在"惩罚"而在"教育"，所以，可接受性是教育惩罚方式选择必须要考虑的因素之一。在实践中，为保证惩罚的可接受性，应该以学校或者班级为单位，通过平等协商的方式，集合学校、家长和学生的共同意志来制定惩罚的规则，以保证惩罚的方式被认同和接受。

3. 规约惩罚强度，保障惩罚适当有度

如果我们将惩罚的本质不再仅仅视为一种"伤害"，而是将其作为特殊的教育手段运用在教育实践中，那么，这就对教师的道德素质提出了很高的要求。若教师对惩罚的理解稍有偏差，或将个人情绪、喜恶带入教育惩罚实践中，那么，情绪化、过度和极端化惩罚甚至暴力行为发生的可能性均会大大增加。为保障惩罚适当有度，一方面必须从教师内在的职业伦理出发，匡正教师的惩罚动机、力度，另一方面要通过外部制度的建立来规约教师的教育惩罚行为。

从教师自身出发，要提高教师的责任伦理，唤醒教师的教育良心。"教师良心即教师内在的道德原则和道德意识，可以看作是一种缄默知识，在无意识中调整着教师的行为。"[3]教师良心具有重要的道德力量，能控制教师的意志，催生教师的责任感和使命感。如果教师恪守教育的"良心"，那么

---

① 夸美纽斯：《大教学论·教学法解析》，任钟印译，人民教育出版社2017年版，第232页。
② 吴式颖：《马卡连柯教育文集(上)》，人民教育出版社2005年版，第277-278页。
③ 宋晔：《教师德性的理性思考》，《教育研究》2005年第8期，第48-52页。

在实施惩罚行为时,就会将教育惩罚视为教育的有机组成部分,会在降低伤害学生身心健康的预设中实施教育惩罚。在使用惩罚手段教育学生时,教师要充分认识到惩罚之"恶"的性质,控制自己的情绪和个人感情,理性分析和处理学生的错误,避免冲动和过激的行为。在教育实践中,教师要明确践行责任伦理,使其由内隐走向外显,主动培养师生情感,提高教师的职业道德素养。

从外部规约出发,要以学校制度来保证教育惩罚的实施。尽管我们认为,几乎所有教师都是出于善意而实施教育惩罚,但是并不能确保每一位教师对教育惩罚都有相当深度和同等高度的理解,而如果无法达到这一点,具有教育性的教育惩罚也就不可能实现。因此,外在的制度性规约应该成为判断教育惩罚适切与否的准绳。但我们应该始终明确一点,不论是针对学生群体而制定的教育惩罚制度,还是针对教师群体而制定的教育惩罚实施的准则,都不应该是简单的基于"目的—手段"和"人本恶"的假设而设置的藩篱,而应是基于"教育性"以保障学生群体乃至整个社会健康发展而构筑的基石。因为"自然状态社会下的每个人都按照自己的爱好去生活,免不了个人之间的自然侵犯和彼此争斗,为了使个体的安全和利益得到有效的保障,人们必须离开自然状态,并和所有那些不可避免要互相来往的人组成政治共同体,大家共同服从有公共强制性法律所规定的外部限制"。[①] 系统的教育惩罚监督机制,既是作为社会子系统的学校正常运行的保障,也是保护作为社会个体的学生和教师权益的铠甲。只有将教师的惩罚权通过制度细则规定清晰,划清教育惩罚和"体罚"的边界,让教师明确所拥有的惩罚权利和其实施的限度,才能保障教育主体的正当权益和健康发展。

The Goodness of Educational Punishment and Its Realization

LI Xueqing, XU Jicun

(Faculty of Education, Shandong Normal University, Jinan Shandong, 250014)

Abstract: The goodness of educational punishment aims to correct students' wrong behavior, help them change for the better with the correction of their mistakes, promote their moral growth, and help them develop into a healthy person. The following problems exist in the current practice of educational punishment: pursuing tool value, neglect educational value; being restricted by rigid regulations, and ignoring the feelings of students; and holding negative emotions with the punishment becoming uncontrolled on the spot. All these problems deviate from the goodness of educational punishment. The causes lie in teachers' one-sided cognition of punishment purpose, their behavioral orientation towards the rules of the system and the dissipation of teaching rationality. In order to realize the goodness of educational punishment and promote the development of students' physical and mental health, it is necessary to clarify the goal of punishment, improve punishment methods and regulate the intensity of punishment from both teacher conscience and external system.

Key word: educational punishment, goodness, utilitarianism, individual development

---

① 康德:《法的形而上学原理——权力的科学》,沈叔平译,商务印书馆 2002 年版,第 138 页。

《现代基础教育研究》

（Research on Modern Basic Education）

第47卷，2022年9月

Vol.47, Sep. 2022

乡村特岗教师职业发展的困境与突破

王　勇，夏惠贤

（上海师范大学 教育学院，上海 200234）

摘　要：文章以江西省赣州市下辖的三县共18所乡村中小学300名特岗教师为研究对象，考察乡村特岗教师职业发展的困境及其原因，并在此基础上提出突破困境的具体路径。首先，把脉特岗教师职业发展的困境：认同感不强与留任率不高，自身职业发展目标不明确，学习资源与专业支持不足。其次，考察特岗教师发展困境的原因，具体包括：国家相关配套政策不完备，自身认知与发展动力不强，学校文化与资源相对匮乏等。最后，提出突破特岗教师发展困境的路径：完善特岗教师发展配套建设，规划特岗教师职业生涯发展序列，规范特岗教师制度化整体性保障。

关键词：特岗计划；特岗教师；职业发展困境；突破路径

"三农"问题关系到国民素质、经济发展，关系到社会稳定、国家富强和民族复兴。[①]因此，我国政府从政策和经济上对农村义务教育进行了大力扶持。2010年7月国务院颁布了《国家中长期教育改革和发展规划纲要》，对中小学教师队伍建设提出了具体要求。对于乡村教师队伍建设，国家出台了"三支一扶""农村教育硕士生培养计划""乡村教师支持计划（2015—2020）"等一系列政策，着力解决乡村教师"下不去""留不住""教不好"的问题。"特岗计划"即"农村义务教育阶段学校教师特设岗位计划"，是我国2006年基于支援西部农村地区教育提出的，为引导和鼓励高校毕业生从事农村教育工作，逐步解决农村师资总量不足和结构不合理等问题，提高农村教师队伍整体素质的重要政策。其中"特岗计划"一方面暂时缓解了边远农村地区教师短缺的问题，另一方面也为农村基础教育新课程改革奠定了基础。然而，偏远农村地区条件差、硬件设备落后、师资短缺的问题仍然十分严峻。边远农村地区学校在培养模式、教学管理、教学研究等方面严重滞后，且课程设置具有城市中心主义倾向，教育内容与乡土文化疏离，导致农村学校优质教育资源的内生力不足。[②]这些问题共同导致了特岗教师的困境，亟待解决。

一、探寻特岗教师职业发展困境

为了掌握特岗教师发展困境的基本情况，笔者以江西省赣南革命老区赣州市的 A、R、G 三县18所

作者简介：王勇，上海师范大学教育学院博士研究生，主要从事课程与教学论研究；夏惠贤，上海师范大学教育学院院长，教授，博士生导师，博士，主要从事课程与教学论研究。

① 赵燕婷：《农村"特岗教师"职业认同的调查研究——以甘肃省三县调查为例》，西北师范大学硕士学位论文，2009年，第25页。

② 范涌峰，张辉蓉：《学校特色发展：新时期城乡义务教育一体化的内生路径与发展策略》，《教育研究与实验》2019年第5期，第70-71页。

乡村中小学校的部分特岗教师为调查访谈对象。之所以选择这三个县，是因为这三个县每年特岗教师招聘数量比较多，也是"特岗计划"实施很久的中西部贫困地区，具有特岗教师的典型性。

本次调查一共发放自编问卷331份，回收有效问卷300份，有效率90.6%。问卷依据教师职业发展的相关核心概念，将赵燕婷①、傅王倩和姚岩②、余思童③等人研究中的调查问卷的部分题目进行改编，最终经由专家和教师修改而成。根据调查结果，笔者运用描述统计方法，通过特岗教师在职业认同感、职业发展目标和学习资源获取等方面的具体情况，挖掘其当前面临的困境及成因。

1. 认同感不强与留任率不高

按照马斯洛需求层次理论，职业认同感属于尊重的需求，职业认同感不强就说明尊重的需求没有得到满足。多数教师选择特岗教师岗位是因为教师工作相对稳定，只有少数教师是因为热爱教育事业才选择特岗教师这一岗位的。由于特岗教师服务期是三年，期满之后可以重新择业，很多教师希望入职条件更好的学校或者考取公务员，只有少部分特岗教师选择留在本校继续任教。④据问卷调查结果分析，特岗教师的入职动机大多是考虑到报考特岗教师的竞争不甚激烈，容易"上岸"；此外大多数特岗教师户籍在乡村，所以这部分人愿意回农村为家乡教育事业做贡献。但是他们对特岗教师的生活、工作条件以及经济待遇颇有微词。

本次调查特岗教师的择业动机统计情况发现，针对"您当初选择特岗教师的首要原因是什么"的问题，"因为工作稳定"占比最高，达34.3%；"随家人意愿"占比19.3%；"因为热爱教育事业"占比不到15%；而选择"离家近"和"先工作看看有更好的工作机会再跳槽"的占比皆为12.7%；仅有4.3%的人是因为立志为农村地区的教育事业做贡献。调查结果表明，大多数特岗教师的动机是考虑教师职业对自身的适切性问题，而不是对教师职业本身的兴趣与热爱。这就造成在农村工作环境比较艰苦，工作量大，教学条件相对较落后，教师的福利待遇不高等因素的影响下，一部分特岗教师不想继续留在农村，特岗教师的职业稳定性不高。

通过调查他们未来的择业意向来探讨他们对特岗教师的认同感更有说服力。针对"在特岗服务期满后，您会做何种选择"的问题，所调查的特岗教师在任教期满后的选择有明显差异：63.3%的特岗教师选择考到条件更好的城镇学校；只有27.4%的特岗教师会考虑留任本校；还有5.3%的特岗教师准备考公务员或研究生。这种"身在曹营，心在汉"的现象无疑会导致特岗教师在工作上难以全身心投入。因此，当下特岗教师的职业认同感不强和留任率不高状况亟待改进。

2. 自身职业发展目标不明确

特岗教师是为解决农村地区师资短缺问题而设的专门岗位，虽然不少特岗教师对自己的要求是"成为一名具有自己独特教学风格的优秀人民教师"，但是他们并没有明确且系统的职业规划，亦没有付诸行动，对"教师专业发展"的内涵理解存在偏差。大部分特岗教师并未对促进自身专业发展做出积极的行动，很多特岗教师在大学所学专业与实际所任教的学科不对口，而少部分非师范毕业生的教师专业素养和教学能力有待提高，他们的专业发展亟须引起教育部门重视。

笔者主要从"自身要求"和"自身发展规划"两个方面来确定特岗教师职业发展。在关于"您对自己职业的要求是什么"的调查中发现，多数教师还是有上进心的，有56.7%的特岗教师表示会在未来不断提升自己；也有部分特岗教师对自身没有太高的要求，表示顺其自然，把相关工作做好为目标，占比为22.3%；还有一部分特岗教师表示重点要把学生的学习成绩提升上去，占比为16.7%；仅4.3%的特岗教

① 赵燕婷：《农村"特岗教师"职业认同的调查研究——以甘肃省三县调查为例》，西北师范大学硕士学位论文，2009年，第25页。

② 傅王倩，姚岩：《特岗教师的地域融入与职业倦怠的关系研究——基于全国13省的实证研究》，《教育学报》2018年第2期，第89-92页。

③ 余思童：《特岗教师专业发展困惑与策略研究——基于对X县的研究》，江西师范大学硕士学位论文，2017年，第56页。

④ 王恒，王成龙，靳伟：《特岗教师从教动机类型研究——基于全国特岗教师抽样调查数据的潜类别分析》，《教师教育研究》2019年第1期，第52-54页。

师表示从教只是权宜之计。

在关于"您对自身专业发展需求的考虑是什么"的调查中发现,大多数特岗教师比较重视专业能力发展,68.0% 的特岗教师表示自己有专业发展上的考虑,但是当前并没有做出详细的规划;17.7% 的特岗教师表示有明确的专业发展规划;约 10% 的特岗教师表示没有专业发展上的考虑,自主发展意识有待提升。由此可见,引导特岗教师开展职业生涯规划迫在眉睫。

3. 学习资源与专业支持不足

特岗教师的职前培养主要在高校完成,而职后培训主要由当地教育管理部门负责,大部分特岗教师只在到岗前参加过一次入职培训,少部分特岗教师到岗后会经常参加系统性的培训。[①] 由于农村相对落后,乡村学校无法为教师提供比较全面的学习资源,导致当前特岗教师无法开展继续学习。根据问卷调查和访谈得知,大部分特岗教师在遇到教学困惑时,一般会选择向老教师请教或自己上网查阅资料。因此,如何依托现有教育信息化资源,搭建特岗教师网络培训平台,实行线上线下相结合的混合式研修,为其职业生涯发展提供系统性的专业支持,是当下特岗教师培训面临的重要问题。

笔者从"学习资源"和"专业发展途径"两个方面展开调查,梳理特岗教师专业学习上的困惑。在学习资源的调查中,针对"您每年参加各类培训的次数"的问题,发现特岗教师参加的培训次数非常有限,多数教师很少参加培训。其中,46.3% 的特岗教师表示自己只参加过 1 次培训,近 30% 的特岗教师表示只参加过 2 次培训,参加 3 次及以上的特岗教师占比只有 11.3%,12.7% 的特岗教师表示自己从未参加过任何形式的培训。可见,特岗教师自我发展和学习的机会非常有限。针对"您当前专业发展的主要途径"的问题,62.3% 的特岗教师通过自主学习的方式来实现专业提升;18.3% 的特岗教师借助学校的教研活动来开展专业学习;12.0% 的特岗教师参加县域组织的各类培训,但参加省级培训的比例很低,仅为 3.0%。可见,县级培训活动对特岗教师专业发展的支持很少,且没有形成系统化。省市级组织的培训活动更少,特岗教师当前专业发展的主要途径是自主学习和参加学校教研活动。可见,学习资源与专业支持不足已成为困扰特岗教师专业发展的一大难题。

此外,笔者还发现,特岗教师还面临工资待遇不高、自主发展意识不强等瓶颈性问题,对教育教学活动还缺乏应有的认识。同时,从本项调查可以看到,A、R、G 三县特岗教师的职业发展情况不容乐观,他们在专业发展意识、教学实践以及生存状态方面存在一系列困境。因此,亟须找到突破特岗教师职业发展困惑的路径。

二、特岗教师职业发展困境的成因

1. 国家相关配套政策不完备

当前,很多特岗教师的培训时间安排在新学期入职开学之前,时间为一周左右,培训内容一般是如何做好一名学科教师,如何上好课以及鼓励年轻教师扎根农村从教等。然而,这类培训活动的满意度调查结果并不理想。笔者针对特岗教师平时参加培训活动内容的类型进行了调查,结果如表 1 所示。

表 1 特岗教师培训活动的内容调查

问题	培训内容类型选项	人数	所占百分比
您平时参加的培训内容有哪些(多选题)	①教育专家讲座	35	11.7%
	②观摩优质课堂教学	75	25.0%
	③参加教育教学技能竞赛	44	14.7%
	④上学校公开课	92	30.7%
	⑤参加课题研究	48	16.0%

① 许宇飞,周海玲,田单单:《跨文化背景下农村特岗教师专业发展的困境及对策》,《教育评论》2019 年第 12 期,第 118-120 页。

（续表）

问题	培训内容类型选项	人数	所占百分比
	⑥发表论文	121	40.3%
	⑦参加国培计划	90	30.0%
	⑧其他	100	33.3%

从表1可以看出，很少有教育专家去农村学校开展培训，只有11.7%的特岗教师参加过此类培训，其中观摩优质课堂教学在培训内容中也只占1/4。据访谈，观摩优质课也是相对"优质的"，所谓的优质课堂就是本校一些经验丰富的老教师上课。当然农村学校之间有时也会相互交流，30.7%的特岗教师参加过学校公开课，但是效果都不太理想。40.3%的特岗教师为了评职称会发表论文，但这种论文通常质量较低，学术价值不大。但是特岗教师参加教育教学技能竞赛和参加课题研究的比例都不很理想，分别占14.7%和16.0%。还有33.3%的特岗教师是通过其他途径参加培训活动。当然，国家为了提高教师的教育教学水平，每所学校每年都有一定名额的"国培计划"，这项政策确实让更多的乡村教师从中受益。

整体而言，很多特岗教师缺乏实践经验，学习内驱力不强，学习态度较为散漫，加之培训教师授课缺乏生动性与趣味性，导致培训效果欠佳。[①] 因此，岗前培训的内容和形式均亟待改进。有学者认为，通过构建良好的教师培训大环境、建立立体化培训体系、构筑教师培训信息化平台、健全与创新教师培训评估体系、加强国内外交流与经验借鉴、关注教师内在需求等方式，可以将培训制度系统化。[②] 但"特岗计划"的实施需要财政、人社机构、编制部门通力合作，由于各个部门缺乏相应的沟通机制，导致"特岗计划"目前的宣传力度不及预期，难以吸引更多优秀高校毕业生报名应聘。[③]

2. 自身认知与发展动力不强

特岗教师由于没有足够的心理准备和对自身专业发展上的认知，影响了其专业发展的主动性和积极性，具体表现在：一方面，特岗教师对现有的教师培训活动兴趣不高，即使参与，投入程度也不高。虽然教师培训活动本身有待改进，但个别教师对培训的茫然态度同样令人担忧。另一方面，在日常教学中，特岗教师的学习与反思偏少。教学反思是教师日常教学工作中最主要、最直接有效的自我提升方法之一，但经常记录教学行为、进行教学反思的教师并不多。可见，特岗教师们并未对促进自身专业发展做出积极的行为。[④] 而笔者调查也反映了这一现象，很少有教师会经常记录自己的教学行为，养成教学反思的习惯。针对该问题的调查结果如表2所示。

表2 特岗教师记录自己的教学行为和是否进行教学反思的调查结果

问卷问题	回答种类	人数	所占百分比
您会记录自己的教学行为并进行教学反思吗?(单选题)	①经常	53	17.7%
	②偶尔	121	40.3%
	③几乎不做记录	89	29.7%
	④不会	37	12.3%

---

① 冯帮，陈文博:《乡村教师面临的现实困境与出路——对"会宁县教师集体出走"事件的反思》,《教育与教学研究》2017年第1期,第89-92页。

② 王炳明:《乡村教师队伍建设的政策分析——基于湖南省泸溪县落实〈乡村教师支持计划〉的案例研究》,《中国教育学刊》2017年第2期,第35-36页。

③ 唐一鹏,王恒:《何以留住乡村教师——基于G省特岗教师调研数据的实证研究》,《教育研究》2019年第4期,第134-135页。

④ 傅王倩,姚岩:《特岗教师的地域融入与职业倦怠的关系研究——基于全国13省的实证研究》,《教育学报》2018年第2期,第89-92页。

从表2可以看出，特岗教师记录自己的教学行为和进行教学反思的情况不理想，这说明大部分特岗教师对自己认知不足，这也是特岗教师教学水平不高的一个重要原因。

如前所述，当特岗教师择业动机不纯正时，就很难期待他们会全身心投入教育教学工作中。一些地区的特岗教师对学校缺乏归属感，对工作感到不满意，对待遇也颇为失望，因此，特岗教师的职业承诺水平比较低。[①] 因而，当下特岗教师群体中出现了以下不良现象：专业能力不强，内在动力不足，选择未满服务期就离开特岗教师队伍，甚至违约也要另谋出路。

3. 学校文化与资源相对匮乏

大部分农村学校相对封闭，校长和教师仅仅程序化地开展工作、完成任务。受到农村地区文化的影响，很多教师逐渐养成了"佛系""躺平"的心态。教师之间缺少合作互助，"单兵作战"的现象比比皆是。笔者针对特岗教师的学校文化及学习资源丰富程度的调查结果，如表3所示。

表3　对特岗教师关于学校文化及学习资源丰富程度的调查结果

问卷问题	回答种类	所占人数	所占百分比
您认为学校文化和学校学习资源丰富吗？（单选题）	①非常丰富	22	7.3%
	②丰富	70	23.3%
	③一般丰富	114	38.0%
	④不丰富	71	23.7%
	⑤不太清楚	23	7.7%

从表3可以看出，只有7.3%的特岗教师认为学校文化和学习资源非常丰富，认为丰富的也只占23.3%，合计1/3左右，而认为学校文化和学习资源一般丰富和不丰富的合计占比近2/3。

农村学校学习资源的匮乏是特岗教师在专业发展上的重大困惑。一是学习资源配套不足。一些学校没有专门设置教师学习场所，且只有全校统一要求订阅的一些报刊和学科教学辅导资料，很少有专门针对不同学科教师订阅的相关文献。[②] 二是没有促进教师专业发展的专项经费，导致许多教师只能自费购买部分教学参考资料和用具，甚至外出培训学习还需承担部分费用。三是外出学习进修与正常教学之间的矛盾凸显，致使想外出参加培训的教师要自己负责和其他教师调课，而每个教师的教学任务都很重，难以承担额外教学任务。如此，不仅不会促进特岗教师积极提升自我，反而阻止了特岗教师学习提升的脚步。[③] 因此，如何开展继续学习，不断提升其专业素养是当下特岗教师所面临的主要困境。

三、突破特岗教师职业发展困境的路径

1. 完善特岗教师职业发展配套建设

根据问卷调查数据分析得知，造成特岗教师职业认同感不强与留任率不高的原因是多方面的，而国家特岗教师相关配套不完备的影响尤为明显，特别是特岗教师工资待遇制度亟待完善和改进。

国家要不断完善特岗教师工资待遇制度相关配套建设制度，以提升特岗教师职业认同感，同时有效缓解特岗教师留任率不高的困境。特岗教师在解决中西部贫困地区农村中小学教育发展中发挥的重要作用不言而喻。《乡村教师支持计划（2015—2020年）》的出台，把乡村教师队伍建设放在了优先发展的战略地位，旨在拓宽乡村教师补充渠道，改善教师生活待遇等。因此，政府应大力完善特岗教师的工资福

---

① 王艳玲，苏萍，苟顺明：《特岗教师流动及流失意愿的影响因素分析——基于云南省的调查》，《教师教育研究》2017年第5期，第7—8页。

② 彭佑兰，许树沛：《美国TFA计划及对我国"特岗计划"的启示》，《教育发展研究》2010年第10期，第69页。

③ 余思童：《特岗教师专业发展困惑与策略研究——基于对X县的研究》，江西师范大学硕士学位论文，2017年，第55页。

利保障政策,重视特岗教师工资福利保障问题。[①]国家规定特岗教师和国编教师的地位相同,工资待遇不得区别对待,特岗教师工资水平应该根据当地的经济水平,按照多劳多得的原则进行分配。[②]只有保证收入公平,平等对待特岗教师,才能激发他们的工作积极性,促进其职业发展。

国家应对照农村学校所在地的公务员工资和物价增长率,分季度核查和评定特岗教师的工资收入水平,落实发放农村教师补贴金额,每年根据乡村学校的偏远程度给予一定补贴,如交通补贴、住房补贴、伙食补贴等。此外,政府应该使用一定的行政手段来缩小教师之间的收入差距,譬如,政府应该对经济困难的特岗教师提供一定的补助。特岗教师在服务期间,其工资待遇应参照同级别在编教师的工资标准。不仅如此,比较偏僻的学校还应该发放安家费等额外奖励和补助。服务期满之后,只要考核合格,就可以转为在编的正式教师,获得教师的编制和身份。转为正式教师之后,之前的工龄应予以保留,使得特岗教师的工资待遇与其他在编教师没有太大差别。

2. 规划特岗教师职业生涯发展序列

分析问卷调查数据得知,造成大部分特岗教师对自身职业发展目标不明确的原因也是多方面的,而自身认知与发展动力不强是重要原因之一。

第一,教育相关部门和所属乡村学校应该科学合理地规划特岗教师职业生涯发展序列。在这方面可以参考上海市长宁区教育局的相关政策,上海市长宁区教育局制定了基础教育教师职业生涯发展规划,建立了以"教坛新秀—教学能手—学科带头人—名师后备人选—特级教师"为梯次的教师荣誉称号序列,该职业生涯发展序列有利于激发特岗教师提高自身认知能力和发展动力。

第二,评价制度的缺失也是特岗教师忽视自身专业发展的重要因素之一,现有的评价制度存在主观化、形式化,甚至有虚假化的现象。[③]一方面,学校应根据自身条件和教师的实际情况,建立科学合理的评价机制;另一方面,对特岗教师要进行综合评价,不仅要对教师的教学水平和质量进行评价,还要对其教学技能和专业素质进行评价,应该更多地关注学生对教师的评价。[④]评价机制不应完全固定,而应根据实际情况进行调整。评价必须贯彻区域教育优质均衡的原则,当地县(区)教育局必须建立在规范选拔与培养的基础上,出台各主要荣誉称号序列的选拔与培养的方法。这样就能形成比较完整的教师评价体系,再加上完善的特岗教师职业发展序列与进阶路径,最终有利于特岗教师长期扎根乡村教育。

3. 规范特岗教师制度化整体性保障

根据问卷调查数据分析得知,学校文化与资源相对匮乏是造成特岗教师学习资源与专业支持不足的重要原因之一。要突破这类困境,可以通过规范特岗教师制度化整体性保障,以丰富学习资源和加强专业支持力度。

应对特岗教师的职业发展制定科学合理的保障政策。[⑤]一方面,要注重合理规划,建立培训制度。培训是特岗教师调整入职心态、适应教学的必要条件,必须根据特岗教师的不同发展阶段制定相应的培训内容。[⑥]同时,完整的培训体系不同于简单的短期培训,需要实现各个环节相互联系。

另一方面,应从学校实际出发,针对学校中教育教学管理等方面的问题,将学校实践活动与教育研究密切结合在一起,[⑦]从而形成丰富且和谐的学校文化。不断丰富学校文化的意义重大,学校文化对教师和学生的作用不可低估,要不断加强学校文化建设,真正落实学校文化活动室、学习资料室、文体活动

① 刘佳:《"乡村教师支持计划"实施方案研究——基于31个省(区、市)"乡村教师支持计划"实施办法的内容分析》,《教师教育研究》2017年第3期,第100-101页。

② 安雪慧,丁维莉:《"特岗教师计划"政策效果分析》,《中国教育学刊》2014年第11期,第2-3页。

③ 付军明:《宁夏生态移民区小学特岗教师专业发展研究——以六所小学为例》,宁夏大学硕士学位论文,2017年,第22页。

④ 彭佑兰,许树沛:《美国TFA计划及对我国"特岗计划"的启示》,《教育发展研究》2010年第10期,第69页。

⑤ 刘飞:《少数民族特困地区双语特岗教师生存困境与出路研究》,《教育评论》2017年第3期,第133页。

⑥ 杜亮,何柳:《社会空间及新一代乡村教师的社会定位过程分析——基于云南两县的案例研究》,《教育学报》2016年第6期,第52-54页。

⑦ 姜新杰:《高位均衡的新教师队伍是这样炼成的——上海市见习教师规范化培训报告》,《上海教育》2013年第5B期,第14页。

器材与场所等基础设施建设,丰富教师的业余文化生活,为特岗教师创造愉悦的生活和教学环境。同时,学校对教师的管理方式要人性化,特别是对所有教师要一视同仁,平等地对待特岗教师和在编教师,对特岗教师与在编教师实行同等待遇。在条件允许的情况下,教育主管部门应该不定期去乡村学校监督和检查,形成学校文化的评价制度。① 在这种良好和谐的学校文化环境中,特岗教师的生活幸福感和教学成就感会不断提升,其职业发展也会得到不断改善。

A Study of Dilemma and Breakthrough of Career Development for Teachers with Special Posts

WANG Yong, XIA Huixian

(School of Education, Shanghai Normal University, Shanghai, 200234)

Abstract: Having treated 300 teachers with special posts as the research objects who come from 18 rural primary and secondary schools in three counties of Ganzhou City, Jiangxi Province, this paper has tried to analyze the dilemma and its causes of those teachers' career development and put forward the specific solutions to break through the dilemma based on the analysis. Firstly, the study fully explains the dilemma of the teachers with special posts, including low sense of identity and low retention rate, unclear career development goals, and a shortage of learning resources and professional support. Secondly, this study has made a deep investigation into the causes of the development dilemma for the teachers with the special posts, which include a lack of the relevant policies of support for those teachers, a shortage of self-awareness and motivation of self-development, and insufficient supply of campus culture and resources. Finally, this study puts forward the following solutions for the development dilemma of those teachers, which include improving the support for the teachers with special posts, planning the sequences of their career development, and standardizing the overall institutionalized guarantee for them.

Key words: special contracted scheme, teachers with special posts, career development dilemma, breakthrough routes

---

① 张东娇:《学校文化建设成就美好教育生活》,《中国教育学刊》2019年第4期,第48页。

《现代基础教育研究》

第47卷，2022年9月　　　　　（Research on Modern Basic Education）　　　　　Vol.47, Sep. 2022

普通高中"双新"实施大教学系统研究

程　岭

（江苏师范大学 教育科学学院，江苏 徐州 221116）

摘　要：构建大教学系统是普通高中"双新"实施的关键任务，大目标、大流程、大团队、大课堂是其核心要素，借鉴加涅、威金斯等人的设计理论可形成"规划—设计—开发—施教—评价"的超循环基本框架。"双新"实施是一项"工程性"工作，需要依据"事—人—物"三理协同原理来建设："事"的层面要规划大目标、规划分目标、选择大概念、设计大项目、主题化开发、结构性优化、班本化预设、情境化施教、阶段化评价、择优化储存；"人"的层面要实施合作制、分团制、首席制、督培制、外聘制；"物"的层面要完善学科空间资源，提供项目建设资金，建设校本培训中心，制定评价考核标准，构建校际合作联盟。

关键词："双新"实施；普通高中；大教学系统；系统思维

　　"普通高中新课标"的颁布开启了我国普通高中教育教学的新纪元，新课程新教材全面实施（简称"双新"实施）迅速成为普通高中教学改革的重头戏。随后，《国务院办公厅关于新时代推进普通高中育人方式改革的指导意见》和《教育部关于做好普通高中新课程新教材实施工作的指导意见》的相继发布以及国家级示范区和示范校的快速启动加快了"双新"实施的步伐。[①] 但研究发现，当前"双新"实施效果不佳，问题频出。例如，"教学质量不高，教学形式单一，教学过程组织松散，课程评价设计不精准"[②]，"课程规划科学性、可行性不足，教育目标、课程内容、实施路径缺乏有效举措"[③]，等等。对此，应借鉴《中国教育现代化

2035》的核心精神——"改革先行，系统推进"，以及刘月霞等学者的实施建议——"普通高中课程实施是一项复杂的系统工程，需要做好系统规划"。[④] 总而言之，构建"复杂的系统工程"型的大教学系统已成为解决"双新"实施中难点和问题的关键举措。

一、普通高中"双新"实施大教学系统的基本要素

　　大教学系统是指超越传统以课堂教学为核心之"小教学系统"的教学系统，虽然仍以"教学设计—教学实施—教学评价"为主要内容，但同时又增加了"教学规划""教学开发""教学研究"等内容模块，并以专家引领指导、螺旋循环演进、学科内

基金项目：本文系江苏省社科基金项目"服务于'双减'实施的高度教学研究"（项目编号：22JYB005）的研究成果。

作者简介：程岭，江苏师范大学教育科学学院副教授，博士，主要从事课程与教学论研究。

① 编辑部：《高中"新课程新教材"实施，撬动育人方式变革——上海中学"双新"实施学科教学展示暨校长论坛举行》，《现代基础教育研究》2021年第2期，插页三、四。

② 丁玉祥，田家英：《新课改背景下普通高中课程实施质量督导评估》，《教学与管理》2021年第19期，第21-24页。

③ 李进，何成刚：《区域高质量实施普通高中新课程新教材的实践路径》，《基础教育课程》2022年第Z1期，第4-10页。

④ 刘月霞：《如何扎实推进修订后的普通高中课程实施》，《人民教育》2018年第5期，第49-53页。

协同合作、学科间有机联络为主要特征的教学系统。借鉴分析哲学的理论可知,构建"双新"实施大教学系统首先需要对其基本要素进行论证。分析发现,大教学系统包含大目标、大流程、大团队和大课堂四大要素。

1."大目标"的引领

"大目标"是指跨学科、跨课程、跨课堂且具有综合性、全面性、整体性等特征的教学目标。[①]培养学生核心素养是当下普通高中教育教学的"大目标",已被写入新课程标准,成为"双新"实施的目标导引。"大目标"的引领,有利于学科整合、知识融合、技能综合,促进学生全面和谐健康发展。因此,"双新"实施,首先要设定学生全面发展之"大目标",然后在"大目标"指引下分解"学科小目标"。

2."大流程"的框定

"大流程"是以系统思维为指导,把"大概念""大单元""结构化""主题性""情境化"融为一体的工作流程。"双新"实施的核心理念为:精选学科内容,以学科大概念为核心,使课程内容结构化,以主题为引领,使课程内容情境化,促进学科核心素养落实。对此,相关研究在解读时会片面化,并孤立地选择"大概念""大单元""结构化""主题化""情境化"等单一概念进行碎片式研究。这虽然也能对"双新"实施提供一定的启发与借鉴,但会割裂"双新"实施教学活动的整体性和系统性,会割裂学生发展的完整性。质言之,上述概念是内在相关、一体化、协同性的,需要全面观照、整体设计。

3."大团队"的协作

"大团队"是指由多个小团队组成的团队,也即由多学科的教师以及校外专家组成的教学团队。因为"双新"实施是一项头绪繁多、内容繁杂、任务繁重的大教学活动,需要"大团队"协同完成。此外,"大目标"与"大流程"的内在特质也决定了"大团队"应成为核心力量:要跨学科、跨课程、跨课堂思考,着眼学科融合、课程整合、课堂综合的广阔视野去运作,内在同时蕴含"课程审议""课程整合""资源开发""主题研修""阶段评价"等多项"大"活动;同时,"双新"实施涉及"大目标"制定、"大概念"确定、"大主题"选定、"结构化"商定、"情境化"议定等多个复杂环节、多项连锁工程,因此,"大团队"协作不可或缺。

4."大课堂"的承载

大课堂是指联合校内、校外学习场域,整合多维资源,统合自主学习与实践创新的课堂。"新课程标准"要求高中学校逐步改革课堂:调整课堂时长,增加实践课堂,使课内外融为一体。有学者在解读时也明确提出,要设计"学生展示的课堂",增加"各学科动手活动"的课堂。[②]这种"大课堂"既包括教师主导的传统课堂,也包括学生自主的创新课堂;既包括教室中的传统课堂,也包括教室之外的校园课堂,还包括校外的自然"大课堂"和社会"大课堂",亦即"把全社会都变成了学生学习发展的大课堂"。[③]

二、普通高中"双新"实施大教学系统的基本框架

构建"双新"实施大教学系统的核心任务是拟定基本框架,由此形成系统化的工作程序。梳理文献发现,加涅的 ADDIE 模式(分析—设计—开发—实施—评价)最具系统性[④],对"双新"实施具有重要的指导借鉴意义。对于 ADDIE 模式的援引,不仅在于其是系统性教学设计的典范,更重要的是其契合了"双新"实施的内在需要。进一步探究发现,威金斯兼具"逆向设计、宏观设计"思想和系统性特征的"追求理解的教学设计模式(UbD 模式)"——"计划—修订—教学—评估—反思—调整"[⑤]——也可作为重要的理论依据。因为 UbD 模式不仅具有系统性,而且契合"双新"实施内蕴的超循环机理。超循环"是循环的衍生物,是循环的循环"。[⑥]"双新"实施需要超循环,需要不断地探索创新和经验继承。所以,超循环也应成为"双新"实施的重要遵循。综上,ADDIE 模式与 UbD

---

① 石中英:《推进新时代普通高中育人方式改革要处理好三个关系》,《中国教育学刊》2019年第9期,第27-31页。
② 张卓玉:《2017版普通高中课程方案与课程标准实施建议》,《人民教育》2018年第3-4期,第43-44页。
③ 曹培杰,孙立会:《把全社会变成学生学习的大课堂》,《现代远程教育研究》2021年第1期,第49-55页。
④ R.M.加涅,W.W.韦杰等:《教学设计原理》,华东师范大学出版社2014年版,第21页。
⑤ 格兰特·威金斯,杰伊·麦克泰格:《追求理解的教学设计》,华东师范大学出版社2020年版,第17页。
⑥ 苗东升:《系统科学大学讲稿》,中国人民大学出版社2010年版,第272页。

模式相耦合,所形成的"规划—设计—开发—施教[①]—评价(及改进)超循环"框架体系是"双新"实施大教学系统的基本框架。

三、普通高中"双新"实施大教学系统的"三理"逻辑

"双新"实施是一项"工程性"工作[②],需要基于工程建设的"事—人—物"[③]三理协同理论来综合考量,这样才能产生"整体涌现性"[④],生发出应然效果。

1. "事"的逻辑

(1)规划环节:规划大目标,规划分目标

"确定学校的教学使命、明确学校与学科的教学目标"是教学规划的首要任务。[⑤]因此,"双新"实施教学规划要做好两项工作:规划整体大目标和学科分目标。规划整体大目标是对学校的教学工作做好顶层设计。为此,学校团队可以基于"新时代教育理念、新课程标准要求、学校育人目标、学校教育传统、学生发展方向"[⑥]来统筹规划。规划学科分目标是指对新课程标准中的学科建设指导性目标基于校情进行校本化重构,以形成具有校本特色的学科发展规划蓝图。为此,学校可以基于"课程教学、校本教研、信念作风、队伍建设、知识管理、特色建设"[⑦]六个方面进行规划设计。

(2)设计环节:选择大概念,设计大项目

规划环节的工作属于顶层工作,"双新"的科学实施,还需要中观、微观工作的协同跟进,而中观层面的主要工作即教学设计。加涅认为,教学设计是"呈现要学习的概念、程序和原理的概要"。[⑧]在"双新"实施上,其主要包括选择大概念

和设计大项目。选择大概念,既要聚焦学科内"核心概念",又要观照学科间"共通概念",同时还要充分结合学科规划目标、学科核心素养、学科任务群、学校已有经验以及学科间的相互联系来梳理与遴选,最终形成金字塔式的"大概念体系"。有研究提出,"设计学生学习多元项目,让项目学习常态化是促进学生掌握大概念、不断推进概念学习进阶的最佳路径"。[⑨]所以,大概念的落地需要设计大项目。对此,相关团队首先要基于学科大概念开展头脑风暴,分解出若干"项目指南"条目;然后,结合学校需求筛选形成年度项目指南;再次,发布申报公告,鼓励教师及团队积极申报;最后,遴选出申报项目并提出建设意见。

(3)开发环节:主题化开发,结构性优化

综合考量,"开发环节"需要着眼两个方面:一是项目参评之前的开发与设计,开发出活动主题。因为"主题贯穿"是课程开发的首要策略[⑩],其主体是主题化开发。主题化开发需要相关团队着眼于教材开发的六大要素——目的、目标、内容、形式、场域、评价,并通过审议活动来开发[⑪],以形成主题化、整体性的实施内容。二是项目立项之后的开发与设计,制定嵌入式、结构化的资源与机制。结构性优化,即对项目内外的教学活动进行优化整合,其着眼于教师的创造性设计。这需要相关团队综合考虑课时安排、空间搭配、场馆利用、人员调配以及学科融合等,由此形成统整机制、优化机制[⑫],使项目实施与其他教学活动形成有机教学序列。

(4)施教环节:班本化预设,情境化施教

施教环节的工作是相对微观层面的工作,主

---

① 为避免内容重复与逻辑混乱,本研究把此处的"实施"换成了"施教"。

② 刘庆昌:《教育工学的范围和基础》,《社会科学战线》2014年第2期,第201-209页。

③ 孙根年:《事—物—人"三理和谐"与复杂地理问题研究》,《自然辩证法研究》2005年第1期,第13-16页。

④ "涌现"是动态系统的重要特征,是指新的形式或性能通过系统本身的内在变化而突然产生的现象。参见:Lewis M. D. ,"The Promise of Dynamic Systems Approaches for an Integrated Account of Human Development",*Child Development*,Vol. 71,no. 1(2000),pp. 36-43.

⑤ 赵德成:《教学领导力:内涵、测评及未来研究方向》,《外国教育研究》2013年第4期,第96-103页。

⑥ 王自勇:《深化课程内涵,加强学科建设》,《基础教育参考》2014年第18期,第37-44页。

⑦ 唐江澎:《学科建设,决定学校的教育高度》,《人民教育》2014年第13期,第12-18页。

⑧ R. M. 加涅,W. W. 韦杰,等:《教学设计原理》,华东师范大学出版社2014年版,第153页。

⑨ 李振文:《核心概念的学习进阶:促进项目学习常态化的有效路径》,《课程·教材·教法》2020年第5期,第119-125页。

⑩ 万伟:《课程的力量》,华东师范大学出版社2021年版,第98页。

⑪ 钟启泉:《现代课程论(新版)》,上海教育出版社2003年版,第266页。

⑫ 张军瑾:《深度统整与持续优化:项目化学习的系统设计与实施》,《中小学管理》2020年第8期,第20-22页。

要包括两项内容:班本化预设和情境化施教。班本化预设是指教师基于上一环节的主题化、结构化内容,充分结合班级的生情、学情以及个人的教学主张、教学风格、技术艺术来预设。情境化落实是指教师基于班本化预设,结合教学情境、环境、场景来开展教学活动。为此,教师一方面要重视多元情境的创建与引入,另一方面要利用好情境的启发、引领、濡化作用,密切关注学生的学习状态,促进核心素养在情境中高效、高阶生成。

(5)评价环节:阶段化评价,择优化储存

评价既是对大教学活动阶段成果的检验,又是对相关教学经验的总结。阶段化评价是指评价团队阶段性地对教学团队的工作进行评判与指导。为此,评价团队一方面要制定各个学科的评价标准,另一方面要持续开展跟踪性评价,确保"双新"实施。择优化储存是指评价团队定期对各学科项目设计、教学设计和课堂教学进行评价与评选,评选出若干优秀案例,分类存入学校案例库。在择优化遴选上,评价团队一要坚持评价标准,坚持公平公正,保证质量水平;二要督促相关教师把评选出的优秀案例整理成可方便保存的电子资料;三要监督指导后勤团队建好学校教学案例库,方便教师日常学习、参考借鉴。

2."人"的机制

"人"层面的机制,即建设团队工作机制方面的内容,在此方面,崔允漷、马云鹏等学者认为"课程领导"和"教师培训"要同步实施[1][2],刘月霞认为"领导统筹、组织分工、专业指导"以及"分权、赋责、增能,促进教师专业发展"不可或缺[3],邵朝友等认为"教师合作"是重中之重[4],孙玉丽等认为"U—S合作"及"校际合作"是必要支撑。[5] 本研究对上述研究结论加以借鉴,并认为合作制、分团制、首席制、督培制和外聘制必不可少。

(1)任务分担、攻坚克难需要合作制

合作制即团队合作制,是指学校指导并帮助教师组建合作团队,形成教师工作与发展共同体,协同完成"双新"实施任务。引入合作制的原因在于:一是教师个体时间、精力、能力的有限与"双新"实施任务繁重、复杂、持续之间的矛盾;二是教师个体知识、技能有限,只有与他人合作才能更好地攻坚克难。

(2)多环实施、优势发挥需要分团制

分团制又叫多团制、分团合作制,是指学校按照工作需要把学科教师分成任务不同的多个工作团队,各团队各司其职,协同工作完成任务。分团制的"引入"来自两个方面的要求:一是为使"双新"多环节、多任务高效实施,需要不同的教师按其能力特质和素养水平承担不同的工作任务;二是具有某方面特长的教师依其能力特质承担"特殊"的工作,譬如,具有领导力和策划力的教师可以负责规划设计,具有研究力和组织力的教师可以负责研究探索等。

(3)教学领导、潜能挖掘需要首席制

首席制是指学校为每个学科团队设立首席教师。首席教师由学校选聘产生,全权负责团队建设工作。"双新"实施是一项充满障碍、矛盾、挑战与风险的探索性工作,需要有一位起到关键作用的教师来领衔。此外首席制是信任机制,也是赋权增能机制,对于提升教师专业化水平和发挥课程领导作用都具有重要而积极的意义。

(4)高效实施、教师发展需要督培制

督培制是指学校建立科学性的督导、培训制度和专业化的督导、培训团队,为"双新"实施工作开展以及教师专业发展提供督导培训服务。督培制的设计既源于新课程标准和两个指导意见的明确要求——"开展学校教育督导""加强教师培训与研修",也来自课改专家的实施建议。

(5)创新开拓、公平竞争需要外聘制

外聘制是指学校通过聘请、合作、结盟、协议等方式外聘专家,为学校"双新"实施服务。"双新"实施需要实践与研究并重,但基础一线教师长于教学但拙于研究,外聘专家能够弥补这方面的短板;首席教师选聘,过程督导评价,教师目标考核都需要公平。为实现上述公平、激励公平竞争,则

① 崔允漷:《学校课程发展"中国模式"的建构与实践》,《全球教育展望》2019年第10期,第73-84页。

② 马云鹏,等:《我国课程实施研究20年回顾与展望》,《教育研究与实验》2019年第5期,第38-44页。

③ 刘月霞:《如何扎实推进修订后的普通高中课程实施》,《人民教育》2018年第5期,第49-53页。

④ 邵朝友,等:《促进课程标准落实与教师合作发展——共同形成性评价的剖析》,《教育发展研究》2020年第10期,第37-43页。

⑤ 孙玉丽,杨建超:《政府与普通高中多样化发展的三种关系》,《湖南师范大学教育科学学报》2016年第2期,第81-86页。

需要第三方参与的外聘制。

3."物"的保障

"物"的保障内容繁多，需要科学地选择。本研究基于教育管理学中的控制理论分析获知①，重点在于对空间资源、物质资源、经费资源、人力资源、信息资源和实施结果进行控制与建设。

（1）完善学科空间资源

完善学科空间资源是指学校为各个学科提供学科工作室、学科专用教室②、教师研修场所等空间和资源。其意义在于促进教师自组织实施，以及大教学系统的有序运行。

（2）提供项目建设资金

提供项目建设资金是指学校为每个项目提供专项资金，也即为各个项目的专题化开发和实施提供专门的建设经费。提供项目建设资金的意义在于促进教师教学研合一和项目正常化实施。

（3）建设校本培训中心

建设校本培训中心是指学校充分利用自身条件及外部资源，建立学校的教师培训中心（设立师培管理部门，构建教师培训团队、教师发展目标、教师团队文化、教师培训课程），为教师专业发展及教学改革创新服务。建设校本培训中心的意义在于促进教师阶梯化成长和团队优质化发展。

（4）制定评价考核标准

学校需要为各个学科的教学活动、项目实施以及教师的专业发展，制定相应的评价考核标准。制定评价考核标准的价值在于，促进教师高质量发展，维护学校教学工作科学化运转。

（5）构建校际合作联盟

构建校际合作联盟是指学校与兄弟学校（也可以是科研院所、高等院校、企事业单位）等结盟合作，互借课程、人员、智慧、技术、设施、项目、基地等资源，为学校"双新"实施服务，也可以共建协同创新平台，推进协同育人。构建校际合作联盟的意义在于，促进教师跨学校合作和校际互惠式发展。

Research on the Implementation of "New Curriculum New Textbooks" Teaching Large System in High Schools

CHENG Ling

（Institute of Education Sciences，Jiangsu Normal University，Xuzhou Jiangsu，221116）

Abstract：Building a large teaching system is the key task for the implementation of "New Curriculum New Textbooks" in ordinary high schools. Big goals, big processes, big teams and big classrooms are its core elements. Drawing on the design theories of Gagne and Wiggins, a basic framework can be formed："planning – design – development – teaching – evaluation" supercyclic. The implementation of "New Curriculum New Textbooks" is an "engineering" work, which needs to be constructed according to the principle：At the level of "management", it needs to plan big goals, plan sub goals, select big concepts, design big projects, thematic development, structural optimization, class based predesign, situational teaching, phased evaluation, and select optimized storage；At the level of "human resource management", we should implement the cooperation system, subgroup system, chief system, supervision and training system and external employment system；At the "physics" level, we should improve discipline space resources, provide project construction funds, build school-based training centers, formulate evaluation and assessment standards, and build inter school cooperation alliances.

Key words：the implementation of"New Curriculum New Textbooks"，ordinary high school，large teaching system，systematic thinking

① 研究指出，在学校管理中，"物质"层面的控制主要包括目标控制（前文已述）、行为控制（前文已述）、资源使用控制（主要包括人力资源、经费资源、物质资源、信息资源和空间资源等）和结果控制。参见段锐：《实施战略管理，优化学科资源配置》，《中国高等教育》2012年第8期，第37-39页。

② 这种教室又是"课程发展的行动研究实验室"。参见黄光雄，蔡清田：《核心素养：课程发展与设计新论》，华东师范大学出版社2018年版，第77页。

第四代教育中的教学礼节探讨

丁念金

（上海师范大学 教育学院,上海 200234）

摘　要： 教学礼节是教学活动体系中体现教学伦理情感的行为准则体系。重建教学礼节的主要依据有：人性,当代主流价值观的有关要求,传统文化中的积极成分,当代教学礼节中的合理成分,教学的多重使命,激发学习潜能的机制。第四代教育中教学礼节的主要构成有：积极地对待教学主体的人格,教学主体各方都坚守自己的使命和角色,重新摆正教学主体之间的伦理关系,对文化成果保持敬重,适度地差异对待,适当地设计和践行教学礼仪。

关键词： 第四代教育；教学礼节；依据；构成

为了在教学中更好地体现"人"的特性和真善美的价值,充分地优化人们的教学行为,需要有一套适宜的教学礼节。教学礼节一直以一定的形式存在着,不过,随着教育的迭代性系统革新,教学礼节也需要系统性革新甚至重建。当前,教育的迭代性系统革新,总体的创建是迈向第四代教育。本文拟探讨第四代教育中的教学礼节问题,指出教学礼节重建是第四代教育创建的一个重要部分。

一、为什么重建：第四代教育中教学礼节的意义

1. 第四代教育须重建教学礼节

当前,人类的教育发展已经经历了三代。第一代教育是在远古社会,或者说原始社会,与原始文明相对应,那时的教育几乎尚无学校教育。第二代教育是在古代社会,与之相对应的文明是以农业文明为主导的多样化的文明结构,那时产生了学校教育,即第一代学校。第三代教育是在近现代,与之相对应的文明是以工业文明为主导的多样化的文明结构,在第三代教育中,学校发展为第二代学校。目前,学校正在向第三代学校全面而深刻地发展变化[①],而第三代学校所属的总的教育体系则在向第四代教育发展变化,与第四代教育相对应的文明将是以生态文明为主导的多样化的文明结构。[②] 这里的生态,包括人自身的生态。

第四代教育须重建教学礼节,这是因为：第一,第三代教育的教学礼节有失完备。第三代教育所属的近现代时期,整个文化基本上以西方文化为主导,各国在一定程度上试图按西方文化的模式实现现代化,因此,纷纷打破自己原有的文化体系。原有的文化体系被打破以后,由于文化冲突一直存在,文化整合的任务没有顺利完成。因此,许多民族国家没有完备地构建自己新的文化体系,包括新的礼节体系。在此背景之下,教学礼节也不可能完备地构建起来。第二,第四代教育

作者简介： 丁念金,上海师范大学教育学院教授,博士生导师,博士,主要从事课程与教学论、教育哲学等研究。

① 丁念金：《论第三代学校的核心使命》,《南京社会科学》2015 年第 5 期,第 130—132 页。

② 丁念金：《第四代教育中教师基本角色的探讨》,《现代基础教育研究》2021 年第 1 期,第 24—25 页。

要有全面而深刻的革新,这种革新就包括教学礼节的更新。第四代教育所处的整个世界在发生全面而深刻的变化,与过去世界相对应的教学礼节也已经不适合新的形势发展要求。我们需要构建一套新的教学礼节,这些教学礼节虽然有许多要素是过去传承下来的,但就整体而言将是新的。新的教学礼节的构建不但是适应新世界的需要,而且是创造新世界的一个部分。第三,现有的教学礼节存在较多不合宜之处,这也正是师生冲突等现象发生的主要原因。甚至,学校教育对部分学生造成严重伤害[①],其主要原因之一就是教学礼节的不合时宜。

2. 教学礼节的概念

首先,我们来看"礼""节"各自的含义。"礼节"的重心在于"礼"。《汉语大词典》对"礼"的相关解释包括:敬神;社会生活中由于风俗习惯而形成的行为准则、道德规范和各种礼节;礼遇,厚待;庄严,有威仪。[②]《中国大百科全书》(第二版)对"礼"的解释是:最初是指祭神时的器物和仪式,后演变为一种社会生活规范和道德规范。[③]《辞海》对"礼"的相关解释包括:敬神;社会生活中由于风俗习惯而形成的为大家共同遵奉的仪式;泛指古代贵族等级制的社会规范和道德规范;即"仪礼"。[④]而"节"也有多重含义,"礼节"中的"节"有"节制、管束"之意,同时也有"礼节"之意。[⑤]

我们再来看"礼节"的含义。"礼"常常与"节"联用,形成"礼节"术语。《汉语大词典》对"礼节"的解释为:礼仪规矩。[⑥]《大辞海》对"礼节"的解释亦为"礼仪规矩"。[⑦]《中国大百科全书》(第二版)对"礼节"的解释是:"人际交往中公认的表达尊敬、祝贺、感谢、关心、哀怜之类情感的行为准则体系……根据这种准则,人们知道应该如何对待其他人,别人应该如何对待自己,否则为失礼……礼节对涉及的交际双方的行为都有规定……礼节可以展现为语言、动作、物质等形式。"[⑧]

接着,我们来看"教学"的概念。"教学"是一个常用的术语,但不同文献中的概念界定往往有很大的区别。顾明远主编的《中国教育大百科全书》将各种相关界定划分为五个层次:其一是最广义的理解。一切学习、自学、教育、科研、劳动以及生活本身,都是教学。其二是广义的理解。与"教育"一词通常表示的含义没有区别,但区别于生活中一般的学习或自学。其三是狭义的教学。教学是教育的一部分,也是其基本途径。教学是教育目的规范下的、教师的教与学生的学共同组成的一种教育活动。其四是更狭义的教学。教学在有的场合下被理解为是学生学会各种活动方法和技能的过程,如在小学阶段教学生阅读、写字、算术等。其五是具体的教学。这一理解认为上述四种类型的教学都是抽象的教学。事实上,教学是具体的,与一定的时间、地点和条件相联系。[⑨]这里基本上选用狭义的"教学"含义,即教师的教与学生的学共同组成的一种教育活动。显然,教学中的主体(即教学主体)包括作为"教"的主体的教师和作为"学"的主体的学生。

最后,我们来看"教学礼节"的概念。教学礼节,作为教学活动体系中的礼节,是指教学活动体系中体现教学伦理情感的行为准则体系。这个定义有以下几个要点:其一,教学礼节是一个行为准则体系,这个体系直接表现为各种有关的行为举止,而其行为体现一定的规范、准则;其二,这个行为准则体系承载着各种相应的伦理情感,诸如尊敬、尊重、祝贺、感谢、关心、哀怜、仁爱等;其三,这个行为准则体系与教学直接关联。教学礼节与教学礼仪有联系也有区别。联系主要在于:两者都代表着一定的礼,体现了一定的行为准则,承载了

① 柯尔斯滕·奥尔森:《学校会伤人:反对学校旧文化,重拾学习的乐趣》,孙玫璐译,华东师范大学出版社2014年版,第45—67页。

② 汉语大词典编辑委员会汉语大词典编纂处:《汉语大词典》(第七卷),上海辞书出版社2011年版,第958页。

③ 《中国大百科全书》总编委会:《中国大百科全书》(第二版)(第13卷),中国大百科全书出版社2009年版,第478页。

④ 辞海编辑委员会:《辞海》(第七版彩图本),上海辞书出版社2020年版,第2566页。

⑤ 汉语大词典编辑委员会汉语大词典编纂处:《汉语大词典》(第八卷),上海辞书出版社2011年版,第1173页。

⑥ 汉语大词典编辑委员会汉语大词典编纂处:《汉语大词典》(第七卷),上海辞书出版社2011年版,第963页。

⑦ 大辞海编辑委员会:《大辞海·语词卷》,上海辞书出版社2011年版,第2044页。

⑧ 《中国大百科全书》总编委会:《中国大百科全书》(第二版)(第13卷),中国大百科全书出版社2009年版,第478页。

⑨ 顾明远:《中国教育大百科全书》,上海教育出版社2012年版,第607页。

一定的伦理情感,在有教学礼仪的情况下必定有教学礼节的内容。区别主要在于:教学礼仪不仅有教学礼节的内容,而且会以一定的仪式表现出来,但有教学礼节未必有教学礼仪,因为教学礼节的内容未必都表现为礼仪的形式。

3. 教学礼节的重要性

其一,教学礼节是教学伦理的集中体现之一。人是伦理的存在,有人的地方必定有伦理,教学活动中也是如此。那么,如何在教学实践中体现教学伦理呢?其中重要的体现路径之一是教学礼节。通过教学礼节,能够使教学活动变得更加符合教学伦理,尤其是体现师生之间、学生与学生之间、教师与文化之间、学生与文化之间的伦理关系,训练和陶冶教师和学生的德性,充实教师和学生的伦理生活。

其二,教学礼节是增强教学审美内涵的一种重要形式。在教学礼节中,可以增加体现审美内涵的活动及材料,而且礼节活动本身可以以美的形式来展现。先秦时期人们就看到了这一点,例如《礼记》有言:"礼,释回,增美质。"① 也就是说,礼可以增加美的内涵。当然,礼中的美,更多的是内在的美,而不只是形式的美。

其三,有利于激发学生的学习潜能。通过教学礼节,能够适当地体现相对稳定的伦理情感,增强各方对教学综合效果的期望,提升学生所要学习的文化的庄重感,充实和增强师生之间的互动气氛,并驱动学生学习的文化情境。在这种文化情境中的学生,学习动力会增强,从而充分激发学习潜能。

其四,有利于提升教师的成就感和重视度,从而激发教师的潜能。通过合宜的教学礼节,可以增强尊师爱生的气氛,增强"在真理面前人人平等"的学习精神,提升教师工作的庄重感,从而充分激发教师的潜能,包括教的潜能和自己学习的潜能,能够提升教师工作的效能。

其五,增强人们传承和创造文化的动力。教学活动的主要内容是相关的文化内容和形式。通过教学礼节,可以大力提升相关文化内容和形式的庄重度,这种庄重是真、善、美相结合的一种重要展现,通过这种展现,会提升人们对文化的重视度,从而增强人们传承、创造文化的动力。关于礼节在整个文化体系中的重要性,人们已早有认识,例如《汉书·董仲舒传》有言:"明于天性,知自贵于物;知自贵于物,然后知仁谊;知仁谊,然后重礼节;重礼节,然后安处善;安处善,然后乐循理;乐循理,然后谓之君子。"② 在今天和未来,这类认识值得发扬光大。

二、基于什么重建:第四代教育中教学礼节的依据

1. 人性

礼节主要体现在人的交往活动中。教学是人的活动,其中本质性维度之一是人与人之间的交往,基于此,"交往说"成为教学本质观的典型观点之一。③ 而人的交往活动,一个根本性的层面是人性。教学礼节应该符合人性。要使教学活动成为一种具有充分积极性的活动,就要正确地看待人性。这特别要注重以下几点:其一,人性尽管变化多端,但是确实是存在的;其二,人性是多维度的存在,例如人的本质、需要、潜能、善恶倾向等维度;其三,人性是可变的,关于此,许多思想家做了论述,例如,马克思强调:"整个历史也无非是人类本性的不断改变而已。"④ 约翰·杜威也详细论述了人性是可变的,具有可塑性。⑤ 传统社会中的有些教学礼节,例如要求学生经常行跪拜之礼,已经不符合当代的人性。第四代教育中的教学礼节要符合当今人性的状况和趋势。

2. 当代主流价值观的有关要求

教学礼节体现一定的文化,而文化的核心是价值观。当前的价值观之所以成为主流价值观,是因为符合人类在当代历史情境下部分的主流需要,因此当代主流价值观的相关要求应该遵循。

---

① 《四书五经》,陈戌国点校,岳麓书社1991年版,第519页。
② 班固:《汉书》,颜师古注,中华书局2000年版,第1913页。
③ 张广君:《教学本体论》,甘肃教育出版社2002年版,第272页。
④ 马克思,恩格斯:《马克思恩格斯选集》(第1卷),人民出版社1995年版,第172页。
⑤ 约翰·杜威:《人的问题》,傅统先,邱椿译,上海人民出版社1965年版,第150-155页。

例如自由、平等、民主等，这些都是当下主流价值。其中自由、平等、民主，也是我国社会主义核心价值观中的重要内容。换句话说，自由、平等、民主等要求是第四代教育中教学礼节的重要依据之一。总之，近年来，当代主流价值观已经成为师生交往中重要的诉求，而且正在成为新的教学礼节的基础，这是我们重建第四代教育中的教学礼节的重要依据之一。

3. 传统文化中的积极成分

教学礼节与文化密切相关。总体上说，第四代教育不同于传统教育，第四代教育所处的文化也不同于各国的传统文化。不过，不能完全抛弃传统文化。当代文化是在传统文化的基础上成长起来的，而且有些文化要素在一定程度上是恒久的，传统文化中的许多成分到现在和将来还属于积极的成分，因此，应该保留和体现。在一定范围内可以认为，"传统应该被当作是有价值生活的必要构成部分"，"实质性传统就值得保存、积极培植和精心保护"。① 例如，各国传统文化中一般都有"尊重人"的观念，现今和未来，这种观念依然应该作为重建教学礼节的重要依据。

4. 教学的多重使命

教学礼节的构建，需要将教学使命作为依据之一。教学的使命是多重的，其中主要包括：其一，教学是学生素质发展的重要途径之一，当然，不是学生素质发展的唯一途径，而且实施教育也不是以教学为唯一途径；其二，教学也是教师素质发展的重要途径之一，因为人是要终生发展的，尤其是教师，在教学中也要实现自身的发展；其三，教学是传承文化的重要途径之一；其四，教学也是创造文化的重要途径之一，即教学不只是学习现成的文化，也要创造出一些新的文化要素；其五，教学是教学主体生命运动的一种重要类型，它具有生命的意蕴。重建起来的第四代教育中的教学礼节，要有利于完成教学的多重使命。

5. 激发学习潜能的机制

好的教学礼节应该有利于激发学生的学习潜能。教学肩负着的人类基本使命之一，是有效地促进个体的素质发展。而素质的高水平发展，一个特别关键的条件是充分激发学习潜能。教学礼节不应束缚教学主体的学习潜能，而要有利于学习潜能的激发，这就要以学习潜能激发的机制为依据之一，这个问题很复杂，要特别注意以下三点：其一，要有利于减轻学与教的负担，因此，教学礼节不宜花费太多时间，应该尽量简单；其二，教学主体要有真实而饱满的情感，以这样的情感来达到相互激发和相互推动，才能够助力于教学主体潜能的充分激发；其三，充分认可教学主体各方的巨大的发展空间，包括人性潜能、已有努力和成绩、相关资源等带来的巨大的发展空间。

6. 当代教学礼节中的合理成分

教学礼节的重建应该体现一定的继承性。在当代的教学现实中，教学礼节普遍存在。总体而言，当代教学中的教学礼节具有如下特点：其一，不同文化体系中教学礼节的多元性，尤其是在西方文化与中国文化之间，教学礼节大为不同。例如，西方文化中的教学礼节更加重视师生平等。其二，在同一种文化体系中，往往也存在文化冲突，因此，教学礼节也存在冲突。例如在中国，在有些情况下强调师生平等和教学民主，而在有些情况下则存在师生不平等的现象，强调教师权威，不同情况之间缺乏统整性。其三，由于世界存在较多的不确定性，教学礼节随着时间和具体情境而变化，也存在不确定性。在当代纷繁多变的教学礼节中，有许多合理的成分，这是我们重建教学礼节的又一个重要依据。

三、重建成什么样子：第四代教育中教学礼节的构成

1. 积极地对待教学主体的人格

人是有人性的，在现实性的层面，人性相对完整地表现为人格。基于对人性的正视，在教学中，基本的礼节之一是教学主体积极地对待人的人格。这具体表现为以下几点：其一，教学主体每个人都要对自己有基本的尊重，不贬低自己。其二，教师对于学生、学生对于教师、学生对于其他学生，无论对方具体情况如何，都应该对对方有基本的尊重，而不贬低和侮辱对方。对所有人都有基本的尊重，是当代人类社会的一种普遍的价值，例

① 爱德华·希尔斯：《论传统》，傅铿、吕乐译，上海人民出版社 2009 年版，第 355 页。

如,伊斯雷尔·谢弗勒强调,人类具有共同的人性,即获得基本的尊重的需要,在任何情况下,都应该将对人的基本的尊重放在首要的地位。① 又如,有研究表明,文化发展的一个重要方向是尊重每一个人。② 其三,教师与学生、学生与学生之间要彼此同情、关心和热爱。其四,由于人格都需要不断优化,因此,任何一位教学主体都要寻求自己的言行有利于与之交往的人,不断地走向优化,对于对方不合适的方面都应该积极地、以适当的方式提醒、提出意见和改善建议。

2. 教学主体各方都坚守自己的使命和角色

教学行为的主要指向是完成其使命,人是基于自己的角色来执行使命的。教学礼节的主要内容之一是教学主体各方对自己的教学使命和角色的坚守。这种坚守具体表现为多个方面,诸如:教师不应该进行太多的与教无关的行为,而应该以教为主。当然,这里的"教"是广义上的,包括激励、指导、讲解、示范、督促、检查、评价等;学生也不应该进行太多的学习以外的行为,而应该以学习为主。当然,这里的学习不只是书本知识的学习,而是全面的学习,也在一定程度上是个性化的学习;教学主体相互之间不能妨碍对方的主要行为;教学主体不能为了有足够时间发展兴趣爱好,而在教学活动上产生偏离;教师也不能剥夺自己和学生的文化创造的使命。

3. 重新摆正教学主体之间的伦理关系

教学礼节是一个伦理范畴,其主要的直接内涵是教学主体之间的伦理关系。这是教学主体关系的重要维度之一,历来受到高度的重视。不过,在第四代教育中,教学主体之间的伦理关系需要重新摆正。具体来说,特别要注意如下几点:教师与学生之间是平等的(尽管这种平等是相对的),这是新师道精神的重要内涵之一。③ 不应要求学生对教师行跪拜之礼,也不应要求学生唯师是从,不应把教师视为权威,而应该把教师视为平等主体群体中的引领者。学生应该对教师保持尊敬,但又在一定程度上是独立的个体,因此,应该允许学生有独立学习的权利和空间。学生可以对教师的言行进行质疑,当然,在质疑的过程中要保持对教师人格的尊敬。学生之间一律平等,教师对学生要一视同仁,学生之间的交往要平等。教师可以而且应该对学生的学习与发展进行合理的评价,当然,在评价时要对学生有基本的尊重。

4. 对文化成果保持敬重

教学活动过程在较大程度上是与文化成果打交道的过程,而文化成果是人类智慧的结晶,是人类生命活动的结晶,应该受到敬重,这是教学礼节之一。具体来说,这主要表现为:对文化成果本身保持敬重,并且立志将其学习好,像朱熹所说的做到"居敬持志"④,即无论如何艰难,都不回避对文化的学习;对文化成果的创造者保持敬重,这种敬重可以在个体的心理和行为方面表现出来;爱护文化成果的载体,例如,珍惜爱护书籍;对特别优质的文化成果有赞美之意,因为对体现美好和崇高的文化成果有所赞美,不仅是应有之义,而且有利于人们看到人世间的美好和崇高,体认教学生活的美好,增强教学的幸福感和活动的动力;对于已经"不合时宜"的文化成果,而应基于相应的历史情境达成理解,看到这些文化成果对于相应历史情境的适合性和珍贵性。

5. 适度地差异对待

人与人之间、人的成果之间是存在客观差异的,这是教学礼节不能回避的。特别突出的一种情况是,中国传统社会的礼,本质上就是辨别差异的。正如荀子所说:"礼者……贵贱有等,长幼有差,贫富轻重皆有称者也。"⑤ 这有一定的合理性,但又过于突出和强化了差异,因此,导致人与人之间过度的等级化。第四代教育应该合适地对待差异。具体来说,这主要表现为:对待教师与学生是有差异的,师生之间的平等是相对的而不是绝对的,对学生的礼节的关键之一是尊重,而对教师的礼节的关键之一是尊敬;对待不同质量的文化成

① 伊斯雷尔·谢弗勒:《人类的潜能——一项教育哲学的研究》,石中英、涂元玲译,华东师范大学出版社2006年版,第38-39页。
② 殷海光:《中国文化的展望》,上海三联书店2009年版,第366-368页。
③ 丁念金:《论中国师道文化的重建》,《南京社会科学》2017年第8期,第154页。
④ 陈国代、姚进生,张品端:《大教育家朱熹》,中国社会科学出版社2010年版,第492-493页。
⑤ 荀子:《荀子》,安小兰译注,中华书局2007年版,第158-159页。

果，也可以有适当的差异，适度地差异并对待，既符合事实，又有利于人们向高品质看齐，见贤思齐，从而推动世界不断地走向美好。

6. 适当地设计和践行教学礼仪

在许多具体情况下，需要以教学礼仪的具体形式来体现教学礼节。教学礼仪是完整的教学礼节的重要构成之一。教学礼仪，一是可以凸显部分特别重要的教学礼节，增强情境和情感的隆重性；二是可以渗透较多的审美元素，有利于以美的意蕴来促进教学主体的相关活动。在第四代教育中，要适当地设计和践行教学礼仪。从实施的实际情境来看，教学礼仪包括两大类：一类是基本的教学礼仪，具体包括教学主体有礼貌的行为举止、对着装的基本礼仪要求（例如，着装应合时宜）、上下课时简短的仪式（例如，师生互相问好）、一门课程结业时的仪式等；另一类是特增的教学仪式，例如，进行特别的教学活动时可以举行相应的仪式，师生取得特别重要的成就时可以举行相应的表彰或庆祝仪式，等等。教学礼仪的设计和实施，要特别注意如下几点：一是尽量简单，所花时间较少；二是尽可能地增加审美内涵；三是氛围渲染要适当，尤其是庆祝和表彰要适当。

A Research into Instructional Etiquette in the Fourth-Era Education

DING Nianjin

（School of Education，Shanghai Normal University，Shanghai，200234）

Abstract：Instructional etiquette is the behavior coding system that embodies ethic feeling in instructional activity system，and the basis of its reconstruction includes human nature，the concerned requirement from contemporary mainstream values，the positive components of traditional cultures，the reasonable components of contemporary instructional etiquettes，the multiple missions of instruction and the mechanism that arouses the potential. The main components of the instructional etiquettes of the fourth-era education include the following aspects：actively treating the personality of the instructional subjects，all sides of instructional subjects sticking to their own missions and roles，resetting the ethical relation among the instructional subjects，keeping reverence for cultural fruits，treating differences appropriately，and designing and carrying out instructional etiquette.

Key words：the fourth-era education，instructional etiquette，basis，composition

《现代基础教育研究》
第47卷，2022年9月 （Research on Modern Basic Education） Vol.47, Sep. 2022

高中生教育公平感指数及差异分析
——基于我国19个省市11535名高中生的实证调查

梁 茜

（上海师范大学 教育学院，上海 200234）

摘 要：学生的公平感是判断教育公平实现程度的重要依据。以群体差异分析的视角，呈现不同区域、学校、年级与班级以及不同成绩的学生在资源配置、评价反馈、平等参与、权利自主、个性关怀和差别对待六个维度的公平感得分，研究发现：区域、校际与班级之间的学生公平感差异主要体现在资源分配上；不同年级和不同成绩学生之间的公平感差异主要体现在差异引领与个性关怀上；资源配置与差异引领是当前教育公平发展中的难点，学生之间的公平感差异大于区域和学校之间。应加强教育资源供给的精准度，保障教育政策实践演绎过程中的程序正义，关注学校内部不同学生的差异化公平体验，构建良好的学校内部公平文化氛围。

关键词：教育公平感；高中；群体差异；学生发展

随着我国教育事业不断发展，绝大多数学生能够享有适龄的入学机会，学生起点公平的改善成效显著。然而，显性的、可量化的入学率指标是教育公平的底线和基础，但无法代表实质的教育公平。在学生进入学校之后，学生的公平感受与表达尤为重要。目前，普通高中育人方式改革的进程体现了对于学生个性化、多样化发展这一高阶公平价值的关注。基于此，本文旨在通过对学生公平感指数的测量及差异性分析，呈现当前我国普通高中教育公平的实然状态与难点，为走向更高阶的公平与更高水平的质量，提供来自学生视角的"证据"与支撑。

一、文献回顾与概念框架

1. 教育公平感的理论溯源

公平理论主要来源于西方的四位政治哲学家提出的分配正义、持有正义、选择正义及承认正义的观点。其中，约翰·罗尔斯（John Bordley Rawls）的分配公平理念主要关注资源的分配过程，提出了不受个人自然资质和社会背景影响，只考量个人能力和努力因素的竞争机会公平，即所有人平等地拥有教育机会；同时，他还重视资源对于处境不利者的针对性补偿。[1] 罗伯特·诺齐克（Robert Nozick）的公平理论要旨在于"社会应尊重个人持有的权利"，认为公平在于承认、尊重和保护个人的权利不受侵犯，而不在于

基金项目：本文系2021年度国家社科基金后期资助优秀博士论文出版项目"普通高中教育过程公平研究"（项目批准号：21FYB069）的部分研究成果。

作者简介：梁茜，上海师范大学教育学院讲师，博士，主要从事教育公平与高中教育改革研究。

[1] 约翰·罗尔斯：《正义论》，何怀宏译，中国社会科学出版社1988年版，第17页。

分配和再分配以达到"平均主义"。[1]罗纳德·德沃金（Ronald Dworkin）的公平理论核心可用"敏于志向，钝于禀赋"来概括，强调个体选择的自由和风险的保障。[2]阿克塞尔·霍耐特（Axel Honneth）则重点关注人与人之间的关系，将爱的承认、法权承认和成就承认阐释为承认正义的三种形式。[3]

以上四种公平理念为我们提供了公平感产生的四种来源，即资源和机会分配的平等、程序执行过程的正义、选择权的享有以及个性承认与关怀；而我们在衡量一件事情是否公平时，往往从是否实现分配平等、是否关注弱势补偿、是否尊重个体的选择与差异性这三个依次递进的层次进行分析。

2. 教育公平感的构成要素

亚当斯（Adams）的组织公平理论，将组织公平划分为分配公平（distributive justice）、程序公平（procedural justice）和互动公平（interactive justice）三个维度。[4]其中，分配公正指个体根据某种标准对分配的最终结果进行评价，代表个人对分配结果的公平感知。而人们对于公平的认知和感受不仅仅来源于分配的结果，更来源于分配的过程，这种过程中的"选择权"和"发言权"相当重要，构成了程序公平的关键要义。基于分配公平和程序公平的研究基础，相关研究进一步发现，个体的公平感还会受到人际关系的影响。互动公平指人们对规则和程序实施过程中所体现的人际关系的公平性的理解。

乔瑞（Chory）将组织公平感的框架应用于课堂公平的研究中。他认为，在教育领域中，分配公平是指学生对学习资源分配和学习评价是否公平的感受。程序公平考察学习者对学习过程中的方式与方法公平性的认识，以及对学生行为的约束等方面的公平感受。互动公正包括评估教师在人际关系处理和与学生沟通方面的公正程度。[5]我国学者李学良、杨小微在对义务教育阶段学生"公平体验"的实证分析中，从权利尊重、机会获得、资源享有、兴趣适应、能力适应、个性包容等具体的维度进行公平指数打分。[6]

综上，本文中的教育公平感包括分配公平感、程序公平感和互动公平感（见图1），其中，分配公平感是指学生对学习资源分配和评价结果反馈是否公正的感受；程序公平感是指学生参与学习活动以及自主选择学习活动的公平性的感受；互动公平感是指学生对师生互动中个性关怀和差异引领的公平感受。

表1 基于"维度—程度"的教育公平感分析框架

	分配公平感	程序公平感	互动公平感
平等对待	教育资源与教育评价的平等分配与反馈	学习活动和自主选择权利的平等参与及享有	师生交往互动中的一视同仁
弱势补偿	对弱势群体的资源补偿与评价激励	在一定限度内对弱势群体的规则优待与特权	人际交往中对弱势群体的特别关注
差异引领	基于学生差异化发展的资源配置与评价反馈	学生进行差异化选择的权利与机会	交往中的个性尊重、关怀与引领

3. 教育公平感的来源场域

在理解高中教育公平问题时不可忽视高中教育的发展性特征，强调对于学生自主选择和发展权利的"承认"，对于学生所取得成就的公正评价和反馈，以及对学生未来学业和人生发展道路上的成就

① 罗伯特·诺奇克：《无政府、国家和乌托邦》，姚大志译，中国社会科学出版社2008年版，第89页。

② 罗纳德·德沃金：《身披法袍的正义》，周林刚，翟志勇译，北京大学出版社2010年版，第55页。

③ 阿克塞尔·霍耐特：《承认与正义——多元正义理论纲要》，胡大平，陈良斌译，《学海》2009年第3期，第45页。

④ Greenberg, J., "Organizational Justice: Yesterday, Today, and Tomorrow", *Journal of Management*, no. 16(1990), pp. 399-432.

⑤ Chory, Rebecca M., "Enhancing Student Perceptions of Fairness: The Relationship between Instructor Credibility and Classroom Justice", *Communication Education*, no. 56(2007), pp. 89-105.

⑥ 李学良，杨小微：《义务教育阶段学生公正体验的实证研究——基于学校内部公平数据库的报告》，《华东师范大学学报（教育科学版）》2018年第4期，第95-106页。

引领。[1]

综上,本文将资源配置、评价反馈、平等参与、权利自主、个性关怀和差别对待六个子维度作为学生公平感的来源场域,并根据预调研数据进行验证性因子分析,修订问卷后展开进一步的探讨。

二、数据来源及分析方法

1. 信效度检验及数据来源

根据上述分析框架,经过多次预访谈与专家论证,研究编制了高中生教育公平感量表,并进行两轮项目分析和信效度检验修订,得到的问卷各部分 α 系数值均在 0.85 以上,信度系数良好。在问卷的效度检验方面,分配公平感各个标准化因素负荷值的范围是:资源配置 0.51—0.84,评价反馈 0.62—0.91,同时,分配公平感维度量表的各拟合度指标也基本满足要求:CMIN/DF=4.1<5;RMSEA=0.097<0.1;GFI=0.91>0.9;AGFI=0.931>0.9;CFI=0.902>0.9;表明分配公平感维度的结构效度较好。在程序公平感维度中,各个标准化因素负荷值的范围是:平等参与 0.6—0.82,权利自主 0.69—0.75,各个题项对应的因素负荷值均大于 0.5。程序公平感维度量表的各拟合度指标也基本满足要求:CMIN/DF=6.9>5(考虑到样本规模对卡方检验产生的影响,因此仅作为参考);RMSEA=0.089<0.1;GFI=0.923>0.9;AGFI=0.91>0.9;CFI=0.914>0.9;表明程序公平感维度的结构效度较好。在互动公平感维度中,各个标准化因素负荷值的范围是:个性关怀 0.84—0.91,差别对待 0.68—0.87,各个题项对应的因素负荷值均大于 0.5。互动公平感维度量表的各拟合度指标也基本满足要求:CMIN/DF=3.9>5;RMSEA=0.092<0.1;GFI=0.945>0.9;AGFI=0.931>0.9;CFI=0.925>0.9;表明互动公平感维度的结构效度较好。基于上述检验可知,本研究量表的信度及效度均较为理想,可以遵循量表的结构设计进入数据分析部分。

在研究正式开展阶段,采用分层抽样、整群抽样和随机抽样相结合的方式,以学校为抽样单位,在我国东、中、西部的 19 个省份的 80 余所学校发放问卷共 18689 份,回收问卷 15918 份,得到有效问卷 11535 份,问卷回收率为 85.2%,有效率为 72.5%。

2. 分析方法

乔治·弗雷德里克森(H. George Frederickson)提出了"社会复合公平"的理念,认为社会公平不仅包括人与人之间的公平,还包括群体与群体之间、领域与领域之间的公平。公共行政在制定决策和实施决策的过程中应综合考虑多层次多领域的复合公平,避免"一刀切"地理解和解决公平问题。[2]我国学者王善迈认为,受教育者中存在不同类别的群体,这些群体具有性别、民族、贫困程度、残疾与否等特征的差异,对于教育公平问题的分析和理解应基于不同类别的差异,关注不同区域、城乡、校际和群体间的公平状况,特别是弱势群体的教育公平状况。[3]可见,比较不同群体间的公平感指数差异能够帮助我们更为系统和全面地了解普通高中教育公平的真实状态。

本文按照"区域""学校层次""班级类别""班级规模""年级"和"性别"六个变量对高中生教育公平感进行差异性分析。通常来说,对样本组别超过两组的数据进行差异性分析,应在对样本数据进行单因素方差分析、确定分析结果的显著性之后,再进行进一步的事后多重比较检验,以对比两两组别之间的差异性。事后多重比较的方法主要有 LSD,Scheffe,Tukey,Bonferroni 校正,Tamhane T2 五种,分别适用的情况见表2。[4]

① 托尔斯顿·胡森:《平等——学校和社会政策的目标(上)》,张人杰译,《全球教育展望》1987年第2期,第14—21页。
② 乔治·弗雷德里克森:《公共行政的精神》,张成福,刘霞,张璋译,中国人民大学出版社2003年版,第115页。
③ 王善迈:《教育公平的分析框架和评价指标》,《北京师范大学学报(社会科学版)》2008年第3期,第93—97页。
④ 张文彤,董伟:《SPSS统计分析高级教程》,高等教育出版社2013年版,第129页。

表 2 五种多重比较方法的适用情况说明

多重比较方法	适用情况
LSD	适用性广泛,检验效能高,对比组别较少时使用,对差异敏感
Scheffe	各个组别的样本数量不相同时使用,检验效能高
Turkey	各组别的样本数量相同时使用
Bonfermoi 校正	对比组别数量较少时使用,较为保守
Tamhane T2	假设方差不齐,但希望进行多重比较时使用

由于各样本组的数量不完全相同,且组别较少,因此,主要选用 LSD(Least-significant Difference)最小显著性法进行样本组之间的多重比较。限于篇幅,分析的结果主要以绘制平均值图的方式呈现;在校际、性别和民族等组别不超过两组的变量上,采用独立样本 T 检验的方式呈现教育公平感指数差异。

三、研究结果

1. 高中生教育公平感的总体情况

如表 3 所示,从整体上看,三个维度的平均分均在 3—4 分之间,略高于理论上的平均值,说明学生教育公平感的整体状况处于中等偏上的水平。其中,程序公平感的整体得分较高;互动公平感的得分较低,代表学生对于这一层面的公平体验较差。进一步对子维度进行分析的结果表明,互动公平感中的"差别对待"维度的得分最低,程序公平感中的"平等参与"得分最高,这初步说明普通高中阶段的教育公平的重点,已经从底线均衡的"平等性公平"转向质量和内涵发展的"差异性公平"。而从数据来看,资源配置维度的得分与平等参与维度相比还有一定差距,这说明学生平等参与学习活动的机会和权利并不意味着在学习过程中公平获得资源与配置,公平的起点与公平的过程并不能画等号,致力于促进教育公平的资源供给十分关键。同时,个性关怀维度的整体得分较高,但标准差较大,说明个体之间在这一维度的得分差异较大。结合访谈的资料发现,学生"希望老师更多地关注我的需求与声音"的诉求比较强烈,说明学校能否给予学生足够的个性支持与关怀,在很大程度上影响学生的公平感。

表 3 学生公平感三维度的总体情况

	描述统计				
	个案数	最小值	最大值	平均值	标准差
分配公平感	11535	1.00	5.00	3.7970	0.82654
程序公平感	11535	1.00	5.00	3.9568	0.71907
互动公平感	11535	1.00	5.00	3.6649	0.87977
有效个案数(成列)	11535				

2. 区域层面的差异

(1)省份之间的对比

一般来说,一所学校所处的区域应从地域和行政区划两个方面来考虑。在本研究中,将参与调研的 19 个直辖市、省、自治区的 80 余所学校分为东部学校、中部学校和西部学校三类,将地处不同行政区划的学校分为省会学校、县域学校和农村学校三类,进行差异性分析。以学生教育公平感六维度得分为检验变量进行方差分析和 LSD 事后检验,根据所得数据绘制平均值图,见图 1。

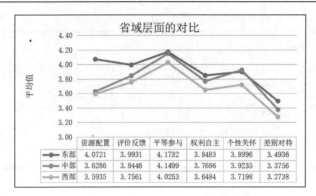

图1　不同省份学生公平感六维度的平均值图

基于平均值图所呈现的结果,可以发现,在"资源配置"维度,东部和中部之间的差距远远大于中部和西部之间的差距;在"评价反馈"维度,三者之间的差距相当;在"平等参与"维度,中部与西部之间的差距远远大于东部和中部之间的差距;在"权利自主"维度,三者之间差距相当;在"个性关怀"维度,东部与中部的差距较小,而中部与西部之间的差距悬殊;在"差别对待"维度,三者之间的差距可看作一条直线,说明这一维度上的东中西差距显著。这说明,中部与西部地区学校的学生对于学习资源的需求度较高,东部和中部地区学校在"平等参与"这一程序公平感维度上表现较好;无论是从分配公平感、程序公平感还是互动公平感层面来说,西部地区的学校均处于落后状态。

(2)城市、县域与农村之间的对比

从图2可以看出,在分配公平感的"资源配置"和"评价反馈"两个维度上,县城高中的得分低于农村高中,其他四个维度上的得分情况为:省会学校>县城学校>农村学校。数据分析结果说明,县城学校在资源配置方面的公平程度最低,在涉及学校内部的"评价反馈"这一维度的公平情况时,县城和农村的公平程度相似,悬殊体现于这两者与省会学校之间;而作为程序公平感的基础,平等参与情况在农村学校的表现相对较差,省会学校和县城学校差距不大;相反地,在"差别对待"这一维度中,县城高中和农村高中的差距不大,主要的差距体现在两者与省会高中的对比中。总体来看,无论从分配公平感、程序公平感还是互动公平感层面来说,农村地区的学校均处于落后状态,而县城高中在资源配置维度上的公平难题也值得进一步关注。

3. 校际层面的差异

在本研究中,依据由办学质量所形成的社会声望,将普通高中学校划分为示范性学校和一般学校。由于样本分组不超过两组,无法采用多重比较方法,因此,以学生教育公平感六维度得分为检验变量,进行独立样本T检验,六个公平感维度在学校类型这一变量上的差异均达到了0.000的显著性水平,每个维度的具体得分见表4。

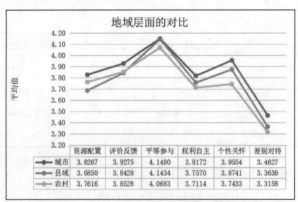

图2　城乡间学生公平感六维度的平均值图

表4 校际学生公平感六维度得分的描述性统计

	学校类型	个案数	平均值	标准差	标准误差平均值
资源配置	示范性学校	8758	3.8416	0.88300	0.00944
	一般学校	2777	3.4011	0.97539	0.01851
评价反馈	示范性学校	8758	3.9457	0.83954	0.00897
	一般学校	2777	3.6344	0.89621	0.01701
平等参与	示范性学校	8758	4.2033	0.73507	0.00785
	一般学校	2777	3.9408	0.81497	0.01547
权利自主	示范性学校	8758	3.8405	0.85008	0.00908
	一般学校	2777	3.5621	0.88453	0.01679
个性关怀	示范性学校	8758	3.9775	0.88042	0.00941
	一般学校	2777	3.6218	0.96001	0.01822
差别对待	示范性学校	8758	3.4771	0.95567	0.01021
	一般学校	2777	3.1255	1.00611	0.01909

如表4所示,高中生教育公平感在"学校类型"这一变量上的差异均达到了0.000的显著性水平,在学校类型变量上具体的描述性统计中,可以看出示范性高中六个维度上的得分均大于一般高中,且每个维度的平均值均相差0.3以上,说明校际的公平差距已经逐渐取代地域和城乡层面上的差距,成为当前教育公平应关注的核心问题。在六个维度中,得分表现最差的依然是"差别对待"维度,一般高中在这一维度上的平均分仅为3.1255,与整体数据的平均值相比处于较低水平。除此之外,在"资源配置"和"权利自主"维度,一般高中的平均得分也比较低,说明分配公平感中的"资源配置"、程序公平感中的"权利自主"、互动公平感中的"差异发展"维度是当前学校教育公平的难点。

4. 年级层面的差异

通过描述性统计分析结果和平均值图(见图3),可以看出,高一年级在分配公平感、程序公平感和互动公平感的六个子维度中的得分均显著高于高二年级和高三年级。这说明学生刚刚进入高中的初步公平体验良好,但是进入高二和高三,公平体验却不断下降,尤其是高二年级,在"资源配置、个性关怀和差异发展"三个维度的得分均较低,而就目前新高考改革的情况来看,高二年级恰恰是学生面临选择与挑战的最重要的一年,相关的教育公平问题值得进一步聚焦与讨论。

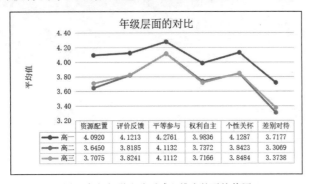

图3 年级间学生公平感六维度的平均值图

5. 班级层面的差异

(1)班额之间的对比

根据前期实地走访和多方访谈的情况,将"班级人数"这一变量分为"20—35人""36—55人""56—

70 人""70 人以上"四个层次,其中 20—35 人的班级属于小班,36—55 人的班级属于标准班,56—70 人的班级属于较大班额,70 人以上的班级则属于超大班额。以教育公平感六维度得分为检验变量进行方差分析和 LSD 事后检验,得到结果如图 4 所示。

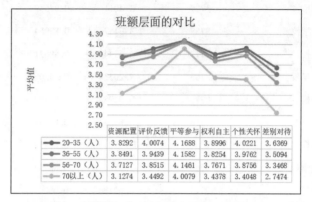

	资源配置	评价反馈	平等参与	权利自主	个性关怀	差别对待
20-35(人)	3.8292	4.0074	4.1688	3.8996	4.0221	3.6369
36-55(人)	3.8491	3.9439	4.1582	3.8254	3.9762	3.5094
56-70(人)	3.7127	3.8515	4.1461	3.7671	3.8756	3.3468
70以上(人)	3.1274	3.4492	4.0079	3.4378	3.4048	2.7474

图 4　不同班额间学生公平感六维度的平均值图

从图 4 可以看出,学生教育公平感的六个维度得分随班级人数的增多而依次递减,尤其在"差别对待"和"资源配置"维度,小班与超大班额的平均分差值达到 0.9,同时,20—55 人的班级学生的教育公平感差距较小,55 人以上的大班额班级与小班学生的教育公平感差距悬殊,这证实了班级规模对学生教育公平感的负向影响。根据数据分析的结果,这种负向影响主要通过差别对待过程和资源配置过程作用于学生个体的学习体验中,尤其是在超大班额中,基于学生个性和需要的"差别对待"对于学生来说更是极少发生,学生很少感受到教师的关注和学校对自身特长的肯定与引导。

(2)班级类型之间的对比

在本研究中,依据前期的实地走访考察普通高中学校的分类,发现多数普通高中将班级分为三种类型:第一类是通常意义上的重点班,但划分依据不是单一的考试成绩,而是综合学生的特长和发展方向;第二类是少数民族班,在调研过程中发现,有些学校并未专门开设少数民族班,而是将少数民族学生安排在普通班级中,但考虑到这类班级的特殊性,本研究还是将其作为一种班级类型进行分析;第三类班级是通常意义上的普通班,也称之为平行班,得到数据结果见图 5。

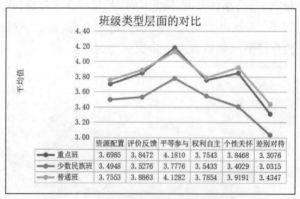

	资源配置	评价反馈	平等参与	权利自主	个性关怀	差别对待
重点班	3.6985	3.8472	4.1810	3.7543	3.8468	3.3076
少数民族班	3.4948	3.5276	3.7776	3.5433	3.4029	3.0315
普通班	3.7553	3.8863	4.1282	3.7854	3.9191	3.4347

图 5　班级间学生公平感六维度的平均值图

结合描述性统计、LSD 事后多重比较和图 5 的结果中可以看出,少数民族班在教育公平感的六个维度上得分均最低,在"平等参与"和"个性关怀"维度上与得分较高的普通班平均值差在 0.4 左右,说明公平的"弱势补偿"理念并未得到很好的落实。另外,除了"平等参与"维度外,普通班在其他五个公平维度上的得分均高于重点班和少数民族班,这与我们对实验班、创新班等获得"资源"较多的班级的预设不符,也说明学生的公平感受与班级类型没有绝对的直接关系。

6. 成绩层面的差异

学生的学业成绩是衡量其在校表现的重要指标,也是学生学校生活中不可或缺的重要部分。在访谈中发现,学业成绩表现不同的学生对教育公平的理解、困惑和需求都不尽相同,因此,对不同成绩组的学生进行公平感得分的差异分析是必要的。在量表的设计中,主要以学生自评的方式将学生过去一年的学习成绩划分为"很差、较差、中等、良好和优秀"五个等级,分别赋值为1—5,将数据录入Spss进行描述性统计、方差分析和LSD事后检验。

由方差检验的结果可知,不同学习成绩的学生教育公平感得分存在显著差异。学生对于公平感的打分与学习成绩呈正相关,其中,在过去一年内成绩不良学生在"资源配置""权利自主"和"差别对待"维度的得分最低,成绩"很差"组别的学生在"差别对待"维度上的得分仅为2.8分,低于中等水平;从图6可以直观地看出,成绩"很好"与"很差"的学生在六个维度上的差值均达到了0.7,说明不同成绩的学生之间的教育公平感差异最为显著,因此,关注"差生"的教育公平体验十分紧迫且必要。

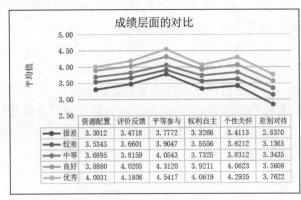

	资源配置	评价反馈	平等参与	权利自主	个性关怀	差别对待
很差	3.3012	3.4718	3.7772	3.3268	3.4113	2.8370
较差	3.5343	3.6601	3.9047	3.5556	3.6212	3.1363
中等	3.6895	3.8159	4.0543	3.7325	3.8312	3.3435
良好	3.8880	4.0205	4.3120	3.9211	4.0623	3.5608
优秀	4.0031	4.1808	4.5417	4.0619	4.2935	3.7622

图6 不同成绩学生公平感六维度的平均值图

四、结论与启示

前文的分析表明,现阶段公民受教育的平等权利已经基本得到保障,而旨在学生个性化与多样化发展的教育公平情况却不甚理想。综上,相关的结论与启示如下:

1. 加强高中教育资源供给的"用户匹配度"

在分配公平层面,资源配置的不均衡依然显著,"超大班额"对学生教育公平感具有显著的负向影响,资源"硬伤"是阻碍中部地区教育公平的"顽疾",而学校已提供的教育资源在某种程度上难以满足学生发展的切实需求。教育的供给侧改革唤醒了对于教育需求的关注,从"限制教育需求"逐渐走向"尊重、顺应和激发教育需求",而教育资源的分配不公平样态不仅表现为"不平衡"的匮乏样态,也表现为"不充分"的低效状态。教育资源要重视对"有效需求"的"有效供给",只有这样,才能更有效率地在有限的教育资源内实现效益最大化的和最优质的公平。要提升学生的公平感,促进教育过程公平,需进一步加强对学生教育资源偏好的关注,以需求来改善供给。

2. 保障教育政策实践演绎中的程序正义

在程序公平层面,虽然高中教育改革的初衷在于给予学生更为多样化的选择与发展路径,但实践中却出现了各种背离政策目标的现象,如学生扎堆选择在高二考完选修科目、避开物理等竞争激烈的学科等,初衷为"落实学生选择自主权"的改革政策,在实践中逐渐异化为了另一种功利化的应试途径。对此,学校管理者应持续思考高中办学的价值与目标,引领全体教师的教育观念转变,真正给予学生选择课程、考试科目以及自己人生的权利。但与此同时,对于学生选择权利的尊重和保障也应符合德沃金提出的"敏于志向,钝于禀赋"的理念,不仅强调个体对于自身发展道路的选择的权利,同时也应注重学校对于学生选择风险的调控与补偿。学校应构建多元化的生涯指导机制和过程性评价机制,为学生的自主选择保驾护航,促进学生多元能力的发展。

3. 关注与调适不同学生的差别化公平体验

基于学生视角的互动公平层面,"民族""成绩"以及是否来自"重点班"均影响学生的公平感。学校应进一步关注中等生与"差生"群体的公平体验,注重教育教学过程中个性引领与弱势补偿的共同推行[①],既要避免学生培养的平均主义和"木桶效应",也应防止将高中的差异化公平进一步演化为"尖子生"专属的优待公平,为不同层次、不同个性的学生打通差异化学习通道。需注意的是,要谨慎"过度的自由和权利"以及有偏差的公平观念和行为,将正确的公平观念以丰富多样的教育形式浸润在学校文化之中,培养学生形成客观合理的公平观念,鼓励学生多去感受公平和不公平现象,多思考与公平相关的问题,多阅读与公平相关的著作,形成健全和多元的公平观。

4. 构建良好的学校内部公平文化氛围

基于教师视角的互动公平层面,师生互动中的平等对待、个性关怀与差异引领不足。教师给学生"贴标签"的现象常见,难以做到微观互动中的"一视同仁",对于生活和学习上有困难的学生也缺乏特别关注的理念和行动,而差异引领在微观互动过程中的表现往往是变了味的"区别对待"。这说明,学校内部的微观互动公平实质上还停留在公平最基础的层次——"平等对待",而恰恰是微观上的互动公平构成了学生公平感的主要来源。因此,应重视学校内部公平文化的力量,学校管理者应不断提升公平相关的理论素养,转变传统的教师评价与学生评价导向,采用过程性和多元化的培训和评价方式来促进教师公平理念与实践能力提升;鼓励教师密切关注师生互动中的平等、补偿及差异三原则,重视对学生公平观的引领与良好公平体验的"呵护"。

Analysis on the Index and Difference of Senior High School Students' Sense of Educational Equity

— An Empirical Survey of 11535 Senior High School Students from 19 Provinces and Cities in China

LIANG Xi

(School of Education, Shanghai Normal University, Shanghai, 200234)

Abstract: Students' sense of equity is an important basis for judging the degree of educational equity. From the perspective of group difference analysis, it can present the scores of students' sense of equity in six dimensions: resource allocation, evaluation feedback, equal participation, right autonomy, individual care and respect for differences. This research has found that the difference of students' sense of equity between regions, schools and classes is mainly reflected in the distribution of resources, while that between different grades and scores is mainly reflected in difference guidance and personality care; resource allocation and difference guidance are the difficulties in the current development of educational equity. The difference of students' sense of equity between themselves is greater than that between regions and schools. Therefore, it is important to strengthen the accuracy of the supply of educational resources, to ensure the procedural justice in the practice of educational policy, to pay attention to the differentiated equity experience of different students, and to build a good fair cultural atmosphere in the school.

Key words: sense of educational equity, senior high school reform, group differences, student development

---

① 程天君:《以人为核心评估域:新教育公平理论的基石——兼论新时期教育公平的转型》,《华东师范大学学报(教育科学版)》2019年第1期,第116-117页。

第47卷，2022年9月

《现代基础教育研究》
(Research on Modern Basic Education)

Vol.47, Sep. 2022

走向合作："双减"之后儿童学习的家长参与

王翠

(江苏师范大学 教育科学学院，江苏 徐州 221011)

摘　要："双减"意见的实施是建设高质量教育体系的需要，但是却催生了家长诸如"如何参与儿童学习"以及"怎么参与更有效"的新焦虑。在有效学习理论的视角下，合作不仅是学习方法，而且是"双减"后儿童的生活方式。合作包括家庭与家庭之间的合作，可以为儿童丰富的课外生活提供机会和平台；也包括家长和学校、家长与儿童的合作，可以设计或参与互动型作业。"双减"应该在"减"和"建"中实现标本兼治。

关键词：双减；家长参与；儿童学习；有效学习

2021年7月，教育部网站公布了中共中央办公厅、国务院办公厅印发《关于进一步减轻义务教育阶段学生作业负担和校外培训负担的意见》(以下简称《"双减"意见》)，"双减"政策正式落地。"双减"既缓解了家长因为要给孩子参加各种课外补习班所带来的经济压力，又减轻了因为陪写作业而产生的精神压力。然而不能忽视的是，"双减"也催生新的教育焦虑，比如："孩子不上辅导班了，节假日怎么过？""我们不补课，别的孩子补怎么办？""孩子作业少了，成绩能好吗？"若这些问题解决不好，将会弱化"双减"效果，引发更多的教育问题。家长参与儿童的学习被认为是"提高学生学习能力和适应能力"的重要方式，然而，"双减"政策的出台意味着很多家长无法再以传统的方式参与儿童的学习。尤其让家长担心的是，"双减"将有可能增加儿童被电子产品控制从而形成网瘾的

概率。因此，学习负担"减下来"并解决儿童课外生活"怎么过才更好"，是落实"双减"政策，构建优良的教育生态、促进学生健康成长的关键。

一、家长参与儿童学习的理论概述

家长参与儿童学习的行为由来已久，但是它作为一个学术研究对象，始于20世纪美国"父母—教师协会"(Parent-Teacher Association，缩写PTA)的成立。早期的研究将家长参与视为父母对儿童学业成就的期望[1]，之后研究者则将研究对象转向家长参与活动的领域。科尔曼(Coleman)提出，家长参与应该包括父母在家庭以及学校中对孩子成长的影响。[2]我国学者马忠虎认为，家长参与的实质是让家庭和学校这两个最具有影响力的社会机构相互支持，共同对学生进行教育。[3]在此之后，有学者将家长参与活动的领

基金项目：本文系教育科学"十三五"规划2017年教育部重点课题"社会分层与流动视阈中留守儿童情感教育研究"(项目编号：DBA170297)的研究成果。

作者简介：王翠，江苏师范大学教育科学学院副教授，博士，主要从事课程与教学论研究。

① Bloom B. S. , "The New Direction in Educational Research: Alterable Variables", *Singapore Journal of Education*, Vol. 6, no. 3(1984), pp. 1–6.

② Coleman, James, "Social Capital in the Creation of Human Capital", *American Journal of Sociology*, Vol. 94, no. 3(1988), pp. 95–120.

③ 马忠虎：《家长参与学校教育——美国家庭、学校合作的模式》，《外国中小学教育》1996年第6期，第33-37页。

域进行概括化处理,认为家长参与即父母在一个教育领域内对孩子投入时间和精力的活动[1],这个概念的提出扩大了家长参与活动领域的维度。综上所述,关于家长参与的概念经历三次研究转向,从关注家长主观层面上"对儿童学业成就的期望",转向家长所参与的"活动领域",再转向作为"家长对孩子成长的全部投入"的一种行为模式。这种研究转向也证明了学界对于家长参与的研究深度和广度在不断拓展。

关于家长参与儿童学习方式的研究,学者格罗尼克(Gronlnick)从儿童学业成绩的角度提出了父母参与的三个维度:直接参与、自主参与和结构提供。[2]爱泼斯坦(Epstein)根据交叠影响域理论对父母参与进行分类,在家庭领域中主要包括家庭养育和家庭学习;在社区领域中则为社区合作;而在学校领域,父母参与儿童学习的方式主要有充当志愿者、参与学校管理和家校沟通。[3]在此之后,胡佛—邓普西(Hoover-Dempsey. K. V.)增加了家长的主观行为及其同教师、学生关于作业的互动,拓展了家长参与分类的维度。[4]我国学者张克旭、郑东辉则进一步将这种分类方法简要概括为以下方面:与教师沟通、提供支持、常规监督、直接指导、作业反馈、作业归类、参与互动以及培养自主性。[5]由此可见,国内外关于家长参与

方式的研究大致可分为两种:一种为校内参与,如与教师沟通、参加志愿者或参与学校管理等;另一种为校外参与,如社区协作、家庭养育和学习。

文献研究表明,家长正确参与儿童学习,可以有效提升儿童学习的认知能力与非认知能力。认知能力是指人脑加工、储存和提取信息的能力,如记忆能力、思维能力、语言能力。例如,父母和儿童共读一本书,可以显著提升儿童的词汇量和读写能力。[6]母子之间的良性对话会影响儿童语言的发展。[7]父母创设儿童早期数学学习发展环境有助于儿童数学知识与推理能力的发展。[8]但并非所有的家长参与都能为儿童认知能力的发展提供帮助,浅层次的家长参与,如"形式化"陪伴、父母一起观看比赛等方式无法帮助儿童发展认知能力。[9]此外,部分家长由于受限于自身的教育水平而不知道如何正确地与孩子沟通,同样不能促进孩子认知能力的发展。[10]

非认知能力则是通过观察个体行为,并利用人格特质(想法、感觉、行为)进行衡量的一种持久性模式。大量研究发现,家长参与能提高儿童学业成绩是通过提供正确的价值观实现的。[11]有学者认为,家长在情感支持、管理引导、行为和智力等方面的参与能激发子女的自我学习效能。[12]也有学者认为,家长参与还能培养孩子的自尊心、领

① Grolnick W S, Slowiaczek M L., "Parents' Involvement in Children's Schooling: A Multidimensional Conceptualization and Motivational Model", *Child Development*, Vol. 65, no. 1(1994), pp. 237-252.

② Grolnick W S, Ryan R. M., "Parent Styles Associated with Children's Self-Regulation and Competence in School", *Journal of Educational Psychology*, Vol. 81, no. 2(1989), pp. 143-154.

③ Epstein, J. L., "School/Family/Community Partnerships: Caring for the Children We Share", *Phi Delta Kappan*, Vol. 76, no. 9(1995), pp. 701-712.

④ Hoover-Dempsey. K. V, Battiato. A. C, Walker J, et al., "Parental Involvement in Homework", *Educational Psychologist*, Vol. 36, no. 3(2001), pp. 195-209.

⑤ 张克旭,郑东辉:《家长参与家庭作业行为及效果的调查研究——基于 Z 省 1402 份数据》,《上海教育科研》2019 年第 1 期,第 80-87 页。

⑥ Hewison J, Tizard J., "*Parental Involvement and Reading Attainment*", in D. wray(ed.), Literacy: Major Themes in Education, Routledge, London,(2004), pp. 208-217.

⑦ Hoff E., "The Specificity of Environmental Influence: Socioeconomic Status Affects Early Vocabulary Development Via Maternal Speech", *Child Development*, Vol. 74, no. 5(2003), pp. 1368-1378.

⑧ Duncan G J, Dowsett C J, Claessens A, et al., "'School Readiness and Later Achievement': Correction to Duncan et al. (2007)", *Developmental Psychology*, Vol. 44, no. 1(2008), pp. 232-232.

⑨ 李玲,袁圣兰:《家庭教育中家长主体参与和子女学业成绩之间的关系探究——基于链式中介效应分析》,《中国电化教育》2019 年第 7 期,第 107-114 页。

⑩ 于冰洁,余锦汉:《家庭文化资本、家长参与对学生学业成就的影响效应及作用路径分析》,《教育学术月刊》2020 年第 1 期,第 18-24 页。

⑪ Hill N E, Castellino D R, Lansford J E, et al., "Parent Academic Involvement as Related to School Behavior, Achievement, and Aspirations: Demographic Variations Across Adolescence", *Child Development*, Vol. 75, no. 5(2004), pp. 172-175.

⑫ 韩仁生,王晓琳:《家长参与与小学生学习自我效能的关系研究》,《心理科学》2009 年第 2 期,第 430-432 页。

导能力、合作能力和学校适应能力，以及能够培养子女的亲社会行为。[1]

综上所述，儿童认知能力和非认知能力的发展离不开有效的家长参与。毫无疑问，课外辅导和家庭作业作为一种普遍存在的家长参与方式，必然会对儿童的学习产生直接或者间接的影响。

二、家长过度参与儿童学习的后果

1. 课外辅导班中的"集体非理性"

课外辅导也被称作"影子教育"。"影子教育"是一种发生在学校教育以外，针对学生在校所修科目进行补充教育的收费服务，因为它的存在是以主流教育的存在为前提，其学习内容、学习规模和模式随主流系统的变化而变化，因而被称为"影子教育"。近年来，教育是一种重要的人力资本和文化资本已经在全社会达成普遍共识，由此激发了优质教育资源的激烈争夺，"影子教育"被作为一种能够帮助子女成功升学和就业的非常规手段，让更多"集体非理性的家长和教育机构参与到教育资源的博弈之中"。[2]

集体非理性源自1968年哈丁发表的《公地悲剧》，用以揭示作为理性人的个体都希望自己的收益最大化，最终导致集体非理性的后果。集体非理性不仅增大了整个社会的交易成本，并且破坏了社会健康发展的集体秩序。集体非理性在课外辅导中表现在两个方面：一是教育机构的集体非理性。在市场利益的驱动下，资本纷纷涌入K12教育培训行业，教育领域的适度投资演变成了投机泡沫，这不仅背离了教育的本质，也影响了市场经济的有序运转。二是家长的集体非理性。2020年中国家长用真金白银将我国K12教育市场整

体规模扩大至7000多亿元。其中，作为新兴风口的在线教育市场为2573亿元，在过去四年中年均增长率高达34.5%。[3]

表面上看，父母主要是帮孩子选择辅导班、缴费、接送孩子等间接行为，没有直接参与儿童的学习，实际上影响儿童学习的是课外辅导背后父母的教育期待。教育期待在儿童的整个受教育过程中起关键作用，比如父母对儿童数学技能的期待能使儿童超越自我[4]，但过度的期待则会变成压力，弱化儿童学习的积极性和主动性。研究表明，教育期待和父母的教育投入成正相关，即期待越高，投入越大[5]，但这会直接引发两个后果：一方面，"影子教育"的过度投入增加了父母的经济负担，引发父母经济焦虑；另一方面，父母的过度期待转化为不断施压，引发孩子的负面情绪。神经科学的研究表明，情感和认知密不可分，情感经历参与脑结构的发育过程。[6] 脑和情感共同引导儿童和青少年的学习，学习目标受情感因素的影响。[7] 对于很多被动参加课外辅导的孩子而言，辅导班类似于一个巨大的压力场，父母的期待、繁重的课业、枯燥的学习方式、单调的学习环境、疲惫的身体都会引发其产生消极的情感体验，进而削弱学习效果。

2. 家庭作业背后的焦虑

同样，作业也被认为是影响儿童学业成绩的一个重要因素。有研究表明，家庭作业时间与学业成绩之间成正相关。[8] 但必须结合学生的年龄、作业的性质、学科的特点，适量布置作业[9]，否则适得其反。比如，一项针对中国上海学生与芬兰学生数学焦虑的比较研究认为，上海学生平均

① 李波：《父母参与对子女发展的影响——基于学业成绩和非认知能力的视角》，《教育与经济》2018年第3期，第54-64页。

② 丁亚东：《我国中小学生家庭参与影子教育的博弈策略》，《苏州大学学报（教育科学版）》2020年第8期，第66-74页。

③ 刘波：《"双减"背景下校外培训遇冷 暑期托管服务探索假期新模式》，《中国产经新闻》2021年7月15日，第2版。

④ P M , Eccles J S , "Parents' Influence on Children's Achievement-related Perceptions", *Journal of Personality & Social Psychology*, Vol. 74, no. 2 (1998), p. 435.

⑤ 刘在花：《父母教育期望对中学生学习投入影响机制的研究》，《中国特殊教育》2015年第9期，第83-89页。

⑥ Barrett, Feldman L. , "Solving the Emotion Paradox: Categorization and the Experience of Emotion", *Pers Soc Psychol Rev*, Vol. 10, no. 1(2006), pp. 20-46.

⑦ Bruno, Della, Chiesa, et al. , "How Many Brains Does It Take to Build a New Light: Knowledge Management Challenges of a Transdisciplinary Project", *Mind, Brain, and Education*, Vol. 3, no. 1 (2009), pp. 17-26.

⑧ Mau W. C. , Lynn R. , "Gender Differences in Homework and Test Scores in Mathematics, Reading and Science at Tenth and Twelfth Grade", *Psychology Evolution & Gender*, Vol. 12, no. 1(2000), pp. 119-125.

⑨ 李涛：《家庭作业与学业成绩的关系》，《心理科学》2011年第3期，第642-646页。

每周的数学家庭作业时间和课外补习时间达13.83小时,是 PISA 成绩同样名列前茅的芬兰学生的 5 倍,他们的数学焦虑远高于芬兰学生。[①]过量的家庭作业会占据儿童的闲暇时间,增加儿童的心理负担,缩减儿童的睡眠,影响儿童身心健康。中国科学院心理研究所 2021 年发布的报告显示,我国 84.1% 的高中生、90.8% 的初中生和95.5% 的小学生睡眠时长未达标。[②]家长之所以积极参与家庭作业,是因为在传统学习观视角下,家庭作业能够复习并巩固在校学习的知识,能够提高学生的责任感和自我效能感。但是,近年来,家庭作业已经偏离了最初的目的,督促进度、检查对错、默写背诵、批改签字、出试卷、做手工小报等成为家长参与作业的主要形式。家长的过度参与,不仅增加了自己的焦虑,而且导致教师无法从作业中获得真实的反馈信息进行针对性的教学。更为重要的是,过度参与造成了紧张的亲子关系,甚至引发家庭矛盾,大众常用"不写作业母慈子孝,一写作业鸡飞狗跳"来形容孩子写作业时的家庭窘境。

综上,"影子教育"虽然可以提高学习成绩,但是由于它是发生在校外的收费补课,不仅增加了学生的学习负担和学习压力,降低了学生的自我效能感,而且以应试为目的,倡导"提前学习""超纲学习",从长远来看不利于学生的全面发展,同时还会带来教育资源分配的不公。同样,繁重的作业既损害了学生的身心健康,又加剧了家长的焦虑。课外培训和家庭作业共同激发的"生不起、养不起"的大众认知也不利于国家人口政策的实施。

2020 年,党的十九届五中全会提出了《中共中央关于制定国民经济和社会发展第十四个五年规划和二零三五年远景目标的建议》,其中关于教育未来发展的目标是"建设高质量教育体系"和建成"教育强国",这就要求教育在基本均衡、基本公平的基础上向更加公平、更有质量的方向发展。

高质量的教育体系落实到个人层面上,首先应该是实现人的全面发展。将学生从过重的校外培训负担和作业负担中解放出来,让学生有更多的时间进行自由探索,发展兴趣爱好,既能实现全面而有个性的发展,又能在愉悦的学习中体会到童年的幸福和完整。"双减"政策实际上是在改变家长参与儿童学习的错误方式,力求回到原来的轨道上来。

三、合作:需要被重视的家长参与方式

家长如何参与儿童的学习,采用什么样的方式参与学习,以对"学习"正确理解为前提。传统学习观把学习当作知识的传授和接受的过程,既不能体现学生的主体性,也抹杀了学生的个性化需求。随着认知心理学、脑科学尤其是现代信息技术的发展,人们对学习的理解也在不断变化,学习的有效性和创新性更受关注。

1. 交互协作:让学习更加有效

家长参与儿童学习的目的是帮助孩子更好、更有效地学习。研究者认为,有效学习具有四个关键的特征:学习是建构的、自我调节的、情境化的以及协作的。[③]知识的建构、自我调节的能力、情境化的参与以及与他人的协作是有效学习的核心要素,这些在校外培训机构中是很难满足的。在学习内容上,校外培训机构组织的学习内容几乎都由辅导机构的教师设定,学习过程以教师和机构的外部监管为主,儿童缺少自我管理的机会。在学习方法和学习环境上,培训机构同样难以实现有效学习的目的。培训机构里发生的学习强调知识的接受性,依赖大量刷题、机械训练,学习由不断重复的、启动认知的做法主导。在有效学习的视角下,学习被认为是个体与环境交互获得的结果,并不仅仅是个体的思想活动,知识是在环境中被理解的,学习意味着"社会协商和参与"[④],培训机构的学习环境大都发生在空间局促的教室里,很难提供学习发生所需的社会和文化情境。

① 黄小瑞,占盛丽:《家庭作业及课外补习对学生数学焦虑的影响——中国上海与芬兰的比较》,《全球教育展望》2015年第12期,第105-115页,第124页。

② 傅小兰,张侃,陈雪峰:《心理健康蓝皮书:中国国民心理健康发展报告(2019-2020)》,社会科学文献出版社2021年版,第3页。

③ 汪纳·杜蒙,戴维·艾斯坦斯,弗朗西斯科·贝纳维德:《学习的本质:以研究启迪实践》,杨刚,等译,教育科学出版社2020年版,第35-40页。

④ Sfard A., "On Two Metaphors for Learning and the Dangers of Choosing Just One", *Educational Researcher*, Vol. 27, no. 2 (1998), pp. 4-13.

另外，分数是培训机构唯一的评价方式，也是其在激烈的竞争中得以生存的资本。"你来，我培养你的孩子；你不来，我培养你孩子的竞争对手"成为教培机构代表性宣传语，强烈的竞争文化扭曲了儿童的学习观。

越来越多的研究表明，有效学习不只是个体行为，个体必须通过交互、沟通和合作才能建构知识，尤其是脑科学的研究表明，"人脑是非常喜欢交互的，无论自学和个人的发现多么宝贵，学习都需要通过与他人的交互才能进行"。[①] 关于有效学习的研究引领人们重新认识学习的本质，也促使研究者在"教"与"学"之间寻找更新的学习方式，其中"合作学习被确认为是传统教学的有效替代模式"[②]，在基础教育中被广泛应用。

2. 家庭合作：让课外生活更有意义

合作学习的价值已经在学校教育领域取得广泛共识和深入使用，高质量的教育是学校、家庭、社会协同育人的系统工程，合作学习也不应该只发生在教室里，"它应该是一种新的生活方式，合作是一种新的价值观"[③]，家长应该协助合作学习走向生活和课外，尤其是家庭和家庭之间的合作应该引起广泛的重视。

创造能力、沟通能力、协作能力、思辨及问题解决的能力被认为是21世纪人才的"关键能力"。要培养这些关键能力，儿童必须有机会在复杂的、有意义的项目背景下发展其持续参与能力、合作能力、研究能力、资源管理能力、出色的表演和创作能力等，所以给儿童培养这些能力提供机会和平台变得至关重要。学校教育改革一直在试图给儿童关键能力的培养创造条件，毕竟学校提供的是公共服务，面向所有儿童的教学设计很难满足个性化学习的需要。家庭是儿童获取基础认知与社交能力的首要场所，家庭里发生的非正式学习是学校正式学习的非常重要的补充。父母参与儿童学习的方式主要表现在，提供良好的学习环境、与儿童对话引领价值观的形成、分享职业经验引导儿童从事感兴趣的职业、陪儿童阅读旅行以及家务劳动。有远见的智慧型父母应该认识到，"团队合作、社交和沟通技能是在知识型社会中工作和生活不可缺少的能力"，可以通过家庭与家庭之间的合作，以"家庭教育合作社"的形式为培养孩子21世纪的"关键能力"提供机会和平台。

与学校组织的学习不同，家长组织的活动以非正式学习为主。非正式学习主要指"玩中学、做中学、游中学，如读书、旅游、聚会、打球等"。[④] 非正式学习有以下特点：蕴含于日常生活的活动中，学习中自己对获得的知识和技能负责，亲属是合适的教师，模糊的教学方法与课程，通过观察和模仿来学习，通过演示来教学，保持连续性等。[⑤] 虽然参与家家合作的父母极少接受过专业的教学法训练，但是依靠已有的学习和生活经验依然可以带领孩子一起进行探究性学习。家庭合作发生的探究性学习往往是儿童与家长协商、"共同参与"的结果，是儿童与环境互动获取知识和技能的过程，体现了有效学习的建构性、情境性、自我调节性、协作性等特征。家家合作的活动以"玩中学""做中学"的形式优化了儿童获取知识和利用知识的认知性学习能力，锻炼并培养儿童的好奇心、责任感、灵活度、自我管理能力、应变能力以及与异质性同伴有效合作等非认知能力。

"双减"之后，如何激发学校的正式学习和校外的非正式学习之间的协同作用，应该引起家长的重视。拉瑞等学者认为，参与课外项目会激发学习的兴趣[⑥]，有助于儿童发现自己在阅读、写作、音乐、体育、美术等方面的才华，并对努力和坚持的重要性形成自己的认知。"双减"之后，儿童将拥有更多的校外时间，通过家庭与家庭之间的合作开展多途径的交互学习，可以成为家长参与儿童学习方式的重要转向。

3. 家校合作：让家庭作业更有质量

① Bruer, J., "Education and the Brain: A Bridge Too Far", *Educational Researcher*, Vol. 26, no. 8 (1997), pp. 4-16.

② Robert E. Slavin, "Co-operative Elementary School: Effects on Students' Achievement, Attitudes, and Social Relationgs", *American Educational Research Journal*, Vol. 32, no. 2(1995), pp. 321-351.

③ 马兰，盛群力：《究竟是什么促成了合作——合作学习基本要素之比较》，《教育发展研究》2008年第18期，第29-34页。

④ 余胜泉，毛芳：《非正式学习——E-Learning研究与实践的新领域》，《电化教育研究》2005年第10期，第19-24页。

⑤ 赵蒙成：《"非正式学习"论纲》，《比较教育研究》2008年第10期，第51-54页。

⑥ Lareau, A., *Unequal Childhoods: Class, Race, and Family Life*, California: University of California Press, Berkeley, CA, 2003, p. 23.

家长参与是影响儿童家庭作业完成时间和质量的重要因素。现实中,父母若想给儿童提供有效的作业支持,家庭和学校之间的合作尤其必要。

首先,学校能够给家长提供有效的参与作业的指导,阐明正确辅导作业的方式。研究表明,正确辅导作业的方式主要包括以下几个方面的要素:帮儿童选择适合学习的地方;给儿童解释作业的作用,特别是儿童与学校教育目的之间的关系;在作业上提供足够的时间;为儿童的作业提供帮助而不是代做。[①]其中,"适合学习"的地方应该将学习者视为学习的核心参与者,能够鼓励积极参与和自我发展,它应该满足以下条件:适合的环境应该建立在学习的社会本质之上,提倡积极开展精心设计的合作学习;由于动机、情绪、情感在学习成就中发挥关键作用,因此,适合儿童学习的环境应该能让儿童产生积极的情绪体验;学习的过程是一个新旧知识建立连接的过程,学习环境能够建立与先前知识的紧密联系,搭建正式学习与非正式学习之间桥梁的环境很重要;信息技术的崛起,让学习变得更加具有泛在性、即时性,能够提供及时探索以及与伙伴沟通合作的技术支持的环境也应当被考虑。[②]

其次,变革作业的内容与形式,以体验性、探究性作业为主。爱泼斯坦等人的研究表明,互动式家庭作业更有利于提高学生的学业成绩。[③]互动型家庭作业可以发生在学生之间(如小组合作出一份试卷、做一个调查),也可以发生在家长和学生之间(如亲子共读一本书分享心得,观察植物的生长并做好记录),还可以发生在家庭之间(如学做小老师等职业体验、研学旅行等)。互动型家庭作业强调作业与生活的联系,凸显生活化、体验性、操作性、趣味性,通过作业培养合作性学习、探究性学习,让儿童成为学习的主体。

随着家庭教育的兴起,学校应该有意识地启发家长的合作理念,引导家长参与儿童校内外学习,设计家家合作的案例,邀请家长共同开发具有体验性、探究性的互动型作业。教育主管部门可以充分利用青少年社会实践基地,为家庭、家校合作甚至家庭和社会的合作学习创造条件。街道社区可以将闲置的房产利用起来,为家家合作学习提供必要的场所。政府应该资助以家庭合作为基础的项目(如"父母即教师"项目),为持续发展和加强家长有效参与儿童学习和成长提供支持。

Towards Cooperation: Parent Participation in Children's Learning after "Double Reduction"

WANG Cui

(School of Educational Sciences, Jiangsu Normal University, Xuzhou Jiangsu, 221011)

Abstract: The implementation of "double reduction" is necessary to build a high-quality education system, but it has caused parents' new anxiety like "how to participate in children's learning" and "how to make their participation more effective". From the perspective of effective learning theory, cooperation is not only a learning method, but also a way of life for children after "double reduction". The cooperation between families can provide opportunities and platforms for children's rich extra-curricular life; that between parents and schools and between parents and children can help parents design or participate in interactive homework. "Double reduction" policy should address both the symptoms and root causes of education in "reduction" and "construction".

Key words: double reduction, parent participation, children's learning, effective learning

---

① Desforges, C., *The Impact of Parental Involvement, Parental Support and Family Education on Pupil Achievement and Adjustment: A Literature Review*, Nottingham: DfES Publications, Nottingham, UK., 2003, p.129.

② 汗纳·杜蒙, 戴维·艾斯坦斯, 弗朗西斯科·贝纳维德:《学习的本质:以研究启迪实践》,杨刚,等译,教育科学出版社2020年版,第4页。

③ Epstein, J. L., and Van Voorhis, F. L., "More than Ten Minutes: Teachers' Roles in Designing Homework". *Educ. Psychol.* no. 36 (2001), pp. 181–193.

《现代基础教育研究》

第47卷，2022年9月　　　　　　（Research on Modern Basic Education）　　　　　　Vol.47, Sep. 2022

课堂教学中的教师技术排斥：生成机理与消解策略

李荣华

（华中师范大学 教育学院，湖北 武汉 430079）

摘　要： 在课堂教学中，教师技术排斥是指其对技术应用表现出的一种拒纳性情感或行为。其通常以价值否认、情感疏离以及行动抵制等形式，将合理技术要素排除于教学生活之外，制约技术融合教学的进程。其中，技术客体与教学主体关系的嬗变、技术实效与教学期待的关联落差、技术内化诉求与教师适应限度的矛盾以及理论与实践牵涉技术的负向舆论等，都会不同程度催化教师教学技术排斥的生成。对此，消解教师技术排斥的关键是在超越控制关系中凸显"人—技"交往的行为意义，在拓展技术实效中达成教师技术认同的基准前提，在技术革新发展中观照教师的胜任力度，在重构技术文化中形成导向技术信任的舆论。

关键词： 教学；教学技术；技术排斥；技术信任

随着现代技术在教学领域的突进，将信息技术运用于教育领域是教育工作者需要面对的基础议题。在课堂教学中，不乏教师针对技术应用表现出一定的排斥态度，也时常会听到教师对技术应用发出抱怨之声，出现"公开课用一用"的现象。[①]"技术排斥"现象的存在制约着技术与教师教学的融合进程。对此，如何更适切地基于教师本体立场，剖视课堂教学中的教师"技术排斥"现象及其内在的生成机理，以构建"技术信任"的方式消解教师的技术排斥现象，对于提升教师的技术化教学品质具有重要的实践意义。

一、课堂教学中的教师"技术排斥"现象

排斥，意为不相容、使离开或不使进入，即表示个体因不相容或拒绝接纳而使别人或事物远离自己一方。在心理学语境中，排斥被视作个体在人际交往过程中，对特定的人或事物主动表现出来的拒纳性行为倾向。[②]在课堂教学中，教师技术排斥可理解为一种针对教学技术运作而产生的拒纳性情感或行为。具体而言，它是指教师在面临教学技术的使用抉择时，受技术易用性、技术期待、技术负效等多种主客观局限的共同影响，教师在其内部析出与原有认知互斥的态度倾向，以及在外部刺激强化的作用下生成的针对教学技术的拒纳性行为倾向。课堂教学中的技术排斥映衬的是教师与教学技术之间的对立关

基金项目： 本文系中央高校基本科研业务费资助项目（创新资助）"技术融合视域下教师技术信任的生成研究"（项目编号：2022CXZZ060）的阶段性研究成果。

作者简介： 李荣华，华中师范大学教育学院博士研究生，主要从事教育基本理论与教师教育研究。

① 李芒，申静洁：《论教师教学的信息技术疏离感》，《中国电化教育》2020年第5期，第62—68页。

② 吕寿伟：《从排斥到承认——教育共同体的伦理生活研究》，南京师范大学博士学位论文，2012年，第43页。

系,弱化了教师教学与技术应用之间的必要连接,降低了教师在课堂教学中嵌入某种技术的意向性和可能性。作为一种具有主客体关系的活动过程,其内在蕴含的对象性行为逻辑表明,这一过程有比较明确的活动主客体及特定的作用机制(见图1)。

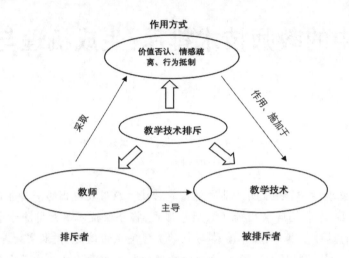

图1 教师教学技术排斥现象的结构简示

在实践中,教师常以价值否认、情感疏离以及行为抵制等作用机理,主导着教学技术排斥进程。

1. 针对教学技术的价值否认

即教师在技术应用进行价值判断时,主观上对其嵌入价值"全然否认"或者"片面承认",也习惯于对某些技术运作的预期效果持悲观态度。价值否认是根据教学技术运作效能预期或实际反馈做出的一种认知判断。通常,正常的价值否认直接以客观的技术运作效能作为评判依据,"否认"凸显的是某技术运作的低效性或非适切性;机械的价值否认则更多源于教师对某一技术价值的模糊认知或有限理解,以及错误理解。对技术排斥行为而言,价值否认是形成技术排斥的重要条件。

2. 趋向教学技术的情感疏离

即对某些教学技术表现出不同程度的不信任、恐惧、质疑等复杂的对立性情绪或情感。较为常见的是,教师会对某些操控程序复杂的技术产品"发牢骚",对其较差的体验感表达不满。情感疏离实际上是一种复杂的意向性态度,表现为教师对技术效能的质疑、对新技术阻断其原有教学经验的忧虑、对技术操控低内化程度的恐惧,等等。情感疏离不等同于技术排斥,但它构成教师在行动上抵制或拒斥教学技术的情感基础,对技术疏离的情感倾向在很大程度上左右着教师对技术运作行为的决策判断。

3. 伴生的双重行为抵制

基于教师牵涉教学技术的价值否认与情感疏离而伴生的行为排斥,包括显性排斥与隐性排斥。其中,显性的行为抵制表现为教师对所有或某个(种、类)的技术产品直观的"弃用""停用""拒用"等行为。诸如教师对教室空间配置的某些技术产品长期闲置不理的"弃用",对使用过的效能不及预期的技术产品"停用",以及由某个单一技术产品的不良体验而泛化到对其整个类属(系列)技术产品的"拒用",等等。隐性的行为抵制则映衬为教师在面对技术产品时使用意愿薄弱,其技术使用行为并非建立在对技术产品的内在信任基础之上,而是在外力驱动的条件下(如考核评价要求、上级指令等)多以无用感、无价值感的情绪被动地使用技术工具。

由此,在一些特定场景中,教学技术排斥不仅在观念上设置了针对技术要素的"禁入"规约,降低了教师利用技术的主观意愿计划使用的情感动机,也在实践行动中阻隔了合理技术要素嵌入教学场景的渠道。其危害在于:当教师排斥的是教学情境中必要的那部分技术要素时,其将会背离自身专业发展及教学生活的整体利益。多数由技术排斥制造的"技术缺席"问题破坏了现代性教学场景中教学要素配置的完整性，扼断了技术作为必要生产力服务于教师教学的合理可能，本质上是一种"逆技术化"或"去技术化"的非理性表现。

二、教师教学技术排斥的生成机理

教师教学技术排斥的生成是一个复杂问题系统，包含源于教师个体、技术本体以及外部环境等多因素的影响。在教学实践中，技术客体与教学主体关系的嬗变、技术运作实效与教学期待的落差、技术内化诉求与教师适应限度的结构矛盾，以及"理论与实践"牵涉技术活动的负向舆论等，都会不同程度地引发教学技术排斥现象。

1. 技术客体与教学主体的关系嬗变，激起教师的抵触意识

"技术是人创造的，是人的本质力量对象化的产物。"[1] 在一般的观念中，技术往往被预设为孤立的、可分离于教学本身之外的存在实体。[2] 技术工具价值的提取揭示了这种"对象化"的主客体关系，技术化教学随之构成了在其客体属性功能与教学主体需要对应基础上的目的性活动。然而，随着现代技术对传统教学形态的改造，云计算、数字教材、电子书包等前沿技术产品不断打造新的教学技术生态圈，推动着技术在教学生活中的参与比重及其附属话语权的增强，使得技术主导教学日益成为一种实践常态。尽管此过程表面上仍由教师操控，但实质上教师已让渡了部分主体性，主动默许并纵容技术对其主体性的替代。从某种程度上说，技术主导教学的激进立场冲击了其依附于教学主体的原有状态。即如海德格尔所言："不管我们对技术持激烈的肯定与否定，我们始终不自由地束缚于技术。"[3] 这也揭示了作为人的创造物的"技术"变成了统治人、压抑人的异己性力量：它不但不是"为我"的，反而是"反我"的。最终，其引起的是一种"人—技"交往关系的嬗变，加剧了教师主体意识对技术客体的疏离与拒斥。技术主导下的教学是一种减损教师自主的教学，技术活动正日益降低着教师在课程的开发与计划以及课堂教学的决策与实施方面的自主性。人们长期受困于工具之中负枷前行，教师主体意志的唤醒需求势必会使其产生不适感，最终在频繁技术操作中，内在生成和积聚着更多抵触之情感意识。

2. 技术实效与教学期待的关联落差，动摇教师的认同信念

"教学技术以技术方法、手段的有效性为目的，它关注的是对教学的效用。"[4] 从这一角度来看，教学实践者的技术观感需要回归于技术的实效性。在信任关系的一般模式中，施信方为实现其期待而决定依靠受信方的可预期行为 X。在教学场景中，X 代表的是技术化教学运作下教学期待的满足，教师也将根据作为置信对象的技术行为及其结果是否符合其自身教学期待而做出主观判断，以技术实效作为维系技术信任情感的前提。

一方面，技术本身正向功能输出的有限性使其不及教学期待。例如，信息技术只能以增加信息输出量与强化感官体验的方式再现教学内容。技术带来的学习方式和知识传输渠道的变革，不能确证信息传递对应着课堂真实认知映射的建立，诸如一些非智识化能力与高阶素养、情感态度、文化价值观需在实践体验的过程中培养，也无法经由信息技术直接向学生灌输。[5] 又如，VR、AR 等沉浸式技术可以模拟高危、少见的科学实验，使学生直观感知实验过程，但是感官直觉体验还是无法替代实践的真实过程。[6]

① 李美凤，李艺：《人的技术化之合理性辩护》，《科学技术与辩证法》2008 年第 1 期，第 66-70 页。

② 孙艳秋：《课堂教学中的"技术崇拜"：症候、成因与治理》，《电化教育研究》2018 年第 39 期，第 77-82 页。

③ 李桂花：《科技异化与科技人化》，《哲学研究》2004 年第 1 期，第 83-87 页。

④ 付强：《教学技术的价值悖论及其人文规约》，《济南大学学报(社会科学版)》2020 年第 5 期，第 118-127 页。

⑤ 李芒，申静洁：《论教师教学的信息技术疏离感》，《中国电化教育》2020 年第 5 期，第 62-68 页。

⑥ 甘露，谢雯：《虚拟现实体验能替代实地旅游吗？——基于威士伯峰虚拟现实体验的场景实验分析》，《旅游学刊》2019 年第 8 期，第 87-96 页。

另一方面,部分技术运作的负向功能输出的滞碍性使其背离教学期待。在技术推广中,技术产品本身在设计、操控程序等方面存在瑕疵或安全隐患。比如,虚拟现实在教学中的应用过程必须配置头戴式显示设备(VR眼罩),长时间佩戴会引起学生的身心不适,干扰学习活动;课堂中技术整合下影像化的叙事方式所制造的"视听盛宴",也可能会形成过度渲染效应,使得学生的注意力分散,等等。事实上,许多基于技术支持的教学效果并未优于传统教学。[①] 当教师内心经历技术效能与技术运用下的教学期待的较大落差后,由此引起的失落感将可能转化为其对技术性能的质疑。出于利弊权衡,教师必然要在类似情境中对技术嵌入教学的权重做出取舍。可以预见的是,随着技术运作实效与教学期待的关联落差越大,则越可能动摇教师对该技术的认同信念。

3. 技术内化诉求与教师适应限度的矛盾,弱化教师的亲近动机

技术存在于主体使用工具改造、优化教学的活动中。[②] 随着技术的普及,象征先进生产力的技术实体面向教师个体开放,人们开始由熟悉其特性、了解其方法和程序、领略其功用性,到在类似教学情境中不断复制、推广。如此反复,技术得以接纳并内化为教师自身所有、满足其教学需要的工具载体。但在此过程中,教师个体对技术适应的限度始终是横亘于技术内化诉求实现的主要矛盾。其中,适应限度是指机体对大量涌现的信息接收和处理能力的限度[③],教师的技术适应限度是指教师个体对接收和应对某些复杂技术知识和操控原理的适应能力。

首先,教学技术的复杂特质使得技术操控的易用性存在变数。许多技术产品原理本身并不简单,多涉及现代性、跨学科、复杂化的知识体系,对教师的认知素养要求较高。同时,技术融入教学是涵盖教学情境、过程、方法、步骤等多因素、多变量的,充满不确定性、非线性的动态过程,考验着教师对技术操控的理解性与应变性。比如,部分教学技术产品存在专业门槛趋高、程序繁琐、界面混乱等隐匿的技术性问题,降低了其被教师有效操控的易用性。其次,技术产品快速的更新频率挑战了教师获取技术的能力。当下,技术产品的更新迭代过快,一度使得教师应接不暇。有不少教师坦言:常感到自己对技术的消化吸收远赶不上技术本身引进的速度。此外,技术知识的隐性特质也阻碍了技术知识传播的畅通性,使其难以像其他显性知识那样被轻易吸收,客观制约了技术内化的进程。因而,受以上诸多因素的影响,不同教师对于各种技术知识与操控原理的适应程度不尽相同。

教师对特定技术的低适应性印证的是其技术素养薄弱,预示了其在教学技术操控水平不足的可能风险。在"技术要素"日益构成教学评价重要指标的当下,教学环节中可见的技术含有量被赋予了更高的评价权重。若教师无法适应技术嵌入教学的要求,其不仅要直接承担由技术欠缺、失控或不当使用而带来的教学中断或失利等后果,更需要承受对技术操控的自我效能感减损,以及来自学生、同侪的质疑、教学评价的施压等。当教师长期无法调和类似的结构性矛盾时,其内心将会产生一系列诸如"习得性无助""焦虑"等恐惧性情感。"人是符号的动物,一旦听说有某种危险,即使是千里之外,都会将它视为对自己的威胁。"[④] 若任由教学技术恐惧弥漫,恐惧将会转化为对必要技术的疏离、排斥之态,瓦解教师对技术的亲近动机。

4. 理论与实践牵涉技术的负向舆论,影响教师的正面评价

理论上,已知的技术负效或危险引起了技术理论家针对技术本体的诸多批判。诸如,技术悲观主义者埃吕尔揭示了技术与人的矛盾,他指出,"技术使人成为淹没在物体及其世界中的一个微粒,妨害了对道德精神和自由的追求"。[⑤] 法兰克福学派学者马尔库塞批判现代性技术社会培养"单向度的人",存在

① 郑玉玮,崔磊:《多媒体在教育中的应用:一个矛盾的复合体》,《电化教育研究》2016年第11期,第18-24页。
② 桑新民:《技术—教育—人的发展——现代教育技术学的哲学基础初探》,《电化教育研究》1999年第2期,第3-7页。
③ 张广君,曾瑶:《走向"和合":"互联网+"时代的教师伦理取向》,《中国电化教育》2021年第4期,第26-34期。
④ 史文德森·拉斯:《恐惧的哲学》,范晶晶译,北京大学出版社2010年版,第25页。
⑤ 胡伟:《埃吕尔技术哲学思想及其对教育研究的影响》,《教育学报》2013年第9期,第28-34页。

主义哲学家海德格尔关于技术危险的警示①，等等。在教学领域，人们也在反思技术化教学中的合理性，并同样立足其负面价值不断阐发批判观点。如"技术化教学取向是一种去人化的教学"②，"技术化及其体现的工具思维是教育异化和扭曲发展的根源，技术的泛滥构成了对教育人文性的重大冲击和破坏"③，等等。教学技术一度成为众矢之的，相应的悲观论调则为"疏离或排斥技术"提供着舆论铺垫。技术批判理论对技术的评价客观上渲染了一种技术威胁论。部分教师对批判舆论的非理性承接将使之更多关注到的是技术负效，从而生成的是一种指向技术的"避害"距离感。

在实践中，也不乏针对教学技术超出理性阈限的"负面"舆论。一种是"过度贬低"技术的舆论。来自儒家传统文化"轻视技术"的偏见因袭、已知技术负效对未来场景中技术运用风险的舆论，以及教师自我对原有教学经验结构的盲目自信等，都将会不同程度释放对技术带有轻视意味的舆论。比如，有人认为"技术只是递送教学内容的工具，它对学生学业成就的影响不会比一辆运输食品的卡车对我们的影响更多"。④ 另一种是"技术鼓吹"的舆论。技术鼓吹是指技术的开发者和推广者在宣称技术绝对有效并使人产生信任感的同时，却隐匿了技术的缺陷以及技术开展者、推广者附加在技术中的企图。不少技术产品本身的真实有效性没有被如实阐明，甚至隐藏重大缺陷。教师是技术化教学实践的亲历者。"轻视技术"和"技术鼓吹"等非理性舆论在教学生活中蔓延，将时刻影响着教师技术观以及对教学技术的正面评价。

三、回归信任：消解教师"技术排斥"的可能路向

非理性的技术排斥阻断了技术嵌入价值在教学生活中延展的可能性。秉持"趋利避害"的行动逻辑，教学实践者需要积极实现由"技术排斥"向"技术信任"的立场转向。技术信任是教师在客观认识基础上建构起的对教学技术持有积极期望，并能创造性地利用技术达成教学目的的一种追求。相关研究表明，技术信任确实会影响技术使用行为。实践中的技术排斥情感和行为也多反映为教师技术信任的解构，薄弱的技术信任信念无法支撑起其自主使用或继续使用技术的意志。因而，消解教师技术排斥现象的关键在于，教师要建构技术信任，以坚定而恰当的信任信念来支持教学技术的使用。

1. 在超越控制关系中凸显"人—技"交往的行为意义

关于人与技术关系的探讨，较具主导性的一种观点是"技术工具论"。正如恩斯特·卡普（Ernst Kapp）之"技术是人体投影"的观点阐述：技术是人使用的一种工具，每种技术都对应着人体的某一部位，工具将用来弥补人体固有的局限。⑤ 人随心所欲地控制技术，试图通过技术去建构一个全新的认知世界。在教学情境中，"控制"构成了教师与技术对话交往的主导方式，彼此交相呼应的是一种基于控制的非对等的主客体关系。缓和教师课堂教学中的技术排斥困境，构建技术信任的重要前提在于：克服以往教师与技术之间争夺"控制权"的混乱局面，摆脱"教师绝对控制技术"与"技术翻转控制教师"的对立状态。技术信任需要超越工具性控制话语的制约，建构一种凸显行为意义的"人—技"交往关系。在哲学语境中，意图和内在需求是构成"人—技"交往行为意义最重要的两种指向。教师与技术关系的实质建构过程，需要遵循双方内在的行为意义。这要求教师在使用技术时要深化对技术（技术生产者）意图的理解，正确理解技术生产者所赋予的技术意图，而非单纯为了使用"技术"而使用"技术"。同时，教师亟须转变把技术窄化为"工具""手段"的观念意识，而应对技术抱以更具教育性的解释视角与立场，深度理解自身与技术交互行为在满足教学内在需求上的教育意义。它要求教师至少明确：当下采用的技术是

① 王琦：《技术的价值负荷与发展选择》，《广西民族大学学报（哲学社会科学版）》2009年第31期，第61-63页。
② 刘景超：《技术时代教学的价值审视》，《湖南师范大学教育科学学报》2012年第6期，第7-9页。
③ 余清臣：《教育实践的技术化必然与限度——兼论技术在教育基本理论中的逻辑定位》，《教育研究》2020年第6期，第14-26页。
④ Clark，R.，"Reconsidering Research on Learning from Media"，*Review of Educational Research*，Vol. 53，no. 4（1983），pp. 445-459.
⑤ 朱京曦：《论人文技术哲学视野下的教育技术观》，《电化教育研究》2007年第5期，第16-20页。

为了学生的哪些方面学习,为了解决学生学习过程的哪一环节的具体问题,在融合技术的教育教学过程中自己能做什么,什么样的技术行为是适合的,以及自己在技术操控行为后的反思,等等。

2. 在拓展技术实效中达成教师技术认同的基准前提

技术运作能否给教育教学活动带来有益的实际增效,是驱动教师产生技术认同的基准前提。对技术本体而言,技术产品或方案的内化力与有用性等特性的改进需要进一步关注。一方面,应深入凸显教学技术内化力。技术内化力是指技术产品或手段能够立足于教学实践及操控者的实际需要,深切回应教学实践中的具体问题,并使其在发挥作用的过程中应用这种能力。这要求技术开发(设计)者能够将教师使用技术中的常见问题内置于技术中,从而通过技术适配问题情境特征以有效引导教师的期望。研究表明,技术内化力越强,使用者将越信任该技术。凸显教学技术内化力,需要教学技术产品供给者审慎考虑并尊重教育及教学的基本规律,深度契合教学实践的本体需要。另一方面,可提升教学技术的感知有用性。感知有用性是预测技术接纳的重要维度,反映个体对运用一个特定的技术系统将改进其工作绩效的信任程度。当技术有用性感知存在的损失大于利益时,教师会倾向于低估该技术的可信度。在教学中,良好的感知有用性直接来源于教学技术产品或方案的有用性。对此,面向未来实践的教学技术产品研发需要始终将"有用性"放在首要位置,以教学需要为产品导向,着力提升技术产品价值力。此外,教师需要持续增强对教学技术的适应性,这涉及观念与行动两种向度。观念适应,即要求教师在观念上接受"任何教学活动不可能不渗透技术性的因素"的客观事实,将技术应用与创新作为一种促进自身教学实现的基础途径。行动适应,则要求教师解决在情境中的技术操控的胜任力问题,提振在技术操控过程中的自我效能感和获得感,缓解恐惧、焦虑等不适感。具言之,教师不仅要努力提升操作、使用技术的能力,更需思考如何释放技术的育人价值,以达成技术意图与教学内在需求的价值平衡。

3. 在技术革新发展中观照教师的胜任力度

教学实践的技术发展需要尊重(适应)教师的操控力和整体接受限度。质言之,技术变革固然要有前瞻性、引领性,但也要考虑适切性,即是否契合多数教师现时的整体适应性(接受)水平。时下,对教师整体操控力水平构成的挑战主要有两种情况:一是教学方法或设备本身的操作很难,很多教育实践者因此不能掌握或不能娴熟地掌握;二是教育方法或设备因更新换代过快而没有足够的时间让教育实践者去练习操控。[1]从根本上说,推动教学技术实践发展的节奏不能过快。整合时空条件以及教师个体实际情况,技术开发者要尊重教师作为主要操控者的主体地位,根植教师合理的技术诉求,寻求必要方式使其嵌入相关技术开发流程中去,同时考虑技术推广方式的温和性和渐进性,契合具有普遍特征的用户习惯和体验要求。尤其是在具体的技术产品设计上,需要改进教学技术的操作易用性。在技术接纳语境中,易用性反映为个体对自身使用某些技术产品所需付出的努力程度。当教学技术产品易用性低,操作程序过于繁琐复杂时,将会带给教师不友好的体验感和低流畅感。易用性与技术接受限度的关联逻辑在于:若技术产品简单易控,那么个体将较少存在操控性问题,也意味着将在较短的时间内完成更多的教学任务,提高效率。

4. 在重构技术文化中形成导向技术信任的舆论

在信任(高信任度)文化氛围中,教师将会主动地做出信任决定,并伴生与信任相关的技术行动。由此,为了规避牵涉技术的负向舆论对人的误导风险,还需要重构技术文化,形成导向技术信任的舆论。

其一,警惕夸大的技术崇拜文化。信任不等于崇拜,技术崇拜下的追随行为并非真正的"技术信任",而是表面的"虚假信任",被其置信的是被放大的"技术效能"。这种"虚假信任"终将随着人们认知理性的完善以及隐藏的蛊惑性危害释放而被反噬。这里实际涉及两个警惕:一是警惕由技术提供者(生产者)刻意发起的夸大、虚假的商业宣传舆论;二是警惕由教师主观"晕轮效应"诱发的技术崇拜文化。教师个体在"晕轮效应"的误导下,无形中成为技术崇拜文化的传播者。对此,教师需跳出狭窄的认知视

---

① 余清臣:《教育实践的技术化必然与限度——兼论技术在教育基本理论中的逻辑定位》,《教育研究》2020年第6期,第14-26页。

域,辩证审视教学技术价值的二重性,明辨技术崇拜文化的弊病。

其二,营造适度的技术"关怀文化"。在技术实践中,由于各种主客体因素的限制,技术运作效能与教师教学期待之间的落差始终存在。人是情绪性动物,技术之于教师教学需求满足的有限性,不免会使部分教师产生抱怨、不满甚至是批评的情绪。但抱怨并不能解决问题,只会恶化教师与技术的关系。因此,教师也需要及时调整负面情绪,秉持包容立场去审视教学技术的功能限度,给予技术及其生产者必要的理解与支持,立足自身实际去检视技术应用的内在适恰性。

Technological Exclusion in Teachers' Classroom Teaching: Generation Mechanism and Elimination Strategies

LI Ronghua

（School of Education, Central China Normal University, Wuhan Hubei, 430079）

Abstract: In classroom teaching, teachers' technology exclusion refers to a kind of rejection emotion or behavior that they show to the application of technology. It usually excludes reasonable technical elements from teaching in the form of value denial, emotional alienation and action resistance, thus restricting the process of technology-integrated teaching. Among them, the evolution of the relationship between technology objects and teaching subjects, the gap between the effectiveness of technology operation and teaching expectations, the contradiction between technology internalization demands and teachers' adaptation limits, and the negative public opinion that is caused by the involvement of theory and practice in technology activities will all catalyze the formation of the exclusion of teachers' teaching technology to varying degrees. In this regard, the key to eliminating teachers' technological exclusion is to highlight the behavioral significance of "human-technology" interaction when transcending the relationship of "control". Specifically, it is necessary to achieve the benchmark premise of teachers' technological identity in expanding the effectiveness of technology, to support teachers' competence in the development of technological innovation, and to form a public opinion leading to technological trust in the reconstruction of technological culture.

Key words: teaching, teaching technology, technology exclusion, technology trust

"双减"背景下教师教育生态系统模型构建

张　丽 [1],傅海伦 [2]

（1. 山东师范大学 教育学部,山东 济南,250000;2. 山东师范大学 数学与统计学院,山东 济南,250300 ）

摘　要：该研究从教育生态学视角,采用大数据分析论证与田野调研等质性与量化相结合的研究策略,探索"双减"背景下中小学教师多元复合教育生态环境,尝试构建中小学教师教育生态系统结构方程模型,验证模型中的假设,探究"双减"背景下中小学教师处于怎样的实然现状,采取何种有效路径以促进中小学教师队伍良性持续动态的发展。该研究为实现"双减"背景下教师队伍的协同均衡、共生共荣、良性和谐可持续发展,提供了分析向度和实证依据。

关键词："双减";教育生态系统;结构方程模型;可持续发展

2021年7月,中共中央办公厅、国务院办公厅印发《关于进一步减轻义务教育阶段学生作业负担和校外培训负担的意见》[①],文件要求应着眼建设高质量教育体系,强化学校教育主阵地作用,构建良好的教育生态,促进学生全面发展、健康成长。因此,对中小学教师群体生态系统的分析研究尤为必要。当前中小学教师队伍建设还不能完全契合"双减"政策新方位、新征程和新使命的要求,如何始终保持对教科研工作的热情投入,寻求教师个体成长和专业发展之间的最优路径,使得教师在教育生态系统中与各方保持良性的互动与发展,已成为教师专业发展研究的核心推动力。本研究用教育生态学理论来研究"双减"背景下中小学教师的生存与发展,即教师作为生态种群与其所处的教育生态环境相互制约影响,共同组成的教育生态系统内产生的生态现象与问题。[②] 研究采用大数据分析论证与田野调研相结合的方法,调查"双减"背景下中小学教师的生存现状,试图构建中小学教师生态系统结构方程模型,探寻教师生态系统良性发展的路径,以期为实现"双减"背景下中小学教师队伍的动态平衡、协同共生和可持续发展提供实证依据。[③]

基金项目：本文系2022年度山东省教育科学规划创新素养专项项目"提升学生创新素养的小学数学教师胜任力评价与发展研究"（项目编号：2022CZD011)的阶段性研究成果。

作者简介：张丽,山东师范大学教育学部讲师,博士,主要从事教师教育研究;傅海伦,山东师范大学数学与统计学院教授,博士生导师,主要从事教师教育与课程与教学论研究。

① 中共中央办公厅 国务院办公厅：《关于进一步减轻义务教育阶段学生作业负担和校外培训负担的意见》,载教育部官网：http://www.moe.gov.cn/jyb_xwfb/gzdt_gzdt/s5987/202107/t20210724_546566.htm. 最后登录日期：2022年7月25日。

② 史颖博,王卫东：《中小学教师专业发展困境的研究现状及其改进：基于2006—2015年研究成果的分析》,《教育科学研究》2017年第1期,第76-81页。

③ 傅海伦,张丽：《城乡教师工作现状差异分析及测评模型构建——以山东省域数据调查为例》,《教育导刊》2021年第10期,第38-47页。

一、教师教育生态系统模型构建的理论基础

中小学教师的教育生态系统处在复杂的、动态的、多层次的、开放的教育生态系统中，是教育生态系统中相对独立的子系统。多种生态因子在一定的时间与空间内综合作用来实现自身发展。其结构与功能的统一制约着教育生态系统适应环境变化的能力，并与教育生态系统不断地进行着物质和能量的交换，在相对均衡的输入—输出比的作用下，建立"稳定态"或平衡的"生态位"。系统中的循环一旦出现断裂，就需要引进能量和资源，同时改造环境和变革组织，以自我调节，重建新的平衡。① 由此推论，中小学教师的教育生态系统的良性运行过程也是社会、学校以及家庭和教师个体进行的能量转换过程，它本身会受到各种环境因素的影响。因此，在"双减"政策背景下，从教师生存发展的角度出发，运用教育生态学理论，以中小学教师生态位所处的教育生态环境影响因素来划分研究维度，由宏观社会环境、中观学校环境和微观教师个体环境(指教师的心理因素、专业情操、知识技能等教师所处的内部生态环境)三个维度相互交织形成的复合网状结构来探究影响中小学教师的生态位运行规律具有有效的解释力。② 具体如图1所示。

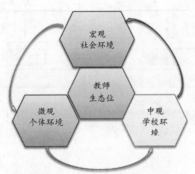

图1 中小学教师多元复合生态环境示意图

为了保持动态平衡与稳定，中小学教师在微观个体知识体系、中观学校专业培训和宏观社会政策支持等维度需要进行全方位的持续调整，教师应时刻与"双减"生态环境之间进行物质、能量和信息的传递与交换。社会、学校和教师在教育生态系统中通过协同影响作用实现优势互补以及适应和改进，比如教育资源、物质条件和信息技术的流通，产生协同共生教育生态循环模式。从而实现教师个体有意识的、全面的与生命有机体协同发展的统一，使得中小学教师教育生态系统始终处于共契共融、互惠互利的可持续发展的态势。

二、教师教育生态系统的现状调查

通过在知网检索我国近20年与教育生态学相关的文献，得到以"教育生态"为主题的论文481篇；以"教师生态"为主题的有228篇，其中绝大部分都是关于高校教师的研究，以"中小学教师生态"为主题的仅有17篇。因此，以教育生态学视角来实证分析"双减"背景下中小学教师的生存现状和发展，可为教师教育研究开辟新视角、新方法和新路径。

1. 研究设计

本研究主要解决以下几个问题：

---

① 范国睿：《教育生态学》，人民教育出版社1999年版，第31页。

② 傅海伦，张丽：《中小学乡村教师消极情绪体验的社会学分析——以山东省域数据调查为例》，《山东师范大学学报(社会科学版)》2020年第1期，第116—125页。

"态"的研究:"双减"背景下中小学教师处于怎样的生存状态?

宏观社会、中观学校、微观个体对中小学教师生态位的"态"(即现状),存在怎样的相关关系?

如何构建"双减"背景下中小学教师教育生态系统的结构方程模型?

本研究拟从宏观、中观、微观三个层面析取、归纳对中小学教师生存现状最具影响力和解释力的生态环境影响因子,如国家政策、学校体制机制及福利待遇等;分析与解释中小学教师生态位中"态"的相关因子与各层级环境因子的相关关系,"态"即教师的生存状态,由工作满意度、成就动机及职称评聘等因子构成。宏观社会、中观学校、微观个体、生存状态这四个潜变量相互作用影响和制约,构成动态的、多维网状的中小学教师教育生态系统。[①] 具体见图 2。

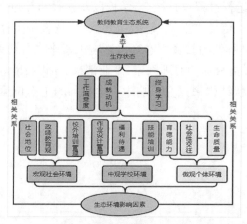

图 2 "双减"背景下中小学教师教育生态系统理论结构模型

2. 调查对象

通过查阅文献、专家论证以及"线上线下相结合"的方式在全国范围内开展调查研究,选取"双减"政策落地实施比较好并取得显著成效的省、市和直辖区的不同区域不同学段的中小学(包括城镇小学、乡村小学和城乡接合部学校)一线教师为研究对象,利用 SPSS20.0 和 AMOS21.0 软件分析数据,并运用相关性分析和多元回归方法开展质性与量化相结合的调查研究,构建"双减"背景下中小学教师教育生态结构方程模型,验证模型中的假设,通过修正、评价结构方程模型来分析探究"双减"背景下中小学教师的实然现状与发展路径。

3. 调查内容

通过查阅资料、文献分析、专家论证和半结构访谈等方法筛选确定 34 个调查问卷题项,具体如下:

(1)基本情况:性别、年龄、学校所在地、任教学段、教龄、工资水平、职称 7 个题项。

(2)中小学教师的生存状态:工作满意度、成就动机、自我认同,职称评聘公平、终身学习、健康素养 6 个题项。

(3)中小学教师的社会生态环境:提升教师社会地位、国家"乡村教师"支持计划、倡导正确政绩观和科学教育观、"支教"资源配置均衡政策、强化校外培训机构规范管理、"教师双向交流"政策、"双减"政策 7 个题项。

(4)中小学教师的学校生态环境:优化作业设计与管理、落实"双减"相关福利待遇、构建教师教研共同体、加强培训交流、学校重视评优评模、晋升渠道畅通、办学条件 7 个题项。

(5)中小学教师的个体生态环境:育德能力、社会性交往、责任心、家庭关系、自我控制与调节、生命

① 张丽,徐继存,傅海伦:《乡村教师的生存境遇与突围之策——基于山东省乡村教师现状调查的实证分析》,《现代基础教育研究》2020 年第 4 期,第 130-139 页。

质量[①]、职业规划 7 个题项。

三、研究结果与讨论

调查问卷设置单选题，每个题项的答案分别为"完全不同意、比较不同意、既不反对也不同意、比较同意、完全同意"5 级选项，采用 Likert5 点量表记分法，依次赋值为 1、2、3、4、5，得分越高说明各生态因子对中小学教师影响程度越高。因为样本数据较大，有效问卷共 19821 份，所以采用交叉证实的方法将问卷随机分为两组，一组用探索性因素分析建立模型，另一组用验证性因素分析对模型进行检验和修正。

1. 鉴别力

计算每个题项总分，从高到低排列（前 27% 是高分组，后 27% 是低分组），检验高、低分两组的差异并进行独立样本 t-检验。结果表明，所有题项的 t 值均显著，说明问卷具有良好的鉴别力，可以全部保留以做探索性因素分析。

2. 信度分析

根据 Cronbach's Alpha 系数进行数据的内部一致性检验，判断统计资料的可靠性结果，见表 1。

表 1 统计资料可靠性

Cronbach's Alpha	项目个数
0.874	27+7=34

注：Cronbach's Alpha 系数值 0.874，大于 0.7，说明问卷信度良好。

3. 效度分析

调查问卷的题项是在综合分析国内外相关文献、运用德尔菲法组织专家多次研讨的基础上形成的，因此可保证内容效度有效性。经小范围的预调研，所有标准化因子载荷均大于 0.5，所有 t 值均大于 2，克朗巴哈系数 a 均大于 0.7，说明该问卷具有较好的效度。

4. 描述性分析

通过描述性分析数据的标准误差均小于 0.01，其可靠性显著。通过描述性频率分析发现，这些基本信息在一定程度上能够反映"双减"背景下中小学教师队伍的结构现状。存在教师性别比例总体上女性偏高，但也因学段、学校所在地不同，呈现出差异；教师年龄结构中乡村小学教师分布不均衡；中小学教师收入偏低；参加培训交流次数较少等问题[②]，具体见表 2、表 3。

表 2 描述性频率分析

	性别	学校性质	教龄	学段	地域	月工资	校际交流
N 有效	19821	19821	19821	19821	19821	19821	19821
遗漏	0	0	0	0	0	0	0
平均数	1.75	1.03	3.22	2.44	2.22	2.59	3.40
均值标准误	0.003	0.001	0.004	0.005	0.005	0.006	0.003
标准偏差	0.434	0.177	1.301	0.743	0.697	0.806	0.917

---

① 李学书，范国睿：《生命哲学视域中教师生存境遇研究》，《教师教育研究》2016 年第 1 期，第 1-5 页。

② 徐继存，张丽：《乡村小规模学校教师留岗意愿及影响因素研究——基于工作特征模型》，《山西大学学报（哲学社会科学版）》2020 年第 6 期，第 87-98 页。

表3 受试者基本信息

变量	类别	次数	百分比	累计百分比
性别	男	4989	25.2	25.2
	女	14832	74.8	100.0
学校性质	公办	19176	96.7	96.7
	民办	645	3.3	100.0
教龄	20年以上	656	3.3	3.3
	11-20年	7556	38.1	41.4
	6-10年	3983	20.1	61.5
	4-5年	2062	10.4	71.9
	3年及以下	5564	28.1	100.0
任教学段	初中	8098	40.8	59.1
	小学	11723	59.1	100.0
学校所在地	城市	3127	15.8	15.8
	县镇	9241	46.6	62.4
	乡村	7453	37.6	100.0
月工资水平	5000元以上	1380	7.0	7.0
	4001-5000元	8068	40.7	47.7
	3001-4000元	7720	38.9	86.6
	3000元及以下	2653	13.4	100.0
参加校际交流次数	3次及以上	1508	7.6	7.6
	2次	1431	7.2	14.8
	1次	4440	22.4	37.2
	0次	12442	62.8	100.0

5. 探索性因子分析

（1）KMO和Bartlett的球形度检验

降维因子析取之前,需进行KMO和Bartlett球形度检验,见表4。

表4 KMO和Bartlett球形检验结果

Kaiser-Meyer-Olkin测量取样适当性		0.927
Bartlett球形检验	近似卡方分布	252147.529
	df	281
	显著性	0.000

注:KMO为0.927,$P<0.01$达显著,说明相关矩阵间存在共同因素,均适合进行因素分析。

（2）探索性因子分析

对问卷主体内容的27个题项进行探索性因子分析,根据相关标准对问题进行筛选,删除题项14个,保留13个。以特征根大于1为原则对数据进行因子提取,见表5。

表5 调查问卷数据解释的总方差

成分	初始特征值			提取平方和载入			旋转平方和载入		
	合计	方差%	累积%	合计	方差%	累积%	合计	方差%	累积%
1	8.869	32.848	32.848	8.869	32.848	32.848	3.965	14.687	14.687
2	2.329	12.625	45.473	2.329	13.625	46.473	3.706	13.728	28.414
3	1.863	10.900	56.373	1.863	11.900	48.373	3.107	13.507	41.921
4	1.696	9.282	65.655	1.696	10.282	58.655	2.448	12.068	53.989
5	1.072	6.969	72.624						
6	1.048	5.772	78.396						
7	0.899	5.330	83.726						
8	0.829	4.936	88.662						
9	0.739	3.612	92.274						
10	0.658	2.584	94.858						
11	0.656	2.071	96.929						
12	0.612	1.622	98.551						
13	0.544	1.449	100						

提取方法：主成分分析

如表5所示，前四个公因子的解释总方差达到65%以上，因此，将这4个公因子提取出来，能够解释所有变量包含的信息，因此，抽取4个维度较为合适。然后进行验证性因素分析，选取拟合程度较高的模型。

6. 结构方程模型构建

利用结构方程模型来反映"双减"背景下中小学教师所处的教育生态环境与生存现状的相关关系。确定"双减"背景下中小学教师生存现状的观测变量和研究潜变量，其中，问卷题项为13个观测变量，教师的生存状态、社会环境、学校环境、个体环境为4个潜变量，具体如下：

(1)中小学教师的生存状态，包括工作满意度(D_1)、成就动机(D_2)、职称评聘公平(D_3)、终身学习(D_4)4个因子。

(2)中小学教师的社会环境，包括提升教师社会地位(A_1)、倡导正确政绩观和科学教育观(A_2)、强化校外培训机构规范管理(A_3)政策3个因子。

(3)中小学教师的学校环境，包括优化作业设计与管理，提质增效促学(B_1)、落实"双减"相关福利待遇，提升成就感和价值感(B_2)、加强培训交流，提升专业技能(B_3)3个因子。

(4)中小学教师的个体环境，包括育德能力(C_1)、社会性交往(C_2)、生命质量(C_3)3个因子。

初步构建测量模型 $x=\Lambda_x\xi+\delta$ 和 $y=\Lambda_y\eta+\varepsilon$，以及结构模型 $\eta=B\eta+\Gamma\xi+\zeta$。其中，$\eta$ 为内生潜变量组成的向量。ξ 为外生潜变量组成的向量，Λ_y 和 Λ_x 为负荷矩阵，ε 和 δ 分别为内生观测变量 y 和外生观测变量 x 的测量误差向量，ζ 是结构方程的误差向量，B 和 Γ 分别是内生潜变量和外生潜变量间路径系数组成的矩阵。

利用Amos21.0软件构建"双减"背景下中小学教师教育生态系统结构方程模型 M，见图3，包括13个观测变量、4个潜变量和13个误差项 e。

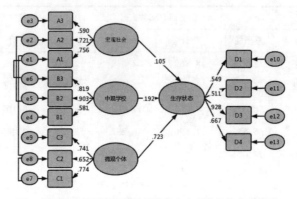

图3 "双减"背景下中小学教师教育生态系统结构方程模型 M

由结构方程模型标准化分析数据结果可知,所有回归系数均显著,总体通过显著性检验,具体见表6。

表6 回归系数表

生存状态	<---	社会	0.005	0.001	5.516	***	par_10
生存状态	<---	学校	0.007	0.001	5.768	***	par_11
生存状态	<---	个体	0.038	0.006	6.259	***	par_12
A_1	<---	社会	1.000				
A_2	<---	社会	0.889	0.012	72.231	***	par_1
A_3	<---	社会	0.867	0.013	65.052	***	par_2
B_1	<---	学校	1.000				
B_2	<---	学校	0.988	0.006	162.084	***	par_3
B_3	<---	学校	0.819	0.006	127.515	***	par_4
C_1	<---	个体	1.000				
C_2	<---	个体	0.968	0.016	61.599	***	par_5
C_3	<---	个体	1.132	0.020	57.213	***	par_6
D_1	<---	生存状态	1.000				
D_2	<---	生存状态	10.854	1.691	6.417	***	par_7
D_3	<---	生存状态	23.685	3.765	6.291	***	par_8
D_4	<---	生存状态	9.780	1.543	6.337	***	par_9

由标准化后拟合优度可知参数值越接近饱和说明构建的模型越好,模型 M 的 x^2/df 值小于5;GFI、$AGFI$、CFI、IFI、NFI 值均接近于1;$RMSEA$ 值为0.014,接近于0,说明"双减"背景下中小学教师教育生态系统结构方程模型 M 的拟合优度高。

7. 因子载荷差异分析

模型 M 中,社会环境对教师生存状态的因子负荷为0.105,学校环境对教师生存状态的因子负荷为0.192,说明"双减"政策背景、学校内部治理体系对教师生存状态的影响程度偏低,教师个体环境对其生存状态的因子负荷达0.723,说明对中小学教师生存状态产生巨大影响作用的是教师自身所处的个体环境,其中 C_1 为 0.774,说明教师的育德能力,即师德师风、责任心等很大程度上影响"双减"政策实施的效果,教育教学质量和学生的身心健康发展;同时教师的生命质量 C_3 值达到 0.741,说明教师生命质量对教师个体环境具有较高的解释力,尤其是"双减"带来的中小学教师群体内部的激烈竞争及工作负担与压力,影响了教师的归属感和幸福感。

四、结论与建议

1. 完善科学合理的"双减"机制,促进良性生态发展

由个体特征结果可知,"双减"背景下中小学教师的生态发展能力处于中上等水平。由生态环境因子影响的差异分析可知,社会环境对中小学教师发展能力的影响程度偏低,学校环境对中小学青年教师发展能力的影响程度偏高,说明机制保障、培训项目等外部环境能够为教师生态位的扩充提供制度保障,使中小学教师的生态发展能力得到充分调适,并促进其发展。同时,教师个体自身现状对其发展能力影响也非常显著,这也说明政策的具体实施和地方政府的督导,不但能给学生减负,还能影响和促进中小学教师的生态发展。未来需要进一步支持课后延时服务、兴趣拓展社团以及作业设计与辅导等方面,同时完善教师评价激励机制,构建科学有效合理的学校内部生态治理体系;从增强中小学教师主观能动性出发,将因"双减"政策产生的教师工作量和评优评模与教师的职称评聘、绩效考核、职务晋升等机制挂钩并加以完善,使其晋升渠道得以畅通。在"双减"任务完成中设置相应的奖励制度,提升教师自我认同度和个体成效感,这样可以使中小学教师的生态发展处于良性积极的态势。

2. 减负提质增效,探寻合理生态位

由生态因子权重的分析结果可知,"双减"背景下影响中小学教师发展的生态因子呈现错位失调态势。因此,中小学教师应以"双减"为契机,专注课堂、锤炼技能、创新突破,探寻更适合自己的生态位。一是要创造性地解决问题,根据"减负"的情境变化和产生的实际问题,探索解决问题的有效途径。协调统一线上和线下课堂教学,创建智慧教学课程资源包,创造性地融合丰富的教学理念,从而使学生在"减负"的同时,能够探究各种途径和方法促进深度学习,提升核心素养。二是提高终身学习能力。教师个体需要不断地更新自身理念、知识和技能,以适应"双减"带来的教育教学工作上的改变。比如跨学科和信息技术应用能力、教育文化传播能力、智慧课堂设计能力等。三是以作业设计和管理为课题,提升课后作业的"质"。研读课标,精准把握学科属性,研究科学合理的作业设计与管理。例如重视预习作业,系统设计符合学生成长和发展规律、提升核心素养的基础性作业,积极尝试分层作业、弹性作业和个性化作业等丰富多样的开放式作业形式。四是提升工作抗压能力。"减负"减的是学生的负担,教师的负担不但没有减少,反而工作要求更高了,工作压力更大了。在面对既要"聚焦减负"又要"提质增效"的工作任务时,中小学教师应学会自我调适,寻求积极解决问题的策略,在探索合理生态位的同时,又能有效减少生存压力和职业倦怠感。

3. 实现教育资源生态型配置,形成共生共荣新生态

丰富的教学内容、完善的知识结构、科学合理的测评方法是中小学教育生态链的良性运作状态。而以本体性知识为主的讲授法仍然是实际课堂的主流,导致教育生态环境的丰富性和多样性缺失。因此,为实现教育新生态,应采取以下举措:一是应整合教学资源,突破学科之间的界限,进行跨学科的融合与创新,实现教育资源生态型配置。比如在数学教育生态课堂中,应努力实现跨学科学习与信息化技术的应用,数学模型构建与数据分析的涉猎,突出数学学科特点的同时,充分体现数学作为通识学科在其他学科领域的综合应用,从而促进学生掌握完整的知识体系。二是要提升中小学教师社会性交往、人际关系处理能力,灵活开放地与学生、家长和同事相处,做到家校"协同共生",促进师生的内外双向和多维的

交流与沟通,实现中小学教师教育生态系统的多元化发展。[①] 三是为教师提供进修培训机会。"双减"背景下学校层面应贯彻落实"双减""支教"、教师轮岗制度等宏观社会支持政策,公平公正地为每一位教师提供进修与培训的机会,采取轮训方式,确保中小学教师培训全覆盖。四是打造教师教研共同体。教育生态学理论认为,任何群体与群体间的作用都是相互的,"双减"背景下更需要充分利用教师群体间的相互作用关系,积极打造与构建教、学、研共同体,并充分发挥共同体的传、帮、带作用,提升教师专业能力,打造教师"双减"共赢群体。这样既能促进教师个体之间的尊重、包容和支持,又能实现中小学教师教育生态系统的良性循环运转,从而形成共生共荣的教育新生态。

4. 保障师生协同共生,畅通生态成长之路

优良的教育教学氛围和积极健康的情绪心智是保障教师和学生协同共生、生态成长的关键因素。中小学教师应当理解积极情感对学生学习成长的重要作用,以合作的方式开展教学,激发学生学习兴趣,帮助学生形成正确的自我认知,养成科学健康的学习习惯。因此,构建积极情感环境是促进中小学教师教育生态系统可持续发展不可或缺的重要环节。学校要整体设计和系统规划教师的生态成长路径,打造良好的教育生态环境。中小学教师的工作热情、教育耐受力、育德能力、责任心、社会性交往等都是促进教育生态系统良性发展的关键因素。尤其对中小学教师的未来发展,力争做到对每位教师的成长量身裁定职业生态成长规划方案,完善中小学教师职业生态成长档案建设,确保每位教师的职业成长生态链明晰通畅,科学合理地分类规划教师成长共同体,并统筹制定教师共同体的职业生态成长策略。[②]

Research on the Construction of Teacher Education Ecosystem Model under the Background of "Double Reduction"

ZHANG Li[1], FU Hailun[2]

(1. Department of Education, Shandong Normal University, Jinan Shandong, 250000;

2. School of Mathematics and Statistics, Shandong Normal University, Jinan Shandong, 250300)

Abstract: From the perspective of educational ecology, this paper explores the ecological environment of multiple compound education for primary and secondary school teachers under the background of "Double Reduction" by adopting the research strategy of combining qualitative and quantitative methods such as big data analysis and field investigation. It has attempted to construct the structural equation model of the educational ecosystem for primary and secondary school teachers, to verify the assumptions in the model, and to explore the actual situation of primary and secondary school teachers under the background of "Double Reduction" and to explore effective ways to promote the healthy and continuous dynamic development of primary and secondary school teachers. In order for the primary and secondary school teachers to achieve coordinated balance, symbiotic co-prosperity, and benign and harmonious sustainable development, this paper has provided the path and empirical evidence.

Key words: "double reduction", education ecosystem, structural equation model, sustainable development

---

① 张丽,傅海伦,申培轩:《中小学教师工作困扰、消极情绪与职业幸福感的相关研究——以山东省域数据调查为例》,《当代教育科学》2019 年第 11 期,第 57-64 页。

② 傅海伦,张丽,王彩芬:《基于 Fuzzy-AHP 质疑式数学核心素养评价指标体系的研究》,《数学教育学报》2020 年第 1 期,第 52-57 页。

第47卷，2022年9月　　《现代基础教育研究》　　Vol.47, Sep. 2022
（Research on Modern Basic Education）

局内人教师学习研究：范式、模型与方法

张诗雅

（上海市师资培训中心，上海 200234）

摘　要： 局内人教师学习研究是一种遵循实践认识论和批判实在论的教师学习研究范式，这一范式将教师学习研究的整个场域假定为一个生态系统。局内人教师学习研究模型是一个由三重并行且相互依赖相互作用的循环系统构成，即核心教师学习研究循环系统、反思教师学习研究循环系统和元循环。局内人教师学习研究有两种具体操作方法，即以教育文化土著的内部眼界观察教育和以教育文化持有者的身份深描课堂。

关键词： 局内人；教师学习研究；范式；模型；方法

一、问题的提出

1. 局外人教师学习研究的认识论基础

实证主义倡导者奥古斯特·孔德（Auguste Comte）对社会现象研究方法论进行了论述，他认为，社会科学应该似自然科学一样，客观地对社会现象进行观察与测量。也就是说，实证主义用一套范畴、概念，创造了一个有序的科学的人类行动的实在，它的研究对象不仅要区分开社会事实本身和对事实的认识，而且不能对事实本身施加影响，更要把事实中实践者的主动地位排除在外。[①] 他们将实践者仅仅看作客观的被认识对象，教师学习研究现场中教师主体性问题应该按照布迪厄（Pierre Bourdieu）所阐述的"逻辑的实践"线性地纯然地存在着。[②] 据此，本研究将局外人教师学习研究界定为一种遵循实证主义认识论和自然科学方法论的教师学习研究范式，这一研究范式将教师学习看作一个客观存在的现实，研究者与客观现实保持一定距离，客观地对其进行量化统计分析，并无偏见地进行描述。作用于自然界的法则也同样作用于人类社会，因而自然科学的方法论也可以用于人类社会的研究。因此，教师学习这一客观事实应该与对事实的研究保持主观与客观的分离，研究教师学习不应该改变或影响教师学习这一事实本身。

由此可见，局外人教师学习研究以实证主义认识论为基础，不仅将教师作为被研究者，还抹杀了教师的主观能动性，即将教师作为被研究对象，认为其不应该与研究者之间发生任何关系，教师的认识不应该和研究者的认识产生交流，共同生产事实。因此，局外人教师学习研究具有如下显著特征：教师学

基金项目： 本文系上海市教育科学研究项目"指向教师深度学习的联合研修：样态重构与路径开发"（项目编号：C2022065）的研究成果。

作者简介： 张诗雅，上海市师资培训中心副研究员，博士，主要从事教师专业发展研究。

① 王添森：《教育行动研究的认识论问题——由"局内人"视角引出的讨论》，《教育研究与实验》2009 年第 5 期，第 61–64 页。

② 皮埃尔·布迪厄，华康德：《实践与反思——反思社会学导引》，李猛，李康等译，中央编译出版社 1998 年版，第 11 页。

习这一客观事实是客观存在的;研究者的研究目的是认识教师学习这一客观事实;为了保证认识这一事实的客观性,研究者与教师之间需要保持一定距离;教师学习是一个客观事实,因此教师的主体性是缺失的;教师反思的结果不能成为研究的对象。研究者进行教师学习研究的目的是生产教师学习的理论,这些理论被开发成相应的策略和工具,应用对象就是教师,应用的方式是通过规训使教师严格按照这些方法与策略进行实践,应用的目的是改变教师发展的状况,教师再次成为这些方法与策略的实验对象,被研究者客观地观察和分析。

2. 局外人教师学习研究的困境

局外人教师学习研究范式在实践中逐渐显现出了一些不可回避的问题和困境,尤其在基础教育领域,主要表现为三个方面:

(1)漠视教师的教学经验

教师具有丰富的教育教学经验,且这些经验在长期的积累中已经形成了个性化、情境性、具身性的经验性知识,而这些经验性知识则是教师学习的起点,也是教师学习研究的对象。在局外人教师学习研究范式下,研究者将教师作为研究的客体,关注的是教师的实践行为,并将这些作为可量化、可测量的客观事实进行统计分析,而教师经验却被置于客观范畴之外。

(2)忽视教师的现实问题

在长期相处下,研究者与一线中小学教师彼此身份地位得以巩固加深,研究者作为理论成果的生产者,将其研究成果作为产品,推广给一线教师;一线教师被动接受研究者的产品,并像技术工人一样,在研究者的规范化训练下学习操作这些方法与工具。在这种学习观的驱使下,教师很少关注自身的教育实践,也很少关注自己在教学实践中存在的现实问题,为了研究而做研究,为了课题而做课题,而不会关心自己的研究是否能帮助自己改进课堂教学,是否可以推动学生的有效学习。

(3)干预教师的实践研究

研究者对研究成果的感受与教师的真实体验之间出现了偏差。因为研究者始终处于教师教育实践场域之外,以局外人的身份对教师学习进行研究。此外,研究者通过提供专业的理论知识、运用科学的研究方法和研究技术,外在地干预教师的实践研究,并从教师的实践研究中优化和建构自己的理论。

3. 局外人教师学习研究的反思

由此观之,在局外人教师学习研究中,实证主义认识论忽视了一个事实,那就是一线教师、大学学者、学科专家、教学专家等都是处于教育系统中的行动主体,即都是局内人。作为局内人,一线教师需要发挥主动的作用,需要成为以促进教学改进和学校发展为旨趣的研究主体。他们既是学习研究的实践者,同时也是教育教学实践的研究者。然而,教师如何运用自身独特的资源来创生自己的教育实践智慧,优化自身教育实践,改善自己的教育生活世界? 由此,局内人教师学习研究范式应运而生。

二、局内人教师学习研究的范式

1. 局内人教师学习研究的认识论基础

亚里士多德(Aristotle)创建的实践哲学,胡塞尔(Husserl, E.)提出的生活世界理论,都关注如何进入和把握教师原初生活经验的世界,关注教师自身真实的当下,揭示主观事实和由主观事实构成的具体主体性,描述根植于主观事实和具体主体性的日常生活经验世界。[①]

亚里士多德作为公认的西方实践哲学的创始人,他的实践理论和实践智慧的思想,奠定了西方实践哲学的古典传统。伽达默尔(Gadamer, H.)以亚里士多德的实践哲学为范型,以胡塞尔的"生活世界"理论为基础,建立了解释学的实践哲学。[②]解释学的实践哲学价值及其独特性在于拓展了亚里士多德的

---

① 庞学铨:《重建日常生活经验世界—新现象学的生活世界理论管窥》,《学术月刊》2021年第1期,第23—34页。

② 王南湜,谢永康:《论实践作为哲学概念的理论意蕴》,《学术月刊》2005年第12期,第11—20页。

实践理念,并对知识观进行了重构。之后,詹姆斯(James,W.)在 1909 年出版的《真理的意义》中,提出、阐释并对比了两种知识模型,即跳跃(saltatory)知识模型和漫步(ambulatory)知识模型,前者关注主体如何认识客体,后者强调知识基于人的实践和经验中而得出。

在图 1 中,拉图尔用心灵传送图示(the teleportation scheme)形象地描述詹姆斯的知识跳跃模型,即认知主体与认知客体之间存在着一座跨越深渊的桥,整个认知活动由一条经验链的漂流组成,在这条经验链上有通往终点的相关实践和对实践的多种认知。这一知识模式运用在教师学习研究中,主要的问题不是判断教师在认知路径上是前进还是后退,而是教师如何利用连续的经验链条来增加经验间的交叉点,前进意味着教师越来越有经验,认识越来越深刻。

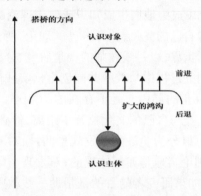

图 1 知识生成的心灵传送图示

拉图尔用知识生成的连续图示(the continuous scheme)来阐释詹姆斯提出的知识漫步模型,见图 2。它的特点是:①有未知数字的向量,②流向相同的时间方向,③有许多交叉点,④连接交叉点的路径具有连续的、可识别的和可记录的资料。[①] 该模型运用在教师学习研究中,最关键的特征是认知主体和认知客体都消失了,它们变为由纵横交错的实践或行动路径编织而成的网络,教师学习不再强调客体和主体两个端点,而是强调教师在认知过程中所经历的各种路径。路径之间的交叉点越多,也就意味着学习媒介越丰富,构建起来的网络越复杂和稳固,教师获得的优秀经验越丰富。

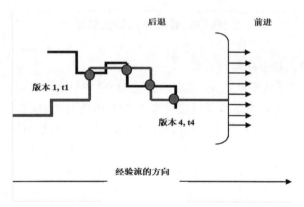

图 2 知识生成的连续图示

2. 局内人教师学习研究的方法论基础

由上可见,认识主体与认识客体之间存在两种关系,即客位认识法和主位认识法。客位认识法如拉图尔所提出的跳跃知识模型,即人们以客观、中立的态度远距离观察和认识一个事物。主位认识法如詹

---

① Latour, B., *A Textbook Case Revisited——Knowledge as a Mode of Existence*,载 http://www.bruno-latour. fr/sites/default/files/99-HANDBOOK-GB.pdf,最后登录日期:2021 年 2 月 27 日。

姆斯所提出的漫步知识模型,即人们应该从事物本身的精神世界和知识系统出发,深度描写事实的显微性和真实性,摒弃现代理性论者的宏大叙事,不以一种居高临下的全知全能的身份对事物做总体描述。①

从主位认识法来理解教师学习研究中的局内人视角,我们可以假设教师学习研究的整个场域是一种生态模型,在这里不管是教师还是相关专家,他们都是认识实践、研究实践和改造实践的行动者,且在他们眼中,行动者除了人,还包括非人类。拉图尔给非人类赋予了与人类同等的地位与价值,将非人类也看作行动者,并认为所有的行动者都围绕被建构出来的事物而展开行动,非人类亦会转译参与人员的行动目标。② 因此,在教师学习研究生态中,精神世界与物质世界相互交织成为研究对象,研究者与实践者之间的身份完全融合,实践与反思成为他们生成知识或建构理论的一种方式。

研究者成为实践者,首先要悬置自己的先见,放弃自己的理论,使自己沉浸在真实的教育情境中,亲身体验、实践和感悟一线教师的生活世界,以一线教师的视角研究、分析、认识、理解他们的生活世界,进而帮助他们解决问题,并在解决问题的过程中与教师共同创生出实践性知识。那么,完全的主位认识法能否实现呢? 从一定意义上来说,真正的局内人是不存在的。③ 比如,教师作为研究者,对自己的教学现场和生活世界进行研究时,他就已经与自己的文化拉开了距离,他必须以研究者的立场和视角观察和解释实践。一线教师作为研究者,可以分为验证型和发现型两种,对验证型研究者来说,他们更关注如何验证自己的理论,或了解自己的理论实地是如何体现的;对发现型研究者来说,他们的任务是通过理解和解释教师的实践来改进实践。如果研究者的目的是帮助一线教师分析教育教学实践问题,并提出改进实践的对策与建议,即便无法达到完全的主位认识法,也能通过各种研究方法无限接近。

研究者成为实践者的价值是什么呢? 如上文所指出的,验证型与发现型研究者是以不同的研究目的进入教师实践场域开展研究的,验证型研究者的目的是验证某种事先设定的假设,他的研究任务就是把教师与教师的实践作为研究对象,客观地收集数据、分析数据、验证假设和理论。发现型研究者的目的是解决问题、生成实践性知识、创造思想,他的研究任务就是与教师之间建立一种能够进行深度对话、多方协作和共同建构的学习研究共同体,共同生成知识,破解困境。由此可见,研究者成为实践者的价值在于,研究者以创造思想为研究旨趣,以实践者的身份进入教学现场,与教师一起共同面对问题和解决问题,并在此过程中,与教师共同生成新成果,创造新知识、新思想。

三、局内人教师学习研究的模型

1. 局内人教师学习研究模型建构的依据

局内人教师学习研究遵循实践认识论,依据唐纳德·A·舍恩(Donald A. Schon)提出的反思性实践思想与反思性实践者的概念。舍恩塑造反思性实践者的专业形象,认为反思性实践者应是实践场域的研究者和实践知识的创生者,他在实践中反思和探究。④ 在局内人教师学习研究中,局内人如何进行实践性反思? 对于这一问题,我们可以从杰克·梅兹罗(Jack Mezirow)提出的"元循环(Meta Cycle)反思"概念中寻找解决之道。元循环反思是一种由三类形式的反思构成的整体性反思模式,三类反思形式分别指内容反思(content reflection)、过程反思(process reflection)和前提反思(premise reflection)。⑤ 内容反思是

---

① 陈思颖:《从"局外人"到"局内人":人类学视角下再识"教师研究"》,《教育发展研究》2018 年第 6 期,第 68-72 页。

② 张诗雅:《ANT 视角下教师实践智慧的生成机制研究——来自联合研修坊的现场分析》,《教育发展研究》2020 年第 Z2 期,第 109-117 页。

③ 陈向明:《质的研究中的"局内人"与"局外人"》,《社会学研究》1997 年第 6 期,第 80-89 页。

④ 唐纳德·A·舍恩:《反映的实践者——专业工作者如何在行动中思考》,夏林清译,北京师范大学出版社 2018 年版,第 17 页。

⑤ Coghlan, D., & Brannick, T., *Doing Action Research in Your Own Organization (Third Edition)*, London: Sage Press, 2010, pp. 85-89.

局内人针对正在解决的问题、正在发生的事情和正在进行中的研究等内容层面的审视;过程反思是局内人对自己的问题解决的策略、实践推广的进度和研究实施的步骤等操作方法层面的监察;前提反思是对内容与方法背后的研究假设与理论基础的批判。三类反思活动相互作用,共同构成了局内人教师学习研究的元循环系统。

在内容反思的循环系统中,强调局内人对教师学习研究中建构的理论,以及对制订的计划、实施的方案和研究成果等进行再研究和再评价。在过程反思的循环系统中,强调局内人对在建构理论过程中所采用的方法,对在制订计划过程中考量任务分派与目标达成之间的匹配策略,对在实施方案过程中需遵循的原则和步骤,以及对研究的过程和结果在评价中所采用的方法等进行不断审视和反复自查。在前提反思的循环系统中,强调局内人要对理论建构所依据的认识论和方法论,对研究方案制订所遵循的研究假设,对研究计划实施和研究结果呈现背后的情感态度和价值观进行迭代的批判与再建构。前提反思的循环系统,潜藏在内容反思循环系统和过程反思循环系统之中,对整个教师学习研究起到决定性作用。

由此可见,局内人教师学习研究由三个并行且相互依赖、相互作用的循环系统构成,即核心教师学习研究循环系统、反思教师学习研究循环系统和元循环,如图3所示。

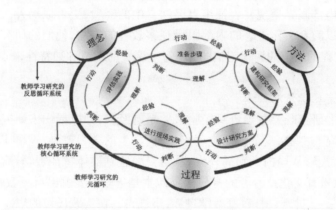

图 3 局内人教师学习研究的三重循环动力模型

2. 局内人教师学习研究模型的解释

在局内人教师学习模型中,核心教师学习研究循环系统是一个迭代螺旋开放系统。第一个步骤是准备,这一步骤是局内人教师学习研究特有的,旨在让研究者提前进入一线教师的实践场域了解所要实施研究的背景,规划研究所要解决的问题和所要达成的预期目的。接下来的四个步骤是:建构研究框架,设计研究方案,进行现场实践,评估实践。核心循环系统的关键之处在于,核心教师学习研究循环不再是一个封闭性的、线性的循环系统,而是一个非线性的、开放性的、生成性的循环系统,其指向教育实践中问题的不断深化、实践的不断优化、系统的迭代革新。

反思教师学习研究循环系统是对核心教师学习研究循环系统进行反思的系统。研究者浸入研究项目,就成为局内人,在开展核心研究循环时,需要对正在开展的教师学习研究项目本身和研究的内容进行结构建构、方案设计、实践研究和评估,局内人显现了第二重身份——研究者,需要以自身的理论背景、研究经验来反思正在进行的研究,需要跳出实施循环过程,对实施循环的整个过程进行经验、理解、判断和采取行动等一系列反思循环活动。在反思循环系统中,研究者自身对核心循环系统中每个步骤进行持续反思和深度探究,创生实践性知识和完善理论性知识,超越研究本身以解决教育实践问题的基础目标,指向创生教育知识和改造教师生活世界的高维目标。

四、局内人教师学习研究的方法

局内人教师学习研究有两种方法，即以教育文化土著的内部眼界观察教育，和以教育文化持有者的身份深描课堂。

1. 以教育文化土著的内部眼界观察教育

"教师作为教育情境尤其是课堂中的'局内人'，从某种程度上是与课堂情境中的'土著'（如学生）共享了一种课堂文化。"①

大学学者、学科专家、专家型教师、普通教师在课堂中交流，在课堂中对话，这使得教师的教育教学现场成为教育理论和教学实践的创生场。他们观察、审视、反思这一创生场中的事实，从而挖掘、萃取和提炼教师们优秀的教育经验和教育智慧。这些经验和智慧又回归真实的教育生活世界，不断得到检验、优化和创新，最终发展成为新的教育理论。

马林诺夫斯基（Malinowski）的"文化持有者的内部眼界"这一概念可用以解释一线教师观察教学现象和呈现课堂面貌时所体现出的研究者视角。教师不仅可以教育文化土著的内部眼界观察自身课堂，也可以教育文化土著的内部眼界呈现并表征出自己课堂中的经验，更可以局外人的视角从琐碎现象中提炼出经验。这是教师以教育文化土著的内部眼界观察教育的方法，他们的研究是对能够显示课程与教学关系、结构和演变过程的细节的调查与描述，用每个课堂的细节和独特性来表达他们对课堂的理解与解释。②

2. 以教育文化持有者的身份深描课堂

实践者进行教师学习研究既要基于自身经验又要超越经验，即以局内人研究视角充分发挥其作为完全成员的优势开展研究，在观察复杂的课堂现象、分析学生的学习差异、理解丰富的教育情境和解读自身教育经验的过程中，能够从局内人到局外人、从自身经验到群体特征、从教育实践到经验智慧得到质的提升。通俗来讲，以教育文化持有者的身份深描课堂是指教师要跳出自身教育教学世界，同时也要作为局外人观察、反思、探究、批判自身教育教学世界，审视自己在实践场域的思想与行为。

在局内人教师学习研究中，深描是常用的一种方法。教师通过将自身课堂中有价值的案例深入细致地描述出来，将一些能够表达独特关系的情境与背景、将课堂中自身的行动过程和体验过程真实表达出来，以还原课堂真实的现场。深描的目的是让自己在以局外人身份研究自身实践时，可以对自身真实教学现场中具有的独特性和交互性进行探讨，可以呈现教学现场中存在的复杂性和人文性，可以追踪教学活动产生、演化和发展的全过程，可以了解、体验和感受真实的课堂教学情境和教学行为事件。③教师在经验与超经验、局内人与局外人、近经验与远经验这两种思维之间来回跳跃，并在两种不同经验、不同立场、不同视角以及不同思维的相互链接和相互循证之间，对看似普通的教学经验逐层深入的诠释和审视，进而形成自己的教育实践性知识。

教师对自身课堂行为进行全面整体的深描是一个复杂性过程，因为教师任何一个行为都有其背后的文化意义与社会情境，都体现了教师所秉持的教育理念与思想。因此，教师需要经历三个步骤才能实现对自我经历之课堂的全程探究。

第一步，对课堂行为进行全程描述。课堂行为的全过程描述需要教师先对课堂进行合理解构，最常见的方式是多维度和多层次解构。如教师如何设计学生学习的预案，如何设计阶梯式的学习任务单，如何通过教学情境的创设和活动的设计解决学生的学习困难；如何确定和划分教师教学行为，如何分析教师的课堂话语，如何解释学生的学习行为、师生间的交互、生生间的交互等。在课堂教学视频的帮助下，

---

① 陈思颖：《从"局外人"到"局内人"：人类学视角下再识"教师研究"》，《教育发展研究》2018 年第 6 期，第 68—72 页。

② 王鉴：《课堂志——回归教学生活的研究》，《教育研究》2004 年第 1 期，第 79—85 页。

③ 王鉴：《课堂志——回归教学生活的研究》，《教育研究》2004 年第 1 期，第 79—85 页。

教师可以依据这些观测点不断回溯，全面记录，深度描写。

第二步，对课堂实践进行审视。对课堂实践进行审视的实质就是通过对上述的教师课堂行为全程描述进行分析与解释，以局外人视域对自身行为进行分析；在分析的基础上，建立起教师对于课堂、教学、学生以及学习资源的认知框架与解释框架；在解释框架基础上，形成对于课堂、教学和学生的新理解。

第三步，进行现象、理解与解释之间的迭代联结。教师审视自身课堂实践，形成对课堂、教学与学生的新理解，运用不同的理论视角，又赋予新的意义与解释，从而实现现象、理解以及解释三者之间的联结。三者的迭代联结最终使得教师得以超越对课堂师生之间话语层面和行为层面的理解，达至对课堂话语和行为层面背后蕴含的逻辑世界和意义世界的体悟和阐释。

Research of Teacher Learning from Insider's Perspective: Paradigms, Models and Methods

ZHANG Shiya

（Shanghai Teacher Training Center, Shanghai, 200234）

Abstract: Teacher learning research from insider's perspective is a paradigm of teacher learning research that follows practical epistemology and critical realism, which assumes the entire field of teacher learning research as an ecosystem. Its model is composed of three parallel and interdependent circulation systems, namely, the core teacher learning research circulation system, the reflective teacher learning research circulation system and the meta-circulation. There are two ways for insiders to carry out teacher learning research: observing education from the perspective of indigenous education culture and deeply describing classroom as a holder of education culture.

Key words: insider, teacher learning research, paradigm, model, methods

第47卷，2022年9月

《现代基础教育研究》

（Research on Modern Basic Education）

Vol.47, Sep. 2022

体育师范生信息素养评价指标体系构建

马　瑞

（上海师范大学 体育学院，上海 200234）

摘　要：以中学教育专业师范生教师职业能力标准和 TPACK 理论框架为依据，结合体育教学过程与情景，初步形成体育师范生信息素养评价指标；采用德尔菲法进行两轮专家意见征询，根据专家对指标的评分和意见对指标进行的修改、增加和删减，计算专家权威度、专家积极性和专家意见协调度，最终形成了包括 3 项一级指标、8 项二级指标、34 项三级指标的体育师范生信息素养评价指标体系。

关键词：体育师范生；信息化教学能力；信息素养；德尔菲法

2019 年，中共中央、国务院颁布《中国教育现代化 2035》，提出要加快信息化时代教育变革，利用现代信息技术，加快推动人才培养模式改革。[①] 师范生作为未来教育人力资源的主力军，其信息素养不仅决定着教师队伍职后信息化教学水平、专业能力，也是实现我国教育现代化可持续发展的决定性因素之一。教育部颁布的相关教育计划明确指出，"加强师范生信息素养培育和信息化教学能力培养"。[②] 2021 年颁布的师范生教师职业能力标准也特别强调了信息素养。[③]

培养和提升师范生的信息素养，首先要确定方向，即师范生的信息素养包括哪些维度、内容、指标，以什么样的评价体系来引领师范生的专业能力培养。回顾现有文献发现，目前国内外对师范生信息素养测评的研究尚在起步阶段，研究成果数量不多。在研究对象上，多围绕师范生普适性的信息素养特征展开，缺乏对不同学科师范生的特殊性和针对性的研究。在研究框架上，多以美国大学与研究图书馆协会制定的《高等教育信息素养能力标准》[④]《北京地区高校信息素养能力指标体系》[⑤]《中小学教师信息技术应用能力标准》[⑥]《师范生信息化教学能力标准》[⑦]《教育信息化 2.0 时代人才发展要求》[⑧] 等标准为蓝本抽取评价指标，缺乏与生动的教育场景相结合的指标表达。当前的指标空泛呆板，影响师范生专业能

作者简介：马瑞，上海师范大学体育学院教授，博士，主要从事体育教学研究。

[①] 新华社：中共中央、国务院印发《中国教育现代化 2035》，《人民教育》2019 年第 5 期，第 7-10 页。

[②] 中共中央、国务院：《中共中央国务院关于全面深化新时代教师队伍建设改革的意见》，《中华人民共和国教育部公报》2018 年第 1 期，第 2-9 页。

[③] 中华人民共和国教育部：《教育部办公厅关于印发〈中学教育专业师范生教师职业能力标准（试行）〉等五个文件的通知》，《中华人民共和国教育部公报》2021 年第 6 期，第 133-156 页。

[④] 官敏：《师范生信息素养的评价与培养策略研究》，华东师范大学硕士学位论文，2008 年，第 30 页。

[⑤] 程凤刚：《师范生信息素养评价体系研究》，《林区教学》2012 年第 7 期，第 115-116 页。

[⑥] 任友群，闫寒冰，李笑樱：《师范生信息化教学能力标准》解读，《电化教育研究》2018 年第 10 期，第 5-14 页。

[⑦] 田欣雨：《师范生信息素养评价及培养研究》，湖北师范大学硕士学位论文，2021 年，第 12 页。

[⑧] 李毅，何莎薇，邱兰欢：《教育信息化 2.0 时代下师范生信息素养评价指标体系研究》，《中国电化教育》2020 年第 6 期，第 104-111 页。

力培养过程中对评价指标的应用。为此,本文将以体育学科师范专业为切入口,深入探讨如何构建与学科教育情景相融合的信息素养测评指标体系。

体育学科以运动技能学习为核心,旨在通过发展学生体育素养,实现全面育人的教育目标。运动技能学习是观察模仿的过程,而信息化则能以更加直观的形式助力体育学习。目前,我国基础教育体育教学越来越多地运用信息技术手段辅助教学过程,积累了较为丰富的经验。本研究依据一定的理论框架,结合信息技术在体育教学中的运用场景来制定评价指标池,根据德尔菲法对评价指标进行筛选,以构建具有体育教育特色的师范生信息素养评价指标体系为研究目的,以期丰富师范生信息素养评价理论体系,为体育师范生信息素养和信息化教学能力的培养提供依据。

一、研究对象与方法

1. 研究对象

以体育师范生信息化教学能力指标为研究对象,以学校体育专家为调查对象。

2. 研究过程

（1）文献资料法

以"信息素养""体育师范生""信息化教学"为关键词,登录 Web of Science、中国知网（CNKI）数据库等网站,查阅有关文献和政策文件,为本课题提供可借鉴的理论基础。

（2）德尔菲法

征询对象由来自上海市重点中学体育组、高等师范院校的从事体育教学和体育师范生培养工作的专家组成,共 15 人,包括 7 名教授、7 名副教授和 1 名中学正高级体育教师,他们具有多年教学或科研经验,对体育信息化教学能力均达到一定的熟悉程度。

研究过程包括:向专家说明本研究信息素养的基本概念、信息技术的具体所指、研究的背景、目的和专家意见的重要性等;解释说明各项指标,设置具体评分:初步问卷涉及 3 个维度,8 个一级指标,42 个二级指标。每个指标对应 5 个重要等级,由专家判断并给予评价;通过问卷请专家填写各项指标内容的修改建议和补充,并进行权威程度自评。

第一轮问卷:向专家发放问卷,回收后计算各指标得分的标准差 δ_j、变异系数 V_j、满分比、均数 $\bar{x_j}$ 和界值等,V_j 界值=$\bar{x_j}+\delta_j$;计算满分频数界值与 $\bar{x_j}$ 界值的公式均=$\bar{x_j}-\delta_j$,再将 V_j、满分比和 $\bar{x_j}$ 与其对应的界值进行比较,V_j 值小于界值则入选;满分频数值、$\bar{x_j}$ 值大于界值则入选,凡是三个指标均不符合才进行删除,并参考专家的建议和补充,对问卷进行具体调整。除此之外,统计所有参与问卷调查专家的积极系数、权威程度以及"肯德尔协调"系数,表示此问卷的科学性、有效性和可行性。

第二轮问卷:以第一轮咨询结果为依据修改指标内容,调整后发放问卷以供专家第二轮评分,回收后再次整理数据并分析。若所有专家对各项指标不存在异议;收集的数据显示各项指标无需删除;协调系数较高且检验后呈显著,此结果可取,完成并结束专家问卷咨询。

（3）数理统计法

采用 SPSS22.0 和 Excel 软件对德尔菲专家问卷进行数理统计。

二、研究结果

1. 指标体系的初拟和理论依据

本研究以任友群等人的"师范生信息化教学能力标准"[①] 为框架,结合体育教学的特征分析,初拟体

---

① 任友群,闫寒冰,李笑樱:《〈师范生信息化教学能力标准〉解读》,《电化教育研究》2018 年第 10 期,第 5—14 页。

育师范生信息素养评价的指标池,以供专家筛选。指标池的初拟分为四个步骤:

第一步,确定评价的维度(一级指标)。2018年,任友群等人在制定"师范生信息化教学能力标准"时,第一次对师范生的特质进行了剖析,认为师范生作为学生,其未来"教"的能力是可以部分从"学"的能力迁移而得的。他们先学会利用信息技术支持自身学习,再迁移至未来职业的情境中。同时,师范生作为未来教师,应该掌握教师必备的信息化教学能力。因此,师范生的信息素养应包含两个层面——"支持自身学习"以及"支持未来教学"两个维度。此外,《中学教育专业师范生教师职业能力标准(试行)》提出,"师范生应掌握信息化教学设备、软件、平台及其他新技术的常用操作,了解其对教育教学的支持作用。具有安全、合法与负责任地使用信息与技术,主动适应信息化、人工智能等新技术变革积极有效开展教育教学的意识"。依据这一要求,本研究认为,应该增加"基本信息素养"的评价维度。据此,提出了第三个维度"基本信息技术素养"。最终一级指标由"基本信息技术素养""信息技术支持学习能力""信息技术支持教学能力"三个方面组成(见图1)。

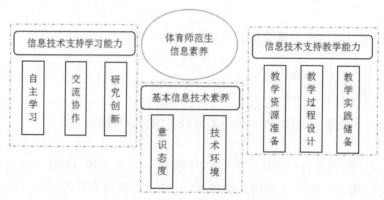

图1 体育师范生信息素养理论框架图

第二步,确定评价子维度(二级指标)。根据《中学教育专业师范生教师职业能力标准(试行)》对师范生信息素养要求的内涵,将"基本信息技术素养"分解为"意识态度"和"技术环境"两个子维度;根据《师范生教师职业能力标准》和《中学教育专业认证标准》对师范生"自我发展"能力的要求,将"信息技术支持学习能力"分解为利用信息技术进行"自主学习、交流协作、研究创新"三个子维度;在"信息技术支持教学能力"上,根据"整合技术的学科教学知识理论框架"(Technological Pedagogical Content Knowledge,缩写为TPACK)对信息化教学三要素"学科知识、学科教学法、信息技术"的互动关系,结合体育教学"备课、上课、课后反思与经验积累"三个步骤,确定了"教学资源准备、教学过程设计、教学实践储备"三个子维度。

第三步,细化表现性指标(三级指标)。以TPACK理论为依据,分析体育教学情景中,师生双方在"学科知识、学科教学法、信息技术"三要素互动中的具体表现,细化信息素养的表现性指标(三级指标)。

第四步,确定评价指标池。一线体育教师、教研员、体育院系教师组成专家团队,对三个维度的指标进行讨论,力求文字表达准确,精准反映指标内涵。最终确定初选指标池,包括3个一级指标,8个二级指标,42项三级指标。

2. 第一轮德尔菲法结果

第一轮专家咨询的一、二级指标评价结果,变异系数均小于0.25,其范围在0.11—0.24之间波动,表明专家认为指标重要的意见波动性小,协调度高。

三级指标评价结果,变异系数均小于0.50,数值范围在0.10—0.31之间,其中11项指标的变异系数大于0.25,集中在"研究创新"和"过程设计"这两个板块。满分比的具体数值范围在13.33%—73.33%之间,有5项指标的满分比小于30%,故对相应指标进行了删减,共删去三级指标6项。并根据专家意见,修改了 6 项三级指标内容,合并完成了 3 项指标内容,添加了 1 项三级指标。最终确定了 3 项一级指标、8 项二级指标以及 34 项三级指标。

3. 第二轮德尔菲法结果

第二轮专家咨询的一级指标评价结果,变异系数均小于 0.15,其范围在 0.07—0.13 之间波动,说明专家认为指标重要的意见较为一致,协调程度高。"基本信息技术素养""信息技术支持学习能力"和"信息技术支持教学能力"这 3 项一级指标的满分比均大于 80%,说明专家对这些指标重要性的认同度非常高(见表 1)。

表 1 德尔菲法第二轮一级指标评价结果

指标	N	最小值 Min	最大值 Max	标准差 δ_j	变异系数 V_j	均数 $\bar{x_j}$	满分比(%)
V1.基本信息技术素养	15	3.00	5.00	0.59	0.13	4.73	80.00
V2.信息技术支持学习能力	15	3.00	5.00	0.59	0.13	4.73	80.00
V3.信息技术支持教学能力	15	4.00	5.00	0.35	0.07	4.87	86.67

在第二轮咨询中,8 项二级指标的评价结果显示,指标的最小值均≥4,变异系数均小于 0.15,数值范围在 0.07—0.12 之间浮动,表明经过一轮咨询调查后,专家对指标重要性的认可度得到提高,评价意见较为一致,协调程度高。满分比的具体数值范围在 40.00%—86.67% 之间波动,但研究创新的满分频率较低,表明专家认为这个指标相较其他二级指标来说比较次要(见表 2)。

表 2 第二轮德尔菲法二级指标评价结果

指标	N	最小值 Min	最大值 Max	标准差 δ_j	变异系数 V_j	均数 $\bar{x_j}$	满分比(%)
V11.意识态度	15	4.00	5.00	0.49	0.10	4.67	66.67
V12.技术环境	15	4.00	5.00	0.35	0.07	4.87	86.67
V21.自主学习	15	4.00	5.00	0.52	0.11	4.53	53.33
V22.交流协作	15	4.00	5.00	0.52	0.11	4.53	53.33
V23.研究创新	15	4.00	5.00	0.51	0.12	4.40	40.00
V31.资源准备	15	4.00	5.00	0.46	0.10	4.73	73.33
V32.过程设计	15	4.00	5.00	0.49	0.10	4.67	66.67
V33.实践储备	15	4.00	5.00	0.51	0.11	4.60	60.00

在第二轮咨询中,34 项三级指标的评价结果显示,所有指标的专家评分最小值均≥3,最大值为 5,说明调整后的指标获得了专家的较高认可。三级指标变异系数均小于 0.20,其范围在 0.08—0.18 之间波动,相较第一轮"研究创新"和"过程设计"两个板块的变异系数明显减小,表明专家认为这些指标重要的意见波动性降低,协调度提高。满分比的具体数值范围在 26.67%—80.00% 之间波动,比第一轮有所提升,其中有 19 项指标的满分比大于 50%,表明专家的意见基本一致,其中给出满分的专家比例较高(见表 3)。

表3 第二轮德尔菲法三级指标评价结果

指标	N	最小值 Min	最大值 Max	标准差 δ_j	变异系数 V_j	均数 $\bar{x_j}$	满分比(%)
意识态度1	15	4.00	5.00	0.49	0.10	4.67	66.67
意识态度2	15	4.00	5.00	0.51	0.11	4.60	60.00
意识态度3	15	3.00	5.00	0.74	0.18	4.13	33.33
意识态度4	15	3.00	5.00	0.77	0.18	4.20	40.00
技术环境1	15	4.00	5.00	0.46	0.10	4.73	73.33
技术环境2	15	4.00	5.00	0.49	0.10	4.67	66.67
自主学习1	15	4.00	5.00	0.52	0.11	4.53	53.33
自主学习2	15	3.00	5.00	0.63	0.14	4.40	46.67
自主学习3	15	3.00	5.00	0.64	0.14	4.47	53.33
交流协作1	15	4.00	5.00	0.52	0.12	4.47	46.67
交流协作2	15	3.00	5.00	0.64	0.14	4.47	53.33
交流协作3	15	3.00	5.00	0.62	0.14	4.33	40.00
研究创新1	15	3.00	5.00	0.56	0.13	4.20	26.67
研究创新2	15	4.00	5.00	0.51	0.11	4.60	60.00
研究创新3	15	4.00	5.00	0.51	0.11	4.60	60.00
研究创新4	15	4.00	5.00	0.49	0.10	4.67	66.67
资源准备1	15	3.00	5.00	0.74	0.17	4.47	60.00
资源准备2	15	4.00	5.00	0.51	0.11	4.60	60.00
资源准备3	15	3.00	5.00	0.63	0.14	4.40	46.67
资源准备4	15	4.00	5.00	0.52	0.11	4.53	53.33
过程设计1	15	3.00	5.00	0.74	0.16	4.60	73.33
过程设计2	15	4.00	5.00	0.41	0.09	4.80	80.00
过程设计3	15	4.00	5.00	0.52	0.11	4.53	53.33
过程设计4	15	3.00	5.00	0.63	0.14	4.60	66.67
过程设计5	15	3.00	5.00	0.62	0.14	4.33	40.00
过程设计6	15	3.00	5.00	0.64	0.15	4.13	26.67
过程设计7	15	4.00	5.00	0.51	0.11	4.60	60.00
过程设计8	15	4.00	5.00	0.52	0.12	4.47	46.67
实践储备1	15	4.00	5.00	0.59	0.13	4.73	73.33
实践储备2	15	3.00	5.00	0.59	0.14	4.33	40.00
实践储备3	15	3.00	5.00	0.35	0.08	4.20	33.33
实践储备5	15	4.00	5.00	0.35	0.08	4.47	46.67
实践储备6	15	4.00	5.00	0.52	0.12	4.47	46.67

经过第二轮专家德尔菲界值法（见表4）筛选指标，未见"变异系数、满分频率、算数均数"三项均不符合衡量标准而需删除的指标，但有9项指标出现"不符合其中两项衡量标准"的情况。专家探讨并考虑

体育师范生信息化教学能力指标体系的全面性，决定保留这些指标。

表4 第二轮指标筛选界值

统计指标	N	最小值 Min	最大值 Max	均数 $\bar{x_j}$	标准差 δ_j	界值
变异系数	45	0.07	0.18	0.12	0.03	0.15
满分频率	45	26.67	86.67	56.30	15.61	40.69
算数均数	45	4.13	4.87	4.52	0.19	4.34

第二轮专家咨询调查中，未有专家对指标提出新的修改内容和补充意见。因此，基于本研究第二轮筛选后的指标，最终形成体育师范生信息化教学能力指标结果。指标体系共包括45项指标，其中一级指标3项、二级指标8项、三级指标34项。

4. 德尔菲法质量检验

(1)积极系数

本研究共发放两轮德尔菲咨询问卷，第一轮发出问卷16份，一共回收15份，回收率为93.75%；第二轮发出问卷15份，一共回收15份，回收率达到100%。

(2)权威程度

本研究采取专家自我评价的形式来衡量专家权威程度。专家以实践经验、理论分析、同行了解以及主观为判断依据，对指标做出评价，赋值为0.2—0.8，用 C_α 表示判断影响程度系数；将专家对指标的熟悉程度划分成"非常熟悉、很熟悉、熟悉、一般、不太熟悉、不熟悉"六个等级，赋值为0—1，间隔0.2，用 C_s 表示熟悉程度系数。权威程度系数计算公式为：$C_r = \dfrac{C_\alpha + C_s}{2}$。根据专家对问卷判断依据和熟悉度的评价结果，统计出判断系数 C_α、熟悉程度系数 C_s 和权威系数 C_r。C_r 的值越大，则表示专家权威程度越高，C_r >0.70 则认为咨询结果有效可靠。从表5可得知，在两轮咨询中，第一轮咨询所得 C_α 平均值为0.75、C_s 平均值为0.81；第二轮的 C_α、C_s 平均值分别为0.76和0.82，比第一轮略有提升。C_r 大于0.7即认为问卷咨询结果可靠，两轮专家咨询 C_r 分别为0.78和0.79，说明参与本次问卷调查的专家具有较高权威性。

表5 两轮德尔菲法判断的权威性统计

指标	第一轮			第二轮		
	判断系数 C_α	熟悉程度 C_S	权威系数 C_r	判断系数 C_α	熟悉程度 C_S	权威系数 C_r
V1.基本信息技术素养	0.76	0.83	0.79	0.77	0.84	0.81
V2.信息技术支持学习能力	0.74	0.79	0.77	0.74	0.80	0.77
V3.信息技术支持教学能力	0.75	0.81	0.78	0.77	0.82	0.79
平均值	0.75	0.81	0.78	0.76	0.82	0.79

(3)协调系数

意见协调是指专家关于指标重要及可行性的意见基本没有分歧。用肯德尔协调系数 W 来表示。协调系数 W 呈显著，表明专家给予指标评判的意见协调度较高，具有可信度。W 值越小，且 $p>0.05$，则可以认定专家咨询意见的置信度差，得出的结果无异议，不具有可取性。本研究对两轮体育师范生信息化教学能力指标的协调系数进行统计分析及显著性检验，并将两轮专家意见的协调系数进行比较，第一轮一共有53个指标；第二轮调整至45个指标。

表 6 中所示,本次德尔菲问卷专家意见的协调系数,其中第一轮咨询结果肯德尔 W 为 0.13,经检验 $p<0.05$。经过一轮指标筛选,第二轮咨询结果肯德尔 W 为 0.16,经检验 $p<0.05$,和第一轮相比协调程度有所提高,表示专家对指标重要程度的看法逐渐趋于统一。两轮协调系数 χ^2 检验的 p 值均小于 0.05,表明专家对于问卷指标的评判意见协调性好,结果可信。

表 6 两轮专家判断的协调系数比较

指标	第一轮咨询	第二轮咨询
指标个数	53	45
协调系数 W	0.13	0.16
卡方值	97.82	103.84
p 值(渐进显著性)	0.000	0.000

5. 体育师范生信息素养最终指标体系

经过文献梳理(建立评价指标库)、专家筛选(筛选评价指标)、指标体系完善(调整评价指标),最终确定体育师范生信息素养评价指标体系,包括"基本信息技术素养""信息技术支持学习能力""信息技术支持教学能力"3 项一级指标、8 项二级指标、34 项三级指标。三者紧密相连、层层递进(见表 7)。

表 7 体育师范生信息素养最终指标体系

一级指标	二级指标	三级指标
基本信息技术素养	意识态度	A1. 认识到信息技术在体育教学中应用的重要性
		A2. 关注新信息技术在体育学科的运用与进展
		A3. 愿意与他人分享信息技术在体育学科运用的体会和发现
		A4. 关注信息安全及材料规范,营造文明网络环境
	技术环境	B1. 能够熟练操作多媒体教学设备
		B2. 精通体育学科常用软件
信息技术支持学习能力	自主学习	C1. 根据不同体育学习任务,选用合适的信息化探究方法
		C2. 利用信息技术工具(如云笔记、电子档案)记录体育专业学习的探究过程
		C3. 借助信息技术工具(云笔记、博客、电子档案等)对学习进行评价反思
	交流协作	D1. 能够利用信息技术工具与同伴、教师、体育专家等主动沟通
		D2. 能够在体育学习任务中,利用信息化手段与同伴协同完成团队任务
		D3. 能够利用信息技术工具主动交流
	研究创新	E1. 借助信息检索工具(如知网、维普网、web of science 等)收集信息,对现有体育理论或观点进行全面搜索和分析
		E2. 能够操作数据处理软件(如 SPSS、Excel 等),深入分析所收集到的数据
		E3. 根据统计分析的数据结果,能够给出恰当判定、结论和推测
		E4. 根据体育专业学习需要,利用信息技术工具来设计制作原创体育课件、体育教学设计等
信息技术支持教学能力	资源准备	F1.利用搜索引擎收集和筛选运动技术相关的文字、图片和视频等数字资源
		F2.甄别优质的信息化体育教学资源并学习经验
		F3.结合体育学科的教学目标和内容,丰富个人体育教学信息资源库
		F4.根据学生特点和学习目标,制作运动教育素材资源库
	过程设计	G1.知道两种及以上信息化教学模式(如微课、微格教学、网络探究型教学:混合式教学等)

（续表）

一级指标	二级指标	三级指标
		G2.能够依据体育学科目标、学习方针、教学要求等前提,挑选合适的信息化教学形式
		G3.课前能够利用电子屏幕等设备播放有关体育教学的视频,进行情景导入,激发学生兴趣
		G4.课中能够通过PPT、动画、视频等信息技术讲解动作要领、示范技术要点
		G5.能够通过电子屏幕展示保护与帮助的视频动画
		G6.课后能够利用移动电视、大屏幕等设备播放精彩的体育比赛,升华主题
		G7.能够设计信息化体育评价方案
		G8.能够根据评价需求,选择与开发信息化评价工具
	实践储备	H1.利用信息技术工具进行课后反思与总结
		H2.了解信息化体育教学开展过程中所依据的准则和方法
		H3.认真观察他人的体育教学情况并利用信息技术手段(手机、iPad等拍摄)收集过程性数据
		H4.对自身信息化体育教学过程进行自我反思
		H5.在真实或虚拟的教学场景中熟练开展各个体育教学环节
		H6.指导学习者处理在利用信息技术学习运动知识与技能时出现的问题

　　基本信息技术素养是体育师范生必须掌握的基础信息技术能力,即主动学习和运用信息技术的意识态度及可以熟练掌握和操作技术设备/软件的能力,包括"意识态度"和"技术环境"两个指标。其中,"意识态度"指标主要观测学生对信息技术在体育教学中的重要性、新技术在体育学科方面的运用、挖掘体育学科相关信息资源、注重信息安全问题等方面的了解程度。"技术环境"指标则反映师范生对各类体育学科相关的教学软件/设备的掌握,以及对在线平台、资源的掌握与应用,包括多媒体教学设备、教/学相关的通用软件与体育学科软件、网络平台与工具等。

　　信息技术支持学习能力是体育师范生必须掌握的能力,其为体育师范生提升自身专业水平,以及未来从事体育教学工作、适应现代化教育环境奠定了基础。主要"涵盖自主学习、交流协作和研究创新"三个指标。"自主学习"强调体育师范生可以运用信息技术开展主动学习的能力,从而促进自主学习的效率。例如,主动借助信息技术工具评价、反思自身的学习状况,发现问题并做出相应的调整。"交流协作"强调体育师范生在专业课课程中完成具体的学习任务时,能主动使用信息技术工具与同伴、教师或本领域的专家沟通,并在任务完成过程中,可以主动与团队交流、评价和反思。"研究创新"指标由师范生核心素养中的"实践创新"而来,强调学生的研究意识与创新能力,能借助网络检索工具搜索分析,按照体育学科学习需要,发展自身创新思维,开发原创体育课件、设计等。①

　　信息技术支持教学能力是体育师范生合理利用信息化教学设备、软件、平台,有效开展体育教育教学活动的能力,是体育师范生信息素养的核心,涵盖体育教学资源准备、体育教学过程设计、教学实践储备三个方面的指标。"资源准备"关注体育师范生围绕教学目标与内容,利用信息技术收集甄别与体育教学内容相关文字、图片、影像、动画等资源,为备课与教学设计做准备的能力。"过程设计"指标分为两方面:一是宏观层面,能够了解信息化教学模式,并根据特定体育教学内容和目标;选择适合的教学模式;二是微观层面,在课程教学过程中,将信息技术与体育知识、运动技能传授过程有机融合,以达到改善传授方式、激发学生兴趣、提高教学效率、丰富教学评价的目的。包括利用影像视频的情景导入、动画视频的动作示范、利用专门软件进行技术动作分解,影像引导辅助练习、数据支持下的信息化观察评价、体育

　　① 李毅,邱兰欢,王钦:《教育信息化2.0时代师范生信息素养测评模型的构建与应用——以西部地区为例》,《中国电化教育》2019年第7期,第91-98页。

电子学习档案等。"实践储备"指体育注师范生能够利用信息技术工具不断学习反思,包括自我教学反思和对他人教学的学习,从而不断积累,丰富自身信息化教学储备的过程。

三、结语

体育师范生的信息素养关系着我国体育教育现代化的可持续发展。体育师范生应具备基本信息素养,拥有较高的信息意识态度,具有熟练掌握和操作体育教学相关的技术设备和软件的能力;作为学生,应能够运用信息技术支持自身的专业学习与发展;作为未来教师,要充分掌握信息技术支持体育教学的能力,应用信息化教学手段进行课堂启发、讲解示范和指导评价、课后反思等体育教学活动,以信息技术支持科学的师生互动,优化体育教学过程,促进学生体育健康知识和运动技术的掌握。

后续研究可以以本研究指标体系为基础,尝试通过定性与定量方法相结合的整合研究,集思辨论证与实证研究为一体,结合体育师范生信息素养评价体系,定期、大范围地对体育师范生进行信息素养能力测评,以了解体育师范生信息化教学能力发展的现状,帮助进一步厘清、补充指标层次,丰富、完善体育师范生信息素养指标体系,进而为体育师范生信息素养的系统培养提供策略。

Construction of Information Literacy Evaluation Index System for Students Majoring in Physical Education

MA Rui

（Physical Education Institute, Shanghai Normal University, Shanghai, 200234）

Abstract: Based on the career skill standards for the students majoring in secondary school education and the TPACK theoretical framework, and combined with the processes and context of physical education, the evaluation indicators of information literacy for the students majoring in physical education were gradually formed. Delphi method was also adopted to carry out the survey twice of asking experts for their opinions. Based on their scores and opinions for indicators, modification, addition, and deletion of the indicators were conducted. By calculating the experts' authority, their enthusiasm, and the coordination degree of their opinions, the evaluation indicator system of the information literacy for the students majoring in physical education was finally formed, including 3 level-I indicators, 8 level-II indicators, and 34 level-III indicators.

Key words: students majoring in physical education, teaching ability with information, information literacy, Delphi method

道德与法治学科中的党史教育

刘次林，张琼文

（上海师范大学 教育学院，上海 200234）

摘　要：通过强化党史教育，培养学生对坚持和加强党的全面领导的认同，这是小学和初中道德与法治学科的时代担当。党史教育要构建生活德育与党史教育精神相结合的课程理念，选择党的百年历程中各个阶段的经典事例，开展一体化的系统教学，帮助学生领会和认同中国共产党以人民为中心的宗旨和实事求是的思想方法，引导学生坚定走中国特色社会主义道路的政治信念。

关键词：党史教育；实事求是；以人民为中心；《道德与法治》

一、研究依据

中共党史、新中国史、改革开放史、社会主义发展史构成了一个整体，社会主义发展史是贯穿"四史"的脉络。中共党史、新中国史、改革开放史都是社会主义发展史的有机构成部分，其中，对于中国来说，党史是核心和根本，开展党史教育是打通"四史"教育的总钥匙。

统编版小学和初中的《道德与法治》获得2021年国家优秀教材特等奖，它们不仅蕴含了深厚的德育理论功底，体现了思想性、科学性和时代性的统一，也得到了一线师生的普遍称誉。2021年9月，国家教材委员会颁布了《"党的领导"相关内容进大中小学课程教材指南》①，要求结合"四史"教育，引导学生理解党的性质宗旨、初心使命、建党精神、组织原则、组织体系等方面的内容，党史教育相应地成为《道德与法治》教材在新时期的

新任务，因而对教材中的党史教育内容提出教学意见也势在必行。

不仅如此，教材本身已有的内容也对系统开展党史教育提出了要求。综观小学和初中的《道德与法治》，有不少直接涉及党史或由党史引领的"四史"教育方面的内容。主要包括：一是新中国的象征物，如国旗、国歌、中国版图；二是中国共产党领导的国家机构、运行机制，民主法治建设；三是中国共产党领导的"三步走"战略，这也是小学和初中教材都有深度展现的重要内容；四是体现"国家利益至上"等党性原则的内容；五是中华人民共和国参与全球治理和国际合作的情况。这些内容毫无疑问为党史教育提供了一些素材和思路。但是，正如有学者在梳理大中小学思政课"四史"教育内容后指出的，目前的教材存在重复化、碎片化的现象②，这些现象也一定程度上体现在党史教育的内容中。本文力图基于既有教材，探讨教师如何在道德与法治教学中融入党史教育思

基金项目：本文系上海市教育委员会"立德树人人文社科基地"项目（项目编号：2022基2-1-37）的研究成果。

作者简介：刘次林，上海师范大学教育学院教授，博士生导师，博士，主要从事德育原理研究；张琼文，上海师范大学教育学院博士研究生，主要从事德育研究。

① 《国家教材委员会关于印发〈"党的领导"相关内容进大中小学课程教材指南〉的通知》，载教育部官网：http://www.moe.gov.cn/srcsite/A26/s8001/202110/t20211015_572633.html，最后登录日期：2021年11月12日。

② 宋学勤，罗丁紫：《论"四史"教育融入大中小学思想政治理论课一体化建设》，《思想教育研究》2021年第3期，第73-79页。

想。这需要任课教师在深刻领会党史教育精神的前提下,对教材进行创造性的运用。

二、《道德与法治》中党史教育的目标和理念

历史证明,中国共产党有强大的领导力。其领导力源自两大法宝:以人民为中心和实事求是。以人民为中心是马克思主义政党的根本宗旨,实事求是则是党落实根本宗旨的思想方法、工作方法。

马克思、恩格斯在《共产党宣言》里宣称"无产阶级的运动是为绝大多数人谋利益的"①,列宁也论述了"只有无产阶级的政党,才能保证为大多数人的利益服务"的思想。中国共产党更是将"为人民服务"作为宗旨,贯穿百年历程。据史料证明,早在1927年,朱德领导的中共南昌军官教导团党支部就在给学员的毕业证上印上了"誓为人民服务"的语句。② 1939年以后,毛泽东也在多个场合多次强调为人民服务的思想,其中,影响最大的是1943年在张思德追悼会上毛泽东直接以"为人民服务"为题发表讲话,系统阐述了中国共产党为人民服务的思想。随后,中共七大正式将"为人民服务"定为党的宗旨并且写进党章。在改革开放中,邓小平的"白猫黑猫论""摸着石头过河论"典型地体现了他作为共产党人的人民至上的信念,后来他又以"三个有利于"的人民立场化解了阻碍改革开放的"姓资姓社"争辩。进入新时代,习近平把"人民满意不满意、高兴不高兴、答应不答应"作为检验党的工作的标准,提出"江山就是人民,人民就是江山"以及"人民对美好生活的向往,就是我们的奋斗目标"的思想,将以人民为中心推到了新的高度。

为了更好地落实以人民为中心的宗旨,中国共产党把实事求是作为根本的思想方法、工作方法。"实事求是"是湖湘文化的重要思想,也是马克思主义唯物史观的思想内容。以毛泽东为代表的共产党人,在中国革命遭受反复失利后,坚持将马克思主义、苏联经验与中国实际结合起来,形成了农村包围城市、武装夺取政权的中国革命道路,带领全党从胜利走向胜利,最后夺取了全国胜利,使中华民族走上了复兴之路。延安时期,毛泽东在《改造我们的学习》中,详细地阐述了实事求是的实质内涵,并且使之成为党的思想路线。实事求是思想方法的形成是马克思主义中国化的成功范例,也中国共产党成为一个成熟的伟大政党的标志。

由上可见,实事求是和以人民为中心是中国共产党强大的生命力的根源。这也是"四史"教育要以党史教育为核心和关键的理由所在。正是这个法宝,解释了社会主义发展史在中国的历史形态、新中国之所以能够成功、改革开放之所以发生的内在逻辑。在道德与法治学科教学中开展党史教育就是要充分利用教材里既有的党史内容,领会和认同实事求是、以人民为中心这个百年党史所形成的精髓,并且以此重构中小学德育教材中党史教育的内容。可以说,实事求是、以人民为中心既是《道德与法治》的灵魂所在,也是党史教育的目标。

在道德与法治学科教学中开展党史教育需要形成党史精髓与本课程特色相融合的教育理念。《道德与法治》承续了生活德育的编写理念,将生活看作课程的第一资源,依据生活经验的逻辑,用现实生活中的主题、需要、困惑重构了课程的体系,同时,课程的学习又是为了学生过有意义的社会生活。③这就把道德与法治的课堂学习与学生真实的生活联通了起来。就党史教育维度而言,党史内容要以符合学生经验的方式呈现,而道德与法治的课堂学习又要帮助学生正确理解中国共产党的百年历史,并由此养成相应的政治态度和价值观。可见,在道德与法治学科中开展党史教育,是生活德育思政化、思政教育生活化的双向过程。

生活德育思政化是由这门学科本身的性质决定的。道德与法治是一门综合学科,包括学生社会生活的方方面面,道德和思政是其中很重要的内容。党史教育具有鲜明的思政属性,如果考虑我国国情——中国共产党发挥全面领导的社会主义社会,《道德与法治》教材里的社会生活都直接或间接地具有思政教育的属性。比如,小学和初中都有不少法治教育的内容,如果单从法治教育本身来说,其目的可以是养成法治精神;但是,如果把法治教育与我国依法治国的历程联系起来,它便属于党史教育范畴。实际上,我国法律制定

---

① 马克思,恩格斯:《共产党宣言》,中共中央马克思恩格斯列宁斯大林著作编译局编译,人民出版社2018年版,第39页。

② 朱文通:《朱德与"誓为人民服务"口号》,《光明日报》2014年6月4日,第14版。

③ 鲁洁:《道德教育的当代论域》,人民出版社2005年版,第297页。

过程、推出的时机、发挥作用的方式等都可以反映中国共产党实事求是和以人民为中心的治国方略。

思政教育生活化是《道德与法治》教材编写理念提出的要求。中国共产党的实事求是和以人民为中心不是通过理论论证或者引述领袖言论就能够让学生信服的，而是要通过活生生的生活事件来讲解。小学"三上"以及初中"九上"都有不少内容讲述了家乡的发展变化。教材上的这些内容固然体现了生活化的性质，但是，不少生活化的内容对于学生而言，也许比较遥远和抽象。生活化的教材需要生活化的课程实施方式来学习。在教学中，教师应该结合教材，运用本土的发展事例，阐述中国共产党是如何依据实事求是和以人民为中心理念发挥领导力、改变家乡面貌的。比如，很多地方出于对老年人的尊敬，出台老年人免费乘公交车的惠民政策，结果导致老年人在上下班高峰期挤占公交车容量的现象。2016 年上海市政府根据人大代表的意见将免费惠民的政策调整为给老年人发放交通补贴的办法，极大地改善了公共资源的有效使用。这不仅反映了实事求是的态度，也更好地体现了以人民为中心的宗旨。在上海市浦东新区开发过程中，曾经一度将城市建设区块划分为工业园区、居住区、商业区、文化区等区块，这种貌似"高大上"的割裂格局给人民的生活造成不便，也造成交通资源的浪费，后来的城市设计就做了改变。① 这样的本土事例不仅可以让学生更加了解身边的社会，也能够更加真切地体会实事求是和以人民为中心的重要意义。

三、《道德与法治》开展党史教育的原则

中国共产党百年峥嵘史，堪称中华民族历史上最恢宏的史诗，其艰苦卓绝的奋斗历程发生了无数感人事迹，值得传颂。但是，我们不能简单地以讲述党史故事代替思政课里的党史教育。我们认为，党史教育材料的选择应该体现典型性和阶段性相结合的原则。典型性：这些故事要能够推动落实实事求是、以人民为中心的培养目标，这里体现了中国共产党在思想方法、奋斗宗旨上的坚定性；阶段性：选择的党史内容要能够反映中国共产党因不同历史阶段的不同任务，在思想方法、奋斗宗旨上所表现出的灵活性。

党史教育还要遵循一体化教学的原则。一体化教学是课程设计的重要原则，对于道德与法治学科的教学尤其重要。因为思想品德的形成要求知情合一、心行合一。高级情感的发展需要有认知基础，而学生认识水平的发展是渐进的，这就要求课程和教学依据由近及远、由简单到复杂、从具体到抽象、从经验到命题的逻辑路径。学生对文本含义的理解大致是，先理解文本的字面含义，然后才过渡到理解文本背后的价值意义。即使对价值意义的认识也有一种时空序列，即从对于个体的意义逐渐扩展到对于人类的意义，从眼前的意义扩展到更加长远的意义。这些变化是伴随学生抽象思维形成的逻辑，而抽象思维在反复习练中才能得到固化。为此，党史教育应该构建既前后互摄又螺旋上升的一体化教学逻辑。

首先，递进安排不同难度的党史内容。对于低年级学生，可以采用党的代表人物、符号等相对具体化的内容。比如，通过党徽的镰刀锤子造型认识中国共产党作为无产阶级政党和工人阶级先锋队的性质；国旗上五颗五角星的大小、位置可以用来认识国体、政体；还可以通过认识身边的共产党员、共产党的领袖来初步感受共产党员的品质。随着年龄的增长，可以介绍比较简单的党史故事，或者发生在身边的具体事件。对于高年级学生，则可以联系社会历史背景、党员的成长史、决策中的价值取向来理解人物和事件。

其次，德育同一内容的教育要形成螺旋上升的结构。针对人民代表大会制度，在小学，可以讲代表的民主选举程序、代表的责任等，到了初中，则可从我国根本政治制度的高度来讲解，并且提出要在中国共产党的领导下坚持和完善这种制度。随后，由中国共产党领导的多党合作和协商民主制度，进而提升到中国特色的民主思想。到了九年级，可进一步从中国人民探索民主的历程，讲到全过程的人民民主。我们认为，道德与法治学科有责任让学生全面理解民主的样式，尤其是票决民主与协商民主的区别和联系，以及中国式民主在处理票决和协商之间关系的智慧，正是这种智慧蕴含了中国共产党的实事求是和以人民为

---

① 田玉珏，李政：《习书记在上海基层调研的第一站就选择浦东新区——习近平在上海（十六）》，《学习时报》2021 年 9 月 22 日，第 3 版。

中心精髓,并由此形成了全过程民主的伟大思想。在法治教育部分,小学教材是从身边的法律出发,重点讲解了未成年人保护法,同时也涉及与小学生有关联的部分法律内容。到了初中"八下",则将法治精神凝聚成了自由平等和公平正义,并且在"九上"专门阐述了中华人民共和国依法治国的历程。教师要通过讲解这些内容帮助学生认识到,法律内容的确立、颁布的时机、制定的程序等方面都能够体现实事求是和人民中心的思想。

最后,可以从不同维度和历史阶段论证相同的思想。国共两次合作就是一个比较典型的事件。大革命时期的第一次合作中国共产党之所以遭遇了失败,就是因为刚刚成立的党"还不善于将马克思主义基本原理同中国革命具体实际结合起来"。[①] 到抗日战争爆发,中华民族到了生死存亡的关头,中国共产党人以民族大义为重,不计前嫌,与国民党达成了第二次合作。中国共产党在这次合作中吸取了教训,采取既团结又斗争,既合作又保持独立的方针,不仅形成了一致对外的抗日民族统一战线,也在抗战中发展和壮大了自己,"成为以实事求是原则处理中国革命具体问题的一个典范"。[②] 在社会主义革命和建设时期,前30年建立了全民所有制和集体所有制的基本经济制度,这种制度的设计和执行充分体现了中国共产

党实事求是和以人民为中心思想的精髓。1949年,农村人口超过90%,农业发展水平很低,并且区域发展极不平衡,加上中华大地经历了百年战乱,国力消耗殆尽,积贫积弱,可谓是一穷二白、家徒四壁。在这样的国情下,靠个体经济、小农经济不仅无法解决国计民生,还会造成贫富悬殊。中国共产党通过发展互助合作的社会主义经济体制,引导农民走集体化道路,后来又形成了计划经济模式和与之配套的按劳分配原则。事实证明,集体化和计划经济模式"不仅巩固了人民民主专政的国家政权,而且为我们在一穷二白的基础上建立独立的、比较完整的工业体系和国民经济体系提供了制度基础",为改革开放时期"中国经济起飞奠定了雄厚物质基础"。[③] 随着时间的推移和国内外形势的变化,这种经济体制对于生产力的继续发展又形成了束缚,于是,调整生产关系、解放生产力成为改革开放时期社会主义建设的核心命题。现在,教师在"九上"讲改革开放经济体制的时候,就应该把改革开放前后联系起来讲。看似两种不太一样的经济体制,其实是从不同维度和不同历史阶段,一体化地诠释了中国共产党具体情况具体分析的实事求是思想和始终以人民大众利益为重的根本宗旨。

Research of Party History Education in Morality and Law

LIU Cilin，ZHANG Qiongwen

(School of Education，Shanghai Normal University，Shanghai，200234)

Abstract： It is the era of responsibility of Morality and Law to cultivate students' recognition of upholding and strengthening overall Party leadership by strengthening Party history education. Party history education should build the curriculum concept of combining life and moral education with the spirit of Party history education，select the classic stories in various stages of the Party's 100 year history，carry out integrated and systematic teaching，help students understand and believe in the Party's thinking method of seeking truth from facts，and the people-centered value，and guide students to have the firm political belief of taking the path of socialism with Chinese characteristics.

Key words： Party history education，seeking truth from facts，people-centered value，*Morality and Law*

---

① 本书编写组:《中国共产党党史》,人民出版社,中共党史出版社2021年版,第34页。

② 李华文,陈宇翔:《实事求是:中国共产党思想路线的百年历程与马克思主义中国化》,《湖南大学学报(社会科学版)》2021年第4期,第10-16页。

③ 王东京:《我国基本经济制度形成发展的理论逻辑和历史逻辑》,《光明日报》2021年11月5日,第11版。

"大思政课"目标下高中思政课程的跨学科统整

徐　翊

(上海市中国中学,上海200231)

摘　要："大思政课"目标下,借助跨学科统整的方法可以把相关学科知识以及校内外的教育资源共同融入高中思政课程教学,这样既能丰富高中思政课程的教学设计,提升教学效率,又能提升学生解决实际问题的能力。在实践中,高中思政课程跨学科统整的具体策略表现为:储备学科知识,提升统整能力;组建项目团队,制订统整规划;深化学科内涵,拓展课程空间。

关键词：大思政课;高中思政;跨学科统整

2021年3月,习近平总书记看望参加全国政协会议的医药卫生界教育界委员时指出:"'大思政课'我们要善用之,一定要跟现实结合起来。上思政课不能拿着文件宣读,没有生命、干巴巴的。"[①]要达成"大思政课"的目标,借助跨学科统整的方法可以把相关学科知识以及场馆、社区和高校等区域的教育资源融入高中思政课程教学,这样,在丰富思政课堂教学内容的同时,也能帮助学生更好地接触社会、结合现实,让高中思政课程真正成为"帮助学生确立正确的政治方向、提高思想政治学科核心素养、增强社会理解和参与能力的综合性、活动型学科课程"。[②]

一、"大思政课"、跨学科统整的内涵与价值

1. "大思政课"的内涵

"大思政课"具有丰富的内涵,概括起来就是把贯通古今中外的知识体系和丰富的区域教育资源融入思政课教学活动。正如有学者所认为的那样,鲜活的实践、生动的现实,波澜壮阔、横无际涯,蕴含着理论之源、信念之基、是非之度、情怀之根,蕴含着丰富的教育元素。当我们能够自觉地将其中的教育元素挖掘出来、整合起来,运用于立德树人的过程之中时,鲜活的实践、生动的现实便会成为极具教育效力的"大思政课"。[③]

2. 跨学科统整的内涵

钟启泉认为,"学科统整"不仅是一种课程的设计方式,也涉及知识论与课程观的差异。构筑"跨学科课程"或"学科交叉课程"的研究,是把全球问题与儿童的生活经验整合起来,将为明日学校课程的设

作者简介：徐翊,上海市中国中学高级教师,硕士,主要从事德育与思政课教学研究。

① 习近平:《"大思政课"我们要善用之》,载光明网:https://m.gmw.cn/baijia/2021-03/07/34666681.html,最后登录日期:2021年6月20日。

② 中华人民共和国教育部:《普通高中思想政治课程标准(2017年版2020年修订)》,人民教育出版社2020年版,第1页。

③ 沈壮海:《"大思政课"我们要善用之:思考与探索》,《思想政治教育研究》2021年第3期,第27页。

计开拓崭新的视野。[①] 方兆玉认为,用跨学科统整思想来开展教学设计,可以通过设置问题和设计项目提升学生的学科核心素养和问题解决能力。跨学科学习是为困难、为挑战、为复杂情境设计的,有助于学生的概念理解、知识和技能的掌握,可以帮助学生"打磨"更加成熟的批判性和创新型思维。[②]

在教学实践中,跨学科统整围绕具体的设计项目,形成问题解决的过程,既能帮助学生把不同学科的碎片知识连贯成一个整体,形成系统的知识体系,加深对学科本体知识的理解;又能切实提升学生运用学科知识解决实际问题的能力,具有重要的现实意义。

3."大思政课"目标下跨学科统整的价值

以高中思政学科为核心,统整语文、历史、地理等相关学科知识,可以打破学科界限。在教学设计过程中建立以思政课程为核心的知识体系,把更多教学资源集中应用到思政课堂,有效落实"思政课是落实'立德树人'根本任务的关键课程"。

同时,《普通高中思想政治学科课程标准(2017年版2020年修订)》指出:"高中思想政治课程具有学科内容的综合性、学校德育工作的引领性和课程实施的实践性等特征,它与初中道德与法治、高校思想政治理论等课程相互衔接,与时事政治教育相互补充,与高中其他学科教学和相关德育工作相互配合,共同承担思想政治教育立德树人的任务。"[③] 高中思政课程不同于单一学科课程,它涉及经济学、政治学、法学、哲学等学科,具有综合性。因此,思政课程宜采取"综合性"教学,既强调学习内容的跨学科性,又强调问题指向的复杂性,更强调学习方式的多样化。[④]

此外,思政课教师在跨学科统整过程中可以进一步引领学生关心时事政治,把教学内容与校外资源有机融合,进一步唤醒与激发学生的个体成长动能。教师可以借助项目化设计和问题导向,以社会实践、研学探究等多种形式来突破教学时间和空间的限制,把教学内容外展到更多学科知识,把课堂形式延伸到社区、高校和场馆等丰富的区域教育资源中,用多元的学习体验帮助学生"在面对当前社会变革和实践创新中的新挑战、新问题的时候,用历史眼光、国情眼光、辩证眼光、文化眼光和国际眼光,通过观察、辨析、反思和实践,真学真懂真信真用马克思主义,在人生成长的道路上把握正确的思想政治方向"。[⑤]

二、高中思政课程跨学科统整教学实践

当前,高中思政课程跨学科统整教学仍然面临诸多挑战。比如:高中思政课教师如何有效汇集各学科教材内容,明确各学科教师在跨学科统整过程中的工作职责? 如何找准开展跨学科统整的"焦点问题",以便有效融合各类区域资源? 如何整合各学科教学,开展跨学科统整的项目化设计? 为直面这些问题和挑战,本文以高中思政教材必修一第三课"伟大的改革开放"教学设计为例,具体研究高中思政课教师如何有效开展跨学科统整教学。

1.储备学科知识,提升统整能力

跨学科统整对教师的知识储备、学科视野、教学模式和思维品质等都提出了更高的要求。李泽林、王宜好指出:"跨学科的知识域之间是相互联系的,不是简单的杂糅和拼盘。"[⑥] 教师要把两门以上学科知识有效地联结,融合成一个整体的教学框架,首先,必须系统思考并梳理本学科知识。这就要求高中思政课教师具有较强的学科素养,要能在跨学科统整过程中完成学科知识的理解和转化。其次,要能够

① 钟启泉:《论"学科"与"学科统整"》,《教育研究》2006年第4期,第6页。
② 方兆玉:《跨学科学习:Why,What,How》,《上海教育》2020年第11期,第31页。
③ 中华人民共和国教育部:《普通高中思想政治课程标准(2017年版2020年修订)》,人民教育出版社2020年版,第1页。
④ 韩震,朱明光:《普通高中思想政治课程标准(2017年版)解读》,高等教育出版社2018年版,第160页。
⑤ 中华人民共和国教育部:《普通高中思想政治课程标准(2017年版2020年修订)》,人民教育出版社2020年版,第2页。
⑥ 李泽林,王宜好:《项目学习的课程话语和行动路径——兼论项目学习的中国化》,《现代基础教育研究》2020年第2期,第9页。

准确定位教学难点并开展项目化设计。教师通过跨学科统整帮助学生跨越知识难点，获得对知识的全面理解，提升教学的实效性。再次，要了解和熟悉相关学科教材和知识体系。高中思政教师应该广泛阅读语文、历史、地理等相关学科课程标准和教材，为跨学科统整做好知识积累。最后，要具有相应的人际交往和团队合作能力，要与学校党组织、团委、德育部门等联系，结合学校工作合理安排社会实践、研学探究的时间，在校外则要广泛联系社区、高校、场馆，为开展跨学科统整教学寻求支持。

总之，思政课教师应从课程标准和教材着手，结合各学科知识和教育资源进行整体设计，在整体设计中注重谋篇布局，将相关学科和教育资源有机融合，用科学的项目化设计提升跨学科统整教学的实效性。

2. 组建项目团队，制订统整规划

（1）打破学科壁垒

跨学科统整的关键环节就是打破学科壁垒。在实践中，可由思政课教师牵头组成跨学科、跨年级的项目组，围绕设定的项目化主题，统整相关学科的知识体系和区域单位的教育资源。以高中思政教材统编版必修一《中国特色社会主义》中“伟大的改革开放”的教学设计为例。鉴于高中思政教材中已经设置了“综合探究二”“方向决定道路，道路决定命运”的教学内容①，明确了要引导学生通过了解改革开放中的先进典型人物和取得的巨大成就来开展社会实践和探究活动。在跨学科项目组的共同梳理下，相关学科知识点呈现如下：

高一语文必修一第二单元“喜看稻菽千重浪——记首届国家最高科技奖获得者袁隆平”等新闻评论教学单元中，关于袁隆平、钟扬等先进人物的新闻报道，能够集中展现改革开放进程中的模范人物事迹。

高一历史教材必修（中外历史纲要）第十单元“改革开放与社会主义现代化建设新时期”的章节，从“中国特色社会主义道路的开辟与发展”“改革开放以来的巨大成就”“家国情怀与统一多民族国家的演进”等方面对“伟大的改革开放”的历史意义进行了全面介绍。

高中地理学科必修三教材中“森林的开发与保护”“荒漠化的防治——以我国西北地区为例”等教学内容，同样可以从生态文明建设的角度体现改革开放的伟大成就。

不难看出，除了思政课程本体知识的纵向深入，“伟大的改革开放”这一跨学科项目还与语文、历史、地理等学科知识之间存在横向关联，这一项目能够组织学生开展各类综合社会实践活动，完全具有开展跨学科统整教学的基础条件。

（2）制订统整规划

了解这些背景后，思政课教师继续围绕“伟大的改革开放”这一项目明确各学科教师的工作职责，组织各学科教师在相关教学单元中梳理知识脉络，共享跨学科教学素材。在教学实践中，思政课教师可设计“跨学科统整项目表”（见表1），以表格流转的形式推动跨学科知识统整，把语文、历史和地理的相关知识内容作为教学素材，有机融入思政课堂；或者邀请相关学科教师以共同执教、课堂嘉宾等形式融入思政课程的课堂教学，把跨学科统整真正落实到思政课堂中。

表1 跨学科统整项目表

学科	教材章节	教材内容	教学素材
思政学科	高一年级必修一：中国特色社会主义	伟大的改革开放 1. 改革开放的进程 2. 改革开放的意义	1. 表格：改革开放以来党的历次三中全会简要回顾 2. 改革开放以来中华民族迎来了从站起来、富起来到强起来的大飞跃（各方面的成就）

---

① 中华人民共和国教育部：《思想政治（必修一）中国特色社会主义》，人民教育出版社2020年版，第68页。

（续表）

学科	教材章节	教材内容	教学素材
历史学科	高一历史必修：《中外历史纲要》第十单元"改革开放与社会主义现代化建设新时期"	1. 中国特色社会主义道路的开辟与发展 2. 改革开放以来的巨大成就 3. 家国情怀与统一多民族国家的演进	1. 改革开放的历史进程 2. 改革开放的成就 3. 通过改革开放实现的国家和民族的发展和飞跃
语文学科	高一语文必修一第二单元	1. 喜看稻菽千重浪——记首届国家最高科技奖获得者袁隆平 2. "探界者"钟扬 3. 以工匠精神雕琢时代品质	1. 改革开放以来涌现的各条战线的先进模范 2. 通过模范作用体现改革开放以来在科技等领域取得的巨大发展
地理学科	必修三第二章第一节	荒漠化的防治——以我国西北地区为例	改革开放以来经济发展后的环境变化，以及近年来的环境保护成就

3. 深化学科内涵，拓展课程空间

就"学科"内涵的理解，钟启泉指出："学生沿着学科的逻辑展开学习，可以从学科的视角观察世界。从而使得学生能够从狭隘的经验世界中解放出来，并且透过科学、技术、艺术的视野，很好地把握现实世界。学科，给学生创造了认识的框架。"[①] 思政课教师必须进一步加深对"学科"内涵的理解，从而帮助学生"创造认识的框架"的整体角度，把思政课程与学校党建、德育、共青团、少先队等综合实践课程平台充分对接，围绕课程标准和教材整体设计问题链和任务链。如在"伟大的改革开放"这一项目的教学设计中，跨学科项目组可以设计题为"伟大的改革开放——身边的巨变"的研学课程。

该主题研学的教学背景为：寻访社区的巨大变化和先进典型，做好过程记录，并形成新闻稿件。教学目标为：通过跨学科课堂教学引发学生兴趣，结合综合社会实践活动，帮助学生理解"伟大的改革开放"巨大成就就在身边，进而对"伟大的改革开放"相关知识点有更加深入的认识与理解。具体见表2。

表2 主题研学跨学科设计

跨学科教学设计			
学科	学科知识	学科核心素养	评价方式
思政	以小组为单位走访并了解区域的企事业单位，了解经济发展成就	社会参与 科学精神	小组成果展示评价
历史	了解社区的历史和改革开放以来发生的变化	史料实证	研学小组过程性评价
语文	采访先进模范人物，形成新闻采访稿	语言的建构	标准化评价
地理	寻找环境保护的案例	综合思维 人地协调观	小组成果展示评价
综合社会实践	开展周边企业、社区、学校的区域志愿服务，完成"身边的巨变"的问卷调查和课题报告		研学小组过程性评价 课题研究能力及创新素养评价 社会服务意愿及能力评价

围绕"伟大的改革开放"这一主题，思政课教师可以结合学校党建、团队活动和社会实践等载体，组

---

① 钟启泉：《论"学科"与学科统整》，《教育研究》2006年第4期，第7页。

织学生走进社区、高校和场馆,组织语文、历史、地理等相关学科教师共同形成指导学生实践和探究的项目组,结合思政学科的教学内容,深化社会实践的思想内涵,同时也加深学生对学科知识的理解,进一步提升学科核心素养。

三、实践反思

由上述教学实践可知,在"大思政课"目标下,跨学科统整教学既能丰富高中思政课程的教学设计,提升教学效率,也能提升学生解决实际问题的能力。但在实践中,还有一些问题需要进一步思考并解决。

1. 进一步深化对"大思政课"的认识

思政课教师要寻求学校党组织、团队以及德育部门的支持,同时也要积极寻找所在区域的各种优质教育资源。校内,需要把各种德育、团队活动纳入思政课的范畴;校外,需要寻求博物馆、红色基地等教育资源的支持,真正以"大思政课"为目标开展教学设计。

2. 形成以思政课程为核心的育人合力

思政课学科教师要能够调动相关学科知识,就要对相关学科课程标准和教材都有所了解,这对教师的综合能力提出了较高要求。现实情况下,仍有部分教师囿于教学现状,很难引领跨学科统整项目团队,无法形成以思政课程为核心的育人合力。如何提升思政课教师的跨学科教学素养,将是我们进一步研究和探索的问题。

3. 在日常教学中落实跨学科统整项目

当前,不少跨学科统整的工作还只在团队活动、社会实践和综合实践课程等载体中有所体现,真正把跨学科统整深化到日常课堂教学的探索和实践还很有限。跨学科统整的生命力在于融入日常教学,因此,思政课教师要完整理解教材体系,以此为基础,逐步开展跨学科统整教学。这一过程需要持续摸索和经验积累。一旦形成长效机制,不但可以让思政课程更加生动鲜活,也可以有效提高各相关学科的教学效率。

Interdisciplinary Integration of Ideological and Political Subject in High Schools under the Goal of Whole Ideological and Political Course

XU Yi

(Shanghai Zhongguo High School, Shanghai, 200231)

Abstract: Under the goal of "Whole Ideological and Political Course", and with the interdisciplinary integration, relevant subject knowledge and educational resources inside and outside the school can be integrated into the teaching of high school ideological and political subject, which not only enriches the teaching design of the subject, improves teaching efficiency, but also allows students to improve their ability to solve practical problems. In practice, the specific strategy can be manifested as: reserve subject knowledge and improve the ability to integrate; build a project team and formulate a unified plan; deepen the connotation of disciplines and expand the subject space.

Key words: whole ideological and political course, high school politics, interdisciplinary integration

《现代基础教育研究》

第47卷，2022年9月 　　　　（Research on Modern Basic Education） 　　　　Vol.47, Sep. 2022

"新革命史"理念与方法融入革命历史教育的思考

段成俊[1]，陈　晨[2]

（1.上海师范大学 马克思主义学院，上海 200234；2.上海财经大学 马克思主义学院，上海 200433）

摘　要：中国革命历史教育是基础教育阶段历史课程的重要组成部分，其实效性还有待提高。借助学术研究的视野，可以为革命历史的教学改革提供新的思路。将"新革命史"的理念和方法融入其中，就是将"新革命史"对传统革命史研究的反思与批判，全方位借鉴到传统革命历史教学中来，从而实现政治教育与历史教育有机结合、教师提升与学生实践双向互动、宏大叙事与微观叙事相得益彰。为此，探索有效提升中国革命历史教学实效性的具体方法，即补充革命政策的实践过程以深化革命史教学，嵌入基层社会的革命实践以扩展革命史教学，引导学生主体的自我探究，以升华革命史教学。

关键词：新革命史；中国革命历史；教学理念

革命历史教育旨在帮助青年学生建构正确的革命历史认知，用唯物史观的方法论认识和辨析历史，从理论逻辑和历史事实上增强对革命史实的合理阐释，从而筑牢信念之基，塑造理想之魂。然而，革命历史教育难免受到革命史研究的影响。长期以来，传统革命史研究将革命历史简单化、公式化的弊端，在革命历史教育中也同样存在。因此，借鉴革命史研究的新理念探索提升革命历史教育成效的路径和方法很有必要。

近十几年来，在中国史学界和中共党史学界，"新革命史"作为一种新的理念和方法日益受到广泛关注。2010年，李金铮首先提出"新革命史"这一概念，并倡导"向'新革命史'转型"，主张回归实事求是的精神，改进传统革命史观的简单思维模式，用新的理念和方法重新审视革命历史，以揭示革命的艰难、曲折和复杂。[①]此后，他又相继发表

系列文章，不断丰富和扩展对"新革命史"的学术见解。在他看来，传统革命史所遵循的"政策—效果"的书写路径，存在以革命理论代替革命历史本身、偏重政治革命叙事、简单化理解中共革命等问题，忽略了革命历史中更丰富的社会、经济、文化内容。为此，"新革命史"尝试运用国家与社会互动、革命史与大乡村史相结合等方法，以突破传统革命史框架。"新革命史"的提出虽然伴随着质疑，但也有学者认同并采纳这一理论主张，如王奇生指出，"新革命史"不再将革命理论、话语当作革命历史本身，而是将革命放回到20世纪中国历史变迁的大背景下，强调在"求真"的基础上"求解"，符合革命历史研究的趋势。[②]此外，也有学者虽未明确使用"新革命史"这一概念，但他们的学术主张却与其高度相合，并形成了大量的研究成

作者简介：段成俊，上海师范大学马克思主义学院博士研究生，主要从事马克思主义中国化研究；陈晨，上海财经大学马克思主义学院博士研究生，主要从事中共党史与中国近现代史研究。

① 李金铮：《向"新革命史"转型：中国革命历史研究方法的反思与突破》，《中共党史研究》2010年第1期，第73-83页。
② 王奇生：《高山滚石：20世纪中国革命的连续与递进》，《华中师范大学学报（人文社会科学版）》2013年第5期，第96-106页。

果。[①]"新革命史"超越传统革命史研究的理念和方法，可以启发革命历史教育的改革思路，相关的研究成果，也可以直接作为革命历史教育的新的素材。

一、革命历史教育的现状审视

首先，从受教育者来看，当代青年学生理想信仰世俗化倾向与革命理想信念相脱节。中国共产党自成立之初，便以实现共产主义为最高革命理想。一部中共革命史，便是中国共产党带领人民群众进行伟大斗争、践行革命理想的历史。然而在中国特色社会主义迈向新时代之时，在社会环境复杂化、价值取向多元化的影响下，一些青年学生的思想认识产生了不稳定的状况。他们寄情于现实物质，舍弃精神世界的自我超越，"对崇高的理想信仰的认知体现为多样化与世俗化，甚至是模糊化，将模糊化的信仰作为自身的价值追求，导致灵魂的虚无，产生严重的精神痛苦"。[②]这种精神世界建构的滞后，又导致实用主义与功利主义的蔓延。一份针对青年学生思想政治教育状况的调查研究指出，在课程开设意义的认知上，多数学生选择"为了必修课拿学分而学习"。[③]由上可知，当代青年学生存在理想信念世俗化、价值取向功利化的倾向。

如果革命历史教育仍旧以宣传、说教的方式为主，期望将理想信念机械地灌输给学生，势必影响理想信念教育的质量和成效。深刻理解和把握中国革命历史规律，是坚定理想信念的重要途径之一。"新革命史"回归实事求是的精神，力图呈现中共革命历史的艰难、曲折与复杂，才能获得使人信服的解释和权威力量。这就需要回到历史的场域，引导学生感受革命信念影响下当时人们的所思、所想、所为，在潜移默化中坚定理想信念。

其次，从教育者来看，传统革命历史教育中教师过于强调政治教育者身份，对革命历史的理解有待深化。以往研究更多地指出了教师在教学方式上存在的问题，诸如教学手段传统、教学方法单一，为教师提升教学能力提供了有益的参考。"新革命史"对革命史研究者的反思，将有助于我们进一步考察其在教学中存在的问题。"新革命史"指出，过去研究者在研究革命史中存在"将革命者、现实角色与历史研究者混为一谈"，以及"对中共革命理解简单化"的问题。[④]相应地，革命历史教学中也存在如下问题：其一，教师角色定位模糊，未能把革命时期的理论、路线当作认知对象，而是视为指导革命历史教学的理念。教师过多地强调了自身政治教育者的身份，革命历史教学完全变成了革命理论、政治话语的宣传阵地，导致教学走向僵化无趣。其二，教师对革命历史的理解有待深化，一方面，满足于对教材的基本阐释，对革命历史的认知仍未超出基本史实的范畴，对于重大历史过程认识不清，细节掌握不够，不能指导学生深刻认识中共革命的艰难、曲折和复杂；另一方面，理论知识储备不足，因而对于重大历史事件、问题解释乏力，难以回应学生对历史问题的关切，甚至带偏学生对革命历史的认知。

最后，从教学内容来看，传统革命历史教育的宏大叙事遮蔽了中国革命历史的复杂面貌。以往，革命历史学习不同阶段的知识交叉重叠导致学生兴趣下降，因而主要从重新建构教材、创新教学模式等方面做了探索。革命历史教学的主要内容不可避免地会受到革命历史研究整体内容取向的影响，因而从"新革命史"对传统革命史研究内容的批判，反思传统革命历史教学内容是有必要的。"新革命史"认为传统革命史研究"更多限于'革命'本身"，"而忽视了革命史的其他面相"。同时，还进一步指出，传统革命史在对上述基本问题的阐述中采取了一种"政策—效果"的模式，"共产党的革命策略与农民的革命认同成了一种不证自明的逻辑"。[⑤]以此反观传统革命史教学，无论教学内容设置还是传输都存在一些问题：其一，革命历史被高度简化为政治革命史，"政治、党派、主义、阶级、英雄、反帝、反封建"是教学内容的关键

① 李里峰：《何谓"新革命史"：学术回顾与概念分疏》，《中共党史研究》2019年第11期，第38-43页。
② 李飞、廖小琴：《异化与超越：后现代背景下青年学生的精神生活透视》，《江苏高教》2015年第4期，第111-113页。
③ 代雅洁、杨毫：《"新革命史"路径下的华北抗日根据地史研究》，《党史研究与教学》2016年第2期，第4-13页。
④ 李金铮：《新革命史：由来、理念及实践》，《江海学刊》2018年第2期，第156-167页。
⑤ 李金铮：《新革命史：由来、理念及实践》，《江海学刊》2018年第2期，第156-167页。

词,革命历史的丰富性难以体现;其二,教学往往也采取"政策—效果"模式,一定程度上遮蔽了中共革命的艰难、曲折和复杂,使革命史教学流于口号式的宣传、说教。革命历史教学的基本目标,是通过革命史实的讲述,向学生阐明中国共产党革命的重要性和必要性,使其认识中共革命道路的正确性。但这应该建立在学生对中共革命的艰难、曲折和复杂的认知基础上,通过自我体悟、自我分辨实现,而不是在宏大叙事模式之下,通过背诵结论实现。此外,一些教师盲目求新、求异,试图以"标新立异"的观点、"妖魔化"的言论,解读革命历史,使得"告别革命论"和历史虚无主义思潮侵染革命历史教育的内容,这同样也是由于教学内容无法展现中共革命的真实面貌所导致。

二、"新革命史"视域下革命历史教育的方法论选择

对于青年人的理想塑造,革命史教育兼具历史回应和现实感召,需要回到历史本身的场域,才有令人信服的解释力和权威性。传统革命历史教育存在的突出问题,仅从教学手段、教学方法的改进上难以有效解决,需要打破常规思维路径,转变教学基本思路。以"新革命史"为借鉴,试从以下几个方面加以探讨:

1. 学生参与和教师提升双向互动

传统革命历史教育通常以课堂教学为载体,采取"教师教、学生学"的方式。在这一单向的教学过程中,教师是知识的传授者,是教育的主体,学生是知识的接受者,是作为被教育对象的客体。以往研究尝试从提升学生教学参与度、激发学生学习热情等途径,试图改变这一传统教学态势,是很有必要的。但在"新革命史"视野下,学生主动学习的结合点仍可进一步丰富。此外,针对教师能力提升,并与学生主动参与双向互动这一问题有待探讨。

可从以下三点来实现学生参与和教师提升的双向互动:一是要使教育客体主体化,激发学生学习热情,化被动接受为主动探究。在实践教学、自主探究等具体方法的运用中,以问题为导向,以弥

补教材和课堂教学宏大叙事为基本目标,以提升历史情感继而坚定理想信念为旨归。二是要使教育主体的客体化。一方面,教师要实现从宣讲者向引导者的角色转变,把革命时期的理论、路线当作客观认知对象,避免将课堂讲授变成政治宣讲。改变过去依靠教师讲授的单一方式,配合学生的自主探究,引导学生在自主学习中获得自我升华。另一方面,教师要实现从教学者向学习者的转变,不断提升自我认知能力,既要善于将革命历史的最新研究成果引入课堂,将革命史的学科魅力转化为教学的优势,又要主动联系社会重大现实问题和学生思想实际问题,以进一步增强教学的时代感和现实性。三是要注意学生参与和教师提升的双向互动,学生自主探究需要教师积极引导,探究课题的设置应以课堂教学同频共振为目的,以免学生自主学习与课堂教学陷入"两张皮"的困境,教师的内在提升应以满足学生需求和配合学生自主探究为指向。

2. 政治教育与历史教育有机结合

革命史研究受现实政治和意识形态影响较大,具有较强的政治性。对于如何处理革命史研究中政治性与学术性的关系的问题,"新革命史"提倡"将原本属于历史的内容还给历史",将政治性的发挥建立在严谨的学术研究基础上,以此获得使人信服的解释和权威性力量,最终实现政治性与学术性的统一。[①] 作为教学对象的革命历史,则面临着如何处理政治教育与历史教育关系的问题。借助"新革命史"视野,将革命史教学中的政治教育与历史教育视作辩证统一的整体,使其相互支撑,相互体现,不离开政治教育抽象地谈历史教育,同样,在政治教育中也不忽视历史教育的基础作用。

政治教育与历史教育存在共振效应,要想使二者有机结合,关键在于抓住革命历史教育中"求真"和"求善"两个要旨。所谓"求真",即教师应该以客观、严谨的态度,将教学探讨的对象客体化,增进教学内容的深度和广度。将历史结论的阐释从口号式的宣传转化为具体历史的演绎。所谓"求善",是在"求真"基础上的提升,并为"求真"提供一种价值导向,具体指教师要引导学生在对中

---

① 李金铮:《新革命史:由来、理念及实践》,《江海学刊》2018年第2期,第156-167页。

共革命的理解中,树立核心意识,筑牢信念之基,培育家国情怀,帮助学生更加认同党带领人民群众开辟的中国特色社会主义道路,以理解当下的政治决策,更加明确自身肩负的时代使命以面向未来。在革命历史教育中,不以"求真"做基础,政治教育便失去了科学严谨的思想,其权威必然受到削弱;不以"求善"为导向,历史教育便失去了价值追求,与现实割裂从而转变为抽象空谈。

3. 宏大叙事与微观叙事相得益彰

"革命的政策实践是中共革命与乡村社会相互融合、相互调适、相互适应的历史产物,中共革命胜利的历史过程也正是中共政权不断地调整自身的革命政策,找到了革命政策与乡村实践之间的最佳临界点的历史轨迹。"① 这里再次揭示出,偏重于宏观政治叙事,忽视微观层面基层社会和普通民众主体性,脱离中共革命与乡村社会双向互动的解释范式,不但难以完整勾勒中共革命的历史脉络,更无力解释中共革命胜利的深层原因。"新革命史"提倡的"运用国家与社会互动的视角"强调"基层社会与普通民众的主体性""革命史与大乡村史的结合"等,借鉴到革命历史教育改革中就是要实现宏大叙事与微观叙事相得益彰。②

首先,需要转化教学视角,从过去偏重讲述革命政策的制定与表达,到关注革命政策的执行与实践,强调革命政策与具体实践双向互动。其次,需要拓展教学视野,从以往更多表现上层权力运作和英雄人物实践,到关注基层社会和普通民众的革命参与,要善于从非重大事件中发现历史。历史是人民群众创造的,基层社会和普通民众的主体性不应淹没于革命的政治化与浪漫化表达之中。最后,需要注意把握宏大叙事与微观叙事的尺度。有学者指出,以实证研究为范式的微观社会史可能将革命史研究从一极滑向另一极,从而导致革命史研究的碎片化倾向。③ 这也是革命史教学中应该注意的问题,教师应以宏大叙事为主干,以微观叙事为枝叶,宏大叙事与微观叙事才能相得益彰。

"新革命史"视野下的革命历史教育,既不割裂与传统革命史教学的联系,也不否定过往研究针对革命史教学改革所做出的努力。而是意在探寻一种将历史教育、教师提升、微观叙事等因素与传统模式有机融合的基本思路,试图将历史史实还给革命历史教育,将情感融入革命历史教育。

三、"新革命史"视域下革命历史教育的路径探析

如何将"新革命史"的理念落到革命史教学改革的实处,实现教学实效性的提升,下面结合具体的教学事例展开说明:

1. 补充革命政策的实践过程以深化革命史教学

农民问题是中国革命的基本问题,"民主革命的中心目的就是从侵略者、地主、买办手下解放农民"。④ 因此,有关中共革命时期的农民政策、土地政策问题必然是革命史教学中的重中之重。以抗战时期中共实行的土地政策为例,传统革命史教学的讲述模式一般是:中共在敌后抗日根据地推行减租减息政策,一方面,号召地主减租减息,农民负担得以减轻,革命积极性大为提高;另一方面号召农民交租交息,停止没收地主土地,以利于团结地主抗日,巩固了抗日民族统一战线。由于受篇幅所限,教材对减租减息政策的具体实践并未详述,对于政策实施如何巩固抗日民族统一战线亦未做说明。历史叙述过于简单,遮蔽了革命本身的复杂,学生往往只知其"表",不知其"里"。在传统叙述中,土地政策的实施似乎完全成了解释抗日民族统一战线正确性的工具,而土地政策这个民主革命中心问题的重要性则被掩盖了。

结合"新革命史"研究成果,对这一问题的讲述还应该做如下补充:第一,抗战时期减租减息政策实施的社会根源。减租减息政策固然受到抗日民族统一战线的影响,正如毛泽东所指出:"现在党的农村政策,不是十年内战时期那样的土地革命政策,而是抗日民族统一战线的政策。"⑤ 然而,

---

① 代雅洁,杨毫:《"新革命史"路径下的华北抗日根据地史研究》,《党史研究与教学》2016 年第 2 期,第 4-13 页。

② 李金铮:《再议"新革命史"的理念与方法》,《中共党史研究》2016 年第 11 期,第 98-108 页。

③ 应星:《新革命史:问题与方法》,《妇女研究论丛》2017 年第 9 期,第 5-8 页。

④ 中共中央文献研究室:《毛泽东文集》(第 3 卷),人民出版社 1996 年版,第 206 页。

⑤ 中共中央文献编辑委员会:《毛泽东选集》(第 3 卷),人民出版社 1991 年版,第 789 页。

这仅揭示出政策实施的宏观时代背景,而其微观社会根源,即由农村社会普遍存在的高利贷残酷剥削所导致的农民生活极端困苦不应被忽视。第二,革命政策推行中遇到的困难。一方面是一些地方领导干部的自身问题,"还保存着一种粗枝大叶、不求甚解的作风,甚至全然不了解情况""对于中国各个社会阶级的实际情况,没有真正具体的了解"①等;另一方面是政策推行面临的社会传统惯性的阻力,比如农民对革命前途的怀疑、对阶级命运的屈服、地主对农民的威胁等,导致减租减息政策无法顺利实施。第三,中国共产党对革命政策的调适。针对上述问题,中国共产党通过组建农民团体,进行广泛政治动员,提升了农民的阶级意识,但旋即又出现了农民拒绝交租交息的现象。因此,中共减租减息政策的实施是在不断调适的过程中逐渐展开的。②以上补充正视了革命实践中的具体困难,不仅不会损害中共革命形象,反而使其更加真实、丰满。借助"土地政策的实施"的教学,学生更加认识到中共革命的艰难、曲折、复杂,更加理解一个传统中国走向现代中国的重要性和必要性。

2. 嵌入基层社会的革命实践以扩展革命史教学

毛泽东在《论持久战》中指出:"战争的伟力之最深厚的根源,存在于民众之中。"③因此,抗日战争中的群众动员,以及中共领导的敌后抗战这些问题是革命史教学所无法回避的。教师以往在讲述群众动员时,大多强调农民参加革命是受其阶级地位、觉悟和民族意识觉醒的影响,具有必然性;讲述中共敌后战场的开辟,通常着力表现正规部队的几次重要战役、战果,对于游击战争主要从理论层面介绍其内涵、地位和作用。中国共产党领导革命与农民参加革命成为教学中的必然逻辑,中共在革命中的领导作用反而难以得到体现。对下层革命事件的忽视,割裂了革命战争与社会结构的联系,革命战争的人民性亦难以得到体现。

学生无法得知群众动员的具体情况,对革命力量发展壮大的原因不能有深刻的理解,对于农民战争的具体真相无从得知。

对于革命动员这一问题,有研究以华北革命根据地农民参军为例,"以农民社会心理为视角构建中共社会经济改革与农民参加中共军队之间的联系"④,揭示了"民族独立、阶级革命的意识与普通农民对自身利益不懈追求之间的分殊和交集"⑤所铸就的复杂历史面相。在课堂教学中,教师完全可以引入对农民参加革命复杂动机的介绍,包括物质利益诉求、摆脱困境、提升政治地位等。但问题的关键在于,教师应该引导学生认识到,正是中国共产党注意遵从农民固有的生活逻辑,并注重提升其参军的原始动机,尤其是在农民加入革命队伍之后加强其思想改造,提升其民族和阶级觉悟,因而得以动员数以百万计的农民参加革命并取得全国政权。对于"基层民众抗日斗争"这一问题,可以结合当地革命历史实际展开教学。以冀中平原的地道斗争为例,中国共产党在敌我双方力量悬殊的情况下,为了应对日军"治安强化"运动的压力,团结群众,依托冀中平原有利地势开挖地道,与日军展开较量。通过对这一具体问题的讲解,学生可以更加感受到敌后生存环境的艰难、复杂,更全面地了解中共在敌后的生存、运作和抵抗方式,更深刻地认识到中共与民众的密切关系,这些显然都不是依靠传统教学简单描述几次大捷所能做到的。⑥

3. 引导学生主体的自主探究以升华革命史教学

要想更好地实现革命史教学塑造理想信念的作用,不仅需要教师更好地"教",还要靠学生自主地"悟"。在"新革命史"视野下,对于学生的自主探究,教师可从以下几个方面加以引导:

其一,以项目为依托,调研地方革命史资源。围绕课堂教学中讲述的重大革命事件,调研地方当时的反馈及参与状况。学校应给予充分支持,

---

① 中共中央文献编辑委员会:《毛泽东选集》(第 3 卷),人民出版社 1991 年版,第 789 页。

② 李金铮:《革命策略与传统制约:中共民间借贷政策新解》,《历史研究》2006 年第 3 期,第 118-191 页。

③ 中共中央文献编辑委员会:《毛泽东选集》(第 2 卷),人民出版社 1991 年版,第 511 页。

④ 齐小林:《华北革命根据地农民参加中共军队动机之考察》,《中共党史研究》2014 年第 1 期,第 77-89 页。

⑤ 中共中央文献编辑委员会:《毛泽东选集》(第 2 卷),人民出版社 1991 年版,第 511 页。

⑥ 黄道炫:《敌意——抗战时期冀中地区的地道和地道斗争》,《近代史研究》2015 年第 3 期,第 4-22 页。

以社会调研项目为依托，争取做出社会实践品牌项目，帮助学生在实践探索中实现自我教育。

其二，以问题为导向，开展口述史采访。可以鼓励学生多渠道寻访革命年代经历者，围绕革命史教学问题，探寻他们的历史记忆，从细节处感知历史。但是需要注意，由于经历的事件久远，亲历者的回忆难免出现偏差，极易偏离历史真实，因此，需要对口述史的内容进行去伪存真。最后，再由教师将具有代表性的口述史材料融入革命史教学的课堂，可以增加革命史教学的生动性和有效性。

其三，以素养提升为目标，开展革命史宣讲活动。引导学生结成革命史学习社团、宣讲团，贴近学生自身成长实际，发挥朋辈作用，实现辐射效应。围绕重大历史事件，如中国共产党成立、五四运动、"一二·九"运动等，以重要的革命节日、纪念日为契机，鼓励学生在全校范围内以主题班会、微党课、组织生活和支部生活等为载体，广泛开展革命史宣讲活动，以学生的身份讲学生的语言，使学生在主动参与中实现自我教育，强化理想信念的认同。

总体而言，在"新革命史"视野下，开展革命史教学改革的探索，就是围绕教学基本思路的转变，从非重大事件中发现历史，以展现中共革命艰难、曲折和复杂为基本目标，让学生在对历史事实充分认知的基础上，通过自我分析、感悟，实现对革命史的情感升温，继而实现理想信念的升华。需要注意的是，"新革命史"研究作为一种新的理念和方法，其存在和发展在学术界亦有争论，其自身也需不断完善。也正是从这个意义上来说，"新革命史"研究之于革命史教学改革，不是简单的照搬，而是视野、理念和方法的借鉴。

Reflection on the Integration of the Concept and Methods of "New Revolutionary History" into Revolutionary History Education

DUAN Chengjun[1], CHEN Chen[2]

（1. School of Marxism, Shanghai Normal University, Shanghai, 200234;

2. School of Marxism, Shanghai University of Finance and Economics, Shanghai, 200433）

Abstract：Chinese revolutionary history education is an important part of history subject in basic education, whose effectiveness needs to be improved. With the help of academic research, new ideas can be provided for the teaching reform of Chinese revolutionary history. To integrate the concept and methods of "new revolutionary history" into teaching means applying the reflection on and criticism of "new revolutionary history" to the traditional teaching of revolutionary history in an all-round way, which can help form the organic combination of political education and history education, the two-way interaction between teachers' improvement and students' practice, and the mutual complementation of grand narrative and micro narrative. Therefore, we should explore specific methods to better improve the effectiveness of the teaching of Chinese revolutionary history, including supplementing the practical process of revolutionary policy to deepen the teaching of revolutionary history, adding the revolutionary practice of grassroots society to expand the teaching of revolutionary history, and guiding students through their self-exploration to sublimate the teaching of revolutionary history.

Key words：new revolutionary history, Chinese revolutionary history, teaching concept

主体间性视角下科学学科德育的教学设计

陈烟兰

（华东师范大学 教育学部，上海 200062）

摘　要： 立德树人是我国教育的根本任务，其落实的关键在于学科德育。鉴于目前科学学科德育存在标签化和形式化等问题，通过引入社会学核心概念——主体间性，作为教学落实科学学科德育的理论基础。主体间性强调平等对话交流，以现实生活世界为情境，以及对不同视角立场的理解。基于此，剖析学科德育标签化和形式化的原因，重构德育目标、任务创设、活动设计、基于证据的评价等教学设计要素，以期实施科学学科德育。

关键词： 主体间性；科学教育；德育；教学设计

一、主体间性的内涵及特征

1. 主体间性的内涵

主体源于笛卡尔的"我思故我在"。通过自我的沉思和批判，整个客观世界都为我存在，将自我主体置于核心位置，消解了其他主体的存在。胡塞尔对笛卡尔的观点进行反思，认为自我主体所经验到的连同他人在内的世界，并不是个人综合的产物，而是在一个交互主体性的世界，他者的经验也是作为世界的主体。[①] 由此，胡塞尔提出主体间性（Intersubjectivity）的概念，强调他者的经验也是主体，自我主体与他者主体之间相互影响的交互特征。

教育学中的主体间性通常被认为是促进学习和发展的交流机制，因为交往主体之间协商是对社会、情感、认知和文化世界的共同理解。[②] 皮亚杰认为，主体间性是主体通过与环境的相互作用在脑海中完成同化与顺应的建构过程。当主体自身原有图式结构与外部刺激相矛盾、引发冲突时，主体会改变自身图式结构以适应外部刺激。皮亚杰虽然并未提出主体间性的概念，但是其关于主体和客体之间关系的论断蕴含着主体间性的特征。[③] 维果茨基则强调主体之间交往的社会性，指出交往是发生在主体之间的互动交流过程。并将互动的结果内化为主体内部认知结构的过程称为主体间性。[④] 维果茨基认为，互动交流并不是直接发生，而是通过语言工具实现的。语言作为

基金项目： 本文系上海市教育委员会"'立德树人'人文社会科学重点研究基地（生命科学）"项目（项目编号：2020 基 01-01-22）的研究成果。

作者简介： 陈烟兰，华东师范大学教育学部博士研究生，主要从事课程与教学、科学教育研究。

① 胡塞尔：《笛卡尔式的沉思》，张廷国译，中国城市出版社 2001 年版，第 124 页。

② Stone L. D., Underwood C, Hotchkiss J, "The Relational Habitus: Intersubjective Processes in Learning Settings", *Human Development*, Vol. 55, no. 2(2012), pp. 65–91.

③ 周苹：《论主体间性与情境性在文学教学中的意义与实践》，《外语学刊》2011 年第 3 期，第 109–112 页。

④ 莱斯特·P. 斯特弗，杰里·盖尔：《教育中的建构主义》，高文、徐斌艳等译，华东师范大学出版社 2002 年版，第 147 页。

中介,主体将交流的社会化过程内化为个人的理解,并参与下一次更高的心智生成过程。[1]语言依赖于具体的语境,没有真实性情境的语言呈现是一种空洞的声音。按照建构主义的观点,学生不是单向性地被动接受知识,而是主动建构知识的过程。因此,学生之间的对话交流不是简单的信息传递,而是多种视角发生冲突激发思考的过程。依据最近发展区关于主体互动交流的理解,最近发展区体现在个体现有的发展水平和潜在发展水平之间的差距。学生话语互动中出现赞同或质疑的反馈,视作为提供不同视角的脚手架,促使个体超越自己既有的视角,朝向潜在水平发展。因此,教育学中的主体间性是指主体交往结合不同的视角,在社会环境中建构新的理解。[2]

2. 主体间性的特征

主体间性发生在不同个体之间的互动交流,通过结合不同的视角立场达成共识与理解,具体来说有以下几点特征:

(1)强调主体间的平等对话交流

语言作为主体之间社会性互动的载体,是主体平等对话互动交流的工具,消解了以自我为中心的主体思想。个体的话语是代表其价值观和观点的显现,交流的双方基于不同的立场表达观点。平等的对话交流能为所有的声音交叉(vioce crossover)提供空间。[3]因此,构建主体间性的核心是对话互动交流。[4]

(2)强调以现实生活世界为情境

语言不仅是交流的工具,并且在交流中形成意义。[5]语言的意义依赖于语境,其指定的含义总是根植于特定的社会环境中。[6]因此,主体之间的平等对话交流发生在真实性的情境中。真实性情境基于现实生活,往往由多种因素决定单一事物,具有复杂性。主体浸润在真实性情境中互动交流,出现不同的视角冲突,表达不同的声音。真实性情境增强了主体与他者之间不同视角的重构。

(3)强调对不同视角立场的理解

复杂的真实性情境可为话语互动中的视角冲突提供载体。主体面对不同的视角冲突时扮演两种角色:知识主张的建构者和批判者。[7]社会学家普遍将主体间性视作为主体思想和观点协商的结果,即在交往主体之间相互理解和分享意义。[8]因此,理解是主体间性的核心概念,是指主体之间的逻辑推理和社会协商。[9]具体来说,交往主体在社会化互动过程中,识别同伴观点并意识到视角冲突;质疑、挑战同伴观点的证据与逻辑性;将同伴中有证据支撑的观点作为延展自己新观点的材料,与自己的知识体系相联系并重构形成新的观点。总之,主体间性过程是主体在互动交流中,意识到他者以不同的方式理解世界,若自己的视角没有高于他者,则反思自己的视角,并加以完善。

① Dixon J. K., Egendoerfer L. A., Clements T., "Do They really Need to Raise Their Hands? Challenging a Traditional Social Norm in a Second Grade Mathematics Classroom", *Teaching and Teacher Education*, Vol. 25, no. 8(2009), pp. 1067-1076.

② Ligorio M. B., Cesareni D., Schwartz N., "Collaborative Virtual Environments as Means to Increase the Level of Intersubjectivity in a Distributed Cognition System", *Journal of Research on Technology in Education*, Vol. 40, no. 3(2012), pp. 339-357.

③ Beraldo R., Ligorio M. B., Barbato S., "Intersubjectivity in Primary and Secondary Education: a Review Study", *Research Papers in Education*, Vol. 33, no. 2(2018), pp. 278-299.

④ Ligorio M. B., Talamo A., Pontecorvo C., "Building Intersubjectivity at a Distance during the Collaborative Writing of Fairy Tales", *Computers & Education*, Vol. 45, no. 3(2005), pp. 357-374.

⑤ 列昂捷夫:《活动·意识·个性》,李沂等译,上海译文出版社1980年版,第64页。

⑥ 高文,徐斌艳,吴刚:《建构主义教育研究》,教育科学出版社2008年版,第71页。

⑦ Ford M. J., "A Dialogic Account of Sense-Making in Scientific Argumentation and Reasoning", *Cognition and Instruction*, Vol. 30, no. 3(2012), pp. 207-245.

⑧ Stone L. D., Underwood C., Hotchkiss J., "The Relational Habitus: Intersubjective Processes in Learning Settings", *Human Development*, Vol. 55, no. 2(2012), pp. 65-91.

⑨ Stone L. D., Underwood C., Hotchkiss J., "The Relational Habitus: Intersubjective Processes in Learning Settings", *Human Development*, Vol. 55, no. 2(2012), pp. 65-91.

二、科学学科德育与主体间性的统一性

主体间性要求在课堂教学场域中,师生之间、生生之间通过对话、协商达成理解和认同。课程改革从"以教师为中心"到"以学生为中心"的转向,其标志是学生在课堂场域的话语时间增多,主要体现在小组的讨论中。因此,本研究主要探析生生之间就科学德育内容达成理解与认同的教学设计。

1. 当前科学学科德育的现状

科学学科道德内容主要指向学生考虑科学、技术、社会和环境关系的基础上,养成科学家探索自然界时的科学态度,以及遵守道德规范、保护环境等社会责任感。[①] 将道德内容和科学知识贯穿于教学过程,是课堂落实科学学科德育的关键举措。但通过对一线教师的调研及访谈发现,科学学科德育存在一定的不足,即科学学科德育的实施倾向于标签化和形式化。

(1)科学学科德育教学设计相对弱化

科学学科的教学目标虽呈现出道德内容,但未体现具体的实施细节,显得不够深入。学习任务的设计单一,没有立足于真实性情境设计。任务的完成主要采用提问—回应—评价(Initiation—Response—Feedback,缩写IRF)的传统师生问答模式。学习任务和教学目标有密切的关系,因此,任务设计单一是教学缺少具体操作化的目标引起的。同时,教师设计的小组活动讨论较多的是对学科知识的探究,对道德问题的讨论较少。通过课后与教师交流得知,出现学科德育教学设计相对弱化的原因在于教师观念。教师认为,一堂课首先以掌握学科知识为主,其次才是道德知识。因此,教师为实现达成学科教学目标,在德育上偏重于选择灌输式教学方式。教师在话语权上成为主动的一方,而学生被动接受道德文字符号,缺乏对道德内容的理解与认同。

话语具有双重结构性质,包括语义学和语用学。[②] 语义学指向具体信息的话语,涉及"是什么"的内容,如"保护环境是全球公民的责任",该层面的信息是可传达与理解的,呈现口号式的内容,由此,科学学科德育的实施偏向于标签化。语用学指向如何使用话语,涉及"为什么、如何做"的内容,即"公民为什么要保护环境,如何保护环境"。IRF传统模式是经典的师生课堂对话形式,教师通过IRF传统模式对道德知识的传授更多的是语义学层面的内容,呈现出单向度的主体性。因此,语用学层面的内容需要教师设计学习任务和活动,让学生在完成任务和活动过程中,思考道德冲突,与同伴对话互动,阐释观点生成的推理过程,接纳同伴合理的见解,达成共识与理解,做出道德决策并转化为实践行为。

(2)科学学科德育缺乏评价指标

在访谈当中,教师明确提出德育具有一定的抽象性,没有可视化的评价指标,无法掌握学生的道德知识学习情况。在缺乏评价指标的情况下,教师只能基于已有的主观经验把握德育教学和评价教学效果。奥斯本(Osborne)认为,评价的本质在于从强调知识、回忆的低阶认知需求转变为评价高级认知。[③] 因此,评价的作用在于,引导主体之间的话语从语义学层面转向语用学层面,促进学生对道德问题的思考与讨论。

2. 主体间性融入科学学科德育:一种有效的路径

科学学科道德问题基于真实性情境,无法从社会和文化情境中分离出来,具有复杂性。复杂性即包括不同声音的碰撞和不同立场的冲突,例如,处理人类与社会、生态环境之间的冲突,增强人类与社会、生态系统的平衡发展。可见,科学学科道德问题呼唤不同立场的主体在现实情境中进行对话和协商,寻求综合的解决方案。

道德知识的学习只有在能表现社会生活背景中的材料的明确形象和概念范围中,才具有教育

---

① 孙咏萍:《中学物理教学的德育实践研究》,《现代基础教育研究》2020年第2期,第236-239页。

② 刘晗:《哈贝马斯基于交往的话语理论及其规范问题》,《上海交通大学学报(哲学社会科学版)》2010年第5期,第62-68页。

③ Osborne J., "The 21st Century Challenge for Science Education:Assessing Scientific Reasoning", *Thinking Skills and Creativity*, no. 10 (2013), pp. 265-279.

意义。① 脱离抽象德育的关键在于将道德问题还原为具体的现实生活，使学生认识到科学本身在现实生活中蕴含的道德规范。主体间性强调真实性情境，真实性的情境是连接学科知识和道德问题的桥梁，能激发学生的兴趣，有助于深化理解学科概念和道德内容。在学习任务的设计上应注重语用学层面的内容，解决与学科知识相关的现实生活道德问题，如社会上的争议性问题"如何处理农作物的经济效益与环境保护之间的冲突"。农民施用农药提高农作物的收成和生态环境污染等不同立场产生的视角冲突引发了学生的道德思考。学生的道德思考过程蕴含着人类与自然关系的道德规范，促使学生理解科学不能脱离社会，意识到科学的发展涉及社会道德问题。

当教师设计的小组活动缺乏对道德问题的讨论时，学生并未体验话语互动中对不同立场冲突的辩护行为，容易局限于简单的道德知识学习。缺乏道德知识的实践，就好比在岸上反复练习游泳所需的各种动作②，这种做法降低了德育实施的有效性。主体间性要求学生之间进行对话，表达交流自己的观点，以及讨论不同主体的立场冲突。当学生展示自己的观点时，是处于一种被审视的状态，因为听众的存在要求自己将精细加工的观点清晰化地表达出来。③ 这样，学生才能经历不同视角冲突的实践过程，权衡不同立场的优缺点，深化对道德问题的认识。

德育教学目标是预期学生对道德内容学习行为所达到的程度。当教师设计的德育教学目标对学生学习行为描述不够具体时，操作性就不强。主体间性要求对话中的个体充分表达和交流观点，寻求对不同立场的理解。④若学生在交流观点的过程中，没有协商和构建其他新的观点，就没有形成主体间性。⑤ 因此，学生话语交流的关键在

于协商而非说服，说服的目标是削弱对方的观点或说服对方改变立场；协商在于整合相关利益共同体的不同视角，主体基于证据提出观点，听取同伴的不同视角，并质疑同伴观点证据的可靠性等。最后，综合多种视角冲突，做出道德决策，达成主体间性的理解。因此，教学目标指向学生表达自己的立场观点，质疑他人立场的合理性，协商多种视角的立场，加以分析和完善，在具体的道德问题上达成共识，最终促进道德问题的解决。

道德评价对德育效果具有诊断的功能。当道德效果缺乏评价指标时，学生的学习就具有盲目性，同时教师难以对其学习效果细致分析。主体间性强调主体基于真实性情境中的对话和协商。对话中个体的价值倾向决定了个体从什么视角思考问题。⑥ 学生在组织语言表达交流和协商的过程中，其隐含的道德价值观得以显现和可视化。这为教师详细了解学生的道德推理过程提供机会，进而获得对学生的表现进行判断的证据。主体间性的过程是学生表达自己的立场，回应同伴的观点，协商多种不同的视角，有理由地构建和展示自己的解释的过程。⑦ 因此，道德评价可以从"学生道德推理过程的逻辑性"以及"是否从多元视角做出道德决策"两个方面制定指标。

三、主体间性视角下的科学学科德育教学设计

教学设计是落实学科德育的关键要素。主体间性视角为实现科学学科德育提供了一种思考框架。接下来将从德育目标、任务设计、学习活动设计、基于证据的评价四个方面具体阐释科学学科德育的教学设计。

1. 制定德育目标

教师需要将德育内容和科学知识融合于课堂

---

① 杜威：《道德教育原理》，王承绪等译，浙江教育出版社 2003 年版，第 18 页。

② 杜威：《学校与社会·明日之学校》，赵祥麟等译，人民教育出版社 2004 年版，第 141 页。

③ 郑太年：《学习科学与教学变革》，上海教育出版社 2019 年版，第 62 页。

④ Matusov Eugene，"Intersubjectivity Without Agreement"，*Mind Culture & Activity*，Vol. 3，no. 1(1996)，pp. 21–45.

⑤ Hall B.，"Interaction is Insufficient：Why We Need Intersubjectivity in Course Room Discourse"，*Journal of Elearning and Online Teaching*，Vol. 1，no. 12(2010)，pp. 1–15.

⑥ Lee Y C，Grace M.，"Students' Reasoning and Decision Making about a Socioscientific issue：A Cross-context Comparison"，*Science Education*，Vol. 96，no. 5(2012)，pp. 787–807.

⑦ Arnseth，et al.，"Managing Intersubjectivity in Distributed Collaboration"，*Psych Nology Journal*，Vol. 2，no. 2(2004)，pp. 189–204.

教学,并作为评价落实德育的重要指标。

首先,挖掘指向具体目标的内容。主体间性的特征强调学生学习的内容、目标和活动嵌入日常生活情境中。因此,教师挖掘的德育内容应聚焦现实生活,具体从以下几个方面着手:第一,挖掘教材。新教材的文本呈现真实性情境,例如选择性必修2《生物与环境》第2章第3节"群落的演替"中的"思考·讨论"栏目:"从正反两个方面分析人类活动对黄土高原和长江中游某湖泊群落演替的影响",该情境中的德育内容是,学生能从自身行为出发,践行保护环境。[①]第二,寻找社会热点。社会性科学话题如水污染、转基因食品、基因克隆等,指向科学的道德维度,具有争议性,可以引发学生不同的立场、观点,学生之间容易发生碰撞冲突,并质疑挑战同伴观点。因此,社会热点不仅能促进学生科学本质和论证推理能力的发展,还能提高学生的道德判断能力,是展开德育的素材来源。[②]第三,接触当地生态文化。周围生活化的学习情境容易激发学生的兴趣,维持学生在对话中构建共享。美国近年来提倡在地化教学(Place-Based Teaching),让学生参与调查当地环境,与当地居民互动交流后,基于不同视角组成小组,并咨询相关团体,商讨可能的解决方案,最后小组交流,完善方案。[③]

其次,细化德育的教学目标。主体间性构建的基础在于主体能超越自己的想法,将同伴视角内化为自己的思维方式。[④]因此,主体间性视角下的德育教学目标旨在引导学生与同伴达成共识,而非一方赢或输。具体来说,细化德育的教学目标应该基于如下两点:第一,从"大课程小教学"的观点看,细化教学目标应该立足于课程目标,例如地理课程标准中的人地协调观,从人和自然环境的关系分析人类活动对自然环境造成的影响,

对应的教学目标为学生能够分析自己日常生活行为对所在区域生态环境的影响,从不同视角梳理出人类与生态环境和谐相处的路径。第二,分析学情。现实问题的复杂性意味着需要学生借助不同学科概念来从不同角度解决问题,这对于学生而言具有挑战性,因此,分析学生的学习情况尤为重要。以环境污染问题为例,需要分析学生在解决环境污染问题时具备哪些基础性概念,能否应用不同学科概念解决环境问题,能否从不同视角立场完善人类与自然和谐相处的方案;分析学生从已有知识到解决环境问题的挑战是什么,需要提供怎么样的脚手架支持。

2. 创设真实性任务

真实性任务具有跨学科性质,连接科学知识和学生日常生活经验,具有多种路径的解决方案,让学生在小组对话中有机会充分表达自己的观点,思维不局限于形成正确答案的路径中。因此,任务设计的关键在于具有一定的开放性,让学生浸润在真实性情境中参与对话,开展小组的话语互动和社会协商,达到主体间性的理解。

真实性情境跨越学科界限,对学生而言,具有一定的挑战性。因此,开放性任务设计采用难度逐步递增的方式,例如,采用跨学科任务等级理论框架[⑤],以社会性科学议题"人类活动造成学校附近的湖泊水质污染,有人猜测原因是工厂排放含重金属的废水,居民排放生活污水以及农民施用生物农药"日常生活情境为例,该情境可以设置子任务1"有机磷洗涤剂进入湖泊的途径是什么"。任务1呈现的是学科知识在真实性情境中的应用,学生需要从径流、有机物、藻类繁殖等地理、化学和生物学科概念思考。基于任务1,提出跨学科的任务2"提出湖泊水质修复方案"和任务3"梳理人类与生态环境和谐相处的路径"。学生在解

① 《普通高中教科书·生物学·选择性必修2·生物与环境》,人民教育出版社2020年版,第42页。

② Sadler T. D., Zeidler D. L., "The Morality of Socioscientific Issues:Construal and Resolution of Genetic Engineering Dilemmas", *Science Education*, Vol. 88, no. 1(2003), pp. 4-27.

③ Newton B. C., Zeidler D. L., Mark N., "Students' Emotive Reasoning through Place-Based Environmental Socioscientific Issues", *Research in Science Education*, Vol. 50, no. 3(2020), pp. 2081-2109.

④ Ligorio M. B., Talamo A., Pontecorvo C., "Building Intersubjectivity at a Distance during the Collaborative Writing of Fairytales", *Computers & Education*, Vol. 45, no. 3(2005), pp. 357-374.

⑤ Gouvea J. S., Sawtelle V., Geller B. D., et al, "A Framework for Analyzing Interdisciplinary Tasks:Implications for Student Learning and Curricular Design", *CBE-life Sciences Education*, Vol. 12, no. 2(2013), pp. 187-205.

决任务的过程中,针对不同的视角提出不同决策时引发的认知冲突,以证据支撑观点进行协商。考虑到真实性情境的跨学科性质,为保证充分且有效的小组讨论,教师需要给学生提供必要性的脚手架,如在课堂任务清单中呈现任务3的问题:"当地湖泊受到污染后,对你的生活有怎样的影响""你的实际行动对保护当地湖泊有帮助吗""生物农药对环境和人类有影响吗",等等。这些问题让学生基于已有的知识基础,将多学科知识和道德知识融入生态环境的保护中,提出保护环境的决策,达成主体间性的理解。

3. 设计不同层次学习活动

小组学习活动是学生之间对话达成主体间性理解的重要途径。主体间性的活动以解决真实性任务为核心。罗格夫(Roff)提出活动的三个层面,能为不同层次的活动设计提供框架,具体包括:学习者参与活动的个人过程、个体之间的互动和团体层面的互动。[1] 以上述任务2"提出湖泊水质修复方案"为例,设计如下:

学习活动1:学生个体经过内部的加工和思考任务的具体要求,填写个人任务清单,制订探究计划;学生小组实地考察当地湖泊污染情况,走访当地居民,了解生活污水排放情况;参观工厂,了解工厂重金属处理情况;调查转基因农作物对湖泊生态系统是否有影响,如基因污染导致产生超级杂草等。

学习活动2:角色扮演。学生分别代表居民、工厂、政府等利益相关者,将从不同视角收集到的证据在小组内交流,并提出治理湖泊水质污染的具体决策,同时质疑与挑战同伴不同角色立场的观点。在小组讨论交流后,决定是保留原初立场还是改变观点,并填写小组任务清单。

学习活动3:小组之间展示治理湖泊水质污染的决策,以及说明如何解决组内成员观点冲突

的问题。

由上可见,活动1旨在让学生经历科学探究的过程中,建立道德内容和现实生活的联系;活动2旨在让学生置身于真实情境中进行角色体验,经历不同视角的质疑、推理等思维活动;活动3旨在让学生体验道德决策是小组共同协商的产物。同一个学习活动包含两个层面,分别是活动层面和知识层面,一明一暗,将知识嵌入活动过程中。[2] 学生通过参与活动,增添新的想法和信息,协调已有的观点,加深对学科知识和道德目标知识的理解。

4. 确定不同评价证据

以证据为中心的评价强调,学生在完成任务的过程中,采用什么证据证明自己已掌握预期的目标,以及如何分析和诠释这些证据。[3] 具体来说,一方面,评价学生的道德推理过程。小组的互动交流为自我视角与他人观点的整合提供了载体。因此,道德推理是指学生在面对争议性议题做出道德决策之前的论证推理,道德推理需要立足学科知识,通过科学探究获得支持观点的证据。对道德推理过程的诠释,可依据麦克尼尔(McNeill)的理论框架:主张—证据—推理(Claim—Evidence—Reasoning)。[4] 其中,证据是能支持主张的数据,推理则阐释为什么证据支持主张。

另一方面,评价学生多元视角的道德决策。真实性情境的开放性和复杂性决定了决策具有多个不同视角的特征。卢德雷(Rundgren)提出SEE—SEP模型来涵盖社会性科学议题的六个科目相关的领域,即社会(Sociology)、环境(Environment)、经济(Economy)、科学(Science)、伦理(Ethics)和政策(Policy)。[5] 因此,分析多元视角的决策可依据SEE—SEP模型进行评估,评价学生小组在交流讨论之后,是以单个视角还是以不同的视角做出道德决策。以上述任务2为例,学生是

① Rogoff B. ,"*Development as Transformation of Participation in Cultural Activities*",The Cultural Nature of Human Development,Oxford University Press,2003,pp. 37–62.

② 郑太年:《学习科学与教学变革》,上海教育出版社2019年版,第76页。

③ 科拉·巴格利·马雷特:《人是如何学习的 II:学习者、境脉与文化》,裴新宁,王美,郑太年译,华东师范大学出版社2021年版,第164页。

④ Rapanta C. ,*Argumentation Strategies in the Classroom*,Vernon Press,2018,p. 54.

⑤ Rundgren S. N. ,Rundgren C. J. ,"SEE–SEP:from a Separate to a Holistic View of Socioscientific Issues",*Asia-Pacific Forum on Science Learning and Teaching*,Vol. 11,no. 1(2010),pp. 1–24.

否能够从社会、政治和经济等多角度来提出决策，如：提出引导工厂污水回收，工业废水净化再排放；呼吁居民减少有机磷洗涤剂的使用；宣传藻类过度繁殖的影响，提升居民的环保意识；政府对于工厂回收重金属给予生态补贴；等等。以上两种评价方式，教师通过收集个人任务单和小组任务单，了解学生道德目标知识及主体间性达成的情况。在小组间交流之后，教师对小组讨论的结果进行详细反馈。学生在和教师达成主体间性理解之后，对道德内容理解更加深刻，能在科学知识的基础上达成价值判断并做出道德决策。

四、结语

本研究在主体间性视角下将科学学科德育融入教学设计的四个关键要素——目标、任务、活动和评价中，促进学生综合不同视角解决道德问题，达成主体间性的理解。在目标设计上，依据主体间性的特征，从道德内容等方面细化目标；在任务创设方面，创设的真实性任务具有跨学科性质，能激发学生从不同角度思考问题的思维习惯；在活动设计方面，将道德知识融入活动过程，学生通过科学探究获得证据，并在小组内互动交流；在评价方面，着重关注个体建构和社会协商作为证据评价。

Teaching Design of Moral Education in Science Subject from Intersubjectivity Perspective

CHEN Yanlan

（Department of Education, East China Normal University, Shanghai, 200062）

Abstract：Moral education is the basic task of education in China, and the key to its implementation lies in the moral education in subjects. Considering the existing problems of labeling and formalization in moral education in the scientific subject, this paper introduces the core concept of sociology, intersubjectivity, as the theoretical basis for the implementation of moral education in scientific subject. Intersubjectivity lays emphasis on the equal dialogue and communication, the real world as situation and the understanding of different perspectives. Based on this, this research has analyzed the reasons for labeling and formalization, and reconstructed moral goals, task creation, activity design, and evidence-based evaluation, so as to implement moral education in the science subject.

Key words：intersubjectivity, science education, moral education, teaching design

当代青少年同情心发展现状及其教育出路
——基于对全国性跟踪调查数据的分析

周亚文

（南京师范大学 道德教育研究所,江苏 南京 210097）

摘　要：同情是一种道德力量,它助力个体跨越狭隘自我走向他者。为探寻当前青少年同情心发展的样态,该研究自2016年开始关注青少年的同情心发展状况,并于2019年开展跟踪调查。结果发现,青少年普遍关爱他人,且在援手相助的同情行为上更加积极主动,但是也存在着由个体同情向社会同情延展不足的困境,以及随年龄增长越来越倾向于表达同情情感而非付诸行动的问题。要想保存或施展同情的道德力量,学校可将自身建构为中介伦理实体,帮助青少年由个体同情延展至社会同情,并积极培育青少年由情生出行的勇气。

关键词：同情;道德成长;青少年;跟踪调查

同情是一种重要的道德力量,它协调着利己和利他、自爱和仁爱,助推个体由狭隘自我向外延展去积极关注、理解他者,逐步将社会、国家、人类纳入自我的关怀圈以通达更大的普遍性。但是当前精神世界存在的诸如精致的利己主义、道德冷漠、价值虚无等现象,无不表征着精神普遍性的提升是当前中国伦理道德建设亟须关注的问题。那么当前青少年的同情状况如何? 具有情感媒介作用的同情是否能于其中发挥重要价值? 要回答这些问题,唯有从伦理道德的视角呈现青少年同情心发展图景,才可窥见同情作为道德力量的施展状况。

一、研究设计

同情,在学界研究颇丰但又备受争议。关于同情与情感主义的议论相伴兴盛于18世纪,以至有言称“18世纪不仅是理性的天下,也是同情的时代”[1],这个时期以休谟（David Hume）、斯密（Adam Smith）、叔本华（Arthur Schopenhauer）、卢梭（Jean-Jacques Rousseau）为代表,主流的同情观倾向于系统探索同情与道德的关联,并将同情视为人的本性以此解释“道德何以可能”的问题。以康德、尼采为代表人物的反同情论者认为,同情只是一种倾向,将它作为道德动机并不可靠,甚至尼采认为同情会传播痛苦。自此,以康德、尼采为代表的反同情论奠定了同情备受争议的基调。20世纪下半叶,随着情感主义教育的兴起,同情携手教育再次回到学界视野,杜威（John Dewey）在同情的基础上提出“道德想象力”,范梅南

基金项目：本文系全国教育科学规划2021年度国家一般项目“新时代儿童格局培育的时空路径研究”（项目编号：BEA210111）的研究成果。

作者简介：周亚文,南京师范大学道德教育研究所博士研究生,主要从事道德教育研究。

[1] 迈克尔·L·弗雷泽：《同情的启蒙：18世纪与当代的正义和道德情感》,胡靖译,译林出版社2016年版,第5页。

(Max van Manen)提出"同情性理解",玛莎·纳斯鲍姆(Martha Nussbaum)对同情产生的条件、作用机制等做了系统研究。当前,同情由于自身具有的争议性,加之它在实践应用过程中的各种悖谬,导致同情、同情教育被认为是无法捉摸的东西而被搁置,致使其在伦理道德建设方面的重要价值不彰。国内关于同情的研究以对西方相关研究的理论介绍为主,但是,近年来国内学者敏感地意识到同情之于伦理道德建设的重要价值,提出同情之于个体道德和社会公共道德的重要作用[①],并且关注到现实中存在的同情失落的问题[②],强调同情教育的重要性。[③]但是,当前青少年的同情心发展状况到底如何,是否可以支撑起它在个体道德和社会公德上的重要价值,尚付阙如。基于此,本研究尝试从道德教育的角度对青少年同情心发展状况展开调查,并在此基础上探寻青少年同情心发展中存在的问题以及学校教育的可为之路。

1. 研究思路

研究团队自2016年开始便有意识地关注青少年的同情心,并在2019年开展了间隔三年的跟踪调查。需要说明的是,问卷《中国儿童道德发展状况调查》旨在向全社会提供中国9—18岁的青少年在道德观念、道德情感、道德理性和道德行为四个方面的综合发展状况[④],所以它并不是一份完全针对青少年同情心的调查问卷,而只是在问卷中根据研究的需要,即明晰中国青少年同情心在伦理道德领域中的发展图景的问题,有意识地设置了两道题目,分别关涉"个体同情"和"社会同情"两个情境。研究将借助2016年和2019年的数据来描画青少年的同情心发展样态。

2. 题目设置

2016年开展的《中国儿童道德发展状况》问卷中有两道题目关涉青少年的同情心,2019年进行了跟踪调查。

题目一:"在路上看到有人欺负残疾人或精神病人,你常常会怎么做?"预设了五个选项:A 去看看好不好玩;B 当作没看见,不想多事;C 想去制止但又不敢,害怕自己惹上麻烦;D 会劝他们停止,否则就报告老师或家长;E 会去制止,必要时会寻求周围人的帮助。这五个选项分别代表五种层次:A 是冷漠旁观型,B 是明哲保身型,C 是仅表达同情情感型,D 是有同情行为但程度较低型,E 是同情行为强烈型。

题目二:"当你从新闻中得知许多贫困地区的孩子上不了学时,你会怎么做?"预设了四个选项:A 觉得无所谓,跟我没关系;B 不相信还有这样的地方;C 会同情他们,希望有好心人能帮他们;D 想尽自己所能去帮助他们。这四个选项分别表征四个层次:A 是冷漠旁观型,B 是超出自己感受范围的无法同情型,C 是表达同情情感型,D 是做出同情行为型。

这两道题目的设置都符合玛莎·纳斯鲍姆提出的同情发生的三个必要条件:一是同情主体关于同情对象苦难严重性的思考;二是同情主体关于同情对象无过错的思考;三是同情主体关于幸福论的思考。[⑤]另外,这两道题目的设置是有层次性的:第一道题目设定的情境是发生在学生身边且指向某个体被欺负的痛苦,属于个体同情的范畴;第二道题目设定的情境是通过大众传媒得知的与自己的生活有一定距离的社会弱势群体的痛苦,属于社会同情的范畴。

3. 样本情况

调查采用分层取样的方式,在七大行政区划中各选择一个省份,每个省份选择一个地级市,在地级市中分别选择城市中心区、城乡接合部、县城、农村乡镇的学校,其中学校的选择分为重点、普通和薄弱的学校,包含小学、初中、高中,以年级为单位,对小学三年级到高中三年级共10个年级进行取样。调查

① 成伯清:《同情与共情:迈向更为友善的社会》,《探索与争鸣》2018年第11期,第40-42页。曹永国:《同情教育:公民德行养成的根基——卢梭〈爱弥儿〉第四卷中的一个审思》,《现代大学教育》2015年第2期,第73-80页,第112-113页。邵成智:《社会同情与公共精神的涵育》,《宁夏社会科学》2018年第6期,第146-151页。

② 左群英:《同情教育论》,人民出版社2012年版,第85页。

③ 武秀霞:《同情性教育:走出他者化教育困境的探索》,教育科学出版社2016年版,第76页。

④ 南京师范大学道德教育研究所孙彩平团队开展的儿童道德发展状况的调查已经于2018年以研究报告的形式出版。孙彩平:《中国儿童道德发展报告(2017)》,福建教育出版社2018年版。

⑤ 左稀:《论同情的充要条件——纳斯鲍姆同情观研究》,《道德与文明》2014年第2期,第60-68页。

样本总量涵盖 7 个省、21 个区(县)的 189 所学校,2016 年获得有效样本量 77953 个,2019 年的跟踪调查取得 77367 的有效样本量。研究以 2019 年的数据为主,并对比 2016 年的数据[①],从伦理道德的视角对 9—18 岁青少年的同情心发展图景予以描述。

二、研究发现

1. 青少年普遍关爱他人,且在援手相助的行为上更加积极主动

面对身边被欺负的残疾人(见表 1),2019 年有 74.04% 的青少年选择援手相助,这一数据相比 2016 年增加了 14.07 个百分点;有 20.58% 的青少年由于害怕惹上麻烦而选择只表达同情情感,该数据相比 2016 年下降了 7.10 个百分点。面对失学的贫困山区的孩子(见表 2),2019 年有 51.12% 的青少年选择尽己所能援手相助,该数据比 2016 年增加了 5.58 个百分点;有 44.64% 的青少年仅表达了同情情感,相比 2016 年下降了 0.89 个百分点。通过整合数据可以发现,青少年普遍关爱他人,并且相比 2016 年,他们在同情行为上更加积极主动。这和卢家楣教授的调查结果较为一致,卢家楣教授 2010 年开展的关于 11—19 岁青少年道德情感的调查表明,青少年关爱情感是道德情感中得分最高的因子,"这说明当他人遇到挫折或不幸时,当代青少年多有同情之心、援助之情,表现出高尚的利他情感"。[②]

表 1 2019 年和 2016 年对待身边被欺负的残疾人的对比表(%)

选项	2019 年	2016 年	变化率
去看看好不好玩	1.34	3.43	−2.09
当作没看见,不想多事	4.04	8.93	−4.89
想去制止但又不敢,害怕自己惹上麻烦	20.58	27.68	−7.1
会劝他们停下来,否则就报告教师或家长	18.93	14.29	+4.64
会去制止,必要时寻求周围人的帮助	55.11	45.68	+9.43

表 2 2019 年和 2016 年对待贫困山区失学孩子的对比表(%)

选项	2019 年	2016 年	变化率
觉得无所谓,跟我没关系	2.08	3.77	−1.69
不相信还有这样的地方	2.17	5.16	−2.99
会同情他们,希望有好心人能帮他们	44.64	45.53	−0.89
想要尽自己所能去帮助他们	51.12	45.54	+5.58

2. 青少年更倾向于同情身边的个人,向远距离的社会群体扩展不足

按照同情对象的不同,学界认为"同情可区分为'个体的同情''社会的同情'和'人类的同情'三种基本类型"。[③] 这三种类型分别指向具体的个人、社会群体、整个人类三类对象。[④] 但是个体同情和社会同情除了对象不同之外,更重要的区别是:个体同情中个人遭遇较为具体,痛苦通常更容易被想象;而社会同情指向某个社会群体,群体遭遇较为模糊,痛苦多需要同情者去想象。所以,以这种区别作为衡量标准可以发现,"在路上看到残疾人或精神病人受到欺凌"的场景发生在青少年身边,对象较为具体,痛苦

① 孙彩平:《中国儿童道德发展报告(2017)》,福建教育出版社 2018 年版,第 93–101 页,第 250–258 页。

② 卢家楣,袁军,王俊山:《我国青少年道德情感现状调查研究》,《教育研究》2010 年第 12 期,第 83–89 页。

③ 石中英:《社会同情与公民形成》,《北京师范大学学报(社会科学版)》2012 年第 2 期,第 5–11 页。

④ 石中英教授在文章《社会同情与公民形成》中提出个体同情和社会同情的概念,邵成智博士的文章《社会同情与公民精神的涵育》在此基础上稍有变动,但是二者均基于对象是个人还是群体的不同而做出的个体同情和社会同情的划分。

也很明确,可以归为个体同情的范畴。"从新闻中得知贫困山区失学的孩子需要帮助"的场景距离青少年的生活较远,需要更多的想象,并且对象较为宽泛,可以归为社会同情的范畴。

调查结果显示,有55.11%的青少年会对身边遭遇欺凌的残疾人做出强烈的同情行为;即便可能会惹上麻烦或者受到打击报复,有18.93%的青少年也会援手相助。从这两项可以得出,74.04%的青少年选择积极作为。但是,面对贫困山区失学需要帮助的孩子,仅有51.12%的青少年会选择尽己所能提供帮助,这一数据和个体同情相差22.92个百分点。另外,相比较对身边残疾人的援手相助,对于贫困山区失学的孩子,青少年更愿意在情感上表示同情,即便该场景下做出的同情行为并不如欺凌场景中那般危险。此外,对贫困山区失学孩子的冷漠态度的占比(2.09%)明显高于对身边受到欺负亟须帮助的残疾人的冷漠占比(1.34%)。青少年对待个体和社会群体在同情方面的巨大差异符合霍夫曼在心理学上提出的同情的"熟悉偏见"理论。"熟悉偏见"理论指大多数人更易于同情"家庭的成员、同一群体的成员、亲近的朋友,以及那些与自己具有相似需求和利害关系的人"。①诺丁斯同样认为,"因为相距遥远,我们的判断依赖于我们对他们的印象……因为准确的判断是如此困难,我们往往轻易放弃努力而仓促表达立场"。②"熟悉偏见"是人的一种本性,但是这种本性却极易导致个体陷入自我中心主义的窠臼,而表现出"在公共责任担当中有'自扫门前雪'的心态"③,甚至陷入"无伦理,没精神"的伦理精神困境中④,导致价值空间序列囿于自身,难以由个体同情向社会同情、人类同情延展,这是伦理道德建设过程中亟须突破的问题。

3. 随着年龄增长,青少年越来越倾向于表达同情情感,而非付诸行动

卢家楣教授2010年对11—19岁青少年关爱情感的调查发现,青少年多有同情之心,但是并未对此做年龄上的发展变化分析,并且不涉及情感和行为的选择问题。2016年和2019年关于同情的跟踪调查恰好弥补了这一不足。研究发现,在制止欺负行为的调查中(见图1),"会劝他们停下来,否则就报告老师"和"会去制止,必要时寻求周围人的帮助"两项有所作为型的选项,虽然占比较高,但是从年龄发展趋势上看,二者都呈现出随年龄增长而下降的发展趋势,尤其前者的下降趋势更为明显。相比较有所作为型选项的下降,仅表达同情情感型的选项整体呈现出随年龄增长而上升的趋势,并且明哲保身型的选项也呈现出上升趋势。在帮助贫困山区失学孩子的调查中(见图2),随年龄增长,青少年在有所作为选项上的占比呈下降趋势,最大值(58.49%)和最小值(36.01%)之间差22.48个百分比,然而,仅表达同情情感的选项却呈现出随年龄增长而上升的发展趋势,并且在14岁及之后仅表达同情情感成为青少年的普遍选择。

通过两道题目的数据分析可以发现,青少年虽有良好的同情之心、援助之情,但是在面对需要付诸同情行为的情境时,他们年龄越大,越倾向于仅表达同情情感或者明哲保身。孙彩平教授认为,产生这一行为阻滞的原因不完全是道德发展的问题,"部分地可以归于行为发生的外在条件的限制,如青少年的经济不独立,缺少相应的技能和自身尚处于弱势的社会存在状态等"⑤;左群英教授认为,随着年龄的增长,电子媒介推动下的对于贫困和苦难的宣传易造成青少年"同情疲劳"。⑥这些因素都影响着青少年特定情境下的道德判断和道德行为,但是,如果高中生在理性地认识到自己能力有限的同时却主动放弃向外延展的努力,那么与其说这是一种理性的表现,倒不如说随着年龄的增长,青少年越来越不自信,越来越缺少积极作为的勇气和努力。樊和平教授关于当前中国伦理状况的调查也显示,"知行脱节,或'良

① 霍夫曼:《移情与道德发展:关爱和公正的内涵》,杨韶刚译,黑龙江人民出版社2002年版,第223页。
② 诺丁斯:《学会关心:教育的另一种模式》,于天龙译,教育科学出版社2014年版,第140页。
③ 孙彩平:《高中生须培育"兼济天下"的胸怀》,《光明日报》2017年6月3日,第7版。
④ 樊浩:《走向伦理精神》,《道德与文明》2016年第3期,第26-36页。
⑤ 孙彩平:《分层与分叉——当代中国儿童道德发展调查报告(2017)》,《教育科学研究》2018年第2期,第10-19页。
⑥ 左群英:《同情教育论》,人民出版社2012年版,第85页。

能'缺场,是当代中国道德精神的最大缺陷和突出难题"。①

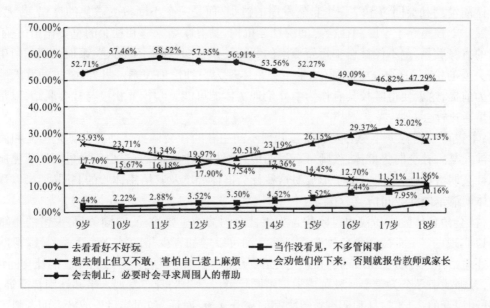

图 1 青少年同情身边残疾人的年龄变化趋势图

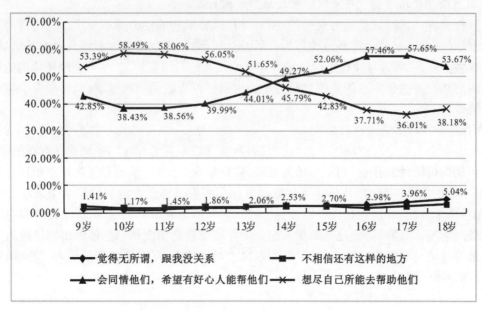

图 2 青少年同情贫困山区失学孩子的年龄变化趋势图

三、讨论与建议

通过对青少年同情发展状况的分析,可以发现他们普遍关爱他人,并且更愿意援手相助。但是也存在着个体同情向社会同情延展不足的困境,以及随年龄增长越来越倾向于表达同情情感而非积极作为的问题。针对青少年同情心发展困境,学校教育要思考的是如何保护青少年的同情心,使其道德力量得以施展。

① 樊浩:《当前中国伦理道德状况及其精神哲学分析》,《中国社会科学》2009 年第 4 期,第 27-42 页,第 204-205 页。

1. 将学校建构为中介伦理实体,以助青少年由个体同情延展至社会同情

从个体同情到社会同情不是一个自然发展的过程,而是一个不断接受教化的过程,若无教化,便很难得到发展。学校是介于家庭和社会之间的社会机构,具有联结家庭和社会的重要作用,它不像家庭中稳固温情的血缘关系,也不像社会中短暂冷漠的利益关系,它是起于陌生人关系但又超越陌生人关系的一种充满关爱的伦理关系,其中的师生、生生关系体现为一种伦理关系。另外,学校的育人性使其必须以伦理性为前提,这就使得学校具有作为中介伦理实体的可能。学校要积极与社会联结,以帮助青少年由个体同情通达社会同情。

首先,学校可根据青少年身心发展阶段开展不同主题的社会调查活动。尤其是语文和德育教学内容中经常涉及某一社会弱势群体,教师可有目的地开展相关主题活动,青少年通过实地所见所感了解某一特定的社会弱势群体,这更有助于形成对这些社会群体处境及其情感体验的共同感受,以逐步推进青少年由个体同情走向社会同情。

其次,社会角色体验或扮演也是唤醒青少年社会同情的重要途径。"'同情'最关键的是靠设身处地的联想得以实现的。"① 而社会角色体验或扮演活动可以增加青少年的社会生活经验,以帮助他们学习如何设身处地站在他者的立场来理解和感受他者,从而产生基于社会体验或再体验的社会同情。

最后,教师的引导至关重要。教师应根据不同年龄段学生的身心发展水平和性别特征等,引领他们自主、充分和深度的参与,包括和调查对象之间的充分交流、对话,和同伴讨论或者查阅资料了解调查对象的生活样态等,以引导学生在真切的体验、感受中有所感悟和思考。

2. 学校教育要积极培育青少年由"情"生发出"行"的勇气

何怀宏教授曾言,"同情只是一种最初的动力,并且这种最初的动力并不一定是道德行为最重要的动力"②,有同情情感并不必然会出现道德行为,因为道德行为的产生是多因素综合影响的结果。然而,学校教育所要做的就是"将自身使命定位于培育和唤醒儿童的同情意识"③,尽可能地使他们的同情向外延展。这就需要培育青少年本真的道德判断力和做出同情行为的勇气和激情,以助推青少年由同情情感生发出同情行为。

(1)培育青少年"本真"的同情判断力

"本真"是海德格尔在生存论视野下对"此在"的形容,即"本真的此在",强调此在存在的意义,即切身当下的一种朝向可能性的存在,而不是随波逐流、盲目从众。所以,学校要抓住青少年社会化的关键时期,培育其本真的同情判断力,使学生可以借助理性判断在具体复杂的同情情境中采取"合宜"的行动。"合宜"包括两个方面:一是通过思考以使自己的行为"合"他者所处的情况,二是衡量自身以使行为"合"自己所处的情况。"合宜"即通过判断他人的处境并结合自身情况尽己所能做出同情行为。本真判断力培育的最终目的是要学生以积极的态度、仁爱之心对待他人,尽己所能帮助他人,使同情情感逐步生发出"合宜"的同情行为。

(2)唤醒青少年生发出同情行为的勇气

勇气是"心灵的一种属性,这种属性使得一个人能够坚定、毫无畏惧,或毫无胆怯地面对危险和困难"。④ 结合勇气的定义以及道德的特性,道德勇气可视为原则、危险和忍耐三个概念领域的交集⑤,首先,学校教育应着重关注青少年对原则的坚守,即道德信念。"道德信念在个体身上发挥着强大的精神动

① 斯密:《道德情操论》,周帅译,华中科技大学出版社2016年版,第4页。
② 何怀宏:《良心与正义的探求》,黑龙江人民出版社2003年版,第78页。
③ 武秀霞:《论教育的"同情"品性——基于对教育之生命关怀的认识》,《教育学术月刊》2016年第5期,第25-31页。
④ 拉什沃思·M·基德尔:《道德勇气:如何面对道德困境》,邵士恒译,时代华文书局2016年版,第9页。
⑤ 关于道德勇气,注意与"血气之勇"相区分,血气之勇的行为不被要求涉及原则、价值或者更高的对于"做什么正确的事情"的信念,即便有时候是关于原则的,但是我们不必要求它为原则所驱动的。

力，维系个体的德性"。① 道德信念的重要作用要求在德育课堂教学中注重青少年道德信念的形成，而道德信念形成的载体是知识。"只有将知识与人所在的世界相贯通，将人类的认识结果返回到人的生活世界中来的知识的学习，到达知识的最深层的意义结构，才能够获得知识最深层的价值与道德意义"②，也就是说，学生道德信念的建立强调与生活发生联结。其次，青少年对捍卫道德信念的危险的充分意识以及对危险心甘情愿的忍耐。因此，学校教育对道德勇气的培育应包括以下几点：一是教师需要积极将书本知识与学生的日常生活发生联结，可在课堂中借助日常生活中的例子和学生一起探讨做出同情行为的勇气问题，引导学生认识到勇气之于同情的重要性和价值，并使他们分享由同情情感生发出同情行为这一过程的心理活动，以帮助学生澄清其中的重要环节；二是教师要认识到有些同情行为可能会伴随着危险，加之青少年处理危险的条件受限，因此教师要让学生领会到道德勇气虽然体现为对危险的毫不畏惧，但是它"是以目的指向而不是以危险性质与程度为标准而界定的一种类型"③，教师要引导学生根据具体情境采取合宜的行动，即"勇"中有"智"；三是榜样的作用不容忽视，教师要以身作则，为学生树立榜样，同时更要积极为学生树立同龄人榜样。

同情是重要的道德力量，它推动个体主动由自我走向他者，不断向外延展自己的伦理空间，成长为有格局、敢担当的人。但是，同情又是脆弱的，它只是道德的源头或者说只是提供一种关切他人的动力，如果这个源头或者动力不能得到扩充和发展，那么随时会搁浅。另外，同情的发生依托于每个人的道德想象，并且如果同情的方式欠妥，不仅会给被同情者造成负担，也会使同情者生出优越感或者陷入无尽的痛苦中。当前青少年存在的由个体同情无法向社会同情延展的困境以及随年龄增长出现的同情行为回缩的问题，都表征着学校教育的可为之处，即通过学校教育来发展青少年的同情情感与行为，使其在伦理道德建设中发挥重要价值。

The Development Status of Contemporary Adolescents' Sympathy and Its Educational Outlet
— Based on the Analysis of the National Follow-up Survey Data

ZHOU Yawen

（Institute of Moral Education, Nanjing Normal University, Nanjing Jiangsu, 210097）

Abstract: Sympathy is a moral force that helps individuals to cross their narrow self to others. This research was carried out in 2016 in order to explore the current development of adolescents' sympathy, and launched a follow-up survey in 2019. From the integration of survey results, it has been found that adolescents generally care for others and are more willing to show their sympathetic behavior of helping others. However, there is also the dilemma of insufficient extension from individual sympathy to social sympathy and they tend to show sympathy only rather than give others a helping hand as they grow older. In order to preserve or display the moral power of sympathy, schools can construct themselves as ethical entities, thus helping adolescents extend individual sympathy to social sympathy, and actively cultivating adolescents' courage to perform sympathetic behavior.

Key words: sympathy, moral growth, adolescents, follow-up survey

① 彭虹斌：《中小学生道德信念的现实意义及培育》，《华东师范大学学报（教育科学版）》2016 年第 2 期，第 82—87 页，第 120 页。
② 孙彩平：《知识·道德·生活——道德教育的知识论基础》，《教育研究与实验》2012 年第 3 期，第 17—21 页。
③ 高德胜：《"道德的勇敢"与道德勇气——兼论道德勇气的培育》，《教育研究与实验》2020 年第 1 期，第 1—10 页。

基于识解水平理论的高中生创造性表现研究

——以生物教学为例

张　葳[1]，王怀勇[2]，甘依琳[3]，郝雪纯[4]

（1. 上海师范大学 生命科学学院，上海200234；2. 上海师范大学 教育学院，上海200234；
3. 上海市顾村中学，上海201906；4. 上海德英乐学院，上海201100）

摘　要：在课堂教学中提升学生的创造性表现具有重要的现实意义。该研究运用识解水平理论，结合生物课堂教学情境内容，通过教学实验考察时间距离（远或近）和提问方式（抽象或具体）两个因素对高中生创造性表现的影响。结果表明，时间距离影响高中生的创造性表现，即与近期相比，远期时间距离更能促进创造性表现。提问方式亦影响高中生创造性表现，即与具体的提问方式相比，抽象的提问方式更能促进创造性表现。该研究的发现可为课程开发和教学实践中提高创造性表现提供新的视角，时间距离和提问方式可以作为教学策略运用在教学活动设计、课堂讨论、学业成就评价等各环节中。

关键词：识解水平理论；高中生物教学；时间距离；提问方式；创造性表现

一、问题的提出

社会的发展离不开创新，高中生是国家培养创新型人才的后备军，关系到国家未来科技水平与综合国力的发展。在课堂教学背景下，教师在教学内容之外，如何鼓励学生创造性地学习，提升学生的创造性表现是当前的研究热点，具有重要的现实意义。识解水平理论从"纯粹认知导向"（purely cognitive orientation）考察认知的过程，给教学提供了新思路。

1. 识解水平理论与创造性表现的关系

（1）时间距离与创造性表现

识解水平理论认为，时间距离反映了事件与个体在时间上的心理距离，是个体所感知的事件在时间上的接近程度。[1]时间距离通过改变人们对未来事件的心理表征，来改变他们对未来事件的反应。更具体地说，当人们想象远期事件时，由于缺乏对遥远的实体、人、事件、地点和选择的了解，人们倾向于根据更上位和更一般的特征来识解事件，这些特征传达了事件的中心意义，因此，远期的时间距离可以促

基金项目：本文系教育部人文社会科学研究项目"以提高创造力为目标的初中科学课堂心流体验式教学模式研究"（项目编号：18YJC880128）的阶段性成果。

作者简介：张葳，上海师范大学生命科学学院副教授，博士，主要从事生物课程与教学论、应用心理学研究；王怀勇，上海师范大学教育学院副教授，博士，主要从事应用心理学研究；甘依琳，上海市顾村中学教师，硕士，主要从事高中生物教学研究；郝雪纯，上海德英乐学院教师，主要从事高中生物教学研究。

① Trope Y, Liberman N. "Temporal Construal". *Psychological Review*, Vol. 110, no. 3 (2003), pp. 403-421.

进抽象思维，而抽象思维可以促进创造性认知。[1][2] 鉴于远期时间距离促进抽象思维，抽象思维促进了创造性，由此可推测：远期时间距离可能会促进创造性表现。

（2）提问方式与创造性表现

识解水平理论还认为，人们对事件的反应取决于对事件的心理表征，即高水平识解和低水平识解。考虑远期未来需要更多高水平识解，即倾向于采用抽象的、图示化的表征方式，关注事物的本质、一般特征，强调行为的结束状态和目标；考虑近期需要更多低水平识解，采用具体化的表征方式，侧重于支持性和次要信息，强调达到目标的手段。[3] 在实际情境中，识解水平可以进行不同的操作化定义。一些研究以提问"为什么"代表高水平识解，用提问"怎么做"代表低水平识解。抽象思维促进创造性认知，抽象表征的提问方式"为什么"可能会促进创造性表现。米勒（Mueller）发现，提问方式可以改变人们对创造性的评价。[4] 在研究中采用"为什么"和"怎么做"的问题启动心理识解水平，结果表明，抽象表征"为什么"的提问促进了对高创造性任务的评价，但是不改变对低创造性任务的评价。

上述研究表明，在一些任务中提问方式"为什么"比"怎么做"更能促进抽象思维，远期时间距离比近期时间距离更能促进抽象思维，并且都能促进创造性表现。那么抽象表征"为什么"和远期时间距离相结合，抽象的生成任务是否会从远期时间距离的抽象表征中获益更多，更好地促进创造性表现呢？目前相关的研究只有1项，福斯特（Förster）等以时间距离（明天和一年后）、提问方式（为什么要打招呼和如何打招呼）要求被试进行创造性思考。结果发现，在远期时间距离条件下，完成"为什么"抽象生成任务的被试比其他所有条件下的被试更具创造性。更具体地说，抽象生成任务"为什么"组被试在远期时间距离条件下，增强了创造性。因此，有必要进一步探讨远期时间距离和抽象表征的提问方式是否可以相互促进，本研究拟以100年作为时间距离长度，这是本研究拟探讨的第一个问题。

2. 识解水平理论在课堂教学中的应用

近年来，研究者开始尝试在真实课堂情境下应用识解水平理论来促进学生的创造性表现，得出了不一致的结论。韦伯（Webb）等在营养学知识的阅读课程中融合心理距离的可能性维度，分别让被试阅读科幻书（可能性低）和说明文（可能性高）。结果表明，阅读科幻书显著提高了学生的创造性表现，即心理距离越远，创造性表现越好。[5] 然而，日巴诺瓦（Zhbanova）和鲁尔（Rule）整合四个心理距离维度（时间、空间、可能性、社会）在具体的教学活动中，要求学生制作纸质手工作品。结果显示，心理距离越近，学生的创造性表现反而越好。[6] 这与识解水平理论的假设——心理距离越远，创造性表现越好——并不一致，这表明在真实的课堂教学中应用识解水平理论可能会受到情境的影响。相关的教学研究仅限于考察心理距离的不同维度对创造性表现的影响，尚未有研究考察提问方式和时间距离的共同影响。事实上，在课堂教学情境下教师经常会使用"为什么"和"怎么做"的问题来启发学生思考，是否可以利用不同表征的提问方式和时间距离来提升学生的创造性表现呢？因此，有必要在真实课堂教学情境中考察时间距离和提问方式对创造性表现的影响，这是本研究拟探讨的第二个问题。

① Ward T. B., Patterson M. J., Sifonis C. M., "The Role of Specificity and Abstraction in Creative Idea Generation". *Creativity Research Journal*, Vol. 16, no. 1(2004), pp. 1–9.

② Friedman R. S., Förster J., "Implicit Affective Cues and Attentional Tuning: An Integrative Review". *Psychological Bulletin*, Vol. 136, no. 5(2010), pp. 875–893.

③ Trope Y., Liberman N., "Construal-level Theory of Psychological Distance". *Psychological Review*, Vol. 117, no. 2 (2010), pp. 440–463.

④ Mueller J. S., Wakslak C. J., Krishnan V., "Construing Creativity: The How and Why of Recognizing Creative Ideas". *Journal of Experimental Social Psychology*, Vol. 51, (2014), pp. 81–87.

⑤ Webb A. N., Zhbanova K. S., Rule A. C., "An Investigation of Whether Fantasy Books, Compared to Same Topic Nonfiction, Promote Second Graders' Creativity". *Education*, Vol. .47, no. 1(2017), pp. 116–131.

⑥ Zhbanova K. S., Rule A. C., "Construal Level Theory Applied to Sixth Graders' Creativity in Craft Constructions with Integrated Proximal or Distal Academic Content". *Thinking Skills and Creativity*, Vol. 13(2014), pp. 141–152.

本研究以高中生物课堂为背景,将时间距离"远期"(100年后)和"近期"(明天)、提问方式"为什么"和"怎么做"嵌入真实生物课堂教学情境中,通过教学实验,考察时间距离和提问方式对学生创造性表现的影响,以期从识解水平理论的角度对在课堂教学中提升学生的创造性表现有所启示。

二、研究方法

1. 实验设计

采用2(时间距离:明天/100年)×2(提问方式:具体/抽象)被试间设计,因变量为创造性表现得分。

2. 被试

被试为随机抽取的上海A中学157名高一学生,有效被试155名(男生78名,女生77名)。所有被试均未参加过类似实验。

3. 研究材料和工具

(1)时间距离的操纵

借鉴福斯特等对时间距离的操作范式,在任务前增加时间定语"明天"或"100年后",强调在特定时间距离背景下完成的任务。

(2)提问方式的操纵

借鉴福斯特等和米勒等对提问方式的操作范式[1][2],启动具体表征采用"怎么做",即提问"气候是如何变化的";启动抽象表征采用"为什么",即提问"气候为什么发生变化"。

(3)教学情境任务

以福斯特打招呼任务为研究范式,选取高中"生物进化"章节,创设课堂教学情境,自编任务。由一名生物教育专业副教授、两名研究生和两名资深高中教师审查、修正内容后,根据有效样本40人的答题结果,再经资深教师与专家讨论、修正题目内容,以建立问卷的效度,最后编制成正式问卷。

教学情境创设背景为:地球探险小组进入了一个新的星系,在这个星系中存在S星球。S星球上气候特殊,比如:同一天中白天的气温达到40℃以上,而晚上的气温降至-40℃以下;时有下暴雨和刮大风;经常受到周围行星的干扰,如小行星撞击等。

"时间距离为'明天',提问方式为'怎么做'"条件下的示例任务为:"假如明天,S星球气候发生了变化。请你创造性地想象明天,这个星球上的气候如何变化的? 请列出尽可能多的答案,按照以下句式:明天,这个星球的气候通过_____(方式)变化。"

创造性表现得分参考福斯特等的相关研究,将新奇性作为该任务中的创造性表现指标。两位事先不了解实验目的和假设的评分人,根据他们的主观判断,对答案中体现的创造性(新奇性),从1分(完全没有创造性)到7分(非常有创造性)进行独立打分。为了提高评分的可靠性,先从样本中随机选取10份讨论打分标准,评分者信度为0.89,然后由两人独立打分,取平均值。

(4)控制变量

由于被试的情绪、对任务的预期表现、对任务的喜好程度和想象任务的难易程度会影响创造性任务的解决。[3][4]参照福斯特等的研究范式,测试被试心情、预期表现、对测验任务的喜好程度、完成任务困

① Förster J., Friedman R. S., Liberman N., "Temporal Construal Effects on Abstract and Concrete Thinking: Consequences for Insight and Creative Cognition". *Journal of Personality and Social Psychology*, Vol. 87, no. 2 (2004), pp. 177–189.

② Mueller J. S., Wakslak C. J., Krishnan V., "Construing Creativity: The How and Why of Recognizing Creative Ideas". *Journal of Experimental Social Psychology*, Vol. 51, (2014), pp. 81–87.

③ Isen A. M., Daubman K. A., Nowicki G. P., "Positive Affect Facilitates Creative Problem Solving". *Journal of Personality and Social Psychology*, Vol. 52, no. 6(1987), pp. 1122–1131.

④ Liberman N., Trope Y., "The Role of Feasibility and Desirability Considerations in Near and Distant Future Decisions: A Test of Temporal Construal Theory". *Journal of Personality and Social Psychology*, Vol. 75, no. 1(1998), pp. 5–18.

难程度、时间距离感知，采用 1 分(非常糟)到 9 分(非常好)的自我评价。

4. 实验程序

所有被试在课堂上完成纸笔测试，持续时间约 40 分钟，其中完成任务约 8 分钟。采用班级间分组，4 个班级分别为"明天—怎么做""明天—为什么""100 年后—怎么做""100 年后—为什么"条件组。具体步骤为：(1)教师利用教学 PPT 讲授生物教学内容，创设任务情境，帮助被试进入情境中；(2)被试对自己当下的心情、任务的预期表现、任务喜好程度、想象任务难易程度打分；(3)被试独立完成任务，提问方式和时间距离的操纵蕴含在任务中；(4)被试对完成任务困难程度、时间距离的感知打分。

三、研究结果

采用独立样本 t 检验分析被试对时间距离的感知，被试在"100 年后"组(M=6.59,SD=2.60)的得分显著高于"明天"组(M=5.32,SD=2.18)，$p < 0.05$。这表明，时间距离对被试的操纵有效，被试能感知 100 年后更遥远的时间距离。

以时间距离、提问方式为自变量；以创造性表现得分为因变量，进行方差分析，各实验条件下创造性表现得分的平均数和标准差，参见表 1。

表 1 针对气候变化任务之学生的创造性表现平均数和标准差

	近期—明天	远期—100 年后
	M ± SD	M ± SD
低水平识解	2.99 ± 0.92	3.58 ± 1.13
高水平识解	3.67 ± 1.20	4.27 ± 1.27

结果表明，时间距离主效应显著，$F_{(3,151)}=10.359$，$p < 0.05$，partial $\eta^2=0.064$，时间距离中"100 年后"(M=3.93,SD=1.24)比"明天"(M=3.35,SD=1.13)学生的创造性表现更好；提问方式主效应显著，$F_{(3,151)}=13.822$，$p < 0.001$，partial $\eta^2=0.084$，提问方式中"为什么"(M=3.97,SD=1.27)比"怎么做"(M=3.30,SD=1.07)学生的创造性表现更好；时间距离和提问方式交互作用不显著，$F_{(3,151)}=0.002$，$p=0.965$，partial $\eta^2=0.000$。

以时间距离为自变量，以被试的心情、预期表现、任务的喜好程度和任务的难易程度分别作为因变量，进行方差分析，差异均不显著。

四、结论与建议

1. 研究讨论

第一，远期时间距离和抽象表征的提问方式都可以促进创造性表现。跨度为 100 年的时间距离可以更好地促进学生的创造性表现，时间距离越远，创造性表现越好；提问方式可以影响创造性表现，抽象表征"为什么"比具体表征"怎么做"的创造性表现更好。这些发现与已有大部分研究结果一致，支持识解水平理论。沃德(Ward)等提出抽象思维有利于新旧知识融合的认知加工，这是一个刺激创造性的过程。[①] 弗里德曼(Friedman)和福斯特认为，个体的抽象识解增强了他们更广泛的概念注意，激活了记忆

① Ward T. B., Patterson M. J., Sifonis C. M., "The Role of Specificity and Abstraction in Creative Idea Generation". *Creativity Research Journal*, Vol. 16, no. 1(2004), pp. 1-

中更遥远和更难获得的概念表征,抽象识解与创造性呈正相关。[1]

第二,识解水平理论在课堂教学中具有较大的应用空间和价值。本研究与韦伯等人的教学研究结果一致,与日巴诺瓦等的教学研究结果不一致。日巴诺瓦等教学研究中的被试为美国社会经济地位低下家庭,学区强调重复训练,他们的学习背景和创新经历相对有限,可能对远期心理距离的刺激更不敏感,导致心理距离越近,创造性表现越好。本研究被试为上海普通完中学生,他们具有一定的学科知识和创造性经验,在上海学生中属于中等水平,因此,本研究的结果值得推广到更广泛的学生群体中。

第三,创造性任务的领域性和情境的特定性也可能会影响创造性表现。本研究与福斯特研究结果不一致,并没有出现远期时间距离和抽象表征的提问方式相互促进的预期结果。未来研究需要更多关注在学校环境背景下影响识解水平理论的条件,更进一步探索识解水平理论在不同学科、教学情境、教学任务等中的应用,丰富识解水平理论在教学实践上的成果。

2. 研究结论

时间距离影响高中生的创造性表现,即与近期相比,远期时间距离更能促进其创造性表现。

提问方式影响高中生的创造性表现,即与具体的提问方式相比,抽象的提问方式更能促进其创造性表现。

3. 研究建议

(1)将识解水平理论作为课程开发的依据

远期时间距离和抽象表征的提问方式能够促进创造性表现,这为课程开发者和教师构建更有意义和更合适的校本课程提供了指导。我们可以将远期时间距离嵌入在开发课程的具体内容中。以某高中的"VR海洋环境课程——黄海生物调查任务体验课程"为例,该课程旨在探究海洋污染物对生物多样性的损害,已有课程设计仅让学生通过VR游戏体验捕捉被污染的生物,并学习这些生物的名称。在该课程的后续开发中将引入时间距离,设置情境为若干年后进入海底发现污染现象,任务为营救或救治被污染的生物。该任务要求学生必须具有关于海底污染原因的先验知识,并在此基础之上展开对于未来的想象,提出富有创造性的解决方案。需要注意的是,远期时间既可以通过增加时间定语作为情境的一部分来唤起学生的感知,教学内容本身也有可能包含时间距离的因素。如恐龙容易唤起远期的时间距离,此时,可以结合"生态系统"生产者、消费者、分解者和非生物的环境的学习内容,设计创造性问题,如果恐龙存活到今天,它的家园是什么样的?

在设计校本课程时,应该灵活使用高水平识解"为什么"的问题和低水平识解"怎么做"的问题。事实上,并不是所有的课程内容都适合作为创造性课程的内容,根据识解水平理论,"为什么"的问题,要求学生具备抽象思维能力,"怎么做"的问题更关注细节,需要具体分析的思维能力。如在开发植物观察校本课程时,要求学生细致地观察与记录植物的形态、结构、特征,课程开发的内容要侧重"怎么做"的问题;而在开发生态文明建设校本课程时,如雾霾天气形成的原因等,要求学生更多的抽象思维,课程开发内容可以侧重"为什么"的问题。

(2)将识解水平理论应用于课堂教学实践

时间距离和提问方式可以作为教学策略运用在教学活动设计、课堂讨论、学业成就评价等各个环节中,丰富课堂创新教育的策略与途径,给学生更具吸引力的整体教育体验。

第一,在教学活动设计中,建议教师融合时间距离因素,鼓励学生从远期时间视角思考问题,激发学生的创造性。举例来说,学习动植物细胞时,教师嵌入时间距离作为教学情境,要求学生构建动植物细胞模型,这个模型将在100年后展览,在保证科学性的前提下,请尽情发挥创造性。

第二,在课堂讨论中,教师应根据识解水平,合理设置"为什么"的问题和"怎么做"的问题,重视思维训练的过程。在生物教学内容中,同一个教学主题蕴含着不同识解水平的提问。如DNA分子模型的搭

---

[1] Förster J., Friedman R. S., Liberman N., "Temporal Construal Effects on Abstract and Concrete Thinking: Consequences for Insight and Creative Cognition". *Journal of Personality and Social Psychology*, Vol. 87, no. 2(September 2004), pp. 177-189.

建这一教学主题,在低水平识解条件下,学生思考怎么利用绳子、钉子等制作 DNA 的简易模型;在高水平识解条件下,学生需要思考:为什么这么制作模型？为什么是螺旋状？考虑到学生的认知发展过程是从具体思维逐渐发展到抽象思维,即从低水平到高水平识解,因此,教师在问题的设置上要先从"怎么做"的问题入手,再到"为什么"的问题,这样才更符合学生的思维发展过程。

第三,在学业成就评价中,建立创造性表现的评价量规。生物学科的评价往往侧重学科知识的掌握,追求标准答案,很少评价学生的创造性表现。如上文所述的动植物细胞模型,在制定评价量规时要分为两部分:一部分用以评价学生答题的科学性、正确性;另一部分用以评价学生作品中的创造性表现,主要考查作品的独特性、灵活性、原创性。

Research on the Creative Performance of Senior High School Students from the Perspective of Construal Level Theory
— Taking Biology Teaching as an Example

ZHANG Wei[1], WANG HuaiYong[2], GAN YiLin[3], HAO XueChun[4]

（1. School of Life Sciences, Shanghai Normal University, Shanghai, 200234; 2. School of Education, Shanghai Normal University, Shanghai, 200234; 3. Gucun Middle School, Shanghai, 201906; 4. Shanghai DTD Academy, Shanghai, 201100）

Abstract: It is of great practical significance to improve students' creative performance in classroom teaching. From the perspective of Construal Level Theory and with the situational teaching of a biology class, this research carried out the experiments to explore the influence of temporal distance (distant future time perspective vs. near future time perspective) and problem representation (abstract vs. concrete) on senior high school students' creative performance. The findings have showed that the main effect of temporal distance is significant, high school students in the distant future perspective have demonstrated better creativity performance than those in the near future condition. The main effect of problem representation also shows significance because students with abstract problem representation outperformed those with concrete problem for creativity performance. Such findings may provide new perspectives for the improvement in creative performance in curriculum development and teaching practice. Temporal distance and problem representation can be used as teaching strategies in activity design, class discussion and academic assessment.

Key words: Construal Level Theory, senior high school biology teaching, temporal distance, problem representation, creative performance

基于高中物理概念教学的深度学习:逻辑与路径

吕艳坤,唐丽芳

（东北师范大学 教育学部,吉林 长春 130024）

摘　要:深度学习作为推动课程改革的重要抓手和学科教学中落实核心素养的主要途径,为提高物理概念教学质量提供了良好契机。然而,实践场域中尚存课堂参与表面化、概念理解模糊化、体系建构同质化、实践运用浅层化和自我反馈缺少化等问题,其主要根源在于主体地位虚化、应试倾向凸显、教学过程僵化、教学情境固化、题海战术驱使等因素。结合深度学习的内涵与特征,应从基于深度参与强化学生主体地位、基于深度理解明确物理概念本质、基于深度整合建构个体概念图式、基于深度迁移解决真实情境问题、基于深度反思引导学生学会学习等路径,予以突破。

关键词:概念教学;深度学习;核心素养;高中物理

国务院办公厅于2019年6月颁布了《关于新时代推进普通高中育人方式改革的指导意见》,提出"深化课堂教学改革,培养学生学习能力,培养适应终身发展和社会发展需要的正确价值观念、必备品格和关键能力"。[1] 课堂教学改革指向学习者核心素养的形成,强调在学习过程中实现对知识、能力、情感、价值观念等维度的统整发展,主张从浅层学习走向深度学习。[2] 物理概念作为高中物理教学的核心内容,是发展学生学科核心素养、培养学习品质的重要载体,其也为深度学习有效开展提供了优质场域。由于一线教师对于概念教学中落实深度学习的认识不全面、理解不到位,导致教学效果与预期目标尚存一定差距。因此,有必要从"实践反思"与"理论逻辑"的双重视角探寻物理概念教学的出路,进而寻求概念教学走向深度学习的行动路径,从而践行课程改革目标,促进学生学科核心素养的形成与发展。

一、高中物理概念学习的困境

物理概念是客观事物的物理共同属性和本质特征在人们头脑中的集中反映,是观察、实验和思维相互作用的产物。[3] 作为物理知识的基础与核心内容,物理概念的形成与迁移应用过程是科学思维和科学探究能力的内化与外显过程,其在学生头脑中的内化与升华是学生形成个体物理观念、培养科学态度的基本前提。因此,概念学习一直以来都是物理教学的重点。然而,长期以来,受

作者简介:吕艳坤,东北师范大学教育学部博士研究生,主要从事课程与教学论研究;唐丽芳,东北师范大学教育学部副部长,教授,博士生导师,主要从事课程与教学论研究。

① 中华人民共和国中央人民政府:《关于新时代推进普通高中育人方式改革的指导意见》,载国务院官网:http://www.gov.cn/zhengce/content/2019-06/19/content_5401568.htm,最后登录日期:2022年4月6日。

② 崔友兴:《基于核心素养培育的深度学习》,《课程·教材·教法》2019年第2期,第66—71页。

③ 阎金铎,郭玉英:《中学物理教学概论(第三版)》,高等教育出版社2017年版,第139页。

传统教学观念的影响，物理概念教学并未实现应有的育人功能。因此，亟待回归实践场域来反思当前高中物理概念教学的问题与不足。

1. 课堂参与表面化

其一，教师学情分析流于表面。美国认知教育心理学家奥苏伯尔（David Pawl Ausubel）在《教育心理学——认知观点》一书中提出，"如果要我只用一句话说明教育心理学的要义，我认为影响学生学习的首要因素是他们的先备知识，研究并了解学生学习新知识之前具备的先备知识，配合之以设计教学，从而产生有效的学习，就是教育心理学的任务"。[①] 学情分析作为整个教学设计的起点并未得到教师的足够重视。在实践场域中，教师往往简单地以测试成绩和教学经验作为学情分析的依据，而忽略了学生概念学习的真正起点——前概念对学习过程的影响。其二，课堂教学实施偏离真实学情。由于教师未能在教学设计之初把握学生的真实学情，故而，课堂教学是按照教师自身的逻辑和规划实施的，体现的并非是学生真实的认知水平和逻辑顺序。其三，学生的概念学习被动化。当前我国物理概念课堂大多采用讲授法教学，教师积极主动地讲解，学生消极被动地接受，这一教学模式的普遍施行，进一步弱化了学生的主体地位，降低了学生的课堂参与程度。

2. 概念理解模糊化

学生物理概念的建立过程主要有两种途径：一是基于感性认识的"归纳式"途径，这一概念形成途径始于个体的观察与实践，是人们在丰富感性认识基础之上，经过分析、比较、概括、抽象等思维过程，归纳得出概念的过程。二是基于已有理论的"演绎式"途径，它是以现有理论为起点，进行理论或数学推演，进而建立物理概念的过程。[②] 由于课堂教学对于学生前概念的探查不足，忽视了物理概念的形成与发展规律，故而，学生对"归纳式"概念的科学抽象不足，对"演绎式"概念的逻辑加工不足，由此导致对物理概念的理解停留在定义层面的文字表述，对物理概念的内涵与外延理解模糊化。

3. 体系建构同质化

为了帮助学生真正理解并运用物理概念，教师需要努力帮助学生建构出科学合理、逻辑顺畅、知识完备的概念体系。为此，在教学开始之前，教师就已经建构理想的概念体系，并期望所有学生都能完成这个过程，最终达到一个近似同质的概念体系。教学过程的实质就是引导学生按照教师预设的程序逐步将概念进行整合，以保证概念学习的效果和教育的公平性。学生虽然能够建构起同质化的概念体系，但是并不一定完全契合自身的前概念、认知规律和应用习惯，故而，往往导致学生的认同度有限，概念的遗忘程度很高。

4. 实践运用浅层化

当前我国物理概念教学集中在概念的浅层理解与试题的基本运用，基于真实问题情境的迁移运用则不足。针对概念的习题教学或者复习教学，多以简单的选择题形式出现，主要考查学生对于概念基本内涵、相似概念间的辨析，而运用概念进行复杂的逻辑推理的题目不多，由此导致学生对物理概念的深层逻辑加工与操作运用不足。虽然在课堂教学环节，教师能够注重从日常生活走向物理概念的引导，但是缺少从物理概念走向生活实践具体运用的启发。

5. 自我反馈不足

学生只有通过反思概念形成与发展的过程，才能意识到自身前概念的局限；只有不断地进行自我反馈与修正，才能真正将科学方法显化与内化，从而使个体的元认知能力得以发展。然而，在物理概念教学中，教师对于物理概念的潜在育人价值关注不够，忽略了学生自我反思和元认知能力的培养。教学过程往往只是从几个有限的、具有一定代表性的前概念出发建构科学的物理概念，对概念形成的过程和个体认知误区反思不足，缺少引导学生用物理概念去审视自身隐藏的前概念的反馈过程。

二、浅表化困境的成因分析

1. 主体地位虚化

顾明远先生于1981年提出了"学生主体说"，强调"既要把学生看作是教育的对象，又看作是教育的主体"。其核心要义是尊重学生、理解学生、

---

① 奥苏伯尔：《教育心理学——认知观点》，余星南、宋钧译，人民教育出版社1994年版，第1页。

② 于海波：《物理课程与教学论》，东北师范大学出版社2019年版，第185页。

相信学生,根据学生的实际情况,设计教学环节,引导学生参与学习;同时指导学生开展自我活动,在活动中学到知识、发展能力、建立信念。[①]然而时至今日,"学生主体说"虽被一线教师所认同,但更多的是停留在思想层面,因教学内容繁多与教学时长不足之间的冲突,教学实践中学生的主体地位并未有效提升。学生主体地位虚化导致有效对话匮乏,学生很难有机会阐述自己的真实想法,师生之间也鲜有触及前概念层次的深入对话。

2. 应试倾向凸显

近30年来,受社会现实和思潮的共同作用,尤其是急功近利思想的泛滥,全社会都在追求短期可见的成效。由于教育的功效难以在短期内得以体现,考试成绩和升学率成为评价学生以及教师和学校的功利性标准,甚至是唯一标准,从而导致学校教育教学应试化倾向凸显。[②]家长和学生关注的是分数而非能力,学校追求的是升学而非学生素养,教育强调的是考试成绩而非未来发展。为了让学生在短期内获得高分,学校更多地采用死记硬背的方式让学生学习。加之物理概念相对于其他物理知识难度较低,教师进行概念教学时,更愿意把概念以结论的形式直接呈现给学生,而忽略了概念形成与发展的过程。

3. 教学过程僵化

在教学实践中,为了追求概念教学课堂教学的连贯、流畅和高效,教师的教学设计往往逻辑严谨、环环相扣,呈现出单一的线性模式。但是学生的前概念是多元的,认知方式也有一定的差异性,由此导致教学反馈呈现个性化和多样化特征,并不能按照教师原有的设计思路践行。在教学实施环节,教师为了践行原有的设计流程,往往尽力将学生框定乃至是拉回原有的线性模式,试图帮助学生构建一种统一、确定的概念框架,而忽略了学生前概念与认知方式之间的差异性。学生虽然由此建构起了教师期望的同质化概念体系,但是这种体系并非学生自主建构的,与学生的认知系统并不能完美契合。

4. 教学情境固化

素质教育强调在先天的生理基础上通过后天环境影响和教育训练所获得的身心特征,素养强调后天习得和养成的行为习惯,二者都主张人的学习、成长都与环境密切相关,即教育离不开情境。[③]然而概念课堂教学中,教师为便于学生理解、提高课堂教学效率,采用简化的乃至是虚构的教学情境,并且反复使用,熟悉情境的不断重现逐渐形成了情境固化。这种固化阻碍了学生对于物理概念的深度理解与迁移应用,限制了物理概念对于现实世界的解释力,使得学生对概念的实践运用浅层化。

5. 题海战术驱使

长期以来,在"熟能生巧"观念的影响之下,学生一步步陷入题海战术的泥潭。教辅市场充斥着大量的学习资料,学校和家长试图通过大量习题的反复练习来提高学生对概念的理解和应用能力;但是他们只关注习题的"量",而对题目的"质"重视不足。学生则疲于奔命,为了应付海量的作业只能提高做题速度,难以有充足的时间归纳习题、整合概念、反思原有认知。物理概念的育人价值不仅在于概念的理解、整合和运用,更深层次的意义在于学生经历概念学习的真实过程,以丰富知识体系、完善认知过程,从而学会学习。

三、物理概念教学走向深度学习的逻辑理路

受应试压力的影响,学校和教师过度强调概念的静态记忆,强化基于习题和试题的浅层运用,而忽略知识与现实生活之间的有效关联,学生的主动性、投入感和参与度不断下降。[④]进入21世纪,人类创造的知识呈指数级增长,学生在校学习知识的速度和社会发展的速度愈发不匹配,与此同时,科学技术的革新给教学观念与教学方式带来了新的机遇和挑战。因此,新一轮课堂教学改

① 滕珺:《教师的专业性与学生的主体性——顾明远"现代学校师生关系"思想述评》,《教师教育研究》2018年第5期,第1-6页。
② 廖伯琴:《普通高中物理课程标准(2017年版2020年修订)解读》,高等教育出版社2020年版,第51页。
③ 吕艳坤,唐丽芳:《高中物理复习教学落实学科核心素养的实践困境与破解路径》,《课程·教材·教法》2022年第5期,第111-117页。
④ 张良,杨艳辉:《核心素养的发展需要怎样的学习方式——迈克尔·富兰的深度学习理论与启示》,《比较教育研究》2019年第10期,第29-36页。

革势在必行，概念教学也应当走出浅层学习的桎梏。

1. 深度学习的源与流

深度学习概念源于人工神经网络的研究，费伦斯·马顿（Ference Marton）和罗杰·萨尔乔（Roger Saljo）于1976年首次将其引入教育领域，作为与浅层学习相对立的一种学习方式而提出。[①] 随着研究的不断深入，人们对于深度学习的理解早已超越认知心理学领域，国内外学者在深度学习的内涵界定上逐步形成了五大流派。第一种是以比格斯（Biggs）为代表的深度理解流派，认为深度学习是学习者自身运用广泛阅读、批判反思与强化应用等多样化的策略，通过实践情境中知识的应用来实现学习者对于学习材料的深度理解。[②] 第二种是以詹森（Jensen）为代表的理解迁移流派，认为学习者应当能够以真实、复杂情境问题的解决为导向进行学习，获取高阶思维并构建自身的认知体系。[③] 第三种是以库伯（Kolb）为代表的体验学习流派，认为深度学习是人在对经验的学习中不断经历具身体验、反思交流、梳理归纳与实践应用的联动过程，是不断构建经验体系去适应生活的过程。[④] 第四种是以莱尔德（Laird）为代表的三元学习流派，其基于大学生学习有效性的实证数据，提出深度学习可以解构为高阶学习、整合性学习与反思性学习三个相互关联的有机组成部分。[⑤] 第五种是以郭华为代表的教学改进流派，其基于教学改进项目的研究与实验，提出深度学习是在教师的引领下，学生围绕具有挑战性的学习主题，全身心积极参与、体验成功、获得发展的有意义的学习过程。[⑥]

五种流派分别从不同角度对深度学习给出了各自的界定和判断，虽然关注点和具体表述有所不同，但都认为深度学习阐述的是如何处理教学活动中各要素之间的关系，其本质是学习者的学习。综合以上五种流派的观点，能够发现深度学习具有以下五大特征：全身心地主动投入学习；掌握知识内容的本质属性与内在联系；基于深度整合构建知识体系；促进生活经验与所学知识相互转化；学会评判知识及其学习过程。

2. 物理概念学习的三重逻辑

物理概念的学习不是一蹴而就的，而应当遵循学生认知发展规律和学科基本规律，先从建构走向应用，再基于整个学习过程提升元认知能力。其一，物理概念的建构逻辑强调从具身体验到自主建构。具身认知理论强调主体认知依赖于自身的各种经验，源自身体在不同时空的亲身经历，受个体的思维、判断与态度的影响。物理概念是以客观世界为基础，经学生主观意识加工而形成，并作为新的个体经验纳入自身的认知体系。其二，物理概念的应用逻辑强调以情境为载体。纵观国际组织以及世界各国对于核心素养的定义，普遍将其视为一种情境性知识运用的能力，强调学生能够运用所学概念在陌生的情境中成功解决新问题的能力。其三，物理概念的反馈逻辑强调学生学会学习。学生在概念的学习过程中，逐步完善、丰富认知结构，反思并逐步修正自我的前概念，扫除思维障碍，通过积极反馈和自我调节促进自主学习动机、学习方法、学习能力、学习习惯等多种学习品质的发展。

3. 物理概念教学走向深度学习的必然

从物理概念的意义和深度学习的特征来看，概念教学是落实深度学习的优质场域，深度学习是实现概念教学育人价值的必然方式。第一，物理概念是人们对物理世界中的客观事物、现象、过程的物理共性和本质特征的客观反映和主动建构的结果，需要个体在感性认识的基础之上，经过分析、比较、概括、抽象、推理等思维过程得以形成；概念建构过程的主体是学生，这就要求学生必须全身心地主动投入学习。第二，物理概念的习得不仅要求学生能够通过具象的前概念理解抽象的

① 李松林，杨爽：《国外深度学习研究评析》，《比较教育研究》2020年第9期，第83-89页。

② Biggs J, *Teaching for Quality Learning at University*, Buckingham: The Society for Research into Higher Education & Open University Press, 2011, pp. 21-22.

③ Eric Jensen, LeAnn Nickelsen：《深度学习的7种有力策略》，温暖译，华东师范大学出版社2009年版，第11-12页。

④ 库伯：《体验学习：让体验成为学习和发展的源泉》，王灿明，朱水萍译，华东师范大学出版社2008年版，第17-32页。

⑤ Nelson Laird, T. F., Shoup, R., Kuh, GD, *Measuring Deep Approaches to Learning Using the National Survey of Student Engagement*, Chicago: The Annual Forum of the Association for Institutional Research, 2006, pp. 1-21.

⑥ 郭华：《深度学习及其意义》，《课程·教材·教法》2016年第11期，第25-32页。

物理概念内涵,更要求学生能够明确概念的涵盖范围与应用边界,强调对于物理概念的深度理解。第三,零散、孤立的概念容易遗忘,单一的概念也难以真正解决问题,因此,概念学习要求学生在明确概念的内涵与外延基础之上对概念进行深度整合,通过概念之间的相互解释强化个体记忆,通过概念之间的相互关联构建概念体系。第四,物理概念的教学目标是基于问题情境的迁移与应用,促进生活经验与所学知识相互转化,即主张学以致用。概念课强调学生在知识内化的基础上,以问题情境为载体,促进系统性知识的活化、可操作化、外显化,从而为未来生活实践做准备。第五,概念教学强调学生学会评判知识及其学习过程,要求学生对知识及其学习过程进行质疑、批判与评价,其终极目的在于学生理性精神和价值观的形成,指向学生核心素养和元认知的发展。

四、物理概念教学落实深度学习的行动路径

1. 基于深度参与,强化学生主体地位

安德烈·焦尔当(André Giordan)在《学习的本质》一书中提出:"对学习者的前概念(先有概念)的考虑必须成为一切教育计划的出发点。"[1] 学生在学习新概念之前,对所涉及的知识并不是"全新"和"毫无知觉的",而是头脑中存在着前概念。前概念与个人经历密切相关,它在和即时环境、社会环境的互动中形成,根植于环境文化之中,具有一定的时代印记和环境印记。同时,个体从自身观察、经验、与他人以及客观世界的关系出发,建立个体的认知方式和观念,即前概念也具有明显的个体印记。因此,在教学之初分析学生的前概念时,要兼顾时代、环境和个体的印记。一个论据要有意义、能改变思想,就必须和学生相联系,而不是和教师相联系。因此,教师在课前应当通过文献阅读、测试、访谈等手段把握学生的真实前概念。

为促进物理概念教学中深度学习的真实发生,教师应当运用探究性话语,以真实对话促进学生深度参与,提升学生的创新与反思意识。探究性话语是一种反思性话语,即对话者在对话过程

中既要对自己的观点进行审视与反思,也要不断思考他人话语的真实性与合理性,故其能够有效推动学生整理自己的思路并尝试表达新的观点。此外,有效的对话模式必须基于当前学校和班级的文化开展多元化对话模式,灵活采用指导型、探究型、辩论型、谈话型对话模式,推动学生的深度参与,促进多元理解。[2]

2. 基于深度理解,明确物理概念本质

学生物理概念学习的起点为生活体验和已有知识构成的前概念,因此,教师必须建立前概念与物理概念之间的关联,帮助学生从原有认知出发,在观察、实验的基础之上,经过思维加工,提炼出物理事物和现象的本质特征。对于一些相对复杂的概念,还应该在概括出共同特征的基础上,判断哪些因素与我们研究的问题有关,哪些因素与之无关,概括出来的特征是不是本质特征等;需要一定的科学方法参与其中,经过一系列复杂的推理过程,强化学生的真实参与、真实感悟,如此才能帮助学生明确物理概念的基本内涵。同时,应当强调相似概念之间的差异性,明确不同概念的本体特质与应用范围,避免概念理解和应用时出现"张冠李戴"的现象。

以高中"速度"的概念教学为例,学生在初中已学习过速度的概念,也能够理解"速度是描述物体运动快慢的物理量"。但是学生根据初中所学内容,对于速度的理解是"路程与时间",会形成一个非常顽固的前概念,影响学生对于高中"速度"概念的理解。因此,教师在教学过程中,首先应当让学生体会到路程和位移对于描述物体运动的意义与差异;然后再去思考物体运动快慢描述方式的两种表达,从而认识到初中所学"速度"的概念本质是"速率",是一种粗略的运动描述。在明确"速度"与"速率"的基础上,引导学生认识"瞬时速度"和"瞬时速率"之间的差异与联系,从而达成对"速度"概念的本质性理解。

3. 基于深度整合,建构个体概念图式

受概念转变理论的影响,我国概念教学强调帮助学生在前概念的基础上建构物理概念,并由此衍生诸多教学策略,以"物理概念"取代"前概念"作为概念转变成功的标志。然而在对学生物

① 安德烈·焦尔当:《学习的本质》,杭零译,华东师范大学出版社2015年版,第20页。

② 张光陆:《有效的课堂对话与学生核心素养的养成》,《课程·教材·教法》2017年第3期,第52—57页。

理概念学习效果的检测中发现，前概念在时间维度上更具生命力，很难彻底被物理概念取代；前概念与科学的概念共存于头脑中，二者相互作用、相互影响。因此，传统的概念转变理论正在不断地受到质疑。通过自然科学实证研究范式的引入，基于行为学和脑科学的量化数据分析，研究者对前概念有了新的认识，并提出了概念转变的抑制理论：前概念不仅仅作用于概念学习的起点，更广泛存在于人的整个认知过程之中；概念转变的本质是科学的物理概念对前概念的抑制，而非完全取代。[①] 实践表明，随着时间的推移，这种抑制作用会发生改变，由此导致物理概念与前概念将共存，二者长期处于一种动态的冲突、竞争与平衡之中。

教师只能把科学的物理概念和学生的前概念尽可能真实地呈现，让学生体会二者之间的差异，引导学生整合两种概念。每位学生习惯以自己特有的认知方式，不断地对前概念和科学概念进行切割、重组、验证，最终突破前概念的桎梏，完成对物理概念的整合；而教师无法帮助或者替代学生完成这种过程。因此，教师"教"的目的不在于清除学生的前概念、帮助学生建立物理概念，而在于关注学生的文化背景、生活经验、认知水平和认知方式，将前概念作为新知识的生长点，选择恰当的教学方法和策略引导学生构建自己科学的大概念体系，从而在保持对于前概念抑制的同时，促进学生认知能力的发展。

4. 基于深度迁移，解决真实情境问题

概念学习的目的不是获得一系列抽象的符号、记忆，而是使学生能够在课堂学习之外的场域中科学、合理地运用这些概念。情境认知理论认为，深度学习是学习者在真实情境中的具身实践，强调知识源自个体与情境的交互，概念的获得与运用都与情境密切相关。学习者只有通过特定情境的真实参与，才能深度建构外部知识体系和自我身份认同。[②] 如果脱离情境，仅靠讲授和记忆习得的概念难以纳入个人的认知系统，不具备逻辑上的使用价值；如果仅停留在教学情境中的概念获得，而忽略在具体情境中的迁移应用，就失去了其本质上的存在意义。因此，在概念教学过程中，必须强化情境的应用，真正做到概念从情境中来、到情境中去。

在物理概念教学中，教师应当从"情境导入"和"情境应用"两个方面引导学生对所学概念进行深度迁移。首先，通过构建科学概念与个体经验之间的关联，为个体调动知识提供情境基础。然后，通过科学概念与个体生活实践情境的融合，为个体运用知识解决问题提供具体情境。情境的选取应当贴近学生、生活、时代的真实问题情境，同时关注科学研究、科学发展史，从而激发学生学习兴趣，引导学生基于问题和思考开展深度学习。[③]

5. 基于深度反思，引导学生学会学习

深度学习强调以知识为载体，以反思为渠道，培养学会学习的人。基于反思的深度学习，就是将反思性学习作为实现深度学习的有效途径，将反思作为促进深度学习的有效策略，通过反思来促进学习者对知识信息的深度理解、对个人意义的主动建构、对经验技能的迁移应用以及对复杂问题的有效解决，进而促进深度学习目标的达成。[④] 物理概念的内涵与外延为学生反思性学习提供了充足的空间，因此，教师在教学过程中应当积极引导学生学会自我监控、自我反馈和自我调节，从而促进学生自主学习过程中元认知能力的提高。

指向反思的物理概念深度学习，应当遵循学生认知发展规律，引导学生从知识的静态结果走向知识的动态生成。其一，引导学生反思从"前概念"到"物理概念"的发展过程。学生可以通过反思概念形成的节点、产生认知误区的原因、科学方法的显化等来促进科学思维的发展，通过同伴间的交流、思路对比、自我评估来促进个体元认知的发展。然后，引导学生运用科学概念来审视自身的前概念。前概念广泛地存在于学生头脑之中，

① Potvin, Patrice，"The Coexistence Claim and Its Possible Implications for Success in Teaching for Conceptual Change"，*European Journal of Science & Mathematics Education*，Vol. 5，no. 1(2017)，pp. 55-66.

② 姚梅林：《从认知到情境：学习范式的变革》，《教育研究》2003 年第 2 期，第 60-64 页。

③ 程力，李勇：《基于高考评价体系的物理科考试内容改革实施路径》，《中国考试》2019 年第 12 期，第 38-44 页。

④ 吴秀娟，张浩，倪厂清：《基于反思的深度学习：内涵与过程》，《电化教育研究》2014 年第 12 期，第 23-28 页，第 33 页。

且具有一定的隐蔽性,教师难以完全把握学生的全部前概念,因此,需要进行自我反思、批判与修正,从而促进物理概念在学生头脑中内化与升华,形成科学、严谨的物理观念。其二,引导学生思考物理概念在生活实践中的真实应用。深度认识科学、技术、社会、环境之间的关系,是学生形成严谨认真、实事求是和持之以恒的科学态度的前提,也是学生探索未知的动力源泉。其三,引导学生思考如何学习。学生只有明确学习目标,不断完善学习方法和策略,及时反馈和修正,才能提高自身学习效率。

Deep Learning Based on Physics Concept Teaching in High School: Logic and Approach

LV Yankun , TANG Lifang

(Faculty of Education, Northeast Normal University, Changchun Jilin, 130024)

Abstract: As the key of promoting curriculum reform and the main way to implement core competency in discipline teaching, deep learning provides a good opportunity for improving the quality of physics concept teaching. However, there are still some problems in practical field, such as superficial participation in classroom, vague concept understanding, homogeneous system construction, shallow practical application and insufficient self-feedback. Mainly due to factors such as the blurring of the subject status, the manifestation of the test-taking tendency, the rigidity of the teaching process, the solidification of the teaching situation, and the driving of the excessive assignments tactics. Combining the connotation and characteristics of deep learning the problems can be solved by the following paths: strengthening students' central status by deep participation; clarifying the essence of physical concepts by deep understanding; constructing individual conceptual schema by deep integration; solving problems in real context by deep transfer; guiding students to learn how to study by deep reflection.

Key words: concept teaching, deep learning, core competency, physics in high school

第47卷，2022年9月

《现代基础教育研究》
(Research on Modern Basic Education)

Vol.47, Sep. 2022

父母婚姻冲突对青少年心理适应的影响：
家庭功能的中介效应

李龙权[1]，杨文英[2]

(1. 上海市奉贤区曙光中学，上海 201411；2. 上海市奉贤区致远高级中学，上海 201499)

摘　要：为探究家庭功能在父母婚姻冲突和青少年心理适应之间的作用，该研究采用夫妻冲突量表、家庭亲密度与适应性量表、儿童孤独感量表(ILQ)、儿童抑郁量表、儿童自我觉知量表(SPPC)和学生生活满意度量表(SLSS)，对上海市 1651 名高中生进行调查。结果显示：高中生心理适应存在年级和性别差异；父母婚姻冲突显著负向预测家庭功能，而家庭功能显著正向预测青少年的心理适应；家庭功能在父母婚姻冲突与青少年心理适应之间起着完全中介作用。该研究结果在一定程度上说明，家庭系统对青少年心理健康会产生影响。父母应该学会采取建设性的方式来处理双方矛盾，让青少年能够在发挥良好功能的家庭环境中得到心理支持。

关键词：婚姻冲突；家庭功能；孤独；抑郁；自尊；生活满意度

一、问题提出

布朗分布伦纳的生态系统理论指出，青少年的发展离不开四层系统的影响，其中家庭作为微观系统的重要成分，对青少年发展的影响最为直接，家庭因素的不同方面，包括亲子关系、夫妻关系、家庭结构等均会对青少年的心理健康发展产生积极或消极的影响。其中，因为子女教育问题或其他家庭事务观点分歧引起的夫妻冲突对孩子心理健康的不良影响，已有很多研究证据。研究发现，夫妻冲突与儿童的适应不良相关，夫妻冲突较多的家庭的儿童更容易产生抑郁等心理问题。[①] 部分关于夫妻冲突与青少年心理适应的研究，通常采用青少年感知的父母冲突，由青少年报告知觉到的父母婚姻冲突，而非由父母自我报告，但认知—背景理论提示，父母客观的婚姻冲突与青少年感知到的婚姻冲突存在差异。[②] 因此，有国内研究者采用父母报告的夫妻冲突，研究其对儿童心理适应的影响，结果表明，父母双方报告的

基金项目：本文系上海市教育科学研究一般项目"基于学生问题情境的普通高中家校心理互联策略研究"（项目编号：C20052）的研究成果之一。

作者简介：李龙权，上海市奉贤区曙光中学正高级教师，上海市特级校长，主要从事学校管理与心理学研究；杨文英，上海市奉贤区致远高级中学高级教师，主要从事学校管理与心理学研究。

① Dadds M. R., Atkinson E., Turner C., et al., "Family Conflict and Child Adjustment: Evidence for A Cognitive—Contextual Model of Intergenerational Transmission", Journal of Family Psychology, Vol. 13, no. 2(1999), pp. 194–208.

② Grych J. H., Fincham F. D., "Marital Conflict and Children's Adjustment: A Cognitive—Contextual Framework", Psychological Bulletin, Vol. 108, no. 2(1990), pp. 267–290.

夫妻冲突具有较高的一致性,且与儿童的心理适应显著相关。[1]

　　家庭功能指的是家庭系统中各成员间的情感联系、家庭规则、家庭沟通以及应对外部突发事件的有效性[2],主要包括家庭亲密度和家庭适应性两个重要维度。亲密度是指家庭成员间的情感联系,适应性则指家庭体系随家庭处境变化和家庭不同发展阶段出现的问题而做出相应改变的能力。[3]已有研究表明,家庭功能现状与个体适应状况密切相关,运行良好的家庭功能显著预测了青少年的心理适应,反之则导致他们的心理适应问题。[4]国内以流动或留守儿童为研究对象的研究也发现,家庭亲密度和适应性均与儿童心理适应显著相关。[5]此外,追踪研究结果也表明,家庭功能显著预测了易地扶贫搬迁家庭中早期青少年的抑郁和孤独水平。[6]以上针对特定儿童群体的研究结果显示,家庭亲密度和适应性可能是影响儿童心理适应的重要因素,而对普通家庭青少年的研究也显示了相似的结果,家庭功能显著预测了早期青少年的抑郁症状[7],家庭功能水平的下降会对青少年自尊水平产生消极影响。[8]

　　家庭系统包含夫妻子系统和亲子子系统等由不同家庭成员组成的各种子系统。[9]各子系统之间能够相互影响,夫妻子系统可能影响整个家庭系统,其中夫妻婚姻冲突能够以显性或隐性的方式被子女感知到。基于溢出假设[10],冲突中的父母聚焦于对方的情绪化反应,很难注意到包括子女在内的整个家庭成员间的情感联系,可能忽视了家庭规则,进而造成了家庭功能的失衡,导致子女感受到家庭亲密度和适应性的降低。国外有关冲突解决和家庭功能的研究表明,父母对婚姻冲突采用消极的解决方式,负向预测了家庭体验的质量和对子女的反应。[11]国内该领域的实证研究不多,尚无法明晰父母婚姻冲突如何通过家庭功能影响青少年的心理适应。

　　基于对已有文献的梳理,本研究试图探索婚姻冲突影响青少年心理适应的路径,考察家庭功能在其中的中介作用。本研究拟从父亲、母亲、青少年三方收集有关婚姻冲突、家庭功能(亲密度和适应性)以及心理适应的信息,其中心理适应选用"抑郁、孤独、自尊和生活满意度"四个指标。研究假设:父母感知的婚姻冲突,会通过青少年感知的家庭功能,进而影响到青少年的心理适应。

二、研究方法

1. 研究对象

本研究选取上海市奉贤区两所高中的1651名高一和高二学生及其父母完成问卷调查。其中,高一

① 刘俊升,季晓芹,李丹:《夫妻冲突对儿童心理适应的影响:教养行为的中介效应》,《心理研究》2014年第1期,第51-58页。

② Li, J. M., Guo X., "A Study on Present Condition of Family Function", China Journal of Health Psychology, Vol. 16, no. 9(2008), pp. 1071-1075.

③ 戴晓阳:《常用心理评估量表》,人民军医出版社2010年版,第163-167页。

④ Cumsiell P. E., Epstein N. B., "Family Cohesion, Family Adaptability, Social Support, and Adolescent Depressive Symptoms in Outpatient Clinic Families", Journal of Family Psychology, Vol. 8, no. 2(1994), pp. 202-214.

⑤ 袁宋云,陈锋菊,谢礼,等:《农村留守儿童家庭功能与心理适应的关系》,《中国健康心理学杂志》2016年第2期,第231-235页。

⑥ 赵燕,张翔,郭纪昌:《家庭功能对易地扶贫搬迁儿童心理适应影响的追踪研究》,《中国健康心理学杂志》2022年第5期。

⑦ Chi, X., Huang, L., Wang, J., & Zhang, P., "The Prevalence and Socio-Demographic Correlates of Depressive Symptoms in Early Adolescents in China: Differences in Only Child and Non-Only Child Groups", International Journal of Environmental Research and Public Health, Vol. 17, no. 2(2020), pp. 438.

⑧ Yen, C., Yang, P, Wu, Y, & Cheng, C, "The Relation between Family Adversity and Social Anxiety Among Adolescents in Taiwan Effects of Family Function and Self-Esteem", Journal of Nervous & Mental Disease, Vol. 201, no. 11(2013), pp. 964-970.

⑨ 王争艳,程南华:《共同养育研究及对儿童适应的影响》,《心理科学进展》2014年第6期,第889-901页。

⑩ Easterbrooks M. A., Emde R. N., "Marital and Parent-Child Relationships: The Role of Affect in the Family System", In R A Hinde, J Stevenson-Hinde (Eds.), Relationships within Families: Mutual Influences, New York: Oxford University Press, 1988, pp. 83-103.

⑪ Low, R, S, , Overall, N, C, , Cross, E, J, , et al., "Emotion Regulation, Conflict Resolution, and Spillover on Subsequent Family Functioning", Emotion, Vol. 19, no. 7(2019), pp. 1162-1182.

学生 826 人(15.09±0.31 岁)，包括男生 406 名，女生 420 名；高二学生 825 人(16.11±0.34 岁)，包括男生 391 名，女生 434 名。

2. 研究工具

(1)夫妻冲突量表(Dyadic Adjustment Scale，简称"DAS")。该量表由 Spanier 编制，包含 8 个项目，采用 4 点记分(1—4 分)，涵盖了经济问题、孩子教育问题等方面的矛盾与冲突。[1]选用其中的夫妻冲突分量表来测量父母婚姻冲突水平，问卷分别由父亲和母亲独自完成，所得分数越高表明夫妻冲突水平越高。该量表已在中国被试群体的研究中广泛应用，具有较高的信效度。[2]在本研究中，父母报告该量表的 Cronbach α 系数分别为 0.88 和 0.87。由于父母分别报告的婚姻冲突相关较高(0.73)，本研究中婚姻冲突变量采用父母报告的婚姻冲突平均值。

(2)家庭亲密度与适应性量表(中文版)(FACES Ⅱ—CV)。该量表由 Olson 等编制，中文版由沈其杰、费立鹏等修订。[3]量表含亲密度、适应性两个分量表，如"家庭成员可以分享彼此的兴趣和爱好"和"当家庭发生矛盾时，家庭成员会把自己的想法藏在心里"，共 30 题，5 点记分，"1"为"不是"，"5"为"总是"。该量表信、效度良好，在我国已被广泛使用。本研究中，亲密度的 Cronbach α 系数为 0.81，适应性的 Cronbach α 系数为 0.84。本研究中的家庭功能变量以这两个分量表的平均分来代表。

(3)儿童抑郁量表(Children's Depression Inventory，简称"CDI")。采用 Kovacs 编制、Chen 等学者修订的抑郁量表测查儿童的抑郁水平。[4]该量表共包括 14 个题项，如"没有人真正喜欢我"。量表采用 3 点评分，在对反向题进行转换后，加和总分并计算平均分。分数越高表明该儿童抑郁程度越深。该量表已被证实在中国儿童研究中具有较高的信效度。[5]在本研究中，该量表的 Cronbach α 系数为 0.86。

(4)儿童孤独感量表(Illinois Loneliness Question-naire，简称"ILQ")。采用 Asher 等人编制的伊利诺斯孤独感量表测量儿童的孤独感水平。[6]该量表包含 24 个项目，采用 5 点记分(1—5 分)，选用其中 16 个关于孤独和社会不满的项目(如"我感到孤独""没有什么人和我一起玩"等)，反向题进行转换后，计算各项目的平均分，所得分数越高表明孤独感越高。该问卷已经在中国儿童的研究中应用广泛，具有较高的信效度。[7]在本研究中，该量表的 Cronbach α 系数为 0.89。

(5)儿童自我觉知量表(Self—Perception Profile for Children，简称"SPPC")。采用 Harter 编制的儿童自我觉知量表测量儿童的自尊水平。[8]该量表包含 36 个项目，由丁雪辰等修订为中文版，采用 5 点记分(1—5 分)，包含"一般自我觉知、认知自我觉知"等 6 个维度。[9]本研究选用"一般自我觉知"这一维度，如"我对我母亲的情况很满意"，分数越高表明儿童的自尊水平越高。该量表广泛应用于中国儿童与青少年的研究，具有较高的信效度。[10]在本研究中，该量表的 Cronbach α 系数为 0.87。

(6)学生生活满意度量表(SLSS)。采用由 Huebner 编制的学生生活满意度量表测量儿童的幸福

① Spanier G. B. , "Measuring Dyadic Adjustment：New Scales for Assessing the Quality of Marriage and Similar Dyads", Journal of Marriage and Family, Vol. 38, no. 1(1976), pp. 15-28.

② 刘俊升，季晓芹，李丹：《夫妻冲突对儿童心理适应的影响：教养行为的中介效应》，《心理研究》2014 年第 1 期，第 51-58 页。

③ 戴晓阳：《常用心理评估量表》，人民军医出版社 2010 年版，第 163-167 页。

④ Chen, X. , Cen, G. , Li, D. , & He, Y. , "Social Functioning and Adjustment in Chinese Children：The Imprint of Historical Time", Child Development, Vol. 76, no. 1 (2005), pp. 182-195.

⑤ Chen, X. , Yang, F. , & Wang, L. , "Relations between Shyness-sensitivity and Internalizing Problems in Chinese Children：Moderating Effects of Academic Achievement", Journal of Abnormal Child Psychology, Vol. 41, no. 5 (2013), pp. 825-836.

⑥ Asher, S. R. , Hymel, S. & Renshaw, "Loneliness in Children", Child Development, Vol. 55, no. 4 (1984), pp. 1456-1464.

⑦ 周宗奎，孙晓军，赵冬梅，等：《童年中期同伴关系与孤独感的中介变量检验》，《心理学报》2005 年第 6 期，第 776-783 页。

⑧ Harter, S, "The Perceived Competence Scale for Children", Child Development, Vol. 53, no. 1 (1982), pp. 87-97.

⑨ 丁雪辰，刘俊升，李丹，等：《Harter 儿童自我知觉量表的信效度检验》，《中国临床心理学杂志》2014 年第 2 期，第 251-255 页。

⑩ 刘俊升，季晓芹，李丹：《夫妻冲突对儿童心理适应的影响：教养行为的中介效应》，《心理研究》2014 年第 1 期，第 51-58 页。

感。[1]量表共有7个项目,如"我生活得很幸福",采用5点计分,该量表信效度较好。[2]在本研究中,该量表的 Cronbach α 系数为 0.84。

3. 数据处理

本研究采用 SPSS 26.0 对数据进行描述统计和相关分析,采用 Mplus8.3 对结构方程模型进行中介效应检验。

三、研究结果

1. 描述性统计

本研究的调查对象中,女生的样本比例(51.7%)略高于男生(48.3%),绝大多数为上海本地户口(91.0%),大多数为独生子女(74.2%),绝大多数父母一方拥有高中以上学历(91.3%)。由于户口、是否独生子女以及父母受教育水平人数比例差异较大,因此,仅以年级和性别为自变量,以"抑郁、孤独、自尊、生活满意度"为因变量,做多元方差分析。结果表明,年级的主效应显著,Wilks'λ=0.98,$F_{(4, 1638)}$=9.41,$p<0.001$,η_p^2=0.022;性别的主效应显著,Wilks'λ=0.98,$F_{(4, 1638)}$=10.05,$p<0.001$,η_p^2=0.024。年级和性别的交互效应不显著。各变量的均值和标准差,见表1。

表1 不同性别、年级与青少年心理适应状况的均值和标准差

	高一		高二	
	男	女	男	女
抑郁	1.48(0.35)	1.51(0.35)	1.57(0.37)	1.57(0.36)
孤独	2.04(0.75)	2.11(0.72)	2.18(0.70)	2.12(0.68)
自尊	3.77(0.87)	3.56(0.84)	3.54(0.92)	3.52(0.84)
生活满意度	3.65(0.77)	3.70(0.69)	3.41(0.86)	3.52(0.77)

进一步单因素方差分析表明,高二年级的抑郁[$F_{(1, 1641)}$=19.05,$p<0.001$]和孤独[$F_{(1, 1641)}$=4.60,$p<0.05$]水平显著高于高一年级;高一年级的自尊水平[$F_{(1, 1641)}$=10.60,$p<0.01$]和生活满意度[$F_{(1, 1641)}$=31.61,$p<0.001$]显著高于高二年级;男生的自尊水平显著高于女生[$F_{(1, 1641)}$=7.31,$p<0.01$],女生的生活满意度水平显著高于男生[$F_{(1, 1641)}$=4.40,$p<0.05$]。

各变量相关分析结果,见表2。年级与各个心理适应指标相关显著,其中年级与抑郁和孤独显著正相关,与自尊和生活满意度显著负相关;性别与自尊呈显著负相关。其他研究变量间相关均显著。

表2 各变量间相关分析

	M(SD)	年级	性别	1	2	3	4	5
1.抑郁	1.53(0.36)	0.11**	0.02	—				
2.孤独	2.11(0.71)	0.05*	0.01	0.60**	—			
3.自尊	3.60(0.87)	−0.08**	−0.07**	−0.71**	−0.63**	—		
4.生活满意度	3.57(0.78)	−0.14**	0.05	−0.62**	−0.55**	0.70**	—	
5.婚姻冲突	1.76(0.52)	0.02	−0.00	0.13**	0.09**	−0.12**	−0.15**	—

[1] Huebner, S. E., "Initial Development of the Student's Life Satisfaction Scale", School Psychology International, Vol. 12, no. 3 (1991), pp. 231-240.

[2] Liu, X. S., Fu, R., Li D., et al., "Self-and Group-Orientations and Adjustment in Urban and Rural Chinese Children", Journal of Cross-Cultural Psychology, Vol. 49, no. 9 (2018), pp. 1440-1456.

（续表）

	M(SD)	年级	性别	1	2	3	4	5
6.家庭功能	4.78(0.75)	−0.03	0.03	−0.40**	−0.34**	0.44**	0.53**	−0.21**

2. 婚姻冲突与青少年心理适应的关系：家庭功能的中介作用

为了明确婚姻冲突和家庭功能对青少年心理适应的影响，将父母报告的婚姻冲突作为预测变量，青少年消极心理适应指标（抑郁、孤独）和积极心理适应指标（自尊、生活满意度）作为结果变量，家庭功能作为中介变量，对"抑郁、孤独、自尊、生活满意度"四个心理适应指标建立结构方程模型。根据父母和青少年分别报告的数据结果，控制了与四个心理适应指标有显著相关的人口学变量后，模型的各路径系数见图1（仅包含显著路径）。结果显示，模型拟合良好，$x^2=22.95$，$df=8$，$x^2/df=2.87$，CFI=1.00，TLI=0.98，RMSEA=0.04，SRMR=0.02。

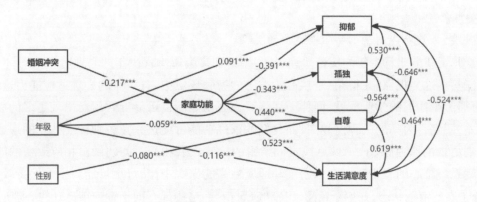

图1 家庭功能在婚姻冲突与青少年心理适应之间的中介效应模型

在 Mplus 中采取 Bootstrap 程序检验直接效应和间接效应的显著性，采用重复随机抽样的方法在原始数据进行 5000 次抽样，如果间接效应 95% 的置信区间不包括 0，则表明该中介效应显著。表3 的结果表明，父母感知婚姻冲突通过家庭功能影响青少年心理适应的间接效应显著，家庭功能对抑郁和孤独的中介效应值分别为 0.086($p<0.001$)和 0.077($p<0.001$)，对自尊和生活满意度的中介效应值分别为−0.100($p<0.001$)和−0.113($p<0.001$)。

表3 中介效应显著性 Bootstrap 分析

路径	标准化的间接效应估计值	标准误	95% 置信区间 下限	95% 置信区间 上限
婚姻冲突→家庭功能→抑郁	0.085	0.013	0.060	0.112
婚姻冲突→家庭功能→孤独	0.074	0.012	0.053	0.099
婚姻冲突→家庭功能→自尊	−0.096	0.014	−0.126	−0.069
婚姻冲突→家庭功能→生活满意度	−0.114	0.017	−0.149	−0.081

家庭功能在婚姻冲突和青少年心理适应关系中起完全中介作用，婚姻冲突负向预测了家庭功能，家庭功能负向预测了青少年抑郁和孤独，正向预测了青少年自尊和生活满意度。

四、讨论

1. 青少年心理适应的年级和性别差异

本研究结果表明,高二青少年比高一青少年的心理适应水平低。由于高考压力随着年级的升高逐步增加,青少年面临诸多重要的人生选择,伴随而来的是青少年抑郁和孤独感的增加,以及自尊和生活满意度的下降。因此,学校在针对高中青少年的心理教育和疏导方面,应该从正、反两个方面着手提升青少年的心理适应水平,通过恰当的心理课程设计、职业选择规划等,缓解青少年的抑郁、孤独等消极心理状态,同时以建设性的方式提升青少年的自尊、幸福感等积极心理适应,帮助青少年学会以积极的状态面对压力,平稳度过人生的转折点。

性别因素只在自尊和生活满意度上差异显著,具体表现为女生的生活满意度更高,男生的自尊水平更高。这一结果可能与高中阶段女生的关注点更多,涉及生活多方面的内容,而男生可能对自我更加自信有较多的关注。

2. 婚姻冲突、家庭功能与青少年心理适应的关系

以往关于儿童和早期青少年的实证研究表明,婚姻冲突会影响青少年的心理适应。[1][2] 本研究通过大样本调查证实了这类观点,在口角、争执高频发生的家庭环境中,青少年的心理适应能力遭受着极大挑战,进而可能影响他们的学业成就、同伴交往等。家庭功能不良可能导致子女出现更多的心理问题,家庭功能越差,子女行为问题的程度越高;而良好的家庭功能可促进儿童各种社会技能的形成,在同伴群体中体验到更少的孤独感。[3][4][5] 家庭成员间亲密的情感联系和面对问题做出相应改变的能力,直接影响身处家庭系统核心的青少年。在亲密度和适应性高的家庭中,父母更可能与子女保持较密切的沟通,及时察觉子女的情感状态,并给予情感支持和应对指导,这些都有助于青少年良好的心理适应。

3. 家庭功能的中介作用

家庭亲密度和适应性作为家庭功能的两个重要维度,表现为家庭成员之间的情感关系和家庭体系随家庭处境变化以及不同发展阶段问题而做出相应改变的能力,与夫妻关系和青少年的心理适应相关联。青少年的心理适应离不开家庭这个重要的环境,家庭成员间的情感关系影响着青少年的情感适应,而家庭应对问题做出改变的能力也直接影响青少年的适应能力,二者从不同方面对青少年的心理适应产生重要影响。尽管争执并不都是围绕子女产生,但发生在家庭系统中夫妻间的冲突,总能影响到家庭功能的正常发挥。

以往研究在探讨婚姻冲突对青少年心理适应影响的机制中,考虑到了教养方式在其中的中介作用,证明了父母关系通过影响父母对待子女的方式进而影响子女发展的关系,将父母和子女作为两个子系统的角度来考虑,而本研究从整个家庭系统的角度证实了父母婚姻冲突通过影响青少年感知的家庭功能对青少年心理适应产生影响。一方面,夫妻间的矛盾和争吵,不仅影响夫妻关系的和谐,也会对整个家庭功能产生负面影响;而不良的家庭功能意味着较少的家庭亲密度和适应性,青少年从父母那里可获得的情感支持减少,已有的负性情绪难以得到有效的缓解,抑郁和孤独水平升高。另一方面,在父母冲

① 刘俊升,季晓芹,李丹:《夫妻冲突对儿童心理适应的影响:教养行为的中介效应》,《心理研究》2014年第1期,第51-58页。

② 叶蓓,朱晓华,方拴锋,等:《父母婚姻冲突对儿童心理社会适应影响的研究》,《国际精神病学杂志》2015年第5期,第36-39页。

③ 叶苑,邹泓,李彩娜,等:《青少年家庭功能的发展特点及其与心理健康的关系》,《中国心理卫生杂志》2006年第6期,第386-387页。

④ 郑希付:《行为与家庭》,湖南师范大学出版社1995年版,第105-126页。

⑤ 俞国良,辛自强,罗晓路:《学习不良儿童孤独感、同伴接受性的特点及其与家庭功能的关系》,《心理学报》2000年第1期,第59-64页。

突较少的家庭中，家庭成员间的情感联系更加紧密，家庭功能的良好发挥促使父母能够关注到青少年的情感变化，并及时给予疏解，从而提高了青少年的自尊和生活满意度水平。

"大人的事，小孩子别管"这句话，并不能真的让身处家庭系统中心的青少年置身事外，尽管婚姻冲突的矛头并没有总是对准青少年子女，却能通过损害家庭功能，增加青少年的心理问题。已背负沉重学业压力的青少年，不仅不能通过良好的家庭功能得到支持和安慰，还可能需要通过自己的努力来改善不良的家庭功能，结果可能就是青少年心理健康状况受损。

五、对策建议

社会发展带来了生活质量提高的同时，也导致人们面临的压力同步增加。尽管青少年尚未直面社会压力，他们的心理健康状况依然令人担忧。如何改善青少年的心理健康状况，促进他们的心理适应，是横亘在学校和家庭教育面前的重要议题。"双减"政策的出台，无疑可以从社会层面消解青少年的部分压力，但家庭作为青少年成长的微观系统对他们的心理健康作用重大。根据上述研究结果，我们认为，以下举措将有助于提升青少年的心理适应水平：

1. 加强校本心理健康教育课程建设，优化实施途径

其一，跟进心理辅导。学校除在高一开设心理教育课程外，还可以在高二以短课程的形式集中对学生进行团体心理辅导，利用课余时间以深度谈心疏导和个别心理咨询等方式进行。随着学生年级上升，课业压力相应增大，针对学生出现的各种问题，学校应及时跟进辅导，通过精心谋划，分门别类开展有针对性的系列班级心理教育活动。

其二，实施全员导师制。通过谈心、交流、活动、辅导、家访等，关心关爱每一位学生的思想、学习和生活，促进每一位学生的新成长。在学科教学中积极渗透心理健康教育，倡导用一种开放和欣赏的眼光来欣赏每一位学生，强调每一位学生均具有积极力量。从原来过度关注学生学科知识，到更关心学生的积极心理品质，关注学生的学科核心素养的培育等。开展深度谈心活动，疏解学生焦虑和青春期的成长困惑，应特别针对家庭情感支持缺损的孩子特有的问题，剖析问题原因，帮助他们顺利完成自我成长。

其三，开展心理剧体验活动。让学生把学习、生活中的烦恼、困惑编写成小"剧本"，通过参与角色扮演、小品表演等，体验心理的细微变化，释放过重的心理负担，领悟人生哲理。深入推进生涯辅导，通过建设生涯辅导平台，为学生提供专业化的生涯规划指导，提升学生生涯选择能力等。

2. 帮助父母营造良好家庭氛围，建设"爱的港湾"

父母应该以系统的视角来看待自己的婚姻冲突对子女的影响，尽量减少矛盾和争吵。夫妻矛盾很难避免，但父母应该学会采取积极的建设性的方式来处理双方矛盾，避免家庭亲密度和适应性受到影响，让青少年能够在发挥良好功能的家庭环境中得到心理支持，让家庭成为名实相符的"爱的港湾"。

学校除了关注父母如何对待子女，还可以通过讲座或推文的方式，指导父母如何减少夫妻冲突，为青少年营造适合发展的良好家庭氛围。家庭是青少年人生起航的基点，也是青少年社会化的起点，青少年难以脱离家庭系统的影响而独善其身，再隐秘的家庭冲突导致的家庭功能的变化也会被青少年所察觉。因而，父母在重视子女教育的同时，不能忽视对夫妻关系的经营，同时还要重视建立良好的家庭功能，从而助力青少年心理适应能力的提升。

3. 探索家校合作新途径，提升家长家庭教育能力

我们建议以问题为导向，基于高中生身心发展规律，以青春期教育、亲子沟通、生涯规划、学习品质培养、家长情绪管理、家校合作共育等为专题，根据不同年级学生特点和家庭教育需求的差异，热点和难点问题的不同，通过家长专题讲座、亲子沟通团队辅导活动、亲子实践活动、个案辅导四大类课程开展家

庭教育指导。

　　同时建议积极探索能够提升家长家庭教育能力的学校操作机制。在年级层面,诸如高一年级侧重于高中生活的适应和学习方法的指导、职业生涯规划、选科指导和父母婚姻冲突应对;高二年级侧重青春期教育、亲子沟通、学科学习指导以及父母关系和睦等。在活动方式层面,诸如家长读书会,家长可通过学校的微信平台专栏,交流读书心得体会。通过读书活动,培养家长的阅读习惯,形成班级内部家长之间交流与沟通教育子女好经验、好方法的氛围。又如,通过优质爸妈成长营系列团辅,实现心理健康教育与家庭教育双向互动,用心理学理念来指导家长的教育方式,引导父亲、母亲了解孩子心理需求,关注孩子心理健康,转变家庭教育观念,减少家庭冲突,建立亲子沟通新平台,与学校共同助力青少年的健康成长。

The Impact of Parental Marital Conflict on Adolescent Psychological Adjustment: The Mediating Role of Family Functioning

LI Longquan[1], YANG Wenying[2]

(1. Shanghai Shuguang High School of Fengxian District, Shanghai, 201411;

2. Shanghai Zhiyuan Senior High School of Fengxian District, Shanghai, 201499)

Abstract: To investigate the role of family functioning in the relationship between parental marital conflict and adolescent psychological adjustment, 1,651 high school students in Shanghai were surveyed through the Dyadic Adjustment Scale, the Family Adaptability and Cohesion Evaluation Scale, the Illinois Loneliness Questionnaire(ILQ), the Childhood Depression Inventory, the Self—Perception Profile for Childre (SPPC), and the Student Life Satisfaction Scale (SLSS). The findings have showed that there exist significance in grade and gender in high school students' psychological adjustment; parental marital conflict predicts family functioning in negative significance, while family functioning predicts adolescents' psychological adjustment in positive significance; and family functioning plays a full mediating role between parental marital conflict and adolescents' psychological adjustment. The findings, to some extent, illustrate the role of family system on adolescents'' psychological health. Parents should learn to adopt a constructive approach to deal with conflicts so that adolescents can get psychological support in a well—functioning family environment.

Key words: marital conflict, family functioning, loneliness, depression, self-esteem, life satisfaction

《现代基础教育研究》
第47卷，2022年9月 　　　　　(Research on Modern Basic Education) 　　　　　Vol.47, Sep. 2022

"泛标签化"网络流行语对青少年思想的影响及应对

都晓琴 [1,2]

(1. 上海师范大学 马克思主义学院，上海 200234；

2. 上海开放大学 网络思想政治教育与社会治理研究中心，上海 200433)

摘　要："贴标签"是网络流行语中的常见现象，也是青少年亚文化的独特表现方式。但是，"泛标签化"网络流行语在感知和思考方式上暗含以偏概全、刻板印象的固化程式，容易对青少年思想产生负面影响。尤其是网络场域指涉青少年群体负面符号的"泛标签化"思维附带着色情、偏见、歧视、嘲讽、诽谤、暴力、犯罪等因素，它可能会固化青少年群体认知，强化青少年价值偏见，导致青少年道德迷失。破解这种困局的关键是，通过德育引领、朋辈互助方式和凝聚共识等策略，跳出网络流行语"泛标签化"思维窠臼，引导青少年树立正确的价值观。

关键词：网络流行语；青少年；泛标签化；教育

网络流行语是时代风貌和社会心态的符号化缩影。"青少年热衷使用网络流行语，除了受到它的幽默诙谐、简洁创新等自身魔力吸引外，青少年群体特有的标新立异、渴望独立、叛逆等心理特点也决定了他们对网络流行语的喜爱和追捧。"[①] 在网络流行语使用过程中，"贴标签"成为青少年沟通交流、表情达意、抒发情感的重要方式。不可否认，标签有助于人们识别、描述人或事物，但"标签化"倾向于以化繁为简的方式固化符号化认知，容易引起主体的误读与误判。特别是网络流行语中的"泛标签化"现象极易让人产生"标签依赖"，催生惰性思维，陷进先入为主的认知误区。当前，"泛标签化"网络流行语容易对青少年思想带来负面影响，应该引起学校和家长警惕。

一、网络流行语中的"泛标签化"现象及其产生的原因

网络流行语由于其低门槛、年轻化而深受青少年喜爱。特别是"身份型标签""性别型标签""地域型标签""情感型标签""态度型标签"等网络流行语更容易得到青少年的青睐，他们常常以此来表达自我、评价他人、抒发情感。比如，网络上比较流行的"富二代""香蕉人""PLMM""傻白甜""女拳主义""羞耻play""深井冰""中二病"等。一般而言，标签是人们认识世界的常见方式，它经由主体对客体的感知、识别和命名，以实现清晰描述人或事物的预期目标。可以这样说，标签被视为人们感知世界必不可少的符号和习以为常的生活

基金项目：本文系2022年度上海市德育课程教学研究基地项目"中小学思政课一体化实施的问题及其对策"(项目编号：2022基2-1-37)研究成果。

作者简介：都晓琴，上海师范大学马克思主义学院博士研究生，上海开放大学网络思想政治教育与社会治理研究中心助理研究员，主要从事网络思政、政党与国家治理研究。

① 魏晓娟：《青少年使用网络流行语的心理动因及教育应对》，《当代青年研究》2017年第2期，第95-99页。

方式。但是,"标签型"网络流行语以一种自发的认识归类方式,将某一个事件或者某个人物自发地归为一类事件或一类人物。① 尽管青少年可以借助网络流行语对人或事物进行鉴别、归类、认知,并按照标签所代表和蕴含的意义去理解世界,但它却容易带来认知偏差。尤其是标签化泛滥所导致的"泛标签化"问题,更是值得警惕。

1. 网络流行语的"泛标签化"现象及其隐忧

"以互联网为载体的网络空间成为人类社会生活的新场域。在这个以开放性、虚拟性、交互性为表征的网络公共场域中,每个参与者都是'自由和平等'的主体,人们似乎站在'屏幕后'操控一切,表现在'屏幕上'的只是形式各异的交流符号。"② 这意味着,每个人都可以在虚拟的网络世界中重塑社会关系,并在屏幕后借助形式各异的交流符号编织与渲染各种被制造、命名的新奇信息。如此一来,被青少年所喜爱的"泛标签化"网络流行语就成为网络空间狂热消费的文化景观。

青少年为了寻觅新奇信息,对于"贴标签"表现出难以置信的兴趣。越是带有"态度""情感""歧视""偏见""污名化"的标签,似乎越是流行。特别是涉及青少年群体性别、身份、经济地位、地域、精神状态等倾向性极强、感情色彩浓厚的网络流行语,总能成为青少年狂热消费的对象信息。这种追求"信息奇观"与"刻板印象"的贴标签或过度使用标签行为,衍生的一个主要后果是造成"泛标签化"现象。而且,很多网络流行语起初只是一种客观或中性的描述,但被"泛标签化"后,则背离当初的基本意涵,容易使人陷入非此即彼、以偏概全的思维误区。我们可以看到,一些网络媒介在"唯流量论"影响下,乐此不疲地使用诸如"富二代""社畜"等标签吸引眼球,并且频繁使用标签式的批判或嘲讽,以至于青少年的认知被固化,容易丧失独立思考的能力。

当虚拟社会中的贴标签行为愈加普遍时,带有预设性、偏见性的固化思维便会潜移默化地植根于人们头脑中,青少年也难免会受其影响,产生认知方式、思考方式的异化。问题的关键在于,一旦网络流行语本身被"泛标签化"思维左右,网络

空间的非理性认知、情绪化话语等就会滋生蔓延,进而产生深层次的不安与焦虑,削弱青少年对事实和真相的理性分析。

2. 网络流行语中"泛标签化"现象产生的原因

青少年网络流行语的"泛标签化"现象产生的主要原因有如下两点:

其一,"泛标签化"现象受人们认知结构规律的影响。通常而言,人们借助头脑中已经形成的认知图式以实现对不同群体的归类与表征,并迅速获得关于某个群体或圈层的粗浅印象。网络流行语"泛标签化"现象之所以符合人们的认知结构和规律,主要是因为它形成了一个"既有图式"和"解读框架",通过将复杂信息简单化,让人们可以在标签所涵盖的熟悉范畴中获取信息,做出判断。某一事物一旦被贴上标签,其不符合标签的特征就很容易被忽略,人们也只能按照标签原有的刻板认知去解读该事物。也就是说,被"泛标签化"的网络流行语在一定的语境中产生,会在无形中给青少年提供认知问题的固化的、刻板的甚至单一的框架。

其二,"泛标签化"受人们固有思维模式的影响。李普曼认为,我们对事实的认识取决于我们所处的地位和我们的观察习惯。③ 这种习惯容易让人们形成刻板成见,仅以固化、简单的方式认识事物,从而最终影响人们的认知、判断乃至评价。这种思维定式的产生在很大程度上源于人所特有的情绪、情感,并据此来集中反映人们对网络流行语的态度和评价。事实上,涉及青少年群体的网络流行语及"泛标签化"思维并不仅仅是对人与事物的命名、鉴别、分类,它还承载着主体的态度与体验,因此,青少年群体在一定程度上容易对标签蕴含的鲜明特质或敏感内容做出倾向性态度反应。

二、网络流行语中的"泛标签化"现象对青少年思想的影响

网络流行语塑造了一种让青少年乐于接受的交流语言,但他们也常常被"泛标签化"思维所误

① 朱力:《泛标签化扭曲社会认知》,《人民论坛》2012年第3期,第6页。
② 赵丽涛:《网络空间治理的伦理秩序建构》,《中国特色社会主义研究》2018年第3期,第85-89页。
③ 沃尔特·李普曼:《公众舆论》,阎克文、江红译,上海人民出版社2006年版,第61页。

导,并依赖标签,产生认知固化与刻板、以偏概全甚至道德迷失等问题。

1."泛标签化"现象容易固化青少年群体认知

青少年对于网络流行语有着本能的敏感,他们敢于尝试接触新鲜事物,并且善于运用匪夷所思的交流符号表达自我、释放情绪,满足个性化需求。特别是涉及群体特征的"标签性"网络流行语更容易吸引青少年目光,成为他们标新立异的象征。因此,有些"身份型标签"包含色情、犯罪、嘲讽等内容,容易使青少年产生误解,甚至引发青少年群体之间的价值冲突。

其一,"泛标签化"信息传播易使青少年对"标签"所指代的人或事物产生"模糊性认知"。网络虚拟空间是一种"拟态环境"(Pseudo-environment)。很多时候,经由拟态环境在青少年头脑中所形成的图画往往与现实有出入,甚至是某种程度的悖论存在。网络拟态环境下的"泛标签化"信息传播,由于远离现实环境和缺乏亲身体验,导致青少年对"标签"所指代的人或事物的认知往往不是出于现实,而是依靠模糊性指代与自发性联想,用有限的形象标签来认识这些网络流行语,并最终在头脑中构建了一幅存有偏见甚至误解的图像。于是,价值观不同的青少年开始相互"贴标签",甚至通过"人身攻击""人格侮辱""形象恶搞""人肉搜索"等方式攻击对方。这些关涉青少年形象的标签并非简单的标识,而暗含着态度、意见、情绪与情感。

其二,"泛标签化"思维容易使青少年陷入以偏概全的简单化框架窠臼。网络流行语的"泛标签化"使得青少年借助非此即彼的结构化标签来认识某个群体的特征,其造成的刻板印象扼杀了青少年在认知上的个性差异。在这个意义上,"泛标签化"思维无疑使青少年通过"选择性标记"建构自身形象,忽视了青少年群体中的内部差异,从而使青少年对某些网络流行语产生片面、歪曲的认知。

2."泛标签化"现象容易强化青少年价值偏见

"污名是一种社会特征,该特征使其拥有者在日常交往和社会互动中身份、社会信誉或社会价值受损。"[①]人们通常认为,作为受污者的青少年会对涉及自身的污名标签产生反抗情绪,甚至拒斥标签符号所暗含的嘲讽、偏见、歧视。然而,被贴上负面标签的青少年可能会因为媒介宣传、现实境遇、吸收偏颇而"对号入座",产生一种强烈的主观感应和价值认同。

一是网络流行语中的"泛标签化"现象,可能通过兼具新奇性与诱导性的信息催生青少年的价值失序问题。在"唯流量论"的推波助澜下,崇尚"目光聚集"的网络媒介更容易将"泛标签化"思维推到极致。青少年的世界观、人生观和价值观尚未定型,他们一旦自认为属于某个群体圈层,就可能进行"站队",并以"键盘侠"行为展现标签所赋予的意涵。如果进一步剖析流量时代"泛标签化"思维导致的青少年污名吸收效应,我们不难发现,它背后的深层机理在于对符号的强化和规训。以"土豪"为例,它本身就带有鲜明的社会和文化隐喻,部分青少年不但以"土豪"自居,还衍生出拜金主义倾向,从而扭曲青少年价值观。

二是网络流行语中的"泛标签化"现象,可能获得部分青少年的自嘲性价值认同。从青少年形象标签的源流演变中我们可以看到,很多标签并不是空穴来风,而是在总结部分青少年的某些特点基础上产生的,它或多或少反映了年轻人在特定时代的外在表现。但是,青少年在这种给定的信息中发现以往不曾意识到但却有所契合的标记,并在网络流量话语的狂轰滥炸下发现自身也存在标签符号所附带的些许特点,从而在某种程度上认同这种污名化的标签。例如,"屌丝"本是一个讽刺性、歧视性、侮辱性的标签,暗含"矮矬穷"、"丑呆傻"、卑微、辛酸等污名化信息,但却获得了一部分年轻人的自嘲性认同。

三是网络流行语中的"泛标签化"现象衍生的程式化思维,可能引发青少年逆反心理。在"流量为王"的网络时代,为了引起网民关注,很多涉及青少年形象的标签在信息容量上都被压缩到狭小的维度上,从而使得人们提到某个标签就自然而然对其产生固化的描述与印象。特别是当这种标签所蕴含的"程式化思维"激发青少年自我投射心理时,就会使一些青少年对社会化的主流规范产生逆反心理,即越是社会倡导的,就越会引起一些青少年的抵触。例如,如果在建构"10后"网络形象时泛滥地使用"非主流"标签,就会让一部分"10

---

① 戈夫曼:《污名:受损身份管理札记》,宋立宏译,商务印书馆2009年版,第12页。

后"潜移默化地接受这种标签,并故意外化为与主流规范相悖的"非主流"行为。

3."泛标签化"现象容易导致青少年道德迷失

青少年"泛标签化"现象中最重要的一个特征便是"双向排他标签"。所谓"双向排他标签",是指不同圈层的青少年群体因经济地位、价值观念、兴趣爱好、话语表达等差异而互贴排斥性、对抗性标签,并故意泛化、夸大、渲染对方的缺点或不足,以此捍卫自身利益。在网络媒介传播中,诸如"农二代与官二代""贫二代与富二代""矮穷矬与高富帅或白富美""屌丝与土豪"等"双向排他标签",折射出不同青少年群体在对立性符号中发泄怨愤与不满。从深层次看,网络空间中青少年群体之间的"双向排他标签",容易对青少年思想道德产生两方面的危害:

一方面,从符号化的标签话语对立转变为青少年群体道德心理冲突。关涉青少年群体之间的"双向排他标签"在初始意图上,主要是以调侃、嘲讽、戏谑、鄙视等话语批评对方。但是,鉴于隐匿性网络的激发渲染效应,"泛标签化"思维内置着偏见、歧视和刻板印象,容易导致不同圈层的青少年群体由此走向非理性的道德心理对抗,并企图借助外显的标签施加"道德压力",甚至站在"道德制高点"表达愤怒、怨恨、不满的心态。于是,标签本身的内涵和外延也随之发生变化,更易朝着极端化方向发展,并赋予其负面、污名的道德联想,进而在青少年群体中产生对立和冲突。比如,很多"学生粉"盲目崇拜"爱豆",认为自己"站队"的"爱豆"神圣不可侵犯,一旦有人产生"异议",便针锋相对,借助"刷量控评""隔空互撕""恶意丑化""人肉搜索"等方式进行围攻,从而致使青少年群体中的不良道德心态逐渐蔓延。

另一方面,从自我庇护转向公开的青少年群体性道德判断标准迷失。"双向排他标签"在网络的隐匿性、交互性、放大性的特质中可能会导致相互攻击,从而使得原本进行自我辩护的青少年群体不满足于话语层面的表达和宣泄,并在利益诉求、圈层立场、释放情绪的驱动下引发他们在道德观念上产生碰撞和冲突。实质上,不同圈层的青少年所使用的"双向排他标签",暗含着主体在道德认知上的态度反应、情感体验和基本意向,它背后遮掩的问题一旦指向利益博弈、贫富差距、阶层

固化等社会现实,就容易让不同群体的不满心态迅速发酵。如此一来,越是在网络空间过多、随意地使用排他性标签,就越会制造阶层对立,加深不同群体之间的误解和裂痕,从而导致青少年混淆道德判断标准,甚至衍生"审丑"心理。

三、"泛标签化"现象负面影响的应对策略

要想消除网络流行语使用过程中的"泛标签化"现象对青少年造成的不良影响,必须避免既有图示与固化框架的影响,引导青少年群体理性审视网络流行语,帮助他们树立正确的价值观。

1. 通过德育引领破除"泛标签化"思维定势和认知误区

克服网络流行语"泛标签化"现象的负面影响,关键在于提高青少年对于网络流行语的理性辨识能力,帮助他们摆脱惰性思维。学校德育是塑造青少年品格的重要方式,因此,学校应该引导青少年理性认识网络流行语。

一是提升青少年对于网络流行语的辨识力。学校德育工作者应该及时关注网络流行语的演变和发展,并且对于青少年使用流行语的状况要有一定的敏感性。学校德育工作者要多观察,与青少年勤交流,特别是要深入到青少年的生活世界中去了解和分析他们对于网络流行语的态度。一旦发现青少年频繁使用或者认同带有色情、犯罪、暴力、污名化等"身份型标签"流行语时,就要注意适时引导他们摒弃使用和认同不良用语。同时,学校德育工作者还要提升蕴含积极、正向意涵的网络流行语的转化效应,使之与主流文化产生协同共生效应,潜移默化地影响青少年价值观。

二是帮助青少年理性审视网络世界中的青少年形象。当前之所以会产生青少年网络形象认知上的"泛标签化"思维,主要是由于人们缺乏对青少年本身的全方位了解。正是这种惰性思维让人们局限于现有信息或话语的描述,进而走向一种窄化的认知路向。比如,对于网络中"垮掉的一代""娇生惯养"等非理性、情绪化标签,人们仅仅拘囿于青少年的某个侧面描述而以偏概全,没有看到青少年奋发向上、积极有为的正面形象。这意味着,学校德育工作者应该引导青少年破除结构化认知困境,客观、理性地审视网络流行语。

2. 运用朋辈互助方式增强对青少年的价值引领

青少年朋辈互助是一种通过青少年同伴之间相互学习、共同提升而产生的圈层化自我教育方式，要求群体内部成员在教育者引导下通过协作、对话、沟通解决自身面临的问题，并且充分发挥他们的自觉性和积极性，形成自我认识、自我监督和自我评价的能力，从而产生正向的"教育与同化"效应。

通过青少年朋辈教育应对上述问题，需要在以下三点下功夫：一是引导青少年朋辈群体建构网络流行语使用规范和公约。教育者可以引导青少年朋辈群体将共识性的流行语使用规范以"易记""易诵""易懂""易行"的方式公之于众，营造良好文化氛围，促使青少年在追求个性的同时不要突破文明公约。比如，不使用和认同带有色情、暴力、诽谤、歧视、犯罪等内容的网络流行语，共同维护"朋辈"内部团结形象。二是注重发挥青少年朋辈群体中"榜样人物""示范人物"的正向价值观引领作用。网络流行语应该与主导价值观相互融合，产生互促共增效应。青少年朋辈互助本来就需要注重发挥朋辈群体中的榜样和示范力量，以正向价值观影响同伴群体，使之共同耦合而生发协同效应，从而提升青少年群体的凝聚力。三是引导朋辈群体开展网络流行语"体验式"教育，引导青少年理性看待标签型流行语。通过"角色互换""身份转移"等方式让经常使用讽刺性、歧视性、侮辱性等网络流行语的青少年感受到这种做法的危害，从而产生同理心，不再"乱贴标签"。

3. 善于使用积极向上的网络流行语凝聚道德共识

除了跳出网络流行语"泛标签化"思维窠臼，还要在青少年网络形象的"再标签化"方面下功夫。这种网络场域青少年形象"再标签化"吁求源于这一事实——当代青少年主流形象是积极向上、勇于担当的。主流媒体要善于传播新时代青少年的爱国情怀、奋斗底色、进取姿态、担当精神、奉献意识、道德追求等积极形象，并将其用生动、鲜活的网络话语表达出来，让青少年主流形象重新回归，实现网络流行语的"再标签化"。诸如"自干五""小粉红""小青马""学霸"等一些喜闻乐见的正面标签形象，再现了当代青少年的理想信念与道德追求，它们不仅能赢得年轻人的喜爱，而且对于青少年的道德认知也具有纠偏作用。不过，在推进青少年正面网络形象"再标签化"时，仍然要警惕"泛标签化"思维泛滥，这就要求主流媒体在宣传青少年主流形象时，还要全面、立体地描述新时代青少年的整体面貌。

The Influence of "Pan-labeling" Internet Buzzwords on Teenagers' Thoughts and Countermeasures

DU Xiaoqin[1,2]

(1. School of Marxism, Shanghai Normal University, Shanghai, 200234; 2. Research Center for Internet Ideological and Political Education and Social Governance, Shanghai Open University, Shanghai, 200433)

Abstract: "Labeling" is a common phenomenon in Internet buzzwords, and it is also a unique expression of youth subculture. However, the "pan-labeled" Internet buzzwords imply a generalization and mechanical stereotype in the way of perception and thinking, which can easily have a negative impact on the thinking of young people. In particular, the "pan-labeled" thinking that refers to the negative symbols of the youth group in the online field is accompanied by such factors as pornography, prejudice, discrimination, ridicule, slander, violence and crime. It may solidify the cognition of youth groups, and strengthen their value prejudice, thus causing their moral loss. The key to solving this dilemma is to use strategies such as moral education, peer support, and consensus building to help young people jump out of the "pan-labeled" mentality of Internet buzzwords, and guide them to establish correct values.

Key words: Internet buzzwords, teenager, pan-labeling, education

基于认知规律的青少年劳动教育研究

刘宏森

(上海青年管理干部学院,上海 200083)

摘　要:尊重青少年的认知规律推进劳动教育,是提升青少年劳动教育成效的基本原则。引导青少年提升劳动认知水平是开展青少年劳动教育的基础。在当今社会中,遵循青少年认知发展的基本规律开展青少年劳动教育,需要家庭、学校和全社会因地制宜,引导青少年认知劳动形态,从中逐步理解劳动的基本含义;与时俱进,引导青少年认知新业态,从中理解现代劳动的新要求;循序渐进,引导青少年树立正确的劳动价值观。

关键词:劳动教育;认知;劳动形态;新业态;劳动价值观

2022年5月,教育部发布了《义务教育劳动课程标准(2022年版)》(以下简称"课程标准")。"课程标准"根据不同学段制定了"整理与收纳""家庭清洁、烹饪、家居美化"等日常生活劳动学段目标,于2022年秋季开始执行。笔者认为,"课程标准"的这些学段目标体现了基于青少年认知规律推进劳动教育的理念。在当今社会中,遵循青少年认知发展的基本规律开展劳动教育,主要体现在以下几个方面:因地制宜,引导青少年认知劳动形态,从中逐步理解劳动的基本含义;与时俱进,引导青少年认知新业态,从中理解现代劳动的新要求;循序渐进,引导青少年逐步树立正确的劳动价值观,培养劳动意识。

一、因地制宜,引导青少年认知劳动形态

青少年劳动教育涉及劳动认知教育、劳动意识教育、劳动价值教育、劳动能力教育、劳动习惯教育等多方面的内容。其中,劳动认知教育居于重要的基础性位置,是劳动教育的基本切入口。

"劳动认知教育,其主要内容是帮助青少年了解和认识人类劳动的涵义和意义;了解和认识人类劳动的外延,人类劳动的具体形态,特别是了解和认识现实社会中,产业发展的现状。"[①]很显然,只有首先开展劳动认知教育,帮助青少年厘清劳动的具体形态、具体内容和要求,才能帮助他们认识劳动,使青少年形成劳动价值观,逐步具备劳动能力,养成劳动习惯,成为合格劳动者和建设者。

1. 认知劳动形态是劳动教育的基础

劳动形态指的是现实生活中人类劳动所包括的具体类型和种类。劳动认知教育应帮助青少年了解劳动的具体形态。

(1)劳动形态与资源形态

多年来,人们一般把劳动形态分为体力型、脑力型、体力—脑力结合型等类型。然而,基于体力和脑力的分类还过于简单,难以帮助人们准确把握现实生活中人类劳动的真实状况。笔者认为,对资源投入和运行的具体形态的把握,决定了人们对劳动形态的划分。人类劳动的具体形态与其

作者简介:刘宏森,上海青年管理干部学院教授,硕士,主要从事青少年问题研究。

① 刘宏森:《青少年劳动教育教什么?》,《劳动教育评论》2021年第1期,第3页。

投入资源的基本状况直接相关。[①]比如，"快递小哥"等劳动者以体力资源投入为主，主要从事体力形态的劳动；"码农"等劳动者以脑力资源投入为主，主要从事脑力形态的劳动，但是，无论是"快递小哥"还是"码农"，其劳动事实上都既需要体力资源，也需要脑力资源，以及其他资源的投入。资源投入的多样性造成现实生活中人们劳动形态的复杂多样。因此，在引导青少年进行劳动认知的过程中，要尽可能让青少年充分感受和体会资源投入的多样性与劳动形态的多样性，避免简单二分导致青少年对人类劳动形态认知的简单化。

（2）家务劳动与职业劳动

劳动主要包括家务劳动与职业劳动。从本质上看，家务"是每一个家庭成员自身生存发展必然涉及、必须做好的事务集合"。[②]人类生存和发展离不开家务劳动，青少年的成长在很大程度上也建立在父母长辈家务劳动成果的基础之上。职业劳动是人类劳动的制度化形式和途径，具有连续性、合法、相对稳定等特点，包含以下几个要素：一是人们具有劳动能力，也就是具有相关岗位劳动所需的体力、智力等资源；二是在法定就业年龄内，在相应的劳动岗位上，实现资源总量增值，为所在组织做出应有的贡献，体现劳动者的价值；三是通过合法劳动，获得相应报酬。劳动者凭借这些报酬可以获得自身及家人生存发展所需的种种资源；四是有产业发展的基础，人们可以从中选择职业劳动的岗位；五是要有相关政策与法律的支持，使劳动者的合法权益得到切实的保障，同时淘汰不合格的劳动者，等等。

帮助青少年通过了解家务劳动、职业劳动等具体劳动形态的基本内容、形式、要求、程序、感受等，这是青少年劳动认知教育的基本内容，亦是劳动教育的基础性工作。

2. 青少年劳动认知的基本途径

通过耳濡目染，了解家庭成员和同辈群体的劳动形态，这是青少年劳动认知的基本途径。

（1）父母劳动的启蒙意义

青少年通过耳闻目睹父母长辈从事家务劳动和职业劳动的实际状况，受到关于人类劳动的启蒙教育。随着年龄增长，他们大多会越来越深刻地感受到家务劳动的价值和意义。但劳动在许多

青少年心目中还只是一个抽象的概念，需要父母与其他长辈有意识地教育与引导他们更多地了解职业劳动，引导青少年认知自己劳动的具体形态，这有助于提升他们的劳动认知水平。

（2）同辈劳动形态的启示意义

除了父母长辈的劳动，青少年能够接触到的还有兄姐们的劳动形态。对于青少年，兄姐们的劳动形态有特殊的亲和力、吸引力和影响力。在传统社会中，兄姐们跟着父母长辈为一家人的温饱而劳作，青少年对兄姐们的辛劳、技能、收获等看在眼里，记在心里，不经意间接受着劳动教育，到了一定的年龄，他们则学着和父母长辈、兄姐们一起劳动。在现代社会中，青少年则可以通过互联网、实地观摩等更多的途径，了解兄姐们职业劳动的具体形态，从中接受劳动认知教育。

3. 因地制宜、因势利导，提升青少年劳动认知水平

《义务教育劳动课程标准（2022 年版）》根据不同学段制定的劳动教育目标，体现了因地制宜、因势利导开展青少年劳动认知教育的理念。

（1）因地制宜开展劳动认知教育

因地制宜指的是根据青少年所处环境的具体条件和特点，灵活机动地开展劳动教育。社会上时时处处都有无数劳动者在辛勤劳动，因此，因地制宜开展劳动认知教育的机会比比皆是。

例如，家务劳动存在于每个家庭中，那么，孩子参加家务劳动就是一种不可推卸的责任，对孩子进行劳动认知教育也是时时处处可为的。要充分利用日常家务劳动、各种亲子时光，引导孩子观察和了解身边各种具体的劳动形态。

学校在制订劳动教育规划、落实课程计划的过程中，要充分整合、利用身边的劳动教育资源，组织学生就近参观一些周边的企事业单位，引导他们直接观察、了解和认知具体的劳动形态。

（2）因势利导开展劳动认知教育

因势利导指的是善于抓机会开展劳动认知教育。例如，父母长辈可以利用孩子参与家务劳动的机会，就具体劳动内容、要求和过程等内容进行即时的亲子交流。家务劳动结束后，及时引导孩子动笔写作，记录和描述孩子耳闻目睹的具体劳动形态，指导孩子总结和提炼对劳动形态、劳动过

---

① 刘宏森：《资源视角下的劳动概念再审视》，《贵阳学院学报》2019 年第 1 期，第 34 页。

② 刘宏森：《"家务"辨——兼论"80 后"中的"零家务"现象》，《浙江青年专修学院学报》2009 年第 3 期，第 19 页。

程的体验与认知。这既可以帮助孩子巩固和强化对具体劳动形态、劳动过程的记忆与认知,也可以帮助不少孩子解决作文内容空洞的问题。

学校可以利用队课、班会、团组织活动等形式,组织学生开展讨论参观企事业单位、经济组织的体会和对具体劳动形态的认知。在此基础上,教师引导学生进行归纳和总结,进一步巩固和强化学生劳动认知的成果。

二、与时俱进,引导青少年认知新业态

近几十年来,尤其是第四次工业革命以来,新业态层出不穷。这一现实状况既对青少年劳动教育提出了新的要求,也为青少年劳动教育提供了新的机遇。正视和适应新业态的现实状况,有助于青少年劳动教育与时俱进,更好地适应当下和未来经济社会发展的需求。

1. 认知新业态是劳动教育的现实课题

当今社会,出现了种种新业态,如直播带货、电竞、剧本杀、脱口秀、密室逃脱、换装体验、收费自习、外卖快递等。因此,引导青少年了解新业态是推进青少年劳动认知教育的重要方面。

(1)新业态丰富着劳动形态

进入21世纪以来,随着技术的进步,以及人类开发、转化资源的深化和发展,人们借助以互联网等为基础的种种新技术,创造出了种种新业态。"自2019年4月至今,人社部联合多部门已发布3批共38个新职业,不断刷新'职业版图'。"[1] 2022年6月,"人力资源社会保障部向社会公示相关新职业信息,其中机器人工程技术人员等18个新职业信息作为第一批向社会进行公示,广泛征求意见"。[2] 新业态层出不穷,使人类劳动的具体形态越来越丰富多样。

层出不穷的新业态为青少年劳动认知、参加职业劳动提供了更多机遇。《新时代的中国青年》指出,新时代"中国青年职业选择日益市场化、多元化、自主化,不再只青睐传统意义上的'铁饭碗',非公有制经济组织和新社会组织逐渐成为青年就业的主要渠道。""特别是近年来快速兴起的新产业、新业态,催生了电竞选手、网络主播、网络作家等大量新职业,集聚了快递小哥、外卖骑手等大量灵活就业青年,涌现了拥有多重身份和职业、多种工作和生活方式的'斜杠青年',充分体现了时代赋予青年的更多机遇、更多选择。"[3]

(2)新业态是青年创新探索的产物

作为互联网时代的"原住民",当代青年在了解和把握现代科技方面有十分突出的优势。同时,改革开放40多年来蓬勃发展的青年文化,与现代科技、社会时尚等有十分紧密的内在联系。多方面因素叠加,使当代青年成为许多新业态的探索者、创造者和从业者的主体。

2. 了解新业态是劳动教育的重要内容

作为互联网时代"原住民"的青少年对新业态有天然的兴趣、亲近感以及较强的参与意识和能力。青少年劳动教育应该准确把握这一特点,积极引导青少年认知新业态。

(1)新业态蕴涵着劳动形态变化的新趋势

有学者指出:"新一轮科技革命和产业变革是21世纪的时代潮流,推动了社会生产力水平的指数级增长和生产形态的颠覆式变革,这体现在劳动对象由物质资料变为海量数据,生产工具由机器变为信息物理体系,劳动人民由产业工人变为数字劳工,社会结合方式从'流水线''格子间'变为'在线零工'。这一事实挑战了我们对社会生产力性质的界定和对替代劳动的认识,以及对如何更好地赋能劳动者的预期。"[4] 毋庸置疑,不少新业态中蕴含、预示着未来经济社会发展的新潮流、人类劳动形态变化的新趋势,在一定程度上颠覆了许多传统业态的运行方式、价值理念,对人类劳动的方式方法、劳动价值的体现、劳动者的素质及其培养都提出了新的要求。这就要求劳动教育必须促进青少年了解和认知新业态,帮助他们准确把握人类劳动形态变化和发展的新趋势、新要求。

(2)认知新业态有助于调动青少年的学习积

---

① 人社部联合多部门已发布3批共38个新职业,不断刷新"职业版图",载MBA环球网:http://ask. mbatrip. com/ask/2020/0909/15556. html,最后登录日期:2022年7月12日。

② 人社部公示18个新职业信息,载大众报业·半岛新闻:http://news. bandao. cn/a/632989. html,最后登录日期:2022年7月12日。

③ 国务院新闻办公室:《新时代的中国青年》,载光明网:https://politics. gmw. cn/2022-04/21/content_35676613. htm,最后登录日期:2022年7月12日。

④ 鄢一龙,白钢,廉思,张飞岸,江宇,樊鹏:《再赶考——走向新百年的中国共产党》,东方出版社2021年版,第214页。

极性

很多新业态往往都和互联网、数字技术等有十分紧密的联系。青少年总体上比前辈更了解互联网、数字技术等，更能在新业态发展过程中发挥聪明才智，这将极大调动他们认知新业态的积极性。同时，有些新业态直接从青年文化中衍生而来，与青少年有十分紧密的关联。青少年对许多新业态往往没有话语上的障碍和心理上的距离，更能对新业态产生浓厚的兴趣。引导青少年认知新业态，更贴近青少年的优势和兴趣，更有利于激发青少年接受劳动教育的自觉性和积极性。

（3）强化对新业态的认知有助于培养新型劳动者

新业态中蕴涵并预示着未来经济社会发展的某种新潮流，具有较强的未来性。认知新业态，有助于青少年更全面深入地把握业态、劳动发展的趋势，把握未来社会劳动的新要求、新规范。因此，紧密结合当今社会生活中的种种新业态开展劳动教育，将为青少年成为新型合格劳动者奠定良好的基础。

3. 促进青少年了解新业态

当前，许多新业态尚处于初创起步、不断探索阶段，新旧业态之间、新业态之间不断整合。因此，促进青少年认知新业态的具体形态和实质，对于青少年探索新业态发展之路，具有十分重要的意义。

（1）完善职业导航教育内容

为促进青少年了解新业态，首先要求任课教师与时俱进，全面深入地了解当今社会生产的现实状况，特别是了解青年较为关注的种种新业态，熟悉其中的新项目、新内容、新形式、新话语。唯有如此，职业导航教育和就业指导工作才能更新内容和形式，帮助学生近距离乃至零距离地接触劳动形态，特别是新业态，以更好地进行职业选择，更好地就业和创业。

（2）充分利用新业态教育资源

学校可以邀请职场精英、优秀创业者为学生介绍当今社会中的新业态，未来劳动的领域、内容和形式，以及所需素质要求等。以此促进青少年

对新业态的萌芽与发展过程，以及创造新业态所需的主客观条件等，形成更广泛、更深入的认知。

三、循序渐进，引导青少年树立正确的劳动价值观

引导青少年形成正确的劳动价值观是劳动教育的核心目标之一。然而，一些不良现象和现实问题却深刻影响青少年正确劳动价值观的树立：一方面，不少青少年疏离各种形式的劳动，弱化了劳动意识、劳动价值观和劳动动力[1]，一些青少年中出现了"小富先懒"，甚至"未富先懒"的现象；另一方面，现实生活中存在的一夜暴富、投机取巧甚至不劳而获等不良现象，亦对青少年劳动价值观带来了负面影响。因此，家庭、学校、社会必须在准确把握青少年认知规律的基础上，循序渐进推进劳动价值观教育。

1. 劳动价值观形成的基本过程

劳动价值观的内容往往较为抽象，需要循序渐进、由浅入深地帮助青少年认知劳动价值，使其逐步形成正确的劳动价值观。笔者认为，从事实和逻辑结合的角度看，劳动价值观的形成主要包括以下几个阶段[2]：

第一，自食其力。通过劳动，劳动者在实现自食其力的同时，亦可感受到自己的价值。因此，"家庭长辈要充分认识到，自己养育的青少年必须也必然是一个独立的人。而'独立'，首先就意味着青少年能够主要依靠自身的努力，为自己获取生存和发展的资源"。[3]

第二，帮助他人。通过劳动，劳动者在"使资源的总量得到切实的增加、资源的品质和价值得到切实的提升"[4]的过程中发挥了积极作用，在分配中获得更多增值资源的回报，从而帮助家人及其他相关成员拥有更加充裕的资源。这进一步强化了劳动者的价值感、自豪感和幸福感。

第三，造福大众。通过劳动，一些劳动者在理念、技术等多方面有所创造，使人类生存和发展所需要的物质和精神资源增值，从而为更多人大幅度提升生活质量奠定了基础。而"增值资源是指人类通过整合和转化，使资源的总量、品质、价值

① 刘宏森：《在劳动中走向"独立"——关于青少年劳动教育的一些思考》，《山东青年政治学院学报》2017 年第 5 期，第 4 页。

② 刘宏森：《青少年劳动教育教什么?》，《劳动教育评论》2021 年第 1 期，第 7 页。

③ 刘宏森：《在劳动中走向"独立"——关于青少年劳动教育的一些思考》，《山东青年政治学院学报》2017 年第 5 期，第 7 页。

④ 刘宏森：《资源视角下的劳动概念再审视》，《贵阳学院学报》2019 年第 1 期，第 34 页。

等方面得到增加和提升,是人类劳动的一个重要特点和基本原则"。① 一切通过创造、发明促进资源增值的人,都可能从自己的劳动中体会到价值感、自豪感和幸福感。

"劳动价值教育,就是要帮助青少年认识和体验这种价值感、自豪感和幸福感,从而形成和强化参加劳动的动力。"② 由"自食其力",到"帮助他人",再到"造福大众",体现了劳动价值观逐步形成、深化的过程。这一过程为青少年劳动价值观教育由浅入深、循序渐进地推进提供了基本依据。

2. 劳动价值认知的基本过程

青少年对劳动价值的初步认知:劳动是有意义的,是能创造价值的。随着年龄增长,通过对劳动形态的认知和把握,青少年会逐步深化对劳动价值的认知是:只有通过劳动,人们才能为自己奠定"像人一样"生存下去的物质和精神基础;劳动是每个人应尽的责任;只有通过劳动,人们才能逐步提升认识、把握世界与人生的水平,探索和把握到人的"类"的尺度,并且按照"类"的尺度塑造自身;只有通过劳动,人们才能获得社会性,形成"人的本质"——"一切社会关系的总和";只有通过创造性的劳动,人们才能在使增值的资源更加丰富、造福更多人的同时,"成就自己作为人存在的价值"③,等等。当资源增值、责任、助人、造福、创造

以及"作为人存在的价值"等新的认知元素积累到一定量时,青少年对劳动及其价值的认知也会发生质的改变。

3. 树立正确的劳动价值观

通过劳动教育使青少年形成对劳动价值的认知和认同,是一个漫长而又复杂的过程。随着年龄、经历的增长以及视野的日渐开阔和知识的丰富,青少年会耳濡目染越来越多样的劳动形态,并从中抽象和提炼出一些有关劳动的实质性的内涵,比如劳动形态之间的关系、劳动之于人类个体和群体生存与发展的意义等。在此基础上,他们会逐步形成并不断深化对劳动认知、劳动意识、劳动价值、劳动能力、劳动习惯等的认识和理解。这是开展青少年劳动教育必须遵循的一种基本过程和基本规律。

实践证明,青少年广泛深入地了解、认知人类劳动的具体形态,有助于他们树立正确的劳动价值观。因此,在开展劳动教育的过程中,既要准确把握并遵循青少年认知的基本规律,又要放眼社会需求的新变化,努力创造条件,促进青少年更加广泛深入地认知劳动形态,特别是当下涌现的种种新业态,帮助青少年提升劳动认知的水平,从而形成正确的劳动价值观。

Research on Youth Labor Education Based on Cognitive Rules

LIU Hongsen

(Shanghai School of Communist Youth League, Shanghai, 200083)

Abstract: Promoting labor education based on respecting the cognitive rules of adolescents is the basic principle to improve the effectiveness of adolescent labor education. Guiding adolescents to increase their awareness of labor is the basis of labor education. In today's society, carrying out adolescent labor education by following the basic rules of their cognitive development requires families, schools, and the whole society to adapt to the local conditions and to help adolescents recognize labor patterns for gradual understanding of the connotation of labor, to guide them to understand new job formats based on the new requirements of modern times, and to help them gradually establish correct labor values.

Key words: labor education, cognition, types of labor, new job format, views on labor value

---

① 刘宏森:《资源视角下的劳动概念再审视》,《贵阳学院学报》2019年第1期,第34页。

② 刘宏森:《青少年劳动教育教什么?》,《劳动教育评论》2021年第1期,第8页。

③ 何云峰:《劳动教育的哲学理论基础》,《社会科学报》2022年6月9日,第4版。

学龄前儿童的网络视频教育研究

陆　遥

（上海师范大学 影视传媒学院，上海 200234）

摘　要：在新媒体环境中，如何把握新机遇和新挑战，推动学龄前儿童网络视频教育良性发展，已是刻不容缓的重大课题。网络视频因其无可取代的教育内容与教学方式，为学前教育提供了更具智能化、综合化和一体化的平台。但也存在直观画面、想象匮乏、碎片思维、逻辑弱化、体魄欠佳、人际淡化等弊端。规避弊端的具体对策为：传统方式与新媒体的融合，制度规范与社会各界共育，价值引领与切身关爱并行。

关键词：新媒体；学前教育；网络视频

一、研究背景

学前教育的是人生中的启蒙教育，它的对象是 3—6 岁的儿童。从组织形态上，它主要包含家庭和幼儿园两大活动场所。在学前教育阶段，家庭和幼儿园若能采取多样的方式，对儿童大脑进行有计划且科学性的刺激与激发，可以使其功能得到完善、加强与提升。在这一阶段中，儿童的自我认知与评价尚未完全形成，具有较强的可塑性。这段时期的教育是人生的基石，是促使其转型并获取诸多能力和建立个性品质的重要过渡期和学习期，它对幼儿的成长起到了承前启后的重要作用。相较于国外，虽然我国的学前教育尚处在探索阶段，但人们已逐渐意识到学前教育的重要性。前瞻产业研究院发布的《中国学前教育行业市场前瞻与投资战略规划分析报告》显示："2015 年中国学前教育市场规模已达 4042 亿元。到了2016 年中国学前教育市场规模达到 4716 亿元。截止到 2017 年中国学前教育市场规模达到约 5470 亿元。……预测 2023 年中国学前教育市场规模将突破万亿元，达到 10930 亿元。"[①]（见图 1）

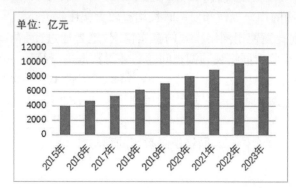

图 1 《中国学前教育行业市场前瞻与投资战略规划分析报告》

作者简介：陆遥，上海师范大学影视传媒学院讲师，硕士，主要从事影视传播与编辑、视觉艺术教育与创作研究。

① 前瞻产业研究院：2019 年中国学前教育行业市场现状及趋势分析技术创新推动线上教育不断发展，https://www.sohu.com/a/307045571_99922905，最后登录日期：2022 年 6 月 10 日。

"新媒体"(New Media)是指利用数字端、网络端和无线通信端等新技术、新渠道,再借由电脑、手机等作为主要输出端,使数字信息达到双向流动,实现传播者和受众者之间的交互,人们通过网络,可随时随地随意提供和获取所需的信息,可谓一机在手,走遍全球。近年来,短视频行业呈快速增长趋势,市场规模逐年猛增。2018年短视频行业的营销市场规模达467.1亿元,2020年底,这个数字已经高达2051.3亿元(见图2)。在新媒体浪潮的推动下,传统教育行业历经转型和蜕变,它的技术和内容随着互联网中的影像化叙事浪潮而频繁革新、不断迭代。

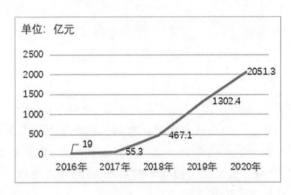

图2 2016—2020年中国短视频市场规模

然而,在成人和青少年享受这一丰富媒体生活的同时,3—6岁学龄前儿童的网络视频教育问题突现在公众视野中。2017年,在第四届广东省网络安全宣传周青少年日主题活动上,广东省网民网络素养状况研究课题组发布了《广东省少年儿童网络素养状况调研报告》,其中提及,超过23%的3—6岁儿童每天使用网络时间达30分钟以上,而5岁儿童使用网络时间超过30分钟的比例已达31.9%。这一系列数据显示,儿童触网年龄呈低龄化趋势。

由上可见,如何把握新机遇和新挑战,推动学龄前儿童网络视频教育良性发展,已是刻不容缓的重大课题。

二、网络视频加持下的学前教育现状

《第50次中国互联网络发展状况统计报告》显示,截至2022年6月,我国网络视频(含短视频)的用户规模达到99488万人,占网民整体数值的94.6%,较2020年6月增长10667万人。2020年起,受新冠肺炎疫情的影响,网络视频的用户规模和使用时长均有较大幅度提升。

为了更好地了解学龄前儿童使用网络视频的真实情况,笔者通过"问卷星"平台,对3—6岁的家长在线随机发放了"3—6岁儿童收看网络视频调查问卷",并对数据进行统计。在757份有效问卷中,小于3岁开始收看网络视频的幼儿占31.7%,3—4岁占42.14%,5岁占17.17%,6岁占8.98%。可见,在新媒体环境中,学龄前儿童作为数字时代的土著居民,网络视频正不知不觉地影响着他们的成长。

三、网络视频教育的利与弊

1. 网络视频教育的益处

新媒体时代,网络视频技术的发展与传播带给育儿方式深刻的变化,加快了教育与媒体之间的融合发展。其创新的内容、互动的方式、便捷的渠道为学前教育提供了更具智能化、综合化和一体化的平台。

(1)社会情感的培养

从社会学角度分析,人类隶属于群居模式,单独的个体事实上是不可能生存的。学龄前儿童的心理认知处在萌芽期，学前教育同样离不开社会情感的辅助与支持。美国《开端计划早期学习成果框架：0—5岁》(Head Start Early Learning Outcomes Framework：Ages Birth to Five)指出，儿童早期的社会情感培养十分重要，它为日后儿童适应中期和青春期后的社交、行为和学业起到重要的推进作用。简单来说，社会情感是指人在接触社会时所培养出来的与人交往并改善自身行为的感情，是一种特殊的社会心理活动与过程，它的发展与个体的社会认知紧密相关。社会情感的培育可以帮助儿童更好地适应新环境，利于其表达自身想法与感受，更善于理解他人的情绪，为以后的社会互动与交流奠定基础。学龄前儿童的社会情感离不开教育，而只有依赖于社会群体才能使儿童心理日渐成熟。

新媒体在社会情感的培养方面的作用具体表现为：互联网从web 1.0的搜索、web 2.0的社交到现在web 3.0的移动端及微信社交和短视频，它的快速发展与革新重构了学龄前儿童社会情感培养的方式。儿童的社会情感养成不再只依附于家庭和幼儿园，他们的社交领域及文化知识的获取通过网络视频得到了扩大与延伸，视觉化的直观感受使其触点与视点变得更具无限性。在2022年7月第五届数字中国建设峰会上，旨在让儿童更好学习、了解科学知识的"虚拟实验"吸引了许多儿童的关注与尝试。儿童可以通过"VR实验室"进行家庭中难以开展的各类实验，比如木条复燃、氧气制备等。截至目前，"虚拟实验"已覆盖了以偏远地区为主的一万多所学校，让学习条件相对困难的乡村儿童更能在这一融合了人工智能与虚拟现实等技术的平台中受益。同理，网络视频已逐渐成为学龄前儿童获取文化信息、塑造社会情感的重要渠道。他们通过网络视频所带来的视觉效应接触到不同国家的文化，感受不同地域的思想，获得更丰富、更广泛、更综合的地理与人文知识，儿童语言能力的培养和逻辑思维的发展也以此获得较大的提升、强化与推进。

（2）教学形式的发展

2022年8月，中国互联网络信息中心在北京发布了第50次《中国互联网络发展状况统计报告》。报告显示，截至2021年6月，我国在线教育用户规模达到3.77亿，与2018年6月相比，增长了2.05亿。2020年，受到疫情暴发及"双减"政策的双重影响，整个线上线下教育行业大洗盘，数据结构出现了非常规的震荡（见图3）。转而到了2022年，在线教育用户规模反弹上升，这体现了在线教育的稳定性以及它在当今我国社会的重要性。

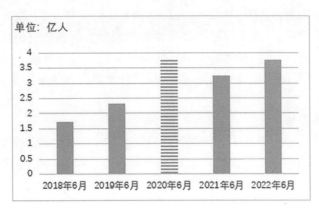

图3 3—6岁儿童收看网络视频调查问卷

借助新媒体的热潮，学前教育领域迎来了崭新的教学方式。随着人工智能、区块链、云计算、大数据等新技术的迅速发展，新媒体力量不断加持教育领域，它不再只是技术工具，而是融入核心的教学活动中，使教学内容与形式变得更具传播力、引导力和影响力，并且受到家长的大力支持与青睐。据笔者统计，在757份"3—6岁儿童收看网络视频调查问卷"中，78.34%家长希望借助新媒体对孩子进行教育活动（见图4）。

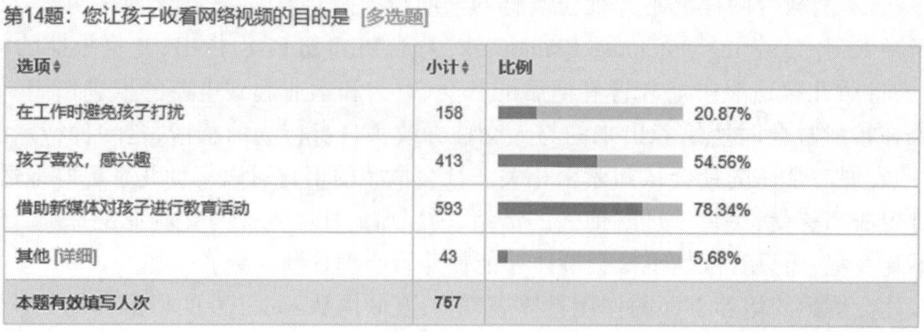

第14题：您让孩子收看网络视频的目的是 [多选题]

选项⇅	小计⇅	比例
在工作时避免孩子打扰	158	20.87%
孩子喜欢，感兴趣	413	54.56%
借助新媒体对孩子进行教育活动	593	78.34%
其他 [详细]	43	5.68%
本题有效填写人次	757	

图4　3—6岁儿童收看网络视频调查问卷

新媒体时代的网络视频集结画面、声效、文字等综合性信息，这对传统教育与媒体之间的创新与融合发展起到重要的促进作用。与填鸭式的教育模式相比，影像化的教育模式更具创新性和趣味性。很多线上热门课程，通过网络视频的方式使授课形式变得更具综合性、更丰富，并使学前教育具有更强的吸引力。全新的影像"叙事"体验以直观的方式让学龄前儿童更易掌握知识重点，视听结合的设计丰富了他们的思想与认知，AI十多感官情景互动激发了儿童的学习能动性，直播的实时互动与问答提升了其课堂参与性与行使权。儿童的见识与见闻不再停留于空想阶段，或仅限于书本中的文字，而是变得更具视觉化和立体化，声画并茂的教育方式使教学变得更为充实和有趣。

（3）获取渠道的便捷

与传统的学前教育方式相比，新媒体环境下线上课堂内容的传播与获取更具快速性与便捷性。儿童不管身在何处，只要连接网络，一台电脑、一部手机就能帮助他们获取海量的知识信息，捕获所需资源，进行实时性学习。

新媒体环境下网络视频教育依附于互联网大数据的特点与优势，线上课程授课内容根据当下大环境的变化可以及时创新与迭代，从而使得受教育者拥有越来越多的选择权和参与权。多样的教学手段促使儿童的学习方式变得更为有趣，且可对学习形式和场景进行自由选择，这样大大提高了学习效率。此外，开放性的数据模式可以使家长更好地参与学习过程，及时掌握孩子的学习情况，便于后续设计有效且个性化的练习方式。

2. 新媒体视频教育的弊端

调查可知，在"3—6岁儿童收看网络视频调查问卷"中，37.78%的家长对孩子收看网络视频持赞同态度，40.03%的家长表示不确定，22.19%的家长持反对态度。虽说网络视频为学前教育开创了新世界，但其所带来的弊端也不容小觑。

（1）直观画面，想象匮乏

每一个体都有独特的人格，其既是一个特有的艺术作品，也是创作这一作品的艺术家。学龄前儿童的情感、思想与美感从萌生、发展到形成，都需有一个循序渐进的引导过程。毕加索曾指出"每个孩子都是天生的艺术家"，如果一个艺术家长时间处于直观性的画面阅读中，那他将缺失想象，缺失探究，对信息的理解与认知永远是只知其一，不知其二，其作品便也丢了"魂"。

皮亚杰曾说"儿童就是天生的科学家"，学龄前儿童拥有与生俱来的想象力和强烈的探索欲，他们的思维不受现实的拘束。然而，长期的网络视频教育容易使儿童对知识的掌握过度依赖于"看图说话"，一目了然的视频与图像倾注了过多的感性思维，使儿童缺失逻辑思考与归纳总结的习惯，也会丢失天生的想象力。

（2）碎片思维，逻辑弱化

"碎片化最早被引入传播学或网络媒体研究语境中，是指人们通过网络媒体了解阅读与以往相比数量更巨大而内容取向分散的信息,完整信息被分类分解为各式各样的信息片段。"① 随着网络视频渗透人们的衣食住行,碎片化思维也催生而至。

然而,长期的课外碎片化教育绝非良策,浮光掠影般的阅览方式容易使儿童产生思维惰性,缺少逻辑思维和独立思考的习惯。过度依赖视频等媒体所引致的跳跃性思维和片面化分析,容易令人形成个人主义思想,缺失集体意识,容易封闭自我,观点比较偏激极端。同时,碎片化的阅读状态也易导致注意力分散,较难静下心来阅读长篇文字,对纸质书籍缺乏耐心研读,更不用说持之以恒的深入探究,因此,就难以培养有价值的逻辑分析能力与现实思辨能力。

(3)体魄欠佳,人际淡化

对于学龄儿童来说,早期发育中的体格成长是继大脑神经发育后最为重要的部分,它将统摄后期成长中的感觉、运动、思想和意志,并决定未来的生活与发展。

在生理方面,有一篇关于"学龄前超重和肥胖儿童与体重正常儿童身体活动水平的比较研究"中,相关数据显示,"超重和肥胖儿童每日屏幕时间过量占比高于正常儿童……屏幕时间的增加可能与超重/肥胖关系密切,屏幕时间伴随的久坐不动导致体内能量代谢相对缓慢"。② 国内学者也有研究表明,"伴随着高频率使用电子产品带来的影响就是学前儿童的视力问题。""高频率使用电子产品,学前儿童变成低头族,或者姿势不端正,使学前儿童的颈椎,脊柱出现问题,甚至畸形。"③

在人际交往上及性格养成等心理层面,研究发现,长期沉迷电子产品的儿童,其大脑发育比其他同龄人有明显萎缩倾向,其认知、想象、思维和专注能力都有别于普通孩子(见图5)。另据欧美专家研究表明,"电子产品会伤害脑部的平衡发育,导致记忆力提前衰退"。④ 国内也有专家指出:"如果这期间让孩子长期使用电子产品,缺乏与家长的交流沟通,语言功能就会受到不同程度的影响,从而导致孩子说话晚于同龄人。长期对着冰冷的电子产品,进行人机对话,阻碍了亲子之间、同龄人之间的沟通交流,容易形成单向思维模式,不仅交际能力逐渐落后,性格的成熟也更加缓慢。"⑤

可见,在学龄前儿童的早期成长中,需要足够的听觉、触觉、视觉等多方位的感官上的刺激,以此遵循自然生长的规律,使生命机体得到完善与加强。正如斯图尔德所说:"人类的文化与行为和自然环境之间存在着相互作用。"⑥ 如果偏离自然,那日后就会出现诸多问题和麻烦。

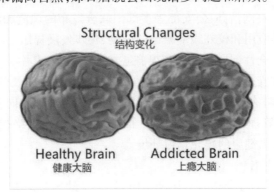

图5 西雅图儿童行为学家对于沉迷电子产品儿童大脑的研究

① 戚静:《碎片化思维影响下学生思想政治教育研究》,《现代基础教育研究》2019年第2期第34卷,第240-245页。

② 韩颖,王博,江媛媛,王丹,关宏岩:《学龄前超重和肥胖儿童与体重正常儿童身体活动水平的比较研究》,《中国计划生育学杂志》2020年第3期,第323页。

③ 潘美蓉,张劲松:《学龄前儿童电子产品的使用》,《教育生物学杂志》2014年第4期,第248-253页。

④ 佚名:《青少年过度使用电子产品恐罹患"数码痴呆症"》,《基础医学与临床》2016年第2期,第1页。

⑤ 巴桑罗布:《浅谈电子产品对幼儿身心健康的危害》,《新教育时代电子杂志(教师版)》2018年第7期,第225页。

⑥ 方李莉:全球经济一体化与"文化生态"的构成,载中国艺术人类学学会 http://www.artanthropology.com/n35c7.aspx,最后登录日期:2022年8月31日。

网络视频虽为人类创建了一个视听相融合的多感官世界,但这个时空是虚拟的、数字化的。儿童是鲜活的个体,他们的成长与教学不能只依附于机械式的"人机对话",而亟须真实情感的交流。当下,学龄前儿童通过网络视频与外界沟通的时间越来越多,真实世界的交际与家庭陪伴却大大减少,缺乏温度的"沟通"形式会降低儿童的感官探索,使他们的社交方式变得单一和机械。长此以往,对儿童的成长将会带来不可逆的伤害。

四、对策与期望

任何事物都存在两面性,我们需权衡利弊,扬长避短,使网络视频与学前教育得以有机融合、相辅相成。

1. 传统方式与新兴载体融合

虽然网络视频教育有诸多可圈可点之处,但并不意味着应全盘摒弃传统化教育模式。应结合两者的特点和优点,融入新时代的新发展,从内容和形式实际需求出发,实现线下沟通与互动、线上拓展与创新的双线交流模式,积极倡导"做中学"的思想,走出一条符合教育规律的新路。

课堂教学可以更好地引导和激发儿童的参与性、探究性和创造性。卢梭曾说:"不要教他这样那样的学问,而要由他自己去发现那些学问。"①面对面的教学方式为儿童智商、情商乃至体格健康的培养提供了适宜的情境,实时操作的教学模式有助于提高儿童发现问题、解决问题的能力,提升和强化自我思考、自我实践和与他人协作的技能。

当前的学前教育不能仅仅满足于线下深耕的实践教学,还可以有机融入人机交互、在线人人互动、拓展资源、各类数据模拟等网络视频新形式。两者携手并进的发展与融合可以突破语言的局限性,为儿童提供更为丰富多样、生动有趣的教学形式和内容,持续激发他们的学习热情和动力,在儿童成长初期就埋下好奇、敏感、乐学、思辨等种子。

2. 制度规范与社会各界共育

"互联网+教育"是新时代教育的导向,网络视频的运行提高了教学效率和管理水平,满足了个性化的学习与兴趣,但其环境的优化也需关注,线上教育培训的规范化治理对于推进整个行业良好、有序的发展至关重要。由教育部、中央网信办、公安部等多部门联合发布的规范和监督互联网健康有序应用的一系列文件,为推动教育移动应用和校外线上培训的健康、稳步发展提出了明确要求。

此外,网络视频内容的安全性问题也需要各界齐心协力去维护,其中,网络视频内容必须合法、合规地发布,必须以儿童的利益和安全为首要基准,内容的及时分级、使用时长的限制、家长实名监督与实时反馈等措施都需一一落实。唯有政府、学校、家庭和社会共同倡导向上、向善、向美的网络视频文化,坚持严格把控网络内容和过程管理,将两者有机结合,推进学龄前儿童网络视频教育的内涵建设,提升媒介素养,才能更好地为儿童提供健康的媒介学习环境。

3. 价值引领与切身关爱并行

社会学家吉登斯认为,"人的社会化要经历两个阶段,一是幼年和童年早期的初级社会化阶段,目标是学习语言和基本的行为方式,主要执行机构是家庭。二是在儿童阶段晚期至成年期的次级社会化阶段,主要执行机构为学校、家庭、工作单位和大众传媒,目的是在社会互动中认同价值观、行为规范和信仰"。②

家庭是育人过程中不可或缺且极其重要的教育原点。家庭不仅是育人的摇篮,也是良好学习环境和媒介环境的构建者。家长不仅需要注重孩子的智力与技能发展,还需关注孩子的德行与人格的健康成长。

此外,家长自身不能过度依赖媒介和电子产品,要给予儿童更多的切身关爱和高质量的陪伴。儿童

---

① 卢梭:《爱弥儿:论教育》,李平沤,译,商务印书馆1990年版。

② 叶雯:《融媒体环境下如何凸显少儿节目的教育功能》,《视听纵横》2019年第4期,第70-72页。

健全心智和健康体魄的成长,不仅需要科学理性的长期规划,更需要家长呵护与关爱。换句话说,父母教育的缺失是孩子沉迷网络视频的主要原因。融真实与虚拟为一体的学前教育不同于碎片化的育儿方式,后者孕育的很可能是一个个孤独的个体。

儿童网络视频教育的探索与发展需站在宏观的角度进行设计与规划,并在微观层面上不断考量与改善。有关传统教育与新兴媒体良性互动的机制和制度如何创设和建立,家庭和社会的角色如何定位等问题还需深入研究和探索。如此,科技文明与精神文明才能高度融合,并行推进,使新媒体环境中的多元化网络视频教育服务于新时代的学前教育,朝着正确的方向持续发展。

The Exploration of Online Video Education for Preschoolers in New Media Environment

LU Yao

(Film-Television and Communication College, Shanghai Normal University, Shanghai, 200234)

Abstract: In the media environment, how to grasp the new opportunities and challenges to promote the preschoolers' online video education has become an urgent and important task. Due to its irreplaceable educational content and teaching methods, the Online Video provides more intelligent and comprehensive information for preschool education. On the other hand, there also exist some drawbacks such as lack of imagination, fragmented thinking, weak logic, poor physique, weak interpersonal relationship, etc. Here brings some targeted countermeasures, for example, the integration of traditional methods and emerging carriers, the institutional norms co-educated with all sectors of society, the value guidance paralleled with personal care.

Key words: new media, preschool education, online video

初中科学与物理贯通式课程建设与实践研究

郭长江[1],闵　辉[2],尹玉婷[3],沈春花[2]

（1. 上海师范大学 基础教育处,上海200234; 2. 上海师范大学附属闵行第三中学,上海201114;
3. 上海市建平香梅中学,上海201204）

摘　要：初中科学与物理贯通式"荣誉物理学"课程建设与实践,是均衡化背景下公办初中资优生培养研究的组成部分。其课程目标聚焦物理观念、科学思维、科学探究、科学态度与责任四个方面。课程内容包含力、电、磁、热、光学的26个主题,并从"物理量的概念""物理量的计量""中国智慧""实验探究"四个板块展开。课程实施阶段尤其重视学生实验的设计和实验报告的撰写。课程评价基于学生问卷调查来开展,主要包括学生兴趣、课程难度、课程的有效性、课程的满意度等方面。

关键词：荣誉物理学;课程研究;初中物理

公办初中资优生培养的途径主要由两条:一条是国家课程的校本化实施,另一条是建设特色拓展课程。本研究团队在英语、数学学科研究上采用途径一;在物理学科研究上采用途径二,即通过开设拓展型课程——"荣誉物理学",聚焦物理学科核心素养的培养,将科学课程中的物理学内容与物理课程中的相关内容贯通,并基于此进一步拓展,在公办初中寻找适合资优生思维特点的差异化教学之路。经过两年的课程研究与实践,取得了一些研究成果。

一、初中科学与物理贯通式"荣誉物理学"课程的价值

上海的初中课程体系有别于其他省市。一方面,小学初中采用五四分段,初中有四年,因此给初中教育留出了相当大的空间。另一方面,上海初中科学教育课程体现先合再分的特点,即在六、七年级开设综合课程科学,随后八、九年级开设生命科学、物理、化学等分科课程。而六、七年级科学课程中,常见的力、密度、电流、电压、电阻等初中物理学的内容是以主题式、问题式来呈现,讲解稍浅,并且不是从物理学科角度深入展开。

结合以上分析,本研究团队逐步聚焦到一条新的研究道路,即将初中科学与物理课程贯通,课程设计聚焦物理学科核心素养[①],注重科学探究活动的设计,以发展学生科学思维,形成正确的物理观念,不

作者简介：郭长江,上海师范大学基础教育处副教授,博士,主要从事课程与教学论研究;闵辉,上海师范大学附属闵行第三中学校长,中学高级教师,华东师范大学教师教育学院博士研究生,主要从事课程与教学论研究;尹玉婷,上海市建平香梅中学教师,硕士,主要从事课程与教学论研究。沈春花,上海师范大学附属闵行第三中学高级教师,主要从事课程与教学论研究。

① 中华人民共和国教育部：《普通高中物理课程标准（2020年修订）》,人民教育出版社2020年版,第4页。

断深化对科学本质的认识以及培养科学态度与社会责任感。

这种新形态的"荣誉物理学"课程呈现出以下价值：

第一，时间价值。"贯通"的第一层意思是初中科学与物理的贯通。通常情况下，相同的物理概念都会在初中科学和物理中出现。虽然它们各有侧重，但是就对于物理概念的理解而言，初中科学由于受到学生基础和教材体系的影响，无法深入。对于知识储备和思维能力突出的资优生而言，完全可以贯通起来，把概念讲解通透。这样处理既遵循教育规律，又充分利用初中四年的时间，能更为有效地分配初中物理的学习内容。

比如长度概念。初中科学中，这部分内容出现在"实验室的科学活动"板块，"刻度尺是测量长度的基本工具"。[1]其实，从物理学本身来说，长度是一个基本而重要的物理量，描绘自然界的大小尺度这样一种自然属性。所以，在课程设计时，先引入"长度"这个物理量，再对长度进行计量，就能比较好地衔接与贯通初中物理了。

第二，内容价值。"贯通"的第二层意思是初中物理和高中物理甚至是大学物理的贯通。当然，此处的贯通是用统领的视角看待初中物理概念，做好与后续知识的有效衔接和铺垫。对于这些物理概念，根据资优生的理解能力，贯通到高位的观点，有利于学生对概念本质的理解。这样做可以帮助学生在高位建立起对物理概念的理解，有利于资优生思维的发展。当然，为了避免将物理概念简单加深和拔高，教师一定要建立在初中生已有的数学基础之上。

比如国际单位制中长度的基本单位、此基本单位的由来、国际上常用的长度单位、长度单位之间的换算等，初中物理中涉及不多且没有串起来。由于这些内容需要的数学基础不高，通过合理的设计，完全可以形成一种统领的视角和观点，一旦被资优生掌握，反过来再理解"长度"，就会更深刻，更有利于后续学习的开展。

第三，方法价值。"贯通"的第三层意思是初中科学和物理以及高中甚至是大学物理的方法贯通。实验是科学和物理学科的基本研究方法。在不同的学段，方法的具体表现不同，但方法的思想内涵是一致的。在通常的教学中，由于绝大多数学生的水平和理解力有限，所以方法分割得比较清晰。其实，对于资优生而言，通过合理的设计，可以在物理学习的早期就渗透方法的核心思想，这有利于思维的培养。

比如实验仪器的选择、测量工具分度值的理解、实验误差的来源分析等，因为这些内容在初中阶段不是重点，所以不太强调。但是，对这些问题的思考却是实验方法中的核心思想。通过合理的设计，让学生在开始学习物理实验时，形成思考这些问题的意识和习惯，并且循序渐进，在教师的带领下，由听教师分析逐步过渡到自己进行初步分析。这个过程对于资优生思维能力的提升具有显著的价值。

二、初中科学与物理贯通式"荣誉物理学"课程的目标与内容

初中科学与物理贯通式"荣誉物理学"课程，其目标紧扣国家义务教育物理课程标准的要求，从物理学科核心素养的四个方面进行细化思考。其内容包括初中物理的主要内容，但是在体例编排和侧重点上有所不同。

1. 课程目标

"荣誉物理学"课程立足资优生的全面发展，依据物理学科核心素养和资优生身心发展特点，从"物理观念""科学思维""科学探究""科学态度和责任"四个方面进行细化，体现课程的育人价值。

（1）物理观念

围绕"无处不在的物理量"这一思想，从以下问题出发：为何要引入这个物理量？这个物理量反映了自然界的哪一个属性？引入这个物理量对研究问题有何便利？这个物理量如何定量地计量？需要什么

---

[1] 上海市中小学（幼儿园）课程改革委员会：《九年义务教育课本（试用本）科学（六年级第一学期）》，上海教育出版社 2006 年版，第15 页。

样的计量工具？世界通用的计量方法是怎样的？古代中国人在计量这一物理量时体现了怎样的智慧？使学生初步形成"客观世界是由物质组成的，物质在永不停歇地运动，物体与物体之间存在相互作用，能量具有力、热、声、光、电等多种表现形式且可以相互转化"等物理观念。

(2)科学思维

围绕"基本的物理模型"这一思想，从以下问题出发：如何识别简单实际问题中的物理模型？如何获取该物理模型所需要的信息？这些信息足够解决问题吗？如何由这些信息出发，通过推理获取另外一些重要的信息？如果你认为某一结论是正确的，你如何论证？你对你解决问题的过程满意吗？为什么？完成后，你有怎样的体会？有什么疑问和创新？使学生初步形成科学分析、科学推理、科学论证的能力和质疑创新的意识。

(3)科学探究

围绕"用证据支持假设"这一思想，教师设计如下问题：为了解决碰到的物理问题，你会提出怎样的假设？你为什么会提出这一假设？你的依据在哪里？为了证明你的假设，你需要开展哪些工作？你如何设计工作步骤？你需要对哪些具体问题进行分析？你会用到哪些物理量？你的工作中会用到哪些仪器？现有的仪器能够满足你的需要吗？你希望做哪些改进以满足你的特殊需求？你需到得到哪些数据？你会如何处理这些数据？这些数据是如何证明或者推翻你的假设的？你的思维中有哪些独特的地方？完成你的工作后，你有怎样的体会？有什么疑问？使学生初步形成科学探究的意识，具有发现问题、形成问题、制订计划、实验探究、获取数据、分析处理、得出结论、沟通交流讨论的能力。

(4)科学态度与责任

围绕"现代科学依赖团队合作"这一思想，以小组为单位开展合作学习，从"我们的小组取什么名字？我们的小组有怎样的规则？小组成员如何分工才能更有效地完成工作？如何在小组成员中开展交流，聆听别人的意见，表达自己的观点？面对困难如何处理？科学研究一定是以成功告终的吗"等问题出发，使学生亲近自然、崇尚科学、乐于思考，初步具有探索自然的好奇心，初步形成严谨求实的科学态度和团队合作开展学习活动的能力。

2. 课程内容

(1)内容整体设计

"荣誉物理学"课程与初中科学和物理等基础型课程并行开设。共开设 4 个学期，每个学期 15 次，每次 1 小时。具体见表 1。

表 1 初中科学与物理贯通式"荣誉物理学"课程设置情况

学期	课程代码	内容	周数	每周课时数(小时)	总课时数(小时)
1	HP1	力学	15	1	15
2	HP2	力学	15	1	15
3	HP3	电磁学	15	1	15
4	HP4	热学、光学	15	1	15
合计					60

HP1 和 HP2 阶段的学习，从科学课程中学生已经学习过的概念，如时间、质量、长度、密度等入手，结合物理课程中的力学内容而开展。其内容编排体例也有别于传统的初中科学和物理课程，其遵从由近及远、由简单到复杂的原则，既考虑学生的实际基础，又避免与传统物理课程在内容上简单重复。HP1 和 HP2 课程内容，分别详见表 2 和表 3。

表 2 HP1 课程内容

周	内容	课时数(小时)	周	内容	课时数(小时)
1	绪论	1	9	密度	1
2	时间	1	10	密度(续)	1
3	时间(续)	1	11	密度应用	1
4	长度	1	12	密度应用(续)	1
5	长度(续)	1	13	路程和位移	1
6	质量	1	14	路程和位移(续)	1
7	质量(续)	1	15	期末练习	1
8	期中练习	1			

表 3 HP2 课程内容

周	内容	课时数(小时)	周	内容	课时数(小时)
1	绪论	1	9	浮力秤的制作	1
2	路程时间图像	1	10	浮力秤的制作(续)	1
3	速度时间图像	1	11	压力和压强	1
4	常见的力	1	12	压力和压强(续)	1
5	常见的力(续)	1	13	功和能	1
6	浮力	1	14	功和能(续)	1
7	浮力(续)	1	15	期末练习	1
8	期中练习	1			

在 HP3 和 HP4 学习阶段，因为学生已经进入初中物理课程学习阶段，而且在数学和计算上都有了更高的储备，所以课程设计时以物理课程中学生已经学习或即将学习的概念和规律，如电流、电压、电功率、光的折射等为起点。该阶段的学习侧重概念分析和思考，以及易错问题、疑难问题辨析，以区别于传统的物理课程。

HP3 和 HP4 课程内容，分别详见表 4 和表 5。

表 4 HP3 课程内容

周	内容	课时数(小时)	周	内容	课时数(小时)
1	绪论	1	9	万用表的使用	1
2	摩擦起电	1	10	电源	1
3	电流	1	11	电流的磁效应	1
4	电流(续)	1	12	电磁铁	1
5	电压	1	13	地磁场研究	1
6	电压(续)	1	14	手机辐射研究	1
7	电阻	1	15	期末练习	1
8	期中练习	1			

表5　HP4课程内容

周	内容	课时数(小时)	周	内容	课时数(小时)
1	绪论	1	9	多个平面镜成像	1
2	温度和温标	1	10	透镜成像	1
3	温度和温标(续)	1	11	透镜组合成像	1
4	自制简易温度计	1	12	自制望远镜	1
5	自制简易温度计(续)	1	13	自制人眼模拟器	1
6	热机	1	14	自制人眼模拟器(续)	1
7	热机(续)	1	15	期末练习	1
8	期中练习	1			

（2）内容的具体设计

在具体设计上，每一个内容主题分为"物理量的概念""物理量的计量""中国智慧""实验探究"四个板块。一般通过两次课来实施，即先新授课程，然后再巩固提升。四个板块中，"物理量的概念"区别于传统教学，重点强调为什么要引入该物理量，再结合生活实际介绍该物理概念。"物理量的计量"，主要是让学生动手测量，体会物理量"质和量紧密相关"这一思想，并且通过动手操作加深对物理概念的理解。"中国智慧"是特别设计的板块，旨在突出古代中国人的科技智慧，拓展学生的知识面，增加学生的学习兴趣和文化自信。每一个主题都以"实验探究"结束，这一板块中，有学生完全没有接触过的实验，比如利用打点计时器求速度，也有学生比较熟悉但经过改造的实验，如仅给出量筒，但不给天平，在此前提条件下求牛奶的密度。这一板块强调学以致用，前面学习的知识要为实践服务，能够灵活运用才最有效。

以 HP1 为例，其"时间"主题四个板块的内容安排，如表6所示。

表6　HP1"时间"主题内容设计

板块	主要内容	设计意图
无处不在的物理量	●物理量是物理学家认识自然界的桥梁 ●物理学是一门定量的学科，它通过物理量之间的数量关系刻画自然界的规律 ●所谓物理量的大小多少，指规定一定单位，用该单位与研究客体相比所得的倍数	理解物理概念是"桥梁"学生第一次接触物理概念，希望他们从"物理量"的角度，了解物理概念的由来
时间的计量	●单位，常用的时间单位 ●闰年的计算方法	强调单位的重要性，并学会基本的单位换算
中国智慧	●中国传统历法 ●干支纪法：天干地支 ●中国古代常用时间单位：时、刻、更、鼓、点	了解古代中国关于时间的知识，感悟中国智慧，实现物理、地理、中文、历史的跨学科学习，提升学生的综合能力
实验探究	练习使用打点计时器	这本来是一个高中物理实验，在内容上有所删减，让学生对于运动和时间的关系有一个更加直观的认识

三、初中科学与物理贯通式"荣誉物理学"课程的设计

初中科学与物理贯通式"荣誉物理学"课程，为公办初中的资优生量身定制，在实验报告设计和教学实施上均体现出鲜明的个性特征。此处仅以实验报告为例，展示该课程之实验报告设计的风采。

"荣誉物理学"课程尤其重视实践环节的设计。课程不仅在每一课时安排了多个实验，而且还要学生撰写实验报告。实验报告的设计体现由局部到完整、由浅入深的思想。

早期呈现的报告，其主体部分由教师撰写，学生只需要填写一些关键的数据和自己的体会。这样做的目的，一方面在于培养学生科技阅读的能力，使其从读懂一份实验报告入手；另一方面在于使学生熟悉实验报告撰写的思路，每次实验，教师都会带领学生历经一次实验报告的流程，使其逐步熟悉撰写实验报告的思路。

实验设计伊始，学生较易操作，而随着实验的推进，难度不断加大。而且在实验设计的目标上，注重通过实验的方法，突破学生学习中的难点，提高学生的学习品质。比如，在"用电子天平测物体的质量"中，包括实验名称、实验目的、实验原理、实验仪器、实验内容与步骤、实验数据与处理、实验结果与分析、实验心得与启示等环节。其中，在实验数据与处理环节中，学生要猜测被测物体的质量，再通过电子天平测量实际质量，最后计算相对偏差。这样设计的优点在于，加深学生对于生活中常见的被测物体质量的记忆，并使实验过程充满趣味性。

在"实验结果与分析"环节，通过设计以下两个问题，帮助学生熟悉"间接测量"这一方法，并且学习用物理量以及物理量之间的关系写表达式，从而体会"物理量之间的联系与转换"这一重要的物理学思想。例如：

1. 若取 n 个小物体，放在质量为 m_1 的杯子中，称出其总质量为 m_2，则每个小物体的质量 m 的表达式为＿＿＿＿＿＿＿＿＿＿＿＿＿＿＿＿。

2. 如何估算 1 袋米有多少粒？请写出实验步骤，用符号表示需要测量的物理量，并给出计算表达式。

另外，通过设计一系列转化计算，将此前的测量结果关联起来，以增强学生对于数量关系的感知，引导学生关注生活，理解"物理从生活中来"的思想。这样的设计既增加了趣味性，又再次聚焦学习的难点，能够帮助学生加深对关键知识的认识和理解。例如：

据以上测量结果，填写：

1 千克 ≈（　　）个鸡蛋的质量 ≈（　　）本教科书的质量 ≈（　　）个苹果的质量

1 千克 ≈（　　）瓶矿泉水的质量≈（　　）根回形针的质量 ≈（　　）个乒乓球的质量

从教学实践效果看，由浅入深的设计，符合学生的认知规律，能够较好地引导学生开展学习。

四、初中科学与物理贯通式"荣誉物理学"课程的实施与评价

初中科学与物理贯通式"荣誉物理学"课程实施了两年，并在多轮调查的基础上，开展了评价分析。

1. 课程实施

"荣誉物理学"课程除了传统的讲授以外，尤其重视开放性实验的设计。在原理清晰、器材充足的情况下，通过实验结果的开放性，鼓励学生多样化的设计、个性表达，从而促进学生思维的发展。以下以 HP2"浮力秤的制作"为例，呈现课程实施的效果。

在学习了浮力的相关知识后，教师提出让学生制作一个浮力秤。先让学生写出浮力的公式，并标注各个物理量的含义。然后提出问题：如果说"曹冲称象"时制作的是一个"浮力秤"，那么这个"浮力秤"与真正的秤有什么区别与联系？让学生思考将要制作的浮力秤的要素。

最后，提供如下材料清单（见表7），让学生设计并制作一个浮力秤。

表7　浮力秤材料清单(一人份)

编号	工具/材料名称	规格型号	单位	数量
1	塑料密闭罐	6.5*20厘米1个,10*20厘米1个	个	2
2	PVC透明片	A4大小,厚约0.5毫米	张	1
3	橡皮泥	250克,不溶于水	包	1
4	粗塑料吸管		根	5
5	热熔胶枪	包括热熔胶配料	把	1
6	透明胶带	宽	卷	1
7	小剪刀		把	1
8	细头油性笔		支	1
9	透明直尺	20厘米长	把	1
10	普通砝码	500克	盒	1
11	A4纸		张	1
12	烧杯	100毫升	只	1
13	胶头滴管		个	1
14	手套		副	1
15	护目镜		副	1
16	抹布		块	1

学生从稳定性、标度、托盘制作、美观等角度,充分发挥想象力,并通过小组交流合作完成了作品。一般完成较好的小组,称量的最大相对误差在10%左右,达到了比较好的效果。

2. 课程评价

"荣誉物理学"课程实施后,我们对参加课程学习的全体学生(共21位)进行了问卷调查,反馈情况如下:

(1)学生的兴趣点

问卷针对课程教学的方式和内容板块,设计了多选题。从学生的选择情况看,"都不太感兴趣"的选择人数为0,可见,学生的学习兴趣都比较高。

学生对于"小组交流与讨论"的教学方式认可度高,选择率达到100%。对于"做物理实验"也很感兴趣,选择率也达到了100%。对于"与日常生活相关的物理内容的讲授",学生表示比较感兴趣,选择率达到了85.7%。

相对而言,以下几项的选择率较低,如是否"完成课堂学习单",选择率为42.9%;是否"撰写实验报告",选择率为52.4%。这两项都与书面表达有关,从教学情况看,也是学生的弱项。"与中国历史相关的物理内容的讲授",选择率为57.1%,比预想的要低。具体数据如图1所示。

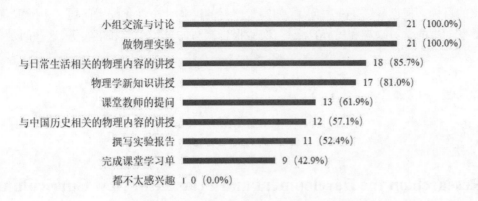

图 1 学生对"荣誉物理学"课程不同板块的兴趣程度

（2）难度

学生对于"荣誉物理学课程哪些内容比较难"，选择"写实验报告"的比例达到了 80.95%，远高于其他选项。从实际教学情况看，也是如此。学生对于实验报告的形式不熟悉，书面表达能力弱，一方面，不知道要填写什么内容，另一方面，有一定的想法但表达不清楚。这一情况教师事先就预料到了，这不仅是常规教学中的薄弱环节，也是这个年龄段学生的薄弱环节。课程内容设计特别强调"撰写实验报告"这个板块，也是为了加强对学生的训练，提高学生的科技阅读能力和书面表达能力。

其他选项比较均衡，均在 30% 左右，说明课程设计难度适中。"实验设计"的选择率是 33.3%，"做实验"的选择率是 23.8%，均低于教师预期，呈现出比较好的情况。如此看来，资优生对于动手实验的兴致较高，并未感受到过大的难度。"教师课堂上讲的物理概念"，选择率为 38.1%，比预想的要高。具体数据如图 2 所示。

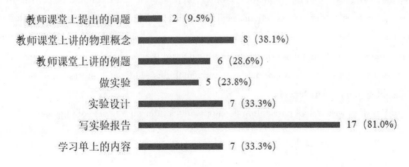

图 2 学生对"荣誉物理学"课程不同板块难度感受

（3）对学习的帮助

其一，对平时学习的帮助。学生对于"学习荣誉物理学课程对平时学习是否有帮助"的选择，"一般""不太有帮助""没有帮助"的选择率均为 0。"帮助非常大"选择率为 57.1%，"帮助比较大"选择率为 42.9%。可见，该课程对学生的帮助很大。

其二，对平时学习的具体帮助。学生对于"学习荣誉物理学课程对平时学习的具体帮助"的选择，情况如下："拓宽了知识面"选择率达到 100%；"增强了探究未知知识的好奇心"选择率达到 95.24%；"激发了学习的兴趣"选择率达到 85.71%。

相对而言，"让我对数学课更感兴趣"选择率为 28.6%，比预想的数据要低。另外，"帮助我掌握了学习的方法"选择率为 61.9%，也比预想的数据要低。

初中科学与物理贯通式"荣誉物理学"课程的建设与实践,经过了两年时间。从实施的情况看,基本达到了预想的目标。但也暴露了一些问题,如实验器材的准备和个性化配置问题,"中国智慧"板块如何再设计以激发学生的学习兴趣和民族自豪感,实验报告撰写的分步引导和落实等,这些问题都有待进一步研究。

Research on the Development and Practice of New Curriculum Designed to Link the Subjects of Science and Physics in Junior Middle Schools

GUO Changjiang[1], MIN Hui[2], YIN Yuting[3], SHEN Chunhua[2]

(1. Office of Basic Education, Shanghai Normal University, Shanghai, 200234; 2. Shanghai Minhang No. 3 Middle School Affiliated to Shanghai Normal University, Shanghai, 201114; 3. Shanghai Jianping Xiangmei Middle School, Shanghai, 201204)

Abstract: Research on the curriculum development and practice of "Honor Physics" which is designed to link the subjects of science and physics in junior middle schools is an important part of the research on the cultivation of gifted students under the background of a balanced development of public junior middle schools. The goal of the curriculum includes four aspects: namely, physics concepts, scientific thinking, scientific inquiry, and scientific attitude and responsibility, and its content contains 26 themes, covering force, electricity, magnetism, heat and light, which are taught from four modules of "concept of physical quantity", "measurement of physical quantity", "Chinese wisdom" and "experimental inquiry". For the course implementation, special attention is paid to the design of students' experiments and their writing of experiment reports. Based on students' response to the questionnaire, the curriculum evaluation mainly includes students' interest, the difficulty of the curriculum, teaching effectiveness, and students' satisfaction.

Key words: Honor Physics, research of curriculum development, junior middle school physics

高中信息技术学科核心素养的培育策略

毛黎莉,沈孝山,徐喆民

(上海市上海中学,上海 200231)

摘　要:普通高中"双新"(新课程、新教材)实施给学科核心素养体系的构建提供了动力支撑与发展活力。把握"双新"背景下高中信息技术学科核心素养与课堂教学融合的价值,有利于教师创造性地将学科核心素养融入课堂教学实践。从学科特点、教学设计、项目设计、课堂结构、课堂问题、个性化学习、多维度评价等多个方面思考信息技术学科核心素养与课堂教学融合的策略,能够有效地促进学科核心素养和课堂教学的深度融合,为信息时代培养具备良好信息素养的人才提供保障。

关键词:高中信息技术学科;核心素养;课堂教学

一、"双新"背景下高中信息技术核心素养与教学的融合

2020 年 6 月,教育部颁布了《普通高中信息技术课程标准(2017 年版 2020 年修订)》(以下简称"新课标")。新课标指出:"普通高中信息技术课程是一门旨在全面提升学生信息素养,帮助学生掌握信息技术基础知识与技能、增强信息意识、发展计算思维、提高数字化学习与创新能力、树立正确的信息社会价值观和责任感的基础课程。"[1] 2021 年 9 月,上海市普通高中全面启用依据新课标编写的上海市普通高中信息技术教材(以下简称"新教材"),在高一年级开设必修一和必修二课程。新教材依据课程标准,落实"立德树人"根本任务,充分体现学科核心素养,从内容选择、项目设计、内容编排等方面为课堂教学提供了良好的载体。新课程、新教材(以下简称"双新")为培养新时代具有良好信息素养的人才指明了方向、提供了资源。如何在"双新"背景下,强化学科大概念的学习,落实学科教学要求,创造性地在课堂教学实践中培养学科核心素养,是值得一线教师思考和落实的重要课题。

"学科核心素养是学科育人价值的集中体现,是学生通过学科学习而逐步形成的正确价值观、必备品格和关键能力。"[1] 具体到学科领域,高中信息技术学科核心素养包括:信息意识、计算思维、数字化学习与创新、信息社会责任。在课堂教学中,教师基于具体项目、真实生活以及学生的主体地位,通过教学设计,把教材中的教学内容与学科核心素养融为一体,这是非常有价值的教学探索,主要体现在:"融入"信息意识,体现课堂教学的时代性;"关注"计算思维,体现课堂教学的思辨性;"结合"数字化学习与创新,体现课堂教学的延展性;"渗透"信息社会责任,体现课堂教学的育人性。如何在高中信息技术学科

作者简介:毛黎莉,上海市上海中学高级教师,硕士,主要从事信息技术教学研究;沈孝山,上海市上海中学一级教师,硕士,主要从事信息技术教学研究;徐喆民,上海市上海中学教师,硕士,主要从事信息技术教学研究。

① 中华人民共和国教育部:《普通高中信息技术课程标准(2017 年版 2020 年修订)》,人民教育出版社 2020 年版,第 1—6 页。

课堂教学的各个环节中,有效地培养学生的信息技术学科核心素养,让核心素养真正落地,成为许多教师在实际教学中的痛点。笔者结合多年的教学实践,认为需要从学科特色、教学设计、项目设计、课堂结构、课堂问题、个性化学习、多维度评价等多个方面设计并实施有效的策略。

二、高中信息技术学科核心素养有效实施的教学策略

1. 把握信息时代社会特征,强化信息技术学科特色

当下信息时代,信息技术教育不仅要更好地促进学生的发展,更要结合学科特点走在教育创新的前沿。① 同时要坚持从用信息技术解决问题的角度出发,以达到信息技术学科前沿特色理论与课堂教学"深度融合"的目的。②

例如,在必修一第一章"数据、信息与知识"这节内容教学时,笔者设计了语文学科 "四大名著"读本的推荐活动,要求学生使用文本分析工具对相关选定书籍的评论进行处理,为所选书籍提供依据。该项目活动的设计,既能够通过活动提升学生的数字敏感性,辨别数字的真伪和价值,发现和主动利用真实的、准确的数字,还能在协同学习和工作中鼓励学生分享真实、科学、有效的数据。在课堂教学中,教师通常会选择一些贴近生活的案例进行讲解,但也要兼顾用信息技术解决问题的案例。例如,在程序实现的教学中,通常为了说明解决问题的过程,会列举"摘苹果""解数学题"等经典案例,但往往没有得到预期的效果,这并非因为案例不够经典,而是因为忽略了"用信息技术解决问题"的学科教学目标。

2. 突出整体教学设计理念,开展以单元为主的教学设计

单元教学设计就是根据单元(章)中不同知识点的需要,综合利用各种教学形式和教学策略,通过一个阶段的学习,让学习者完成一个相对完整的知识单元的学习。传统的课堂教学通常是以教学效果为价值导向,突出学科知识的地位,重视教师的课堂讲授,教学设计则是偏重基于知识点的课时设计。因此,课前准备、教学内容的安排、课堂活动的设计等都必须围绕知识点展开,结果就导致课堂教学过程中的教条化、单一化、静态化等弊病的产生。"双新"背景下教学目标的变化,以及学生核心素养培养的新要求,是以往零散、单一的每节课设计所无法完成的,需要重新设计单元整体教学。教师在开展以单元为整体的教学设计时,可遵循如下几点:第一,高屋建瓴,吃透教材。备课时,教师要结合课标理念、阶段教学目标进行深耕,逐一梳理教材中的明线,并挖掘隐藏的暗线。教师对教材把握的层次越高,教学设计和最终的落实才会越有突破。第二,重构教材逻辑,调整课时分配计划。针对单元教学每一个小节的不同学情,调整适合学生发展水平的教学内容,尽可能地为他们搭建有难易梯度的学习脚手架。第三,在课堂问题、场景、活动的设计上要有选择性、延续性和螺旋上升的特点,能让学生通过项目活动进行知识重组和构建,实现思维的升华。第四,在作业和评价环节,教师要能根据单元中每课时的教学内容,丰富作业的形式(书面、分享、活动、调查等)和属性(前置作业、随堂作业、阅读作业等)。分层作业的设计在单元整体教学设计的背景下显得更加必要,可以化零为整,因材施教,这样更有效。

以第二章"算法与程序实现"为例,本单元围绕"编程应用助健康"这一大的项目主题展开,通过几个与健康密切相关的子项目串接起本章程序设计的教学内容。教师在对教材反复研读的前提下,抓住其在内容组织上的脉络,为单元设计的落实奠定基础。单元项目在情境上遵循适应性和延续性原则:基于学生的特点,依次选取了贴近他们生活和经验的"智能跑步机体验""BMI 计算""多日卡路里消耗"等操作性任务,引导学生通过参与这些项目,体验并思考编程解决问题的过程——抽象与建模、设计算法、编写程序、调试运行。经过本单元的学习,学生既能掌握算法的基础理论,也能提升用 Python 编程解决实际问题的能力,培养计算思维。单元设计框架下的这几个子任务在难度上是递进的,相互衔接。例如

---

① 曹树真,付杨,陈德鑫,吴长泰:《从技术植入到生态优化:信息技术赋能课堂教学的范式转型》,《中国电化教育》2021 年第 12 期,第 103-110 页。

② 何克抗:《如何实现信息技术与学科教学的"深度融合"》,《教育研究》2017 年第 10 期,第 88-92 页。

BMI 知识内容的准备，既巩固了前面几节算法的理论知识，也涵盖了这一节 Python 编程中变量、运算符、函数等的使用方法和规范，还为后续使用 BMI 秤及"多日卡路里消耗"项目，引出了列表、分支结构、循环结构等新的待探究的问题。

3. 创设多维项目情境，提升学生解决实际问题的能力

赖格卢特在《重塑学校——吹响破冰的号角》一书中讲道：在工业时代向信息时代的转型中，教育需要一场范式层面的变革。如果说工业时代教育关心的是学生是否学到了专家既有的结论，那么信息时代教育关心的是学生是否学到了专家的思维方式。而专家思维方式既体现在问题解决中，同时也在问题解决中得以培养。[①] 新课标和新教材均倡导基于项目的学习方式来还原学习的本质，强调在真实情境中通过综合应用知识和技能来解决实际问题。

项目情境是构建项目活动的基础，其既提供了项目活动的基础背景，也是学生设计问题解决方案的起点。教师可以从创设的项目情境中引导学生梳理、提炼项目的主要任务，为解决问题打开入口。首先，倡导项目情境的真实性，真实的项目情境能够最大限度地还原实际问题，有利于学生沉浸在与其生活经验相关的场景中。其次，创设尽可能开放的项目情境，应该考虑问题解决方案的不唯一与多层次性。开放的情境有利于学生根据自身的认知起点，在问题解决的过程中反复经历界定问题、抽象特征、建立结构模型、合理组织数据、形成解决方案、反思优化的过程，强化计算思维的培养。最后，教师创设的项目情境还需要与信息技术学科紧密结合，应作为指向探究本学科知识和能力的入口，以培养学生在信息时代综合应用信息技术解决实际问题的能力。

教师在创设项目情境时，应该尽可能选择生活的真实片段，从中挖掘情境和学科的关联，促进学科核心素养的培养。例如，在进行必修一第四章"走近人工智能"的教学时，笔者从学生熟悉的"微信语音识别"场景入手（真实的情境），引导学生回顾"微信语音"的发展和变化，探究计算机能够"听懂"和"说出"的技术秘密（与学科紧密结合的情境），并请学生畅想在"听懂"的翻译中为语句增加标点符号的技术方案（开放的情境）。这样的多维项目情景设置成为本章教学目标达成的关键。

4. 协调教师和学生在课堂中的主体定位，优化课堂结构

课堂结构是教学设计和教学实施中非常重要的因素，它决定着教学开展的程度和学习主体的定位，优化课堂结构能够有效地促进学科核心素养落实。传统课堂上常用的凯洛夫讲授法属于"高结构+高控制"的课堂结构，在这种结构下，教师完全按照设计好的思路与步骤引导学生开展学习；学生则跟随教师的节奏完成学习。这类课堂在单位教学时间内，对已有知识的记忆和理解效率相对较高，但学生的学习主体地位受到了制约。在信息技术的支持下，"低结构+低控制"的课堂成为可能，学生借助网络搜集资料，整合学习资源，依托数字化学习平台协作学习，规划研究，梳理反思。当然教师的作用不可或缺，如何学会学习、学会探究、让学生的认知与情感的主体能力更好地生成与发展，都需要教师的把控。以上两类课堂结构都是学生核心素养形成的重要平台，在教学中各有价值。在信息技术教学中，要根据不同情况将不同课堂模式融会贯通、取长补短。

例如，在进行第一章"数据与大数据"的教学时，笔者采用"为不同人群推荐一本四大名著的方式"的项目主题开展教学，引导学生从网络上获取数据、归纳信息，阐述信息对最终"推荐"的影响等（低结构+高控制），让学生从"常规活动"中建构知识、培养信息意识。在教授"数字化与编码"的内容时，则注重数字化过程和编码方法的掌握，主要采用教师讲解、例题讨论和实践探究的方式（高结构+高控制、高结构+低控制），让学生能够在有限的课时中完成学习目标，强化计算思维。对于"大数据及其作用与价值"部分的教学，则通过课内分享大数据分析工具和平台，提供学习资料、报告、网站等资源进行教学（低结构+低控制），学生可以围绕大主题自定内容，体会和实践数字化学习，理解大数据对社会的影响，协作完成"关于电子书"的社会报告并展示发布。多种课堂结构的运用，课堂中教师、学生的主体转换，不仅丰富

---

① 查尔斯 M. 赖格卢特，詹妮弗 R. 卡诺普：《重塑学校——吹响破冰的号角》，方向译，福建教育出版社 2015 年版，第 15 页。

了教学形式,也极大地促进了教学有效性的达成。

5. 深入研究课堂问题的有效性,引发学生深度思考

课堂提问作为最直接的师生双边活动,不仅可以串联课程内容,加强课程紧密程度,还能够引导学生进入更深层次的知识学习,激发学生的思维能力。深入研究课堂问题的有效性,其必要性在于:第一,提高课堂效率,激发学生学习热情和兴趣。在有限的课堂时间内,新颖别致的问题内容、不断变换角度的提问形式,会让学生产生新鲜感,促使学生掌握更多的知识点。第二,把握教学难易度,构建知识网络框架。教师在设置问题时要做到难易结合,将大问题拆分成层层递进的小问题,学生在一步步解决的过程中获得满足感,同时也搭建起相应的知识网。第三,精准定位学情,掌握学生认知水平。每位学生对知识的理解力和对问题的分析能力不同,有效提问可以更好地了解学生的认知水平和知识掌握情况。在信息技术课堂教学中,有效的问题是引导学生深度思考的重要推手,设置问题时需要遵循问题指向性明确、与教学内容关联紧密、问题链层次递进等原则。

例如,在进行必修一第三章"数据采集"的教学时,笔者设计了"用电分析助节能"的主题来推动项目式学习。该节的重难点是了解数据采集方法,能够在不同场景下选择合适的方法采集数据。因此,设置的问题必须围绕教学重点,在用电场景结构上也要有区分度,能够清晰传递出在该场景下使用某种数据采集方法具有较大优势和可行性,要时刻紧扣教学内容(与教学内容关联紧密)。最后,所有问题之间的先后关系是需要被强化关注的,在本课程中从明确"谁采集""采什么",到"可以怎么采""怎么采合适",再到"为什么采""采完怎么合理用"等一系列问题环环相扣,既关注问题解决,也上升到责任意识(问题链层次递进)。

6. 整合数字资源、学习工具,提高课堂个性化学习可能

个性化学习的内涵包括以学习者的个性化需求和特征为前提、以学习者个性化的学习过程为核心、以学习者的个性化发展为最终目标三个要点。[1]在传统的课堂教学中,由于班级授课制的局限性以及技术支持的乏力,个性化学习难以真正实现。只有让课堂教学在数字化环境中展开,整合数字平台、学习工具、数字资源,通过线上线下结合,才能使得学生在自主、合作、探究中开展个性化学习,提升学科核心素养。

互联网时代里,信息技术课程相关的资源种类全、形式多。基于此,教师可以根据不同学生的起点和学习需求选择性地引入,来支撑课堂教学活动,调动学生学习的积极性,向下一个最近发展区靠近。数字平台应用于课堂个性化学习成为可能。数字平台不仅能够支持学生的多维化学习体验,教师还能够利用平台的交互、记录、反馈等功能实施个性化教学。除了平台和资源,个性化学习还需要整合来拓展学习和创新空间。除了传统的计算机作为学习工具外,还可以将课堂搬入其他实验室和场地,例如工程实验室、化学实验室、体育场等,这些物理空间中配备的数字化设备也可以成为信息技术课程的学习工具,有助于学生在自己熟悉的环境中基于真实问题设计解决方案,开展个性化学习。

例如,在"信息系统中的计算机网络"复习课中,笔者将课堂移到了工程实验室,请学生分组来解决实验室中各种设备出现的网络故障。学生根据学习平台发布的学习单(数字平台),分组解决故障,遇到需要回顾和复习的内容,自主查看教师提供的微视频、选择解决方法(数字资源)、记录解决过程(数字平台)、测试结果(学习工具)、在线协作完成展示问题解决的思维导图(学习工具)。教师则根据各小组成员的学习过程、记录,进行个性化的学习指导和评估。

7. 尊重学生个性化差异,落实"双新"背景下的多维度评价

学习评价是教师围绕教学目标对教学过程及结果进行价值判断的活动,是对教学活动现实的或潜在的价值做出判断的过程,也是为了全面关注学生知识学习的过程和结果,激励学生自主学习及促进教师对教学行为进行改进的一种有效手段。科学的评价内容既包括学生的学习结果,也涵盖学生的学习

---

① 刘斌,王孟慧:《人工智能时代的个性化学习:内涵、技术支持与实现路径》,《教育探索》2021年第7期,第80-83页。

过程；既要重视学生学科专业水平的变化，又要对学生在学习活动中情感、态度、意志等隐性要素的表现进行考量。对于学生的成长和发展，教师要发现并接受他们的个性化差异，构建以促进学生个性发展为目的、评价内容全面化、评价主体多元化、评价方法灵活化、评价工具科学化的多维度评价体系，并使这一评价体系更具有发展性、前瞻性、创新性。

"双新"背景下的学习评价，要构建对学生的学习动机、学习过程及学习效果三位一体的评价方式。[①]落实到操作环节，学习评价是指在课堂教学过程中既要关注学生的课堂听讲、师生互动、考试成绩等显性可以量化的指标，也要关注学生在学习过程中的兴趣、合作交流、努力程度以及个性化创意表现等多元发展态势。

例如，在进行必修一第三章"数据处理和应用"内容教学时，教师设计了"软科中国最好大学排名"的项目，带领学生开展以小组为单位的项目式学习和体验。在项目实施的过程中，教师在了解活动进展情况及开展个别化指导的同时，也随时关注学生在项目活动中的参与情况（态度、深度、效度、合作度等），并在预先设计好的评价量表中进行记录，如表1所示。这些数据将会在学生课程学习评价中占据一定权重。在讲解使用技术工具时的问答环节，师生的实时互动也能体现学生对教学内容的理解、掌握和内化效果，在一定程度上反映学生在学习目标达成上的水平，从而亦可作为一个维度的评价指标，如表2所示。项目成果的交流环节，既能向教师和同伴汇报小组协作的成果，也考验学生的语言组织和口头表达能力，展示后的问答环节更能凸显学生的临场应变、逻辑思考及对知识综合运用能力，所有的这些都可以通过可量化的标准进行评估，如表3所示。

表1 小组化学习个人评价量表

	A	B	C	D	评价
项目参与度	积极参与小组项目，主动帮助组内成员，和组员共同学习、探索解决问题的方案	喜欢与同伴一起讨论，能围绕任务主题提出自己观点	接受组内分工和任务的安排，能做好分内的工作	专注于自己的学习安排，对组内任务的进展漠不关心	
分工合作度	组内有明确分工，积极参与组内讨论，发挥自己特长，乐于分享自己的观点，帮助小组做出合理决定和方案设计	愿意参与小组的分工，并进行交流，对任务的完成起到较大作用	在小组活动中，发表自己的观点，提出一些针对性的建议	在其他人的要求下，参与了小组活动，听取别人的建议和讨论	
项目完成度	小组合作效果好，头脑风暴激活思维，为任务的完成提供了很多建设性的见解；和组员之间产生了良好的互动	基本完成了设定任务，思路和结论能达到教师预期的教学要求，组内也通过讨论达成了一些共识	小组有分工与合作，但完成效果不太理想，得到的部分结论有偏差	未能按照预期通过合作解决问题；项目完成过程中没有很好规划，流于形式	
项目创新度	围绕任务主题，大胆设想、创新思维，提出了一些解决问题的新观点、新论断；大胆尝试了一些新方法	完成了项目任务，进行了一些思路上创新，也有部分合理、正确的观点陈述	在教师的辅导和帮助下完成任务，通过引导也有一些新结论	完成了项目任务，中规中矩，缺少创新	

---

① 赵蔚，张赛男，裴晓杰：《"动机、过程、效果"三位一体式网络学习评价体系构建研究》，《现代远距离教育》2012年第4期，第53-57页。

表 2　课堂互动评价量表

	A	B	C	D	评价
态度认真	认真听讲，积极参与讨论，和教师有眼神交流	认真听讲，做记录；参与讨论	听讲时不太认真，偶尔开小差，做其他无关的事	课上无心听讲，极少回答教师问题和参与互动	
积极主动	积极举手发言，踊跃参与讨论	有时举手提问；参与发言和讨论	被点到时能发表自己观点；被邀请参与讨论	不举手发言，不参与讨论和交流	
回答质量	思路清楚，表述有条理；声音洪亮，表情自然；切中问题要害	能表达自己观点，能抓住问题的要点；但条理性不足	表述内容有些含糊不清；语言组织有待加强；缜密性有待提高	表述有科学性错误；问题的回答没有针对性，条理性也较弱	
思维的创造性	具有创造性思辨；观点/方案独特；有一定的升华和反思	熟练运用所学解决问题；有一定的思考和突破	对问题的思考较表面化，创新性不足	思考能力弱，缺乏创造性；未能解决问题	

表 3　项目成果汇报评价量表

	A	B	C	D	E	评价
陈述内容	丰富，重点突出，详略得当，观点清晰、新颖	能突出重点，详略有一定的安排，观点明确	内容一般，重点不太突出，详略体现不明显，观点偶有创新	内容安排不太合理，详略安排不太合理，几乎没有自己的观点总结	内容安排混乱，没有重点突出，观点没有创新	
讲解	声音洪亮，口齿流利，神态自然，介绍时形式新颖、有条理	逻辑合理，观点正确，表情自然，流畅的语言陈述	有一定逻辑，介绍时部分衔接不到位，语音语调有时也不太稳定	声音较小，讲解时照本宣科，表情比较呆板，缺少必要的眼神交流	不自信，紧张，声音小，准备不够充分，经常中断	
呈现形式	美观，主题突出，图文排列生动，交互性好	有明确主题，有必要的图片辅助说明，运用动画，增加交互	排版基本符合要求，缺少后期的美化和动画效果	纯文字的版面，有一些图片辅助说明，部分内容之间缺少逻辑安排	文字格式不统一，图片失真变形，很多内容之间逻辑混乱	
回答	回答提问思路清楚，解释有理有据，能清晰表达自己的观点	能理解问题，回答问题思路时，合理组织语言，提出较切合的观点	回答提问，能清晰地表达自己的观点，但在语言组织、逻辑上有待完善	未能很好理解问题，能表达自己的观点，但缺乏说服力	表达的观点模糊，思路不清楚，语态有待改进	

三、研究结论

"双新"背景下的信息技术课堂教学需要有"新"的策略，这一策略的新意，即在于将核心素养与课堂教学相融合。课堂教学中要坚持将学科特色的突出和核心素养的落实无缝契合，引导学生进行"用信息技术解决问题"的尝试；教师以单元为主教学设计的改变，能从更高的层次、更宏观的视野来优化学生的思维，促进学生的主动建构，保留较持久的学习体验；创设基于真实情境的项目活动，能提升学生的沉浸感和参与度，有利于学生计算思维能力的培养；动态、适应性的课堂结构可以成为学生核心素养形成的催化剂，教师要善于调整和把控结构，协助学生完成知识构建、思维升级；教师必须精心设计问题，提升问题的有效性，最大限度地发挥其积极效应；教师应当充分发挥互联网和各类数字资源、平台、工具的优势，基于学习者的差异，针对教学活动的特点开展个性化教与学；教师基于学生周期性学习行为的动态，定性和定量的评估，能更好地发挥评价的正面促进作用。

综上所述，如何在课堂教学实践过程中落实核心素养是"双新"背景下最重要的教学研究和教学实践课题。对于每一位教师来说，应当在新课标的指引下，基于新教材，厘清核心素养的内涵与外延，不断探索教学策略，在教学中落实强化信息意识，启迪计算思维，培养数字化学习与创新能力，赋予信息社会责任的课程宗旨，为信息时代培养具备信息素养的中国公民提供有力的保障。

Strategies Exploration on Core Literacy of Information Technology Subject in Senior High School

MAO Lili，SHEN Xiaoshan，XU Zhemin

（Shanghai High School，Shanghai，200231）

Abstract： The development of the new era has put forward higher requirements for talents′ information literacy. The implementation of "Double New"（new curriculum and new textbook）in ordinary senior high schools provides dynamic support and development vitality for the construction of the discipline core literacy system. Under the background of "Double New", teachers should grasp the value of integrating the core literacy of information technology subject with classroom teaching in senior high school. Therefore, teachers can creatively integrate the core literacy of subject into classroom teaching practice. Based on this mission, this paper proposes strategies include subject characteristics, teaching design, project design, class structure, class problems, personalized learning, and multi-dimensional evaluation to effectively promote the integration of subject core literacy and class teaching. The integration of core literacy and class teaching provides a guarantee for cultivating information literate citizens in the information age.

Key words： senior high school information technology course，core literacy，class teaching

新课程标准视域下的美术课程与教学转型

王剑锋¹，刘朱怡²

(1. 上海师范大学 美术学院，上海 200234；2. 上海市闵行区明强小学，上海 201101)

摘　要：艺术课程标准的修订顺应时代要求，也为中小学美术课程与教学的转型指明了方向。为了在课程的目标、内容、实施、评价四个方面完成转型，美术学科的教学要立足核心素养，强化课程育人目标；以大观念为统整，以学习任务为抓手，实现课程内容新变化；基于项目化学习，带动课程综合化实施；创设情境，实现素养导向的课程评价转型。

关键词：艺术课程标准；中小学美术课程与教学；转型

2022 年 4 月颁布的《义务教育艺术课程标准(2022 年版)》(以下简称"新课标")是《义务教育美术课程标准(2011 年版)》(以下简称"2011 版美术课标")执行 10 年来的一次系统性与结构性的修订，这既是机遇又是挑战。

一、为何要基于"新课标"进行美术课程与教学转型

1. 顺应时代要求，响应国家号召

2019 年 6 月，中共中央国务院印发的《关于深化教育教学改革全面提高义务教育质量的意见》强调要着力培养时代新人，开创新时代义务教育改革发展新局面。2020 年，《关于全面加强和改进新时代学校美育工作的意见》明确指出，要坚持改革创新。随着社会快速发展，人们的生活、学习方式也在随之改变，我国对于人才的培养与教育的发展也在不断提出更高的新要求，我们要清晰认识到今天所面对的不再是过去的学生，而是新时代的学习者，而 2022 年版新课标的出台则描绘了国家的育人蓝图，体现了国家意志。因此，改变思维，展开新课标视域下美术课程与教学的转型至关重要。

2. 新课标为新时代美术课程与教学明确了方向，提供了依据

新课标提出了"坚持以美育人""重视艺术体验""突出课程综合"的课程理念①，体现和明确了我国教育改革的具体方向与先进的教育观念。依据新时代国家对学校美育的新要求，新课标规定了符合我国国情的课程目标、课程内容、课程实施和课程评价等具体内容，是教师教学、学生学习的基本依据。新课标为推进义务教育美术课程改革和人才培养明确了方向，为美术教师在新课标视域下实现学生美术素养的培育提供了重要依据。

作者简介：王剑锋，上海师范大学美术学院副教授，博士，主要从事美术教育与油画创作研究；刘朱怡，上海市闵行区明强小学教师，硕士，主要从事中小学美术课程与教学论研究。

① 中华人民共和国教育部：《义务教育艺术课程标准(2022 年版)》，北京师范大学出版社 2022 年版，第 1 页。

二、基于新课标的美术课程与教学新转型

新课标的颁布标志着新时代背景下义务教育阶段美术课程的新转型。首先，新课标将原本的"美术课标"向"艺术课标"转变，将音乐、美术、舞蹈、戏剧、影视5门学科纳入其中。1—7年级以美术、音乐为主线，有机融入姊妹艺术，即舞蹈、戏剧、影视的课程内容，为学生掌握较为全面的艺术基础知识和基本技能奠定基础。8—9年级开设艺术选项，调整了课程设置，旨在帮助学生掌握1—2项艺术特长，具体内容见表1。

表 1 艺术课程设置

1—2年级（艺术综合）	3—7年级（艺术）	8—9年级（艺术选项）
唱游·音乐	音乐	音乐
造型·美术	美术	美术
		舞蹈
		戏剧（含戏曲）
		影视（含数字媒体艺术）

其次，对比2011版美术课标可以看出，新课标在课程目标、课程内容、课程实施、课程评价等方面均有了新的变化，并且新增了学业质量板块，这意味着中小学美术课程与教学迎来了新的转型。

1. 课程目标：从三维目标转向核心素养

相较2011版美术课标中三维目标的课程总目标，新课标在课程目标中明确提出了"核心素养"的新要求，并始终贯穿艺术学习全过程，旨在使学生通过艺术学习逐步形成适应未来发展的正确价值观、必备品格和关键能力，包括审美感知、艺术表现、创意实践、文化理解。

新课标中的四大核心素养相辅相成，将其置于美术课程与教学的语境中，能够发现：审美感知是学习美术的基础，是对美的发现、感受、认识与反应能力；艺术表现是参与美术活动的必备能力，包括发挥想象创造形象，表达思想情感；创意实践是美术创作中创新意识和创造能力的集中体现，是综合应用的能力；文化理解则以正确的价值观引领其他三大核心素养，是对美术与文化的感悟、领会、阐释的能力。[1]

2. 课程内容：从学习领域转向艺术实践

相较2011版美术课标，新课标中的美术学科将学习领域更名为艺术实践，强化了实践性要求。同时在保留美术学科特色的基础上，将4类艺术实践"欣赏·评述、造型·表现、设计·应用、综合·探索"与艺术课程中的"欣赏、表现、创造、联系/融合"4类艺术实践相互对应。

为突出以"艺术体验"为核心的艺术实践，新课标的美术课程内容以任务驱动的方式遴选和组织，提出了16项学习内容和20个学习任务。其中，20个学习任务与4类艺术实践相互对应。纵向看，4个学段即1—2年级、3—5年级、6—7年级、8—9年级的第一个学习任务对应"欣赏·评述"，第二个学习任务对应"造型·表现"，第三个与第四个学习任务均对应"设计·应用"，第五个学习任务对应"综合·探索"（见图1）。横向看，以注重发展学生审美感知和文化理解素养的"欣赏·评述"为起点，到以强调发展学生艺术表现和创意实践素养的"造型·表现"和"设计·应用"，再到加强课程内容、社会生活与学生经验之间联系的"综合·探索"，学习内容的设计层层递进，不断深化，有利于学生的学习迁移。

---

[1] 中华人民共和国教育部：《义务教育艺术课程标准（2022年版）》，北京师范大学出版社2022年版，第5—6页。

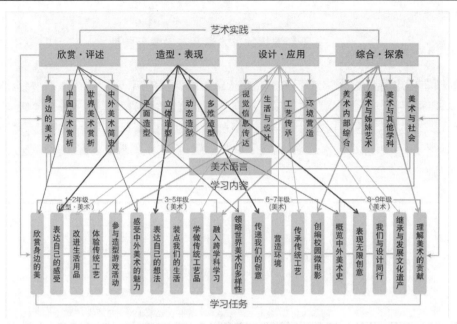

图1　美术课程中艺术实践以"艺术体验"为核心

3. 课程实施：从学科化实施转向综合化实施

相较2011版美术课标实施建议中强调美术学科教学过程和教学方法的改革，新课标在"课程实施"中强调以"核心素养"为导向，引导教师整体把握、有机整合教学内容，在教学过程中引导学生思考知识的内在关联，促进学生对知识重新构建，实现从知识与技能的掌握到意义建构的发展，提高综合解决问题的能力，以此带动课程综合化实施。为全面落实"突出课程综合"的新要求，新课标提出四类综合，即开展美术内部的综合（四类艺术实践的综合）、美术与艺术的融合、美术与其他学科的联系、美术与社会的关联。并且，在"课程实施"中新增"教师培训与教学研究"板块，引导教师终身学习，逐渐落实课程综合化实施的新要求。

4. 课程评价：从客观事实评价转向素养评价

相较2011版美术课标，新课标提出了学业质量标准。这一新的变化意味着，在未来的中小学美术教育中要尤其关注美术学科的评估标准设计。相较2011版美术课标"以学生在美术学习中的客观事实为基础"展开评价①，本轮新课标修订更新教育评价观念，即以素养为导向，注重对正确价值观、必备品格和关键能力的考查。它主张开展综合素质评价，全面推进基于核心素养的课程评价，全面落实新时代教育评价改革要求。

根据核心素养发展水平，结合美术课程内容，新课标中的美术学业质量标准，整体刻画四个学段学生学业成就的具体表现特征，清晰规定学生每个学段学习之后应该知道什么、能做到什么、需要理解什么，以及最终实现哪些素养，形成了美术学业质量标准，为美术教师建立可测、可评的素养导向型评价标准提供了依据。通过纵向与横向的比较分析发现，美术学业质量标准对应课程内容中的内容要求与学业要求，又对应课程目标（核心素养、总目标、学段目标）。笔者以第一学段的学习任务4"体验传统工艺"为例，制作了学业质量与课程目标、课程内容之间的对应关系图，如图2所示。

---

① 中华人民共和国教育部：《义务教育艺术课程标准(2011年版)》，北京师范大学出版社2011年版，第23页。

图 2 第一学段学习任务 4 之学业质量与课程目标、课程内容的关系

综上所述，新课标视域下的美术课程与教学，在目标上实现了从三维目标到核心素养转型，在内容上实现了从学习领域到艺术实践转型，在实施上实现了从学科化到综合化转型，在评价上实现了从客观事实评价到素养评价转型。

三、如何实现基于新课标的美术课程与教学转型

1. 立足核心素养，强化课程育人目标

本轮新课标的修订不仅提出了核心素养，更是将核心素养渗透于课程目标之中，形成了指向核心素养的课程目标。通过梳理核心素养与课程总目标之间的关系，能够发现核心素养与课程目标之间相互对应。4 个核心素养对应 5 条课程总目标，其中总目标的最后 2 条均对应"文化理解"，第 4 条是对我国文化的感悟、领会、理解和阐释，第 5 条则是对外文化的尊重、理解和包容，见表 2。

表 2 指向核心素养的课程目标

核心素养	总目标
审美感知	感知、发现、体验和欣赏艺术美、自然美、生活美、社会美，提升审美感知能力
艺术表现	丰富想象力，运用媒介、技术和独特的艺术语言进行表达与交流，运用形象思维创作情景生动、意蕴健康的艺术作品，提高艺术表现能力
创意实践	发展创新思维，积极参与创作、表演、展示、制作等艺术实践活动，学会发现并解决问题，提升创意实践能力
文化理解	感受和理解我国深厚的文化底蕴和党的百年奋斗重大成就，传承和弘扬中华优秀传统文化、革命文化、社会主义先进文化，坚定文化自信，铸牢中华民族共同体意识
	了解不同地区、民族和国家的历史与文化传统，理解文化与构建人类命运共同体的关系，学会尊重、理解和包容

鉴于此，美术教师在确定课程目标时，要始终思考课程目标与核心素养之间的对应关系，将核心素养融入课程目标之中。以第一学段的学习任务 4"体验传统工艺"为例，通过将教学目标与核心素养相互

关联,得到了该学段与该任务的核心素养型教学目标,见表3。

表3 第一学段学习任务4"体验传统工艺"的核心素养与教学目标

核心素养	教学目标
艺术表现	利用不同的工具、材料和媒介,体验传统工艺,学习制作工艺品
创意实践	能寻找身边的各种工具和材料,利用不同材料的特点,设计并制作工艺品
文化理解	知道中国传统工艺是中华民族文化艺术的瑰宝,增强中华民族自豪感

综上所述,在新课标视域下,只有立足核心素养,才能让美术课程教学更好地走向学科理解,突出育人价值;才能更好地弘扬中华美育精神,以美育人、以美化人、以美培元[1],落实"立德树人"根本任务。

2. 以大观念为统整,以学习任务为抓手,落实课程内容新变化

如何落实新课标中"突出课程综合""重视艺术实践"的新要求,其实,美术课程内容中的内容要求、学业要求、教学提示已经给出了答案,即以大观念为统整,以学习任务为抓手。

新课标内容明确提出,通过遴选重要观念与学习任务来设计课程内容。由于大观念是一种抽象概括,是深层次、可迁移且具有概括性、抽象性、永恒性、普遍性的观念[2],并可以与许多学科建立联系,因此,大观念的统领有利于促进知识之间的内在关联,实现学生对于知识的意义构建,促进课程内容综合的设计,也可为之后落实课程的综合化实施予以铺垫。而对于课程内容重视艺术实践的新转型而言,仅以大观念为统整尚不足够,还需以学习任务为抓手。新课标美术课程内容中最新提出的20个学习任务,便是美术实践的具体呈现。因此,在进行课程内容设计时,大观念与学习任务缺一不可。那如何架起两者之间的桥梁,使之相互关联呢? 笔者发现,在美术课程内容中,围绕每个学段的每一个学习任务,均提出了大观念的具体描述。为帮助美术教师更好地以大观念为统整、以学习任务为抓手来设计课程内容,笔者梳理出了各学段学习任务和与之对应的大观念,为新课标视域下的美术课程内容的转型提供具体依据。相关内容见表4。

表4 美术各学段学习任务与大观念

学段	分学段学习任务	大观念
1—2年级	欣赏身边的美	美存在于生活中
	表达自己的感受	美术学习要始终保持好奇心和想象力
	改进生活用品	设计改善我们的生活
	体验传统工艺	中国传统工艺是中华民族文化艺术的瑰宝
	参与造型游戏活动	造型游戏活动能促进知识与技能的有效迁移
3—5年级	感受中外美术的魅力	中国传统美术具有强大的生命力和凝聚力
	表达自己的想法	美术是认识与表现自我和他人的重要方式
	装点我们的生活	设计服务于生活并改善我们的生活
	学做传统工艺品	工艺师具有敬业、专注和精益求精的工匠精神
	融入跨学科学习	美术与其他学科相融合可以富有创意地解决问题
6—7年级	领略世界美术的多样性	世界各国的美术作品是不同文化的重要载体
	传递我们的创意	美术是认识与表现自我、他人和周围世界的重要方式
	营造环境	设计能美化并改造我们的生活环境,同时让我们的生活融入艺术

---

① 中共中央办公厅、国务院:《关于新时代全面加强和改进新时代学校美育工作意见的通知》,载教育部官网:http://www.gov.cn/zhengce/2020-10/15/content_5551609.htm,最后登录日期:2022年6月1日。

② H. 林恩·艾里克森:《概念为本的课程与教学》,兰英译,中国轻工业出版社2003年版,第65页。

（续表）

学段	分学段学习任务	大观念
	传承传统工艺	继承与创新是传统工艺创作的重要原则
	创编校园微电影	现代媒体艺术是丰富人们认识世界和表现世界的方式
8—9 年级	概览中外美术史	美术反映不同时代、国家和地区的历史与文化传统
	表现无限创意	美术可以表达思想与情感，并发展创意能力
	我们与设计同行	设计满足实用功能与审美价值，传递社会责任
	继承与发展文化遗产	中华优秀传统文化需要创造性转化、创新性发展
	理解美术的贡献	美术对推动人类文明发展做出重要的贡献

3. 基于项目化学习，带动课程综合化实施

为落实课程综合化实施的新转变，新课标在课程实施中提出了以项目方式展开教学的关键之处。学生可以通过项目化学习（Project-based Learning）综合解决复杂的问题，完成学习任务。项目化学习可以很好地实现"以大观念为统整，以学习任务为抓手"的课程内容设计，推动课程的综合化实施。为帮助美术教师实现美术课程与教学"综合化实施"的转型，笔者围绕第一学段的学习任务 4"体验传统工艺"，选择剪纸艺术展开具体论述。

项目"感受民间剪纸艺术之美"在大观念"中国传统工艺是中华民族文化艺术的瑰宝"的统领下，引导学生思考基本问题"如何通过剪纸艺术演绎难忘生活"，完成驱动任务：小组合作创作剪纸图画书，记录下参观剪纸艺人工作室的难忘过程，感受中国古代劳动人民通过剪纸艺术记录幸福生活、表达美好向往的情感，形成文化认同与自豪感，见表 5。

表 5 项目"感受民间剪纸艺术之美"概述

项目题目	教学对象	大观念	基本问题	驱动任务
感受民间剪纸艺术之美	2 年级	中国传统工艺是中华民族文化艺术的瑰宝	如何通过民间剪纸艺术演绎难忘生活？	小组合作完成剪纸图画书

项目基于巴克教育研究所（The Buck Institute for Education）提出的项目化学习的四个教学阶段展开实施，见表 6。

表 6 "感受民间剪纸艺术之美"项目实施过程

教学阶段	学习过程	学科
启动项目	确定小组成员分工	语文
	准备访谈问题，采访剪纸艺人	影视
	考察剪纸艺人工作室，拍摄全过程	美术
	选出难忘瞬间的照片，配上关键词，制作视觉笔记	
建构知识、理解和技能	用语言将难忘的瞬间串联起来，形成一个难忘而美好的故事	语文
	欣赏剪纸作品，了解剪纸构图、造型、色彩、纹样寓意等内容	美术
	拜师学艺，掌握剪纸的基本步骤与方法	劳技
	根据故事与照片，结合剪纸造型、纹样等知识，设计人物与场景	
	结合剪纸构图、技法等进行分镜头的设计	
	构思剪纸故事不同画面草图	
	剪出不同画面制作图画书	
发展、评论和修正成果	倾听剪纸艺人、教师、同伴的建议，开展多主体评价，并完善作品	美术

(续表)

教学阶段	学习过程	学科
呈现成果	作品发布会	语文
	学习档案袋	美术

4. 创设情境,实现素养导向的课程评价转型

新课标围绕各学段提供了素养导向的美术学业评价质量标准。对标学业质量标准,开展对知识与技能的评价比较容易实现,但是对于学生核心素养的评价却是一个难点。基于此,笔者认为可以依托真实情境的创设,来实现素养导向的美术课程评价转型。

新课标提出了 103 个"情境",强调通过真实情境的创设,加强知识与学生经验、现实生活、社会实践之间的联系,学生经历发现问题、建构知识、运用知识、解决问题的过程,形成综合解决真实问题的能力,促进举一反三、融会贯通、学会迁移,实现核心素养的形成。因此,在进行课程评价时,依托真实情境可以很好地了解学生对于美术课程中学习内容的迁移情况与解决问题的能力,从而实现素养导向的课程评价。

在创设真实情境开展评估时,要了解真实情境是指向心理认知的真实。换言之,该情境可以是直接来源于现实社会或日常生活的真实情境,也可以是将所学知识运用于现实社会或日常生活中的虚构情境。笔者通过梳理发现,在美术课程内容中,其实已经针对每个学段给出了相关情境建议,见表 7。

表 7 各学段情境建议

学段	情境主题
第一学段	校园里的色彩故事
1—2 年级	我的学习生活
	巧用文具
	非遗小传人
	形与色的交响乐
第二学段	诗情画意
3—5 年级	我是能工巧匠
	中国年
	本草的故事
	难忘的红色之旅
	以编程改进物品与居室环境
第三学段	世界美术之旅
6—7 年级	中国画的魅力
	科学幻想
	校园美术馆
	点亮乡村计划
	校园中的故事
第四学段	美术对社会发展的贡献
8—9 年级	美丽大数据
	和谐社区改造计划
	中国文化传播
	社区、公共空间的现在与未来

笔者同样围绕第一学段的学习任务 4"体验传统工艺"展开具体论述。新课标针对第一学段的学习

任务"体验传统工艺"给出的情境为"非遗小传人"，其学业质量标准要求学生"能运用撕、剪、编织等方法制作1—2件工艺品；能口头表述对'中国传统美术是中华民族文化艺术的瑰宝'的感受"。对标核心素养，该任务旨在培养学生的艺术表现、创意实践、文化理解，如图3所示。

鉴于此，教师可以设置如下情境："学校近期将围绕'我是非遗小传人'建立校园美术馆，作为学校的一分子，你能运用在美术课堂中学过的非遗技法，围绕校园生活来创作1—2件作品放在美术馆中实现传承吗？你能记录下你对此项非遗的感悟、选择原因以及你的创作理念作为作品的语音讲解吗？"如此，学生通过理解情境，可实现知识的迁移，展开中国传统工艺的创作，录制自己的感悟与创作理念。在此过程中，学生的价值观、必备品格和关键能力得以形象化与具体化，从而实现核心素养的培育。基于此，教师还需针对学生的创作过程与成果展开具体分析，坚持"评价促进学习"的理念，引导学生进行自我评价、自我反思，再次改进学习，不断培养学生的核心素养。

Art Curriculum and Teaching Transformation under the Perspective of Art Curriculum Standards

WANG Jianfeng[1], LIU Zhuyi[2]

(1. School of Fine Arts, Shanghai Normal University, Shanghai, 200234;

2. Shanghai Mingqiang Primary School of Minhang District, Shanghai, 201101)

Abstract：The perspective of the art curriculum standard conforms to the requirements of the times, also points out the direction for the transformation of art curriculum and teaching in primary and secondary schools. In order to complete the transformation in the four aspects of curriculum objectives, contents, implementation and evaluation, the teaching of fine arts should be based on the core litercy and strengthen the goal of curriculum education; take the grand concept as the integration, take the learning task as the starting point, and realize the new changes of the course content; based on project-based learning, drive the comprehensive implementation of the curriculum; create situations and realize the transformation of literacy-oriented curriculum evaluation.

Key words：art curriculum standard, art curriculum and teaching in primary and secondary schools, transformation

《现代基础教育研究》
第47卷，2022年9月　　　　　　（Research on Modern Basic Education）　　　　　Vol.47, Sep. 2022

晚清家国视域下的乡土教育研究

孙秀玲

（山东师范大学 教育学部，山东 济南 250014）

摘　要：乡土知识是族群认同、家国意识的表征。近代，重新认识乡土、由爱乡而爱国成为社会共识，乡土教育被赋予浓厚的政治品格，成为晚清对抗西方世界的筹码。以忠爱为宗旨，以儒学为根本，晚清政府通过学制颁布、课程设置、教材规范、方法改进等举措，逐步铸就儿童的家国观念，增强其爱乡、爱国情怀，不仅赓续了传统文化，而且促进了其现代转换，更为后乡土中国语境下乡土教育的发展提供了历史镜鉴。

关键词：晚清；家国视域；乡土教育；爱国

费孝通先生把中国社会定义为"乡土社会"，揭示了中国传统社会的乡土性。乡土教育借助乡土知识进行文化整合，是传承、创造乡土与民族文化的基本载体与路径，是增强族群集体记忆之计，是民族安身立命之根。但晚清以来，随着现代化、全球化进程的不断推进，传统乡村社会的乡土性特征日渐瓦解，乡土文化趋于式微。为了赓续文化传统，增强爱乡情怀，构筑家国观念，晚清政府、社会精英等将"乡土"与"国家"联系起来，乡土教育被赋予浓厚的政治品格，成为国情教育的阵地和现代乡土意识萌生的温床。

一、"爱乡土之心同于爱国"：晚清乡土教育的发展契机

晚清的现代化进程启动于西方国家的军事侵入、经济刺激与"文化示范"。外来军事力量的胁迫、世界空间观念的更易、地方自治思潮的滋长，诱发了社会危机意识的加深、民族意识的生长、乡土意识的转化，这为乡土教育的发展提供了契机。

1. 外来军事力量胁迫下危机意识不断加深

1840 年以后，外来入侵频繁，清政府屡战屡败，被迫签订了一系列丧权辱国的条约。世界风云变幻之际，晚清政府因在内政外交上的无能而逐渐丧失威信，受到国人的质疑与批评。如果说在甲午海战之前绝大多数的社会精英依然对清政府抱有幻想，那么在经历了戊戌变法、义和团运动之后，越来越多的人对清政府失去了耐心与认同。迫在眉睫的亡国之祸，政治上的失败，文化上的幻灭，使晚清社会弥漫着强烈的挫折感。面对西方异质文化的冲击，知识分子一方面对传统文化产生了强烈的认同危机，另一方面又由于深受传统文化熏陶而表现出强烈的依恋情绪，激发了文化自觉意识。这为传统文化回归、乡土知识进入课堂提供了可能。

作者简介：孙秀玲，山东师范大学教育学部副教授，博士，主要从事中国教育史与高等教育基本理论研究。

2. 世界空间观念更易中民族意识初步自觉

在与西方大规模接触之前，中国一直奉行"天下主义"的世界观，认为"天下"是由"中国"与周边"四夷"构成的，而中国居于天下之中，为"中央之国"。鸦片战争之后，随着西学东渐，国人逐渐了解了其他国家的地理、历史、风土人情以及经济、政治、科技等，以华夏为中心的传统民族认同开始出现危机。而文明、人种、进化论等西方概念的引入，揭示"适者生存"的进化原则，引导人们从世界各民族的竞争大势中考察民族存亡。[1] 随着"家—国—天下"的传统空间观念坍塌，"世界—国家—乡土"的现代空间观念取而代之，知识阶层开始从世界视野中建构中国，每个人生于斯、长于斯的乡土再次进入大众视野。

3. 地方自治思潮滋长下乡土意识现代转化

在西方列强的势力范围划分之下，晚清中央朝廷的权威开始式微，地方脱离中央的表征已经出现。由于各省之间经济、文化发展不平衡且罅隙日益明显，基层地方更加注重对本地利益的诉求。这引起了部分时人的焦虑——尤其是留日学生，他们爱国情绪高涨，爱乡意识也更为强烈。在他们看来，"国之存亡，要以能群不能群为断。而欲成大群，又必集合小群以相联结"[2]，"大团体由小团体相结合而成。故爱国必自爱乡始"。[3] 他们注意到，"日本讲小学教授法者，谓欲发起学生之爱国心，必先于教历史教地理上，择其所处地中之名人形胜，以发起其爱乡土心，然后由爱乡土而推及于爱国也"。[4] 与留日学生相呼应，国内学界把爱乡作为前提，开展了广泛的自治、爱国宣传。为了"提倡本省风气，注意地方自治，以为争存保种之计"[5]，在世界观、价值观、知识观等已经觉醒的知识阶层的引领下，开明的地方精英先后成立了不少具有改良倾向的学会和社团，并对教育活动投入了极大热情。他们以乡土为框架，将教育视为参与地方行政的方式和表达地方意识的路径，"纳学生于规范之中，以促进其爱国之热忱，实行其合群之义务"。[6]

二、"爱国必自爱其乡始"：晚清乡土教育的推进举措

面对内忧外患的局面，乡土教育被视为培养爱国人才的可行路径和反抗西方文化侵略的有效方式。为了"保君思毓""收拾民心"，晚清通过颁布学制、设置课程、规范教材、改进方法等举措，积极推进乡土教育。

1. 颁布学制，明确爱国目标

学制是清末对新式教育确立标准、加强规范的重要手段。1902年的壬寅学制虽阐明"小学堂之宗旨，在授以道德、知识及一切有益身体之事"[7]，但"爱国"之语并不多见。相比之下，1904年癸卯学制的立学总义便特别强调教育与国家之间的关系，通过频繁使用"国家""爱国"等词语突出国民教育之纲领，"设初等小学堂，令凡国民七岁以上者入焉，以启其人生应有之知识，立其明伦理爱国家之根基，并调护儿童身体，令其发育为宗旨；以识字之民日多为成效"。[8]

根据《奏定初等小学堂章程》规定，乡土教育成为实现小学国民教育目标的重要手段，就学科而言，"历史，其要义在略举古来圣主贤君重大美善之事，俾知中国文化所由来及本朝列圣德政，以养国民忠爱之本源。尤当先讲乡土历史，采本境内乡贤名宦流寓诸名人之事迹，令人敬仰叹慕，增长志气者为之解

① 余英时：《钱穆与中国文化》，远东出版社1994年版，第2页。

② 《江苏同乡会觥始记事》，《江苏》1903年第1期，第145页。

③ 武汉大学历史系中国近代史教研室：《辛亥革命在湖北史料选辑》，湖北人民出版社1981年版，第514页。

④ 《国民教育》，《鹭江报》1903年第41期，第5-8页。

⑤ 《寓江西陈君致浙江同乡会书》，《浙江潮》1903年第3期，第153-155页。

⑥ 佐藤仁史：《近代中国的乡土意识》，北京师范大学出版社2017年版，第254页。

⑦ 璩鑫圭，唐良炎：《中国近代教育史资料汇编·学制演变》，上海教育出版社2007年版，第279页。

⑧ 朱有瓛：《中国近代学制史料（第2辑·上）》，华东师范大学出版社1987年版，第174页。

说,以动其希贤慕善之心。历史宜悬历代帝王统系图一幅于壁上,则不劳详说而自能记忆。""地理,其要义在使知今日中国疆域之大略,五洲之简图,以养成其爱国之心,兼破其乡曲僻陋之见。尤当先讲乡土有关系之地理,以养成其爱乡土之心,先自学校附近指示其方向子午、步数多少、道里远近,次及于附近之先贤祠墓、近处山水,间亦带领小学生寻访古迹为之解说,俾其因故事而记地理,兼及居民之职业、贫富之原因、舟车之交通、特产之生殖,并使认识地图,渐次由近及远,令其凑合本板分合地图尤善。地理宜悬本县图、本省图、中国图、东西半球图、五洲图于壁上,每学生各与折迭善图一张,则不烦细讲而自了然。""格致,其要义在使知动物植物矿物等类之大略形象质性,并各物与人之关系,以备有益日用生计之用。惟幼龄儿童,宜由近而远,当先以乡土格致。先就教室中器具、学校用品及庭园中动物植物矿物(金石煤炭等物为矿物),渐次及于附近山林川泽之动物植物矿物,为之解说其生活变化作用,以动其博识多闻之慕念"。① 在对学科要义的阐释中,学制一再强调爱乡土与敬祖爱国之间的密切关系,主张经由教育帮助学生获得乡土知识,通过乡土文化体验,形成乡土意识、乡土情怀和乡土之爱,最终推及家国意识、家国情怀和家国之爱。

2. 设置课程,启发童蒙忠义

张之洞在1902年的《筹定学堂规模次第兴办折》中提出:"环球各国竞长争雄,莫不以教育为兴邦之急务。其制以大学造就文武之通才,以小学、蒙学启发国民之忠义,化成国民之善良。"② 1904年,《奏定学堂章程》进一步明确规定:"至于立学宗旨,无论何等学堂,均以忠孝为本,以中国经史之学为基,俾学生心术壹归于纯正,而后以西学渝其智识,练其艺能,务期他日成才,各适实用。"③ 至于如何"以忠孝为本",张之洞进一步指出:"尝考《尚书》云:'惟土物爱,厥心臧,聪听祖考之彝训。'盖必知爱其土物,乃能爱其乡土,爱其本国。如此则为存心良善,方能听受祖考之教训。是知必爱国敬祖,其心乃为善;若反是,则为不善也。"④ 有鉴于此,学制将历史、地理、格致等设为必修科目,并对授课内容、学习时长等提出了具体要求(见表1、表2)。

表1 《钦定学堂章程》对小学史学、舆地课程的内容设计及周学时安排

	初等小学			高等小学		
	第一学年	第二学年	第三学年	第一学年	第二学年	第三学年
史学	上古三代之大略6课时	秦汉之大略6课时	两晋南北朝之大略6课时	唐五代之大略5课时	宋辽金元之大略4课时	明之大略4课时
舆地	地球大势4课时	本乡各境、本县各境4课时	本府各境1课时	本省各境4课时	本国各境4课时	本国各境3课时

注:壬寅学制虽然没有明确提出"乡土"的概念,但提出"本乡各境、本县各境"等要求,事实上已经将乡土知识纳入教育内容。

表2 《奏定学堂章程》对初级小学堂地理、史学、格致课程的内容设计及周学时安排

学年	一、二学年	三、四学年	五学年
地理	乡土之道里、建置,附近之山水,次及于本地先贤之祠庙遗迹等类	本县、本府、本省之地理、山水,中国地理之大概	中国幅员与外国毗连之大势,名山大川、都会之位置
历史	乡土大端故事及本地古先名人之事实	历朝年代国号,圣主贤君之大事	本朝开国大略及例圣仁政

① 朱有瓛:《中国近代学制史料(第2辑·上)》,华东师范大学出版社1987年版,第178-179页。
② 璩鑫圭,唐良炎:《中国近代教育史资料汇编·学制演变》,上海教育出版社2007年版,第101页。
③ 璩鑫圭,唐良炎:《中国近代教育史资料汇编·学制演变》,上海教育出版社2007年版,第297页。
④ 璩鑫圭,童富勇:《中国近代教育史资料汇编·教育思想》,上海教育出版社2007年版,第114页。

（续表）

学年	一、二学年	三、四学年	五学年
格致	乡土之动物、植物、矿物，凡关于日用所必需者，使知其作用及名称	动物、植物、矿物之形象，观察其生活、发育之情状	人生生理及卫生之大略

注：每星期共有30课时，以上科目各1课时。

3. 规范教材，构建国家意识

在倡导小学堂施行乡土教育之时，由于担心"海内甚广，守令至多，言人人殊，虑或庞杂"，学部委托编书局监督黄绍箕"撰写例目，以为程式"，作为编写乡土教材的指导性规范。①

其一，明确编写体例，培养"世界—国家—乡土"的空间感。根据《乡土志例目》要求，乡土志要包括历史、政绩、兵事、耆旧、人类、户口、氏族、宗教、实业、地理、山、水、道路、物产、商务② 十五个部分，通过梳理本地的建制沿革，培养地方隶属于中央的观念。不仅如此，编写者还必须从"世界—国家—乡土"格局中寻求乡土的位置，以期达到"披览间指五洲于掌上，罗千古于胸中，深者见深，浅者见浅，是殆新一时之耳目，以开世界之伟观"③ 的效果，因此，"学子坐诵一室，而天下之大，中外古今之变，由是得晓然于衷"。④

其二，关注时事形势，激发儿童的爱乡救国之心。乡土志书写以"爱国必自爱乡始"为基本出发点和主要目的，以宣传御辱雪耻、灌输爱乡爱国为主导思想，密切关注时局，记录列强、内匪的罪行，突出国人的爱国事迹，表达民族自豪感，使儿童不忍离乡。"今编乡土史，于分划之际，割据之势，均详为记载，以供学者之参考。"⑤ "外人势力范围日渐膨胀，吾侪生于斯，长于斯，聚族于斯，去此将安适？能无触目惊心乎？""且知中国疆土不可尺寸与人，预养其尚武精神，期能强立于全权世界，保种也。"⑥

可见，乡土志不仅仅是乡土志，更是蒙学志，具有规范性、统一性、政治性等特征。借助乡土志，儿童自蒙学阶段开始就被引导关注、了解家乡概貌，培养爱家乡、爱国家的思想。乡土教材的编写，体现了政府与知识分子在新形势下重建国人时空观、认同感、责任感的努力。

4. 改进方法，感发爱乡之情

为了实现"通过认知乡土、热爱乡土而认知中国、热爱中国"的目的，时人以现代报刊为媒介，开启了以世界眼光和现代方法开展乡土教育的先河。

首先，以进化史观为框架，解释乡土历史。在晚清，不仅乡土教科书的编纂"以人类进化为主义"，乡土内容的教授亦明示"天演竞争"的生存目标，强调"以前后比较，俾儿童知天演演争之概"⑦，倡导从乡土内部寻找优胜劣败的特质，对本乡本土的农业、商业、林业、工业等进行反思及改良，"然后可免空言虚矫、惘然无所适从之病，则民可以观，国可以兴矣"。⑧

其次，以直观理解为前提，引发儿童兴趣。乡土教育注重采用直观教授法，强调内容与形式简单、生动、活泼。"盖以幼稚之知识，遽求高深之理想，势必凿枘难入。惟乡土之事，为耳所习闻，目所常见，虽街

---

① 《学务大臣奏据编书局监督编成乡土志例目拟通饬编辑片》，《东方杂志》1905年第9期，第218页。

② 《乡土志例目》，《东方杂志》1905年第9期，第218—223页。

③ 中国社会科学院中国边疆史地研究中心编：《新疆乡土志稿》，全国图书馆文献缩微复制中心1990年版，第186页。

④ 陈庆林：《湖北乡土地理教科书叙》，《政艺通报》1907年第8期，第9页。

⑤ 《刘申叔遗书补遗（上）》，万仕国辑校，广陵书社2008年版，第466页。

⑥ 姜萌：《族群意识与历史书写：中国现代历史叙述模式的形成及其在清末的实践》，商务印书馆2015年版，第316页。

⑦ 王兴亮：《爱国之道，始自一乡——清末民初乡土志书的编纂与乡土教育》，复旦大学博士学位论文，2007年，第75页。

⑧ 李素梅：《中国乡土教材的百年嬗变及其文化功能考察》，民族出版社2010年版，第189页。

谈巷论,一山、一水、一木、一石,平时供儿童之嬉戏者,一经指点,皆成学问。"①在具体施行过程中,注重儿童的学习心理及适应能力,以当地道里、形势、人物、名迹等为内容,"按时切事,黜华崇实,提其要,引其机",激发学龄儿童的亲近与热爱,一方面使得儿童形成本乡地理的观念,另一方面可以使其略知社会生活的状况,从而"感发其爱乡土心,由是而知爱国"。②

三、"学必始于乡土":晚清乡土教育的时代特征

晚清乡土教育在政府主导下得以推进,受到地方官员及其僚属、旧乡绅与新学人的积极回应。它以忠爱为宗旨、以儒学为根本,呈现出鲜明的时代特征。

1. 以政府为主导,收拢民心

在经历了太平天国运动、百日维新之后,地方势力不断膨胀,中央权势日渐式微,如何收拢民心成为清政府的燃眉之急。乡土教育之所以引起朝野重视,既是晚清政府应对外辱、学习西方的外在要求,又是重申爱国敬祖、加强自身统治的内在需要。因此,在乡土教育的推进中,政府发挥了主导作用,从教育宗旨、课程标准、教学计划等方面设定了乡土教育的施行框架,积极把"爱乡土"导向"爱君主""爱国家"。虽然乡土教科书的编撰实际上由个别学堂、教师或者出版社承担,政府也鼓励教材地域化、多样化发展,但在严格的审查制度下,这些教科书必须在"呈请学务大臣审定"之后才能"同行各省小学堂授课"。③对于体例格式、内容编排、文字风格等符合标准的乡土教材,政府保护其版权并加以推广使用,对于不符合标准的,则予以严厉驳斥。乡土教科书的编纂,一方面反映了政治现代化进程中地方权利意识的觉醒,另一方面也体现了清廷对地方社会与民间士绅的笼络。关于这一点,可在晚清有关乡土教育的文献资料中得到佐证:若以"乡土"为关键词在全国报刊资料库进行检索,可以发现,1905—1909年间共收录相关论文10篇,且多为"文牍"(公文书信)、"公牍"(官方的记载、文告)、"附批"(见表3)。正是在政府的主导之下,乡土教育才获得了合法性,并使得地方政府、民间力量积极参与。

表3　1905—1909年刊载的乡土教育有关文献

年份	篇数	标题	发表刊物
1905	2	教育:学务大臣奏据编书局监督编成乡土志例目拟通饬编辑片	《东方杂志》1905年第9期
		文牍:学务处咨各省督抚编辑乡土志文	《教育杂志》(天津)1905年第7期
1906	1	编辑十八行省乡土历史地理格致小学教科书兼办神州乡土教育杂志	《国粹学报》1906年第7期
1907	1	本司详复院札催送乡土志文	《直隶教育杂志》1907年第4期
1908	5	教育:东三省饬编乡土志以充教科	《并州官报》1908年第39期
		别录:乡土志例目	《浙江教育官报》1908年第4期
		公牍:温江县申赍乡土志一案	《四川教育官报》1908年第4期
		公牍:泸州文生李正华等呈所编乡土地理教科书一案	《四川教育官报》1908年第11期

---

① 《学务大臣奏据编书局监督编成乡土志例目拟通饬编辑片》,《东方杂志》1905年第9期,第218页。
② 《编辑十八行省乡土历史地理格致小学教科书兼办神州乡土教育杂志》,《国粹学报》1906年第7期,第263页。
③ 《学务大臣奏据编书局监督编成乡土志例目拟通饬编辑片》,《东方杂志》1905年第9期,第217-218页。

（续表）

年份	篇数	标题	发表刊物
		附批:批顺昌县漠布两等小学堂教员卢榕林禀:编辑乡土地理教科书呈请审定由	《福建教育官报》1908 年第 3 期
1909	1	广州嘉应州教育会会员谢宗熙等呈乡土教科书请审定批	《学部官报》1909 年第 106 期

2. 以民间为推手,多方参与

清廷对乡土教育的提倡迅速得到了各界人士的积极回应,旧乡绅与新学人积极通过语言构建将乡土意识、族群意识传递给乡民。

对于饱受儒学熏陶、固守传统文化的士绅而言,他们抨击高谈世界大势却贬抑本土社会的风气。“余维欧风东扇,学术朋兴,一二识时文俊率鹜于火,而捐其细,抵掌华屋,动谈全球,及进而叩其里衖之形势,人事之消长,土产之丰绌,懵然者比比也。以此而欲周知国势,洞悉内情,是犹曲表而求直影,浊源而冀清流也。庸有济乎?”[1] 他们指出关注自己生活的社会环境的重要意义,强调“忠君”“爱国”观念的培育首先要从童蒙阶段爱乡土、重桑梓的兴趣培养开始。“夫爱生于情,情生于知。不知其乡,何能爱乡,不爱其乡,何能爱国。”[2] 因此,即使保守如刘师培、侯鸿鉴等,亦将乡土文化视为启蒙、教化的手段抑或道具,积极参与乡土教育的推广。

与传统士绅相比,接受了新式教育的知识分子往往视野更为开阔且富有激情,他们初步形成了迥然不同的知识结构,尝试运用新的话语体系对地方与国家、中国与世界的关系进行重新定位,“乡土”这一概念承载了他们对家乡的了解、想象与情感。因而,在乡土教育的提倡与表达上,他们的观点与做法往往令人耳目一新。

虽然乡土教育的参与者在政治倾向、学术涵养、族群意识等方面存在差异,但在清政府的控制干预下,其基调仍基本保持了一致,即“学堂宗旨以教人爱国为第一要义,欲人人爱国必自爱其乡始,欲人人爱乡必自知其山川人物始……培养爱国之心,法无善于此也”。[3] 因此,他们一方面主动对政府的新政进行回应,另一方面积极结合自身的认知与感受,对乡土教育的内容进行重组与发酵,对家国观念进行阐释与重构。

3. 以忠爱为宗旨,保君思毓

梁启超认为,中国传统的国家观念以帝王为主体,无论史家还是臣民,无不“以天下为君主一人之天下”,舍朝廷之外无国家。这在晚清乡土教育的宗旨表达上亦有所体现,即“忠君”观念仍然凌驾于“爱国”之上,强调“保君思毓”,“总期不失启发童蒙知识,以鼓励其爱乡土、爱君国之意”。而 1906 年学部颁布的《奏陈教育宗旨折》更是提出“忠君、尊孔、尚公、尚武、尚实”的教育宗旨,强调“君民一体,爱国即以保家”,将乡土教育指陈为培养学生“忠爱之本源”。[4]

晚清家国观念的表达与中国传统宗法社会“家国同构”的社会政治理念息息相关。自汉代“罢黜百家、独尊儒术”之后,随着“修身、齐家、治国、平天下”的个人理想层层递进,家国之间的同质关系得以一步步强化——国家是家庭、家族的放大,家庭、家族是国家具体的体现,爱国首先体现为爱家、忠君。由此出发,“国”与“家”成为密不可分的两个概念。受此社会政治理念影响,当清政府提出“忠君”“爱国”从

---

① 山东省肥城县史志编纂委员会:《肥城县志》,齐鲁书社 1992 年版,第 923 页。

② 张乃清:《陈行史话》,春申潮报编辑部 2000 年版,第 101 页。

③ 《学务处咨各省督抚编辑乡土志文》,《教育杂志(天津)》1905 年第 7 期,第 11 页。

④ 璩鑫圭,唐良炎:《中国近代教育史资料汇编·学制演变》,上海教育出版社 2007 年版,第 542-548 页。

"爱家、爱乡"做起时,国民应者云集。

晚清政府通过乡土教育以培养国民忠君、爱国品德的举措,凸显了乡土知识的政治功能,体现了政府将爱国话语纳入意识形态的努力。从一定意义上讲,爱家乡之所以成为一种美德,是因为它有助于构成并强化国家这一更大的政治组织,而学人、地方政府的积极参与则是站在国家、政府的立场上对社会、地方事务的表达,是政府授权意志的再现。

4. 以儒学为根本,中体西用

晚清"千年未有之大变局"下,传统社会日渐趋于理性,昔日的规范与符号系统不再被视为不证自明、理所当然的存在。乡土教育在中国虽古已有之,亦开始援引西方话语以自证。德国、日本成为清末乡土教育的重要理论来源。"乡土史教授倡于德人柴尔支门",因为德国是最早实施乡土教育的国家,1872 年就规定初等教育地理科最初十课的教学必须以乡土为内容,后来逐渐拓展至历史、自然等学科,并形成教学原则。而日本《新小学令施行规则》则是晚清乡土教学的直接源流[1],"今中国编定教科书,宜先译日本书为蓝本而后改修之。……若本国之历史、地理,亦必先译东书,师其体例而后自编辑之"。[2]因此,在乡土教育课程设计方面,晚清亦积极借鉴西方,强调从乡土到国家再到世界,然后分学科进行系统学习。社会精英以修身、齐家、治国、平天下为秩序面向,以儒学思想为基础,解释社会进化论,强调在弱肉强食的竞争世界中保全中国主权的重要性,以期通过乡土教育,从乡土出发,最终重建社会整体秩序。

四、以国情教育赓续传统:晚清乡土教育的实践成效

在晚清,乡土教育被赋予浓厚的政治品格,成为国情教育的阵地和现代乡土意识萌生的温床。通过乡土教育,时人建构起初步的家国观念,增强了爱乡情怀,赓续了传统文化并促进了其现代转换。

1. 中西冲突下家国意识的表达

作为某一文化或社会所独享的知识,乡土地方性知识被视为族群认同、家国意识的表征。在外来力量侵袭之下,重新认识本乡本土、利用教育体制宣传民族国家意识成为对抗西方世界观念的筹码。"教育之宗旨何在乎?在令人爱其国也。令人爱其国尤在令人爱其乡也"[3]成为社会共识。

首先,从认知乡土出发,强调家国一体。清末乡土教育初兴于国难多舛时刻,背负着沉重的历史使命,其立学总义是以国民教育为纲,强调教育与国家的关系,通过培育学生热爱乡土之情而激发其爱国之心。"惟立爱自亲始。爱家必先爱身,爱国必先爱乡。眷怀桑梓,万众一心,大同之景象迄今犹可想见。"[4]因此,无论乡土教育的内容还是乡土教材的编写,开篇均是国家、地方的疆域、自然资源、人口,言及地方之地理、山川、物产时,则必先言及"国之疆域"。学童通过了解家乡的建制沿革、山川河流、名胜古迹、耆旧贤达等,一方面加深了对乡土事务的学习,增强了爱乡情怀;另一方面认识到地方是国家的重要组成部分,建构起初步的家国观念。

其次,基于进化论思想,表达忧患意识。清末乡土教育以爱国主义为基调,将国家形象表述为"多灾多难的祖国""受人欺侮的母亲",强调"今之国势阽危,有过于昔日……忧国者将何以措辞?其必有使人先知之致用之学,或必有根据于先知之学之言,然后可免空言虚矫、惘然无所适从之病,则民可以观,国

① 程美宝:《由爱乡而爱国:清末广东乡土教材的国家话语》,《历史研究》2003 年第 4 期,第 68-84 页。
② 璩鑫圭、唐良炎:《中国近代教育史资料汇编·学制演变》,上海教育出版社 2007 年版,第 232-236 页。
③《论学堂急宜编定乡土教科书》,《广益丛报》1908 年第 187 期,第 1 页。
④ 柳成栋、宋抵:《东北方志序跋辑录》,哈尔滨工业大学出版社 1993 年版,第 77 页。

可以兴矣"[1]，流露出参与者始终将自己视为国家一分子的情感，体现了浓厚的家国情怀。

通过将"乡土"与"国家"联系起来，乡土的爱国意涵不断丰富，乡土意识成为超越不同政治立场、思想主张的共同基础。乡土教育亦因此被赋予了浓厚的政治品格，成为国情教育的阵地和现代乡土意识萌生的温床，且国家意识迅速从中心向边缘扩散，边陲省份如云南、贵州等地也纷纷加入乡土教育的潮流之中。

2. 新旧抵牾中传统文化的赓续

乡土文化是中国传统文化的源头与载体，但鸦片战争之后，全球化与现代性破坏了传统中国自然自足的乡村社会，重新规范了中国的社会秩序。现代知识作为一种"超地方知识"，依靠国家行政力量强行楔入乡村，成为外来的强制性"霸权"，不仅切断了乡土传统的流脉，更形成了"国家—社会"的二元对立以及"族群—国家"认同的失谐。

为了强化乡土意识，部分有识之士求助于儒家经典来表达"爱乡""爱国"的观念。"大地椭圆，万国罗列；强则称雄，弱则败灭。权力道理，世运流迁；政贵知变，自古其然。中国维新，振兴学校；宗旨教人，爱国为要。爱国之道，始自一乡。"[2] "中华自立国以来，除残虐时代而外，吾先民未有不爱其国者。……所惜者，世风变迁，人不古若。今或有于乡之所可爱、与乡之所当爱以及乡之所同爱、乡之所独爱者，习焉而不见，懵然而不知。……不知爱家，何由爱乡？不知爱乡，何由爱国？是皆失于教育之故也。"[3] 依据以文化和领土认同为中心的传统观念，时人把乡土和更大的中国政治实体联系起来，积极捍卫既有的生活方式、社会结构及其文化意义。

但此时期的乡土意识已经并非单纯的复兴旧学，而是在吸收外来新知的基础上重新认识与评估传统文化，谋求不同文化之间的互证、互补。为了抒发对时局的忧虑与爱国情感，学人积极汲取西方文化资源，用"细胞""有机体"等新词汇表达乡土与国家之间的关系，提出"国家为乡土之集体，乡土犹国家之细胞"[4]，"国，积乡土而成，爱乡土即爱国之嚆矢"。[5] 即使保守的国学保存会的学者，也注意将西方的新理论、新方法引入乡土教育之中，"德儒萨尔曼氏谓，教授历史之初，必先授以乡土史谈，俾其抚前代遗迹，以得直观之方便。不惟历史而已，即地理亦然。希尔列尔之乡土志，其分目至细，且与府县志不相混合。如是乃能唤起爱乡心，即由此而生爱国心。斯小学教师不可不知也"。[6]

在文化的调适与聚合中，由乡土知识而培育爱民族、爱国家的精神成为乡土教育的优势。乡土教育作为传承、创造乡土与民族文化的基本路径，在确立普世价值的同时，重建了本土民族文化，重塑了国家与社会秩序，推动了传统文化的现代性转换。

五、全球化语境下乡土教育的走向与展望

晚清时期，伴随启蒙理性而衍生的现代化逐渐扩展成为一种全球性潮流，与社会大众的传统认知和感受模式产生了对抗互动。近代中国的文化发展实质上是向西方文化的趋近与对传统文化的离异，随之而来的是国际普同性知识对乡土地方性知识的隐匿与遮蔽。虽然在政府推行与倡导之下，以乡土知识为内容的乡土教育成为现代教育体系的重要组成部分，但普同性知识因其实际效用而成为现代学校教育的主要内容，已是不争的事实。更何况，在这一时期，"乡土"与"国家"与其说是一个实体，毋宁说是

---

① 李素梅：《中国乡土教材的百年嬗变及其文化功能考察》，民族出版社 2010 年版，第 189 页。

② 巴兆祥：《方志学新论》，学林出版社 2004 年版，第 166 页。

③ 柳成栋，宋抵：《东北方志序跋辑录》，哈尔滨工业大学出版社 1993 年版，第 77 页。

④ 王金星：《构建与生成：认同语境下的贵州乡土教材研究》，民族出版社 2016 年版，第 64 页。

⑤ 陆凡：《境由心生：一个中国小镇的文明生态与文化哲学》，中国发展出版社 2017 年版，第 53 页。

⑥ 俞旦初：《爱国主义与中国近代史学》，中国社会科学出版社 1996 年版，第 147 页。

被想象出来的观念,由于二者之间存在很多需要争夺的空间,乡土教育事实上成为政府与地方捍卫各自利益的角斗场。随着国家力量钳制的增强,乡土教育亦逐渐濒于边缘化。[1][2]但不可否认的是,在乡土教育的推进中,由爱乡而爱国逐渐成为社会共识,乡土意识使乡土情怀与国家复兴愿望密切相连,使自身利益、乡土利益与中华民族利益深深结合,乡土观念因国家民族理念而不断得以深化和理性化。

在后乡土中国语境下,全球化呈现出强劲的发展势头,民族文化、地方文化、乡土文化不断流逝,学校教育变成了普同性知识的单一教育,这不仅割断了知识与文化的传承,更因忽略民族、地域和个体差异而导致人的趋同发展。"礼失而求诸野。"在当前乡村振兴的大背景下,一方面,加强乡土文化与其他文化的整合与沟通是乡土教育生生不息的必要条件。不仅现代性的推进必须经过乡土知识的过滤与筛选才能重建社会秩序和意义系统,而且乡土文化必须在与现代性规则、普同性知识的互动中才能实现自我重塑,获得发展的生机与活力。因此,必须重新审视全球化进程中的文化整合、本土关怀,在"世界—国家—乡土"格局中寻找乡土的位置,通过乡土教育重构"乡土—国家—世界"的关系,形成动态变化中的多元秩序。另一方面,慎终追远、不忘初心是开展乡土教育的第一要务。在现代化、全球化的趋势下,乡土文化的地域性、传统性、多元性成为独特优势,提供了传统文明的再生契机。开展乡土教育,对乡土文化资源加以整理与开发,并非单纯为了传递、复制知识,更在于帮助人们从乡土文化中寻找现代性智慧,由乡土而国家,由爱乡而爱国,铸就家国情怀,重塑民族自信。

Native Education in the Late Qing Dynasty from the Perspective of Family and Country

SUN Xiuling

(Faculty of Education, Shandong Normal University, Jinan Shandong, 250014)

Abstract: Native knowledge has been the representation of ethnic identity and national consciousness. In the modern history of China, re-understanding the native education and the patriotism originating from the love for one's homeland was endowed with a strong political character and became the bargaining chip of the late Qing Dynasty against the Western world. With faithful love for the purpose and Confucianism as the basis, the government of late Qing Dynasty gradually fostered the concepts of family and country, love for the homeland and the sense of patriotism in children through such multiple measures as promulgation of school system, curriculum setting, textbook standardization, method improvement. In this way, traditional culture has been ceaselessly evolved, promoting its modern transformation, and provided a historical mirror for native education in the context of post-rural China.

Key words: the Late Qing Dynasty, the perspective of family and country, native education, patriotism

---

① 森冈常藏:《各科教授法精义》,白作霖译著,蒋维乔校订,商务印书馆1911年版,第144页。

② 璩鑫圭,唐良炎:《中国近代教育史资料汇编·学制演变》,上海教育出版社2007年版,第551—555页。

《现代基础教育研究》

第47卷，2022年9月　　　　（Research on Modern Basic Education）　　　　Vol.47, Sep. 2022

上海市中小学江南丝竹教学的问题与对策

桂好好

（上海师范大学 音乐学院，上海 200234）

摘　要：中小学开展国家级"非遗"江南丝竹教学工作存在如下问题：学校忽视江南丝竹教学，缺乏系统的教材；民乐专业师资匮乏，教学交流平台较少；学界缺乏对中小学江南丝竹传承综合研究。基于此，策略如下：通过校园江南丝竹文化建设，实践文化传承；通过开展音乐课程改革，进行教学传承；通过江南丝竹教师乐团带动学生乐团发展，开展师生共学；通过推进市级江南丝竹教学科研团队和平台建设，实现联动发展。

关键词：中小学；音乐课程；江南丝竹；传承

江南丝竹流行于长三角地区，是最具江南地域风格特点的民间器乐合奏形式，并于2006年5月被列入第一批国家级非物质文化遗产名录。江南丝竹具有精致、柔婉、轻快、典雅的音乐风格，合奏要诀是"你进我出，我进你出；你长我短、我长你短；你繁我简，我繁你简；你停我拖，我停你拖；你高我低，我高你低；分久必合，合久必分；你正我反，我正你反；同中有异，异中有同"[1] 等，包含了中国传统文化中的"和"文化，体现了和谐的社会主义核心价值观。教师应当引导中小学生深入了解"和"文化，并且在理解的基础上掌握江南丝竹"和"奏，在理论与实践结合的教学过程中，提升学生音乐审美情趣，积淀深厚的江南人文底蕴，弘扬"乐合人和"的中国文化精神。本文立足于上海市中小学江南丝竹传承现状，探究其存在的问题和原因，并提出符合时代特征的中小学江南丝竹传承发展策略。

一、上海市中小学江南丝竹传承现状

江南丝竹保护与传承的首要措施是培养青年一代的传承人，进行活态传承。著名作曲家顾冠仁在上海"江南丝竹进校园"活动中谈道："传统的东西，文字、音响的记载都容易做到，但演奏者才是让艺术遗产'活着'的关键一环。"[2]

2013年4月，上海陆行中学南校在上海市群众艺术馆和上海市非遗保护中心的支持下，开展了"江南丝竹进校园"试点工作。2019年，上海市徐汇中学受到上海市群众艺术馆与徐汇区教育局委托，牵头组建了长三角中小学江南丝竹联盟，26

基金项目：本文系上海市教育委员会、上海市教育发展基金会"晨光计划"课题"长三角地区江南丝竹音乐表演探索与传承研究"（课题编号：20CG79）的研究成果。

作者简介：桂好好，上海师范大学音乐学院讲师，硕士，主要从事音乐表演与教学研究。

① 阮弘：《周氏兄弟与江南丝竹》，上海音乐学院出版社2018年版，第65-66页。

② 《"江南丝竹进校园"启动》，载中音在线，http://www.musiceol.com/news/html/2013-4/20134231117257359 5406.html，最后登录日期：2022年3月15日。

家中小学加入。2021年5月,第二批14家中小学加入,其中上海市有33所中小学致力于江南丝竹保护与传承工作。

1. 上海市江南丝竹特色中小学迅速发展

近几年,上海市以传承江南丝竹为特色的中小学发展迅速,成果丰富。其中大部分是民乐特色学校,在开展民乐教学的同时,重点开设江南丝竹课程,成立江南丝竹乐团,例如徐汇中学、陆行中学南校、崧文小学等。

上海市徐汇中学作为长三角中小学江南丝竹联盟的龙头学校,开设长三角中小学校江南丝竹专家讲坛,举办长三角中小学校江南丝竹挂牌仪式及联盟单位展演,开展首届长三角江南丝竹论文大赛,录制江南丝竹微课视频,组建教师团队,开发校本特色课程"民族文化"和"江南丝竹"。疫情期间坚持开展线上讲坛,近几年为江南丝竹在中小学的普及发展做出了巨大的贡献。

上海市陆行中学南校坚持民乐特色教育20年,开发了近20门民族艺术教育拓展课程。其中"江南丝竹"课程荣获首届上海市校外教育实践课程评比一等奖,正式出版《江南丝竹通识》一书。每位在校学生至少学习掌握一种民族乐器,民族艺术教育的覆盖面达到100%。

上海市青浦区崧文小学以民乐教学为特色,开设二胡、扬琴、中阮等零基础兴趣课程,培养学生的中国民族器乐演奏能力。学校成立江南丝竹社团,课余时间开展民乐团排练,举行"江南人文体验"项目之"江南丝竹导赏活动"等。

除了上述的三所学校,上海市第一中学、上海市西南位育中学、上海师范大学第三附属实验学校、上海市徐汇区启新小学、上海市杨浦区打虎山路第一小学、上海市川沙中学、上海市南汇第二中学等学校都在积极开设江南丝竹课程,组建江南丝竹乐团,开展江南丝竹保护与传承工作。

2. 上海市的民乐特色学校具备传承江南丝竹的潜力

上海市虽然专门开展江南丝竹保护与传承工作的中小学为数不多,但是大部分开展民乐教学、以民乐为特色的中小学都有开展江南丝竹传承工作的硬件条件和师资队伍,具有发展成为江南丝竹保护与传承基地的潜力。

上海市以民乐教学、民乐团建设为特色的,具

有代表性的中小学有上海音乐学院实验学校、闵行区颛桥中心小学等。

上海音乐学院实验学校依托上海音乐学院优质资源,开展民乐教学,开发校本课程"走进民乐"。现有在职民乐教师5人,学校还定期举办专场音乐会、民乐大师班等艺术实践活动。该学校具有开设江南丝竹课程、编写相关教材、组建江南丝竹乐团的优质师资,民乐团学生能胜任演奏排练江南丝竹乐曲。

闵行区颛桥中心小学于2004年成立"七彩韵"民乐团,开设了二胡、唢呐、笛子、琵琶、笙、中阮、打击乐等拓展型课程,编写《颛小乐坊》一书。学校聘请上海民族乐团的专业演奏员担任乐团艺术指导,乐团学生接受专业的民族器乐教学,能够胜任演奏江南丝竹乐曲,具备开展江南丝竹保护与传承工作的条件。

不少学校在音乐课程中增加江南丝竹音乐欣赏,将江南丝竹作为音乐课程教学内容;或者邀请江南丝竹传承人进校园开展讲座和音乐会来传播江南文化,弘扬中华优秀传统文化。

二、中小学江南丝竹教学存在的问题和原因

江南丝竹是我国传统文化智慧的结晶,而当前仅仅依靠口传心授传习模式,面临着传承发展的困境。大部分中小学生不了解江南丝竹音乐,也没有途径去学习,更谈不上喜爱和传承。江南丝竹音乐形式边缘化,导致其中所蕴含的文化观念与价值理念也将逐渐被遗忘。其主要原因在于:学校忽视江南丝竹教学,缺乏系统的教材;民乐教学师资匮乏,教学交流平台较少;学界缺乏中小学江南丝竹传承综合研究。

1. 学校忽视江南丝竹教学,缺乏系统的教材

近几年在教育工作者的不懈努力下,江南丝竹进校园工作发展迅速,但是,大部分中小学校并没有意识到将江南丝竹纳入课程教学对于非遗保护与传承工作以及学生核心素养培养的重要性。

一方面,学校的主导观念还是强调文化课成绩,许多教师占用音乐课补习其他课程,认为音乐课可有可无,考试成绩最为重要。在音乐课程设置方面,九年制义务教育的音乐课多采用教师弹钢琴、学生唱谱的教学模式,课程内容与形式

单一。

另一方面，学校缺乏江南丝竹课程教材。有关江南丝竹的著作，多为乐谱集和论著，仅《江南丝竹通识》适用于中小学江南丝竹课程教学，其内容以乐曲欣赏和江南丝竹文化介绍为主。但是，符合中小学音乐课程教材编写要求，教学目标明确，教学内容涉及江南丝竹音乐文化知识、经典乐曲指导、乐器演奏技巧分析、乐团合奏技巧指导的全面、科学、系统的中小学江南丝竹教材较为少见。

2. 民乐专业师资匮乏，教学交流平台较少

上海市中小学音乐教师大都毕业于师范类高校，采用的是西方音乐课程教学体系，以钢琴和声乐教学为主，民乐师资匮乏。而开展江南丝竹演奏与合奏教学需要擅长演奏民族乐器，并且有民乐团排练经历，可是，很多中小学音乐教师对于江南丝竹缺乏学习和了解，没有经过系统的培训，不具备江南丝竹教学的能力，无法胜任江南丝竹教学。

由于师资匮乏，上海市江南丝竹教学交流、展演活动较少，大部分活动的宣传推广范围局限于学校或区县，没有形成品牌的市级艺术活动。长三角中小学江南丝竹联盟的成立，推动了中小学江南丝竹发展，但是，其丰富多彩的教学交流活动仅在联盟单位间开展。因此，需要继续扩大号召力，搭建更多面向全市中小学的江南丝竹教学交流平台，形成上海市中小学江南丝竹艺术教育特色，吸引全市乃至全国更多学校加入江南丝竹传承队伍，拓展江南丝竹在中小学的普及和发展。

3. 学界缺乏中小学江南丝竹传承的综合研究

至2021年，关于非遗进校园已经有千余篇研究文献，三百多部相关著作，但是中小学江南丝竹传承研究却较为少见，还没有著作出版，仅有5篇文献。其中2篇文章以陆行中学南校为研究对象，研究该校江南丝竹传承活动的内容、途径、方法和成果。但是，大部分学校开展非遗活动过于表面化、流于形式，江南丝竹传承即将陷入濒危状态，并列举了教学案例进行策略分析。基于现状可见，大部分研究内容局限于学校的成果或者江南丝竹欣赏课的教学策略，学界尚缺乏对于中小学江南丝竹传承问题与对策的系统的综合研究。

三、上海市中小学江南丝竹传承与发展策略

中小学传承江南丝竹要探索"文化传承""教学传承""师生共学""联动发展"的创新模式，即将江南文化融入校园文化，普及江南丝竹文化，实现"文化传承"；开展音乐课程改革，创新教学形式，编写教材，拓展课外艺术实践内容和形式，进行"教学传承"；加强音乐教师江南丝竹教演培训，通过江南丝竹教师乐团带动学生乐团发展，开展"师生共学"；建设市级江南丝竹教学科研团队和交流平台，引领并带动上海市中小学在江南丝竹教学科研和乐团建设等方面互相促进、共同成长，实践"联动发展"。

1. 开展"文化传承"，积淀江南人文底蕴

中小学江南丝竹"文化传承"的目的在于：普及江南丝竹文化，营造江南丝竹学习氛围。中小学校可从精神文化和物质文化建设两个方面来实施。

第一，精神文化方面，通过在校园开展多种形式的艺术活动，让学生潜移默化地感受"和"文化，引导学生从思想上认识和重视江南人文内涵，深层次地启发学生热爱中华优秀传统文化。

面向全校定期开展江南丝竹艺术实践活动，每学期举办一场江南丝竹讲座、一台江南丝竹专场音乐会，鼓励全校师生同台展示、积极参与，旨在"传承江南文化，丰富校园文化"。通过举办活动，全校师生聆听丝竹音乐，演奏江南丝竹，浸润江南文化，提高音乐素养，提升道德修养，讲好中国故事，弘扬中国精神。

第二，物质文化方面，将江南丝竹元素运用于中小学校园建设，例如，采用江南丝竹音乐作为课间铃声，在每日的反复聆听中，使学生熟悉江南丝竹的音乐特点，感受中国传统民间音乐的艺术魅力。另外，可以在校园中建设民族音乐排练厅、音乐厅，采用江南元素布置，这样不仅可以解决实际教学和艺术实践需要，而且营造中华传统音乐文化的学习氛围。

2. 开展"教学传承"，落实以美育人、立德树人

（1）开展音乐课程改革，创新教学形式

《中华人民共和国非物质文化遗产法》第三十

四条指出"学校应当按照国务院教育主管部门的规定,开展相关的非物质文化遗产教育"。我国中小学的音乐课程应当以中国传统民族音乐为主要教学内容,所教授的内容可以涉及中国民歌、小调、戏曲、曲艺等。

第一,音乐课程建设应当根据学校教师队伍情况来设定。学校应鼓励与支持教师探索不同形式和内容的校本音乐课程,没有民乐教师的学校可以开设"江南丝竹欣赏课程""江南丝竹体验课程"等,引导学生欣赏、演唱江南丝竹音乐,普及民族音乐。开展民乐教学、以民乐为特色的学校可以在音乐欣赏课程的基础上开设"民族器乐演奏课程""江南丝竹合奏课程"等。

第二,中小学音乐课程应当采用线下、线上相结合的教学形式。线下课堂教学充分利用线上的教学资源,例如乐团表演视频、名师教学微课等。组织教师团队编写《中小学江南丝竹音乐欣赏》学材和《中小学江南丝竹演奏教程》,让学生系统学习江南丝竹练习曲和乐曲,结合开展每周定期训练和乐团排练,教授中小学生逐渐掌握江南丝竹传统作品的演奏技巧。并鼓励教师在微信公众号平台上传教学视频,公开教学资源,与其他学校的教师交流与分享教学经验,进而修改完善中小学江南丝竹教材,逐步提高中小学江南丝竹教学质量和水平。

(2)拓展课外艺术实践内容和形式

通过开展丰富多彩的江南丝竹课外艺术实践,既能让学生在理论与实践结合中演奏、感受和学习江南丝竹,培养艺术表现素养,又能全面提高学生的道德品质。

第一,开展校内民族音乐知识竞赛,提高民族音乐素养。中小学可以每学期举办一次民族音乐知识竞赛活动,普及民族音乐知识,激发对民族音乐的追求和渴望,培养他们勇往直前、努力拼搏的优秀品格,增强文化自信。

第二,举办江南丝竹名家讲坛。每学期邀请江南丝竹传承人、民族音乐表演艺术家、教育家在校园开展专家讲坛,进行教师座谈会。通过线上平台宣传推广,并且面向全网进行现场直播和录播,邀请校外专家开展线上研讨,将影响面辐射至全国。

第三,组织课外江南丝竹艺术实践,渗透德育

理念。要领会江南丝竹传承的精神和真谛,中小学音乐教师应当每学期组织江南丝竹乐团学生去民间乐社采风,走出课堂,了解地方风土人情和传统文化;采访民间艺人,了解他们对于江南丝竹文化的追求、热爱和坚持,向传统学习、向传统致敬,增强学生保护、传承和创新江南丝竹的决心和信心。

第四,积极参与江南丝竹展演活动,培养团队合作意识。组织学校江南丝竹乐团积极参与国家级和市级的江南丝竹展演活动,通过前期排练准备和舞台上的历练,在激发学生演奏技艺的同时,亦能锻炼学生的舞台表演能力和团队合作意识。

3. 开展"师生共学",培养师生集体荣誉感

(1)建立江南丝竹教学研究梯队和教师乐团

中小学可以配备中国民族音乐课程教学的优质师资,例如民族乐器表演与教学研究方向的教师。以推进民族音乐教学和江南丝竹课程建设为目标,加强民乐教师队伍的梯队建设,组建江南丝竹教师乐团。

第一,由学科负责人领衔,选拔骨干教师和青年教师参与梯队,组成不同教学能力和年龄结构的师资队伍。开展系统的教师培训,从师德师风、教学技能、课程建设、演奏技能、乐团管理五个方面做专题培训,设置培训考核,激励教师不断提高自身修养,完善教学内容,提升业务能力。

第二,建立校级江南丝竹教师乐团,选拔器乐演奏能力较强的教师加入乐团。由教师乐团成员担任学生乐团的艺术指导,引领与带动学生乐团发展。组织教师乐团,邀请江南丝竹名家指导教师乐团排练,并且举办教师乐团专场音乐会,举行教师乐团教学分享会,开展师生共学、共同发展。

第三,除了配备专职音乐教师,还可以外聘乐团演奏家或者国家级江南丝竹传承人,组成江南丝竹教学研究团队。每学期定期组织教学研究团队集中研讨及展演,推进江南丝竹项目高质量发展。

(2)组建江南丝竹学生乐团

江南丝竹从民间到殿堂,表演形式灵活轻便,包含了具有代表性的中国民族乐器,常用扬琴、曲笛、二胡、琵琶、小三弦、萧、笙、鼓板等。开展民乐教学的中小学都可以建立江南丝竹乐团。

第一,江南丝竹教学应当坚持课程与团队建

设一体化的探索。课程教学与乐团排练同时进行，乐团每周定期排练，在丰富校园生活的同时，提高学生的审美情趣和艺术修养。

第二，教师应当定期组织乐团参加校内外各类活动。在活动中培养学生的组织性和纪律性，锻炼学生的专业技能，使学生勇于展现自我、挑战自我，保持积极心态。

第三，鼓励学生团队组成乐团学生会。由学生会领导组织乐团事务，可以培养学生的使命感和责任心以及领导和组织能力、沟通和协调能力。

4. 建设市级江南丝竹教学科研团队和交流平台，实现"联动发展"

上海市中小学可以联合建设市级江南丝竹团队，分别是教学团队、科研团队和学生乐团。市级团队作为引领者，通过开展上海市中小学教学展示、展演活动、讲座研讨、编写市级教材等形式，带动全市中小学校共同推动江南丝竹传承工作，推广江南丝竹文化，推进科研工作，实施美育、德育和民族文化教育。市级团队建设成功后，建议联合上海市非物质文化遗产保护中心，将上海市中小学江南丝竹传承工作的影响拓展至长三角

地区。

第一，选拔市级优秀教师，组建"上海市中小学江南丝竹教学团队"；选拔市级科研精英，组建"上海市中小学江南丝竹科研团队"，并且开展市级教师团队培训。依托长三角中小学江南丝竹联盟，发挥江南丝竹保护传承人的引领作用，全面拓展、提升上海市江南丝竹教师团队的专业演奏能力和教学科研水平。

第二，市级团队带动全市中小学定期联合开展线下、线上相结合的展演、讲座和研讨会，举办江南丝竹品牌艺术活动，例如上海市中小学江南丝竹乐团展演、上海市中小学江南丝竹教学研讨会、上海市中小学江南丝竹科研评比等。学校之间互相吸收借鉴江南丝竹教学经验和资源，切实提高中小学生非遗传承的自觉性。

第三，建议有关非遗传承、艺术教育管理部门能够将中小学江南丝竹保护传承联盟线上平台建设列入议事日程，落实平台建设管理单位，完善江南丝竹线上教育平台建设，使之在江南丝竹传承中发挥不可或缺的作用。

Problems and Countermeasures in the Teaching of Jiangnan Silk and Bamboo Music in Primary and Secondary Schools in Shanghai

GUI Haohao

（School of Music, Shanghai Normal University, Shanghai, 200234）

Abstract: In primary and secondary schools' the inheritance of national intangible cultural heritage, Jiangnan Silk and Bamboo Music, exist the following problems: the ignorance of teaching Jiangnan Silk and Bamboo Music, and the lack of systematic teaching materials; the lack of teachers for folk music and teaching exchange platforms; and few comprehensive researches on Jiangnan Silk and Bamboo Music inheritance in primary and secondary schools in the academic field. Based on this, this paper proposes the following strategies: to practice cultural inheritance through the cultural construction of Jiangnan Silk and Bamboo Music on the campus; to carry out inheritance through teaching with the reform of music curriculum; to make teachers and students learn the music together with the development of the student orchestra under the guidance of teachers' orchestra; and to build the platforms and city-level teaching and research teams to have joint development.

Key words: primary and secondary schools, music subject, Jiangnan silk and bamboo music, inheritance

《现代基础教育研究》

第47卷，2022年9月　　　　　　　　（Research on Modern Basic Education）　　　　　　　Vol.47, Sep. 2022

中学文言文诵读方法研究

李腾飞

（上海师范大学 教育学院，上海 200234）

摘　要：当前文言文教育中的诵读方法存在"以今律古"的问题，即用现代朗读方法代替传统诵读方法进行文言文的学习。为有效达成"传承中华文化"的课程目标，文言文诵读需要回溯传统教育，从传统诵读学习经验及现有诵读研究中析取适合当下的诵读方法，即：依体定法，沉潜反复；字正腔圆，依字行腔；句读清晰，依意行调；节奏分明，因声求气。

关键词：文化传承；文言文；诵读方法

我国新一轮语文课程改革的重要指导思想之一是"引导学生珍视本国优秀传统文化，积淀文化认同，树立文化自信"。[①]《义务教育语文课程标准（2022年版）》《普通高中语文课程标准（2017年版2020年修订）》明确提出"认识中华文化的丰厚博大"[②] "传承中华文化"[③] 的课程目标。基于这样的课程理念，文言诗文在初中、高中语文教科书中的选文比例分别为51.7%、40%，这是统编版语文教科书的"七个创新点之一"。[④] "诵读是文言文学习非常重要的甚至可以说是核心的环节"[⑤]，业已成为文言文学习的共识。在教材编纂者看来，"诵读包括朗读和背诵两个方面"。[⑥]从学习过程看，诵读是朗读；从学习结果看，诵读是背诵。基于传统诵读学习经验，本文所讨论的诵读站在学习过程的角度。

一、诵读的意义

诵读关乎文化。"今天提倡儿童读古诗词，也是希望通过诗歌诵读来接续优秀的传统。"[⑦]其实，文言

作者简介：李腾飞，上海师范大学教育学院博士研究生，主要从事课程与教学论研究。

① 王宁，巢宗祺：《普通高中语文课程标准（2017年版2020年修订）解读》，高等教育出版社2020年版，第41页。

② 中华人民共和国教育部：《义务教育语文课程标准（2022年版）》，北京师范大学出版社2022年版，第6页。

③ 中华人民共和国教育部：《普通高中语文课程标准（2017年版2020年修订）》，人民教育出版社2018年版，第6页。

④ 温儒敏：《部编义务教育语文教科书的七个创新点》，《小学语文》2016年第9期，第7页。

⑤ 人民教育出版社课程教材研究所中学语文课程教材研究开发中心：《义务教育教科书教师教学用书·语文（八年级下册）》，人民教育出版社2018年版，第307页。

⑥ 陈恒舒：《读"记"诵〈诗〉，传承经典——统编〈语文〉八下第三单元编写说明及教学建议》，《语文教学通讯·初中》2019年第3期，第8页。

⑦ 温儒敏：《小学语文中的"诗教"》，《课程·教材·教法》2019年第6期，第7页。

文的诵读同样有接续传统的作用。因此,作为语文教材的编纂者,顾之川[①]、温儒敏[②]、李世中[③]、陈恒舒[④]等人都非常重视诵读在文言诗文中的作用,"(诵读)从内容到形式,都渗透着中国传统文化尤其是儒家文化的精神。"[⑤]

诵读是最具汉语言特色的有声读文方法。"作为一种口头传承的文化"[⑥],在抑扬顿挫的腔调中,汉语言声音的文化意义得到彰显,学生也可以在感受与体验中认同中华优秀传统文化。"今天我们学习和研究吟诵(诵读)就具有抢救祖国遗产、弘扬民族优秀文化的特殊意义。"[⑦]

语文教科书中的文言文基本都是古人生命体验和体认"大道"的产物,其承载着先贤圣哲不朽的思想精神。"夫学者欲学古人之文,必先在精诵,沉潜反复。"[⑧]古人作文讲究"神气音节",字音的选择、字与字的配合均与作者的思想或情感的变化相关联。"取古人之文,抗声引唱,不待说而文之深意毕出。"[⑨]诵读是借助关键声音,增强与古人的同在感,同时对文言文产生相应的文化理解,最终达到"我之精神,与先哲之精神,相契合"[⑩]的境地。

二、当前文言文诵读存在的问题及原因分析

诵读是我国传统语文教育教学的成功经验,于 2001 年被引入《义务教育语文课程标准》。2022 年版《义务教育语文课程标准》依然沿用了这一概念,但文言文教学实践中的诵读与白话文(现代文)的朗读无太大区别。研究者对朗读、诵读的定义如下:

诵读比简单的朗读更有助于从作品的声律气韵入手,体会其丰富的内涵和情感,又不像朗读那样具有表演性,这一方法有助于积累素材、培养语感、体验品味、情感投入,达到语文熏陶感染、潜移默化的目的。[⑪]

朗读是将书面记录的白话(有时也不一定全是纯现代汉语白话)文章,转化成口头语言的一种艺术形式和方法。现代朗诵,关键在一个"朗"字,即要求朗诵者声音洪亮,以现代通行的标准语音读出字词,以程式化的夸张语调来诵读古今诗文。[⑫]

从上述定义可以看出,诵读大致相当于有感情的朗读。由此可知,当前文言文教育中的诵读方法存在"以今律古"的问题,即用现代朗读方法代替传统诵读方法。现代朗读代替传统吟诵进入语文课堂,传统诵读逐渐遭到摒弃,这使得文言声音的文化意义被遮蔽了。傅庚生论述道[⑬]:

民初还沿袭着旧日的办法,一般学文仍然是特别注重背诵与朗读的,私塾里读《孟子》《左传》等,不消说要读文气,学校里的课本也叫做国文"读"本。后来这诵读工夫渐渐不讲求了,课本的名称也改为"国文讲义""国文选",或干干脆脆的"国文"了。一般教师遇到文言的教材便逐句移译为现行的口语以"讲"其"义",白话的教材用不着翻译,又不想去分析它,便说"你们自己看看就行"了。学生用眼用脑,不

---

① 顾之川:《古诗词与中小学语文教育》,《中国民族教育》2017 年第 4 期,第 36 页。

② 温儒敏:《新课标、新教材、新高考与语文教学改革的几个关键点》,《写作》2022 年第 1 期,第 6-7 页。

③ 李世中:《"持人情性"莫如诗——统编高中语文教材必修上册第三单元编写说明》,《语文教学通讯·高中》2021 年第 6 期,第 11 页。

④ 陈恒舒:《统编初中语文教材与文言文阅读能力培养》,《课程·教材·教法》2020 年第 7 期,第 59 页。

⑤ 朱立侠:《唐调吟诵研究》,中国社会科学出版社 2016 年版,第 70 页。

⑥ 秦德祥,等:《赵元任程曦吟诵遗音录·序》,商务印书馆 2009 年版。

⑦ 陈少松:《古诗词文吟诵导论》,中华书局 2017 年版,第 48 页。

⑧ 严云绶,施立业,江小角:《桐城派名家文家(第 1 卷)》,安徽教育出版社 2014 年版,第 325 页。

⑨ 姚鼐:《惜抱轩文集》,刘季高标校,上海古籍出版社 1992 年版,第 58 页。

⑩ 唐文治:《唐文治国学演讲录》,上海交通大学出版社 2017 年版,第 525 页。

⑪ 巢宗祺:《全日制义务教育语文课程标准解读》,湖北教育出版社 2002 年版,第 64 页。

⑫ 张本义:《吟诵拾阶》,广西师范大学出版社 2017 年版,第 210 页。

⑬ 饶杰腾,王旭明:《民国国文教学研究文丛》,语文出版社 2016 年版,第 120-121 页。

用口,不用心(这"心"字,我是借它代表读者的感情的)的习惯,就逐渐养成。他们一向也不理会文章中还有什么音节气韵,很少能在字里行间得到什么启示或蒙受什么感动的。

现代朗读时注意区分重音和节奏。"强弱的节奏因素,对我国文字是没有多大关系的。"[1] 作为"旋律型声调语言"[2],汉字声音由声、韵、调三部分构成,其声音意义在于声、韵、调和谐,即"汉诗文主要读法是拖长"。[3]声音长短变化会产生陌生化效果,汉诗文的声音意义就凸显出来。

针对当前文言文朗读代替诵读的问题现状,一些语文教学实践者已经回溯传统诵读经验,用于当下的文言文学习。对于完整的诵读方法而言,这是远远不够的。从传统诵读的经验及现有诵读研究中析取适合当文言文教学的诵读方法知识,这是解决当前中学文言文诵读方法问题的有效路径。

三、回溯传统诵读经验挖掘文言文诵读方法

清末民初,传统诵读式微,但未绝迹。唐文治、叶嘉莹、华钟彦、陈少松、张本义、徐健顺等学者的研究成果为诵读方法的开发提供了有益经验。本文在这些学者研究成果的基础上提出文言文的诵读方法,即:依体定法,沉潜反复;字正腔圆,依字行腔;句读清晰,依意行调;节奏分明,因声求气。

1. 依体定法,沉潜反复

如何诵读应该由诵读什么(明体)来决定。文言文包含的内容样式较多,内容的生成历时较长,所以应该将它转化为可感的具体对象,然后再谈如何诵读。不同的古文文体,吟诵所用的读法自然也不同。"凡吟诵诗文,先要明确其文体,不同的文体有不同的读法规矩。"[4]古代文体一般包括"体制、语体、体式、体性四个方面"。[5]就诵读而言,需要明确体制和体性,不同的体制和体性有不同的读法。

体制由"字句和篇幅的长短、音律的规范与变异、句子和篇章的构架"[6]组成。选入教材的文言文按体制可分为骈文、散文。它们最大的不同在音律的规范与变异上。从音律的规范与变异看,骈文更加注重平仄、双声、叠韵等在表情达意上的作用。[7]而散文则主要靠虚字调节音节和传达神情。因此,诵读骈文重在读出平仄的高低长短、双声叠韵与韵脚的声韵回环等,而诵读散文则要体会虚字的情感意义。

体性指"文体的审美对象和审美精神"[8],即作者依托于文体所表达的情感类型。姚鼐将古文体性分为阳刚与阴柔两类。[9]继承姚鼐学说,曾国藩在《古文四象》中把古文分为太阳气势、太阴识度、少阳趣味、少阴情韵四类体性。[10]对于不同体性的古文,应该使用与之相匹配的诵读法则,例如,"读情韵之文,宜淅沥萧飒,如波涛夜惊之声。读气势之文,宜奔腾澎湃,如千军万马之声。读凄婉之文,宜凄然以促,如风雨夜至之声。读华贵之文,宜舒然以和,如雌雄雍雍相鸣之声。"[11]"大抵气势文急读、极急读,而其音高;识度文缓读、极缓读,而其音低;趣味、情韵文平读,而其音平,然情韵文亦有愈唱愈高者。"[12]

贾谊的《过秦论》是语文教科书的经典选文。语文教师多数会要求学生:"分小组朗读段落内容,最后一段全班齐读。"[13]这种朗读方法过于简单,没有充分考虑《过秦论》的文体。《过秦论》属于气势文,该

① 杨荫浏:《语言与音乐》,人民音乐出版社1983年版,第65页。

② 徐健顺:《普通话吟诵教程》,广西师范大学出版社2018年版,第5页。

③ 徐健顺:《普通话吟诵教程》,广西师范大学出版社2018年版,第6页。

④ 徐健顺:《吟诵概论——中华传统读书法》,广西师范大学出版社2019年版,第90页。

⑤ 郭英德:《中国古代文体学论稿》,北京大学出版社2006年版,第5页。

⑥ 郭英德:《中国古代文体学论稿》,北京大学出版社2006年版,第6页。

⑦ 姜书阁:《骈文史论》,人民文学出版社1986年版,第7-12页。

⑧ 郭英德:《中国古代文体学论稿》,北京大学出版社2006年版,第18页。

⑨ 姚鼐:《惜抱轩诗文集》,刘季高标校,上海古籍出版社1992年版,第93-94页。

⑩ 曾国藩:《古文四象》,中国书店2010年版,第1-2页。

⑪ 唐文治:《唐文治文选》,王桐荪等选注,上海交通大学出版社2005年版,第203页。

⑫ 唐文治:《唐文治国学演讲录》,上海交通大学出版社2017年版,第60页。

⑬ 王琼梨:《〈过秦论〉教学设计》,《新教育》2021年第12期,第37页。

文表现了贾谊的论述有力。全文多排比句，诵读起来顺畅，容易产生一种有力量、有气势的感觉。读法应为"急读、极急读"，即速度非常快。我们试读他的《过秦论上》，一起首便是："秦孝公据崤函之固，拥雍州之地，君臣固守，以窥周室，有席卷天下，包举宇内，囊括四海之意，并吞八荒之心。"一开口便气势喷薄而出。诵读者只能一口气读下去，中间其实连一个逗号都不需要。从"及至始皇，奋六世之余烈"到"始皇既没，余威震于殊俗"一段，与"然而陈涉瓮牖绳枢之子"到"山东豪俊遂并起而亡秦族矣"一段，做一个鲜明的对比，下面又将陈涉与六国放在一起比较，看起来原该是一万个陈涉也不足为秦患的，归结到："然秦以区区之地，致万乘之权，序八州而朝同列，百有余年矣。然后以六合为家，崤函为宫。一夫作难，而七庙隳，身死人手，为天下笑者，何也？仁义不施，而攻守之势异也。"其中的"何也"引出作者认为秦亡的原因。"何也"之前的大篇幅论述、对比，到"何也"做一个刹停，因此，这"何也"二字要加倍用力去读，以突显"仁义不施，而攻守之势异也"的真知灼见总结语。对于这一总结语，诵读者要一字一顿，加重拖长地读出。在前急后缓的对比中，深刻理解贾谊认为的秦亡之因。

综上，古文吟诵应随文就义，依体定法，最终要落在具体的"篇"上。拿到具体的"篇"，分析其属于哪一类，然后才能确定其吟诵读法。一般而言，"逢散体则慢，排比则快"。[1]有了吟诵之法，还要沉潜反复，"反复讽玩之深且久，暗通其气于运思置词迎距措置之会，然后其自为之以成其词也，自然严而法、达而臧，不则心与古不相习，则往往高下短长龃龉而不合"[2]。

2. 字正腔圆，依字行腔

字正腔圆是把汉字字头、字腹、字尾都要诵读准确、清楚、响亮。依字行腔指诵读时"不能倒字，不能违背字音的声母、韵母、声调的特征"。[3]具体要做到平长仄短、韵字延宕、虚字重长等。

（1）平长仄短

平仄相对指的是平声字在诵读过程中发声时间较长，而入声字发声时间较短。"平仄之相对，包含两个问题：一是音的长短问题，一是音的轻重问题。"[4]"大抵文之震荡茹吐处，宜多用平用长，辨难奥衍处，宜多用仄用短。"[5]（见表1）平声字一般表达宽广、豪放、喜悦等情感，而仄声字一般表现悲切、凄凉、沉郁、哀婉等情感。仄声字短促有力，尤其是入声字。它能够在诗文中表达强烈的情绪色彩，如"痛苦、决绝"之意。但需注意的是，依据文章感情色彩及思想表达的需要，仄声字慢读产生顿挫效果，快读产生短音节奏。一般而言，情绪低时多读顿挫，情绪高时多读短音。

表1 五声类别、律动表

编号	声别 类别	平声		仄声		
		阴平	阳平	上声	去声	入声
1	音节	次高	先低后高 低暂高久	先低后高 低久高暂	先高后低	高
2	音拍	长	更长	更长	长	短
3	音势	稍弱	强	强	弱	最弱
4	字例	阴 高	阳 扬	赏 起	去 降	入 促
5	高低	—	↑	↑↑	↓↓	—
6	长短	—	—	—	—	—
7	强弱	⌇	⌇⌇	⌇⌇⌇	⌇	⌇

---

[1] 徐健顺：《吟诵概论——中华传统读书法》，广西师范大学出版社2019年版，第9页。

[2] 严云绶，施立业，江小角：《桐城派名家文集（第1卷）》，安徽教育出版社2014年版，第325页。

[3] 徐健顺：《吟诵概论——中华传统读书法》，广西师范大学出版社2019年版，第99页。

[4] 郭绍虞：《语文通论续编》，开明书店1948年版，第131页。

[5] 唐文治：《唐文治文选》，王桐荪等选注，上海交通大学出版社2005年版，第204页。

（2）韵字延宕

韵字延宕，指的是遇到韵脚处的韵字，诵读时该韵字的发声时间要适当延长。当然，入声韵字除外。韵脚（字）在不同句式中分布排列的疏密程度，均与作者的思想情感相关联。韵字在发声时间上做适当的延长，在延长的韵音中体会古人寄寓其中的思想感情。苏轼的《赤壁赋》是辞赋类散文，其句法排列虽不像骈文规整，但其韵脚依然清晰可见。然而，教学中只是单一的"正字音"，那韵脚的感情是很难发现的，例如：

课例（节录）①

3. 读通文言

①初读。学生读，正字音清句读后齐读。（选择基础较弱的学生以便读出问题。发动同伴纠正，教师补充强调。）

②译读。三人一组，一人主述（翻译带描述），两人补充，共同交流，标出疑难。师生共同解决小组提出的疑难，教师据实际情况补充。

这个"正字音"的行为在实践中具有普遍性，但教师并未对韵脚的字做相关的诵读指导。

笔者取《赤壁赋》前一、二段分析，如下：

赤壁赋（节录）

壬戌之秋，七月既望，苏子与客泛舟游于赤壁之下。清风徐来，水波不兴。举酒属客，诵明月之诗，歌窈窕之章。（以上无韵）少焉，月出于东山之上，徘徊于斗牛之间。白露横江，水光接天。纵一苇之所如，凌万顷之茫然。浩浩乎如冯虚御风，而不知其所止；飘飘乎如遗世独立，羽化而登仙。（押下平声先韵，韵脚匀称

于是饮酒乐甚，扣舷而歌之。歌曰（以上无韵）桂棹兮兰桨，击空明兮溯流光。渺渺兮予怀，望美人兮天一方。（押下平声阳韵，韵脚匀称）客有吹洞箫者，倚歌而和之，其声呜呜然。（以上无韵）如怨如慕，如泣如诉，余音袅袅，不绝如缕。舞幽壑之潜蛟，泣孤舟之嫠妇。（押去声遇韵，韵脚匀称）

将一、二段句子分开排列，逐句摸排，其韵脚还是很明显的。下平声的先韵，音象上给人以开放下收之感，其象征意义表现为辽阔悠扬。苏轼与客泛舟于赤壁之下，面对江水茫茫，明月初升之景，自然给人一种邈远辽阔之感，此时苏轼的心情并不平静，其中渗透着激动奔放之情。下平声的阳韵，音象上给人以开放向上之感，其象征意义表现为昂扬开阔。苏轼与客面对清风明月，饮酒唱歌，此时的心情自然是积极愉快的。去声的"遇韵"，音象上给人以郁结难吐之感，其象征意义表现为忧郁缠绵。当洞箫呜呜之声萦绕耳边，自然会引发苏轼内心失落悲伤之情。综合来看，韵脚的韵字在诵读时做延宕的读法，很容易体会其中的感情。

（3）虚字重长

"讲诗文只须将实字字字咬清，则虚字神理不烦言而自解矣。"②虚字在诵读时要加重读，同时延长发声时间，仄声字除外。在重读与声音延长的时空里，"句内应有之神情"③才会慢慢溢出。例如，《论语·学而》，古人就留下了许多学习研读经验，列举如下：

假如《学而》一章，"学"字、"时"字、"习"字、"说"字，乃实字也。一处如此，他处尽然，只须精研一处，不必处处求解。"而"字、"之"字、"不亦乎"字，乃虚字也。虽字义亦处处尽同，而先后措置之间，口气稍别，精神亦各迥异矣。④

故以此章冠二十篇之首。玩三"不亦"、三"乎"字，都是想象唤醒语气，我辈非终身阅历，未易领会个

① 翟建勇：《言文并重多向诵读——〈赤壁赋〉教学设计与总结》，《黑龙江教育（中学）》2016年第3期，第21页。

② 钱基博：《戊午暑期国文讲义汇刊》，广西师范大学出版社2010年版，第75页。

③ 钱基博：《戊午暑期国文讲义汇刊》，广西师范大学出版社2010年版，第75页。

④ 邓洪波：《中国书院学规集成（第二卷）》，中西书局2011年版，第663页。

中也。①

从前人的学习经验和方法来看，"而""之""不亦乎"等虚字在诵读时加重并延长诵读时间，这使得学生在感受语气的过程中理解古人寄寓其中的精神。

论语·学而(节录)

子曰：学而～时习之～，不亦说乎～？有朋自远方来，不亦乐乎～？人不知，而～不愠，不亦君子乎～？

"而"字突出了"学"与"习"的关系，即"学"与"习"是不同时事、"学"在"习"前、"学"后必须"习"。"之"字强调了儒家学习内容的重要性。"乎"字给人一种学习快乐之感。

3. 句读清晰，依意行调

句读关乎文意。句读之"句"是句意集中显现的地方。因此，对于着重表现意义的"句"要重读，重读才能增强句意的意义。正所谓"盖凡文之提纲絜领，包举各节处，其声宜大，文之排傲震动，顿挫结束处，其声宜远"。②在重读的音效之下，诵读者能够提高对该句的关注度，为深层次理解文意服务。

依意行调，指诵读者在忠实于古文本意的基础上，结合自己对古文文本的理解，通过声音语调(语气)去传达古文的情韵与思想。例如，《过秦论》《屈原列传》《报任安书》等属太阳气势文，这类文章往往饱含着作者对某一社会性问题的强烈情感，诵读是要有喷薄之势、跌宕之势，行腔相对迅疾，有一吐为快之感；《出师表》《五代史伶官传序》《马说》等属太阴识度文，这类文章多数是作者在阐释对某一问题的认识，因此诵读时要有闳括之度，含蓄之度，行腔相对平稳，有娓娓道来之感；《赤壁赋》等属少阴情韵文，这类文章一般是作者个人独特情感的表达，诵读时要有沉雄之韵、悽恻之韵，行腔相对缓慢，有回味悠长之感；《小石潭记》等属少阳趣味文，这类文章大多表现作者因某一事物而引发的愉悦欢快之感，诵读时要有诙诡之趣、闲适之趣，行腔相对自由，有轻快放松之感。但需要注意的是，诵读的语调(语势)以表达合适为准，"文之刚者其气宜直而勿暴，暴其气则声怒。文之柔者其气宜和而勿馁，馁其气则声慑"。③

4. 节奏分明，因声求气

"'气'是文章的音节，表情达意实在离不了它。"④因声求气，指诵读者在沉潜反复中玩味古文情意，透过声音的抑扬顿挫、语势的轻重缓急等去感受、体会古文情意。"声"是古文音象、句读、节奏三者整体的和声，"气"是作者通过和声所传达的气势，即作者在表达思想感情时所形成气势的抑扬顿挫、轻重急徐(见图1)。具体而言，声气相依，气贯于声，声随气生。字音的高低、长短，句读、节奏的强弱、急缓，语势(语气)的抑扬顿挫等，这都与古文本身的文气相关。

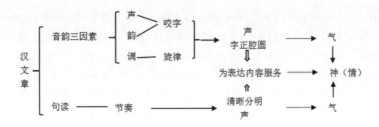

图1 汉文章声、气、神关系图

因声求气的关键在于把握诵读节奏。对此，钱基博分出七类顿节⑤：

①起词往往为意之所重，提置于先，读时应略顿者。

---

① 转引自吴小如：《古文精读举隅》，天津古籍出版社2017年版，第35页。

② 唐文治：《唐文治文选》，王桐荪等选注，上海交通大学出版社2005年版，第203页。

③ 唐文治：《唐文治文选》，王桐荪等选注，上海交通大学出版社2005年版，第204页。

④ 饶杰腾，王旭明：《民国国文教学研究文丛》，语文出版社2016年版，第114页。

⑤ 钱基博：《戊午暑期国文讲义汇刊》，广西师范大学出版社2010年版，第44—46页。

②语词有为顿者,然既曰语词,则动词与其所系者皆举焉,即句读矣。何以顿为? 盖单行语词之句读,固矣,有时语词短而多至三四排者,诵时必少住焉,此其所以为顿也。

③表词为意之所重,提置起词之先,含咏叹意味者,不可不顿读。

④句中咏叹字不顿读便失神理。

⑤不论起词止词,连用数名字者,每名字作一顿。

⑥句中有用而字则字等连字(凡字用以为提承辗转字句者曰连字)者,则而字则字以上应顿读。

⑦句中有也字者字等助字者,则也字者字必顿读。

钱基博所谓的停顿,其实就是启功划分节奏时除去的领字、衬字、尾字。由此可知,诵读时除了平节、仄节要有停顿外,领字、衬字、尾字处也需要停顿。比如,《陈情表》中的"前太守臣逵,察臣孝廉;后刺史臣荣,举臣秀才"一句。

陈情表(节录)

前～太守～(仄字节)　臣～逵～(平字节)察臣～(平字节)　孝廉～(平字节)

后～刺史～(仄字节)　臣～荣～(平字节)举臣～(平字节)　秀才～(平字节)

该句如果读成"前太守～臣逵"、"后刺史～臣荣"则有违文意。正确的读法应为"前～太守～臣～逵～""后～刺史～臣～荣～"。

文言文诵读是蕴含语文知识的一种语文实践活动,其目的是对文本产生深层次的理解,即对文本高质量的感悟与品味。正所谓"平仄明,音调熟,诗赋之理,半在其中矣"①。古文诵读是声音表象(音象)和语意表象(意象)的合成过程,在这个过程中学生不断地虚心涵泳、切己体察,口、耳、身、心和谐地配合运作,最终达到"以昌其气、以玩其味"②的境界。

Study on the Method of Classical Chinese Recitation in Middle Schools

LI Tengfei

（School of Education，Shanghai Normal University，Shanghai，200234）

Abstract：There is a problem in the reciting method of classical Chinese education，that is to use modern reading method instead of traditional reading method to study classical Chinese poetry and prose. In order to effectively achieve the curriculum goal of "inheriting Chinese culture"，classical Chinese recitation needs to consider the traditional education，and should adopt suitable recitation method for the present learning from the analysis of the learning experience of traditional recitation and the existing recitation research. Such a method can be described as follows：recitation should be done based on the content，which can enable students to think and understand the meaning；the words should be properly pronounced according to each character between the lines；each sentence should be clearly read aloud based on the meaning；recitation should have clear rhymes，which help students understand the meaning better with their mastery of the language of the classical poetry and prose.

Key words：cultural inheritance，the writings in classical style，recitation method

---

① 唐彪:《家塾教学法》,华东师范大学出版社1992年版,第12页。

② 曾国藩:《曾国藩全集·家书》,河北人民出版社2016年版,第233页。

《现代基础教育研究》

第47卷,2022年9月　　　　　(Research on Modern Basic Education)　　　　　Vol.47, Sep. 2022

教育戏剧促进小学语文教学德智融合:意义与路径

陆素英

(上海市世外小学,上海200233)

摘　要: 教育戏剧的理念、特征和方法都跟语文课程有内在契合性,可为解决小学语文教学中德智融合的难题提供借鉴。因此,在语文教学中引入"教育戏剧"的理念和方法,可更好达成语文学科的育人目的。通过建立情境类、叙事类、诗化类、反思类活动,引导学生发挥想象力、理解人物形象、把握人文主题、深化文本理解,并不断激发道德情感,获得道德体验,实现道德内化,从而最终走向道德成长。

关键词: 教育戏剧;小学语文;德智融合;路径

一、核心概念的界定

塞斯里·奥尼尔(Cecily O'Neill)认为,教育戏剧是一种透过学生在戏剧中的角色与情况,由活动中来判知的学习模式,可使学习者探索、拓展许多议题、事件以及各种关系。[1] 戴维·布思(David Booth)认为,教育戏剧是儿童在"亲身经历"的戏剧中,以一种制约的扮演为基础的学习模式,拓展并表达他们的思想、价值观与感觉。[2] 中国教育戏剧的传承者、传播者李婴宁认为,教育戏剧是"运用戏剧手段于教育和课堂教学的方法。即在普通教育过程中,把戏剧元素和方法作为教学方法和手段,应用在教学科目和教育目标中,让学生在情景设置、角色扮演、即兴表演、主题深化、意义

探讨等环节中,通过共同创造的戏剧活动和戏剧实作达到学习目标和教育目的"。[3] 因此,本文所指的教育戏剧包含理念与方法,可以提升学生的学习意愿,强化教育效果。

"德智融合"是指通过对"德育""智育"培养目标的整合,统整教学内容和教学过程。其以情境任务创设和学生建构反应为主要特征,旨在实现学科知识学习、能力培养与育人本质结合的最优化。[4] 语文教学"德智融合"的内涵就是以教材内容为载体,以课堂教学为主渠道,以立体多维的教学方法为手段,有效地对学生进行爱国主义教育、集体主义教育以及社会主义核心价值观教育,在提升学生语文素养的同时,培养具有正确审美情趣和健康人格的一代新人。[5]

笔者尝试以教育戏剧促进小学语文教学的德

基金项目: 本文系 2020 年度上海市教育科研一般课题"'教育戏剧'促进小学语文教学德智融合的实践研究"(课题编号:C20121)的研究成果。

作者简介: 陆素英,上海市世外小学常务副校长,中学高级教师,硕士,主要从事小学语文教学与跨学科研究。

① Cecily O'Neill, Alan Lambert: *A Practical Handbook for Teachers*, Press: Stanley, 1982, p. 12.

② David Booth, *Acting in Classroom Drama: A Critical Analysis*, Press: Heinemann Drama, 1999, pp. 3–54.

③ 李婴宁:《"教育性戏剧"在中国》,《艺术评论》2013 年第 9 期,第 49–52 页。

④ 上海市教师学研究会:《燃灯——于漪"德智融合"语文教育思想与新教材实施》,上海教育出版社 2020 年版,第 6 页。

⑤ 上海市教师学研究会:《燃灯——于漪"德智融合"语文教育思想与新教材实施》,上海教育出版社 2020 年版,第 10 页。

智融合,把戏剧作为一种教学媒介和教学工具,将语文学科德育融入戏剧情境之中,使学生通过各种戏剧表现形式将自己"带入"角色中,感悟故事文本,产生情感共鸣,从而在心智成长以及人格、品德、价值观等方面获得全面发展。

二、教育戏剧促进小学语文教学德智融合的意义

1. 教育戏剧的五个"意义的层次":实现"人"的成长

《义务教育语文课程标准(2022年版)》指出,"义务教育语文课程围绕'立德树人'根本任务,充分发挥其独特的育人功能和奠基作用,以促进学生核心素养发展为目的,以识字与写字、阅读与鉴赏、表达与交流、梳理与探究等语文实践活动为主线,综合构建素养型课程目标体系"。[①]可见,语文课程是德育的重要载体,承担着育人重任,人的智力发展、精神成长和健全人格的养成无不来自母语的熏陶和哺育。因此,语文教师要帮助学生逐步形成正确的价值观、必备品格和关键能力,从而实现育人目标。

教育戏剧注重五个"意义的层次"。教育戏剧最重要的作用在于创造意义、建构思维和价值观,桃乐丝·希斯考特(Dorothy Heathcote)提出的"意义的层次"恰恰实现了这一重要作用。这一理论指出,完整的一个戏剧动作至少包含五个意义的层次:动作、动机、注入、模式以及立场。[②]这个框架的层级如下,第一层:动作就是某人做的一个具体而特殊的动作;第二层:动机就是个人背后的原因"为什么这么做";第三层:为动作赋予意义"为什么重要或处于紧急状态中",即社会期待我这样做;第四层:探索"所注入的含义是从哪里获悉的",即社会/文化的本质就是这样的;第五层:最后进入关键的价值观的探索"人生应该或不该是什么样的",理解人的价值观、人生观,也就是意义制造的部分。教师在引导学生探索戏剧的时候,通过提问的方式,聚焦戏剧动作背后的"意义",通过一个戏剧动作透析人的意识形态与价值观,帮助学生理解它自身以及他生活的世界,从动作层面、心理层面,纵向延伸到社会层面、历史层面和哲学层面。

"意义的层次"实现了学生的精神成长。语文教学依靠的不再是教师单向"贴标签式"的言语灌输,而是教师提纲挈领地梳理重点,通过提问引发学生深入思考,建立独立思考的思维以及看待问题的思辨性。学生成为学习的中心,在愉悦且主动的戏剧创作中一步一步地剖析,积极主动地探索未知,最终达成教学与教育目标,促进语文教学德智融合。在探讨意义时,教师允许学生犯错、试错,答案无关乎对错,只关乎公正。学生在探索意义的过程中发挥想象力和创造力,发展哲学思维与辩证思维,增进群体合作与交流,去填补意义的空白,认识意义、探讨意义、建构意义、领会意义。纵向剖析与思考、自我反思与顿悟的过程,正是学生学习的过程以及获得成长的过程。

2. 教育戏剧的"过程性"特征:注重育人过程中的德智融合

"义务教育语文课程培养的核心素养,是学生在积极的语文实践活动中积累、建构并在真实的语言运用情境中表现出来的,是文化自信和语言运用、思维能力、审美创造的综合体现。"[③]语文学科育人并不是附加的、浮在表面的,而是浸润于语言文字、贯穿语文教学过程中的。

"过程性"是教育戏剧最显著的特征。"过程"是指戏剧教学进程,是相对戏剧演出"结果"而言的。在实践教育戏剧过程中,教师创设虚拟情境和中心任务来保护学生入戏,学生在学习区域中凭借已有经验,师生共同创建戏剧的境遇,共同探索文本中深层次的意义。当学生被保护进入角色的时候,有机会进入"虚实之间"的状况:学生扮演一个角色时,他既是"角色","带着思考的感受"沉浸于角色中;又是"他自己",面对戏剧危机时"带着感受的思考"反思这件事,两种身份交织在一起。在这种"活在当下"的戏剧中,学生"成为"角色,更好地去"观看自身",形成极其珍贵的"自我观看"的能力,生发更好的学习。

学生在戏剧实作的"过程"中体验学习。语文教师引导学生步入课文故事中的虚拟情境,在戏

① 中华人民共和国教育部:《义务教育语文课程标准(2022年版)》,北京师范大学出版社2022年版,第2页。

② 大卫·戴维斯:《想象真实——迈向教育戏剧的新理论》,曹曦译,中国人民大学出版社2017年版,第77页。

③ 中华人民共和国教育部:《义务教育语文课程标准(2022年版)》,北京师范大学出版社2022年版,第4页。

剧实作的"过程"中亲身体验，获得独特的感受。这些感受和思考复制了学生的生活经验，帮助学生最大限度地从"内在经验"中学习。学生入戏参与戏剧活动并不是观看其他人演戏，而是亲身经历故事最深刻的部分，引发对于困境与难题的深刻感受和思考。学生正是通过在戏剧体验中"观看自身"的感受与思考，收获意义深远的体验和改变，促进社会化情感发展和道德感知力的发展。教育戏剧注重实施过程中的教育作用，在戏剧实作的"过程"中进行教育与教学。语文教师认真挖掘语文学科中所蕴含的有关健全人格教育的资源，将显性教育与隐性教育结合起来，运用教育戏剧促使学生在获取知识的同时，得到人格的滋养与涵育，从而促进语文教学德智融合发展。

3. 教育戏剧的"多样化"：激发小学生的学习兴趣

在探索语文学科德智融合的过程中，教师虽然认同德智融合的重要性，也能够挖掘教材中的德育因素，确定德育目标，捕捉德育渗透的有利时机，但是缺少育德的艺术手段和深层次思考的引导方法。根据小学语文的课程要求和育人价值，以及小学生的认知水平、兴趣爱好和心理特征，于漪老师认为，促进小学语文学科德智融合的重要方法是"兴趣引导法"[1]，小学"激趣法"重在调动学生参与学习的积极性。

教育戏剧多样化方法丰富学科育人的手段。乔纳森·尼兰德、托尼·古德最新总结的建构课堂戏剧策略包含 100 个剧场和戏剧的关键习式，如"教师入戏""专家外衣""见物知人""小组演绎""思绪追踪""良心巷""隔墙有耳""墙上角色""坐针毡""集体角色"等，这些习式在过程戏剧中被用来当作结构，而不是孤立的技巧。[2] 有效运用境遇下的习式为小学语文教学带来崭新面貌。大卫·戴维斯过程戏剧的关键元素包括：角色、态度、目的与反目的、限制、张力、时间、故事线'即情节'、前史与语境、戏剧动作、戏剧事件。[3] 小学生的学习动机主要取决于学习兴趣，所以学习兴趣的激发至关重要。学生在小学阶段以形象思维为

主，求新求趣，有意注意的时间较短。有效运用多样化方法能引发学生好奇心，最大限度地激发学生兴趣，调动学习的积极性，主动地学习与感悟，从而扭转传统课堂教学艺术手段不丰富的现状。推动小学语文教学从教师单向"灌输式"转变为师生间、生生间参与式、互动式、启发式的课堂教学方式，从"贴标签式"的文本分析转变为以学生为中心的自主探究，从学生被动接受教育转变为主动的道德体验，能够在知识学习过程中引发道德顿悟，实现人格成长。

教育戏剧多样化情境实现全面成长。小学生全面成长需要丰富多样的实践环境，社会面的环境有效却也有限。教育戏剧创设多种多样的虚拟情境，学生沉浸其中想象未曾经历过的古今中外的故事场景与空间，在虚拟情境中感受、思考与实践，丰富自身的生活经验。教育戏剧助力学生实现跨越多门学科、收获多种知识，涵育优良品质与正确价值观的全面成长。

三、教育戏剧促进小学语文教学德智融合的路径

教育戏剧多样化的教学方法将学生带入戏剧的境遇中，通过"创造—共鸣—反思—升华"的学习过程，引领学生在表演中体会角色、思考角色，最终认识自我、突破自我、发展自我，从而实现德智融合发展。笔者结合小学生身心特点和语文教学特质，选择恰当的课堂戏剧方法，探索教育戏剧促进小学语文教学德智融合的四条路径，意在达成语文学科育人目的，促进学生的道德认知、道德情感、道德行为的统一与协调发展。

1. 以建立情境类活动引发学习想象，获得道德体验

（1）德智融合需要想象与体验

《义务教育语文课程标准（2022 年版）》指出："义务教育语文课程实施从学生语文生活实际出发，创设丰富多样的学习情境，设计富有挑战性的学习任务，激发学生的好奇心、想象力、求知欲，促

① 上海市语文德智融合实训基地：《语文德智融合实践探究——〈大中小德育一体化建设研究〉语文学科探索》，上海教育出版社 2016 年版，第 4 页。

② 乔纳森·尼兰德，托尼·古德：《建构戏剧——戏剧教学策略 70 式》，舒志义，李慧心译，成长基金会出版社 2005 年版，第 40-95 页。

③ 大卫·戴维斯：《想象真实——迈向教育戏剧的新理论》，曹曦译，中国人民大学出版社 2017 年版，第 77 页。

进学生自主、合作、探究学习"①,强调了语文学习的情境性。道德培育需要创设情境,学生通过联想、想象来建构语言中蕴含的画面,感受文本的意境,获得情境的体验。教师需要将文本描绘的学习情境与学生真实的生活情境紧密联系,让学生在情境中体验不同的角色与身份,体验不同的经历与心情,从而获得道德体验,培育道德感知力与判断力。

(2)建立情境类活动促进创设情境

建立情境类活动为戏剧建立背景,或当戏剧发展情节时为情境添加资讯。教育戏剧是教育的一种艺术路径,需要设计艺术性形式来创设教育情境,例如利用肢体和声音、幻想和想象力构建戏剧情境,形成艺术形式,将学生代入虚构的角色和情境中,使其沉浸于自己创造的情境中思考与想象,获得独特的角色体验、时空体验。学生成为创造性、探究式学习的主体,激发想象力,开启创造力,培育思辨力,丰富表达力。

(3)引发学习想象,使学生获得道德体验

教师带领学生通过阅读将"文本"转化为"具体情境",共同建构包括处境、人物、角色等具体细节的戏剧情境。学生浸润在重要事件或场面的道德情境中展开丰富的想象,并牵动自己的情绪与感知。道德情境促使学生在知识的学习中引发对道德的理解与践行,获得德性的培养。

案例一:"教师入戏"习式在《赵州桥》教学中的运用。"教师入戏",即教师扮演一个由戏剧情境提供的适当角色,在戏剧中引发学生兴趣,控制戏剧动作的方向,挑战肤浅想法,提供更多选择和可能性,发展故事,为学生制造入戏交流的机会。教师通过戏剧性的参与,务求达到教学目的。师生在戏剧中合作,通过角色交流而促成学习。② 教师入戏,作为引导者置身于情境之中,行动与思考并进,并根据学生的行动即兴发挥。在中断环节,教师出戏,师生走出角色进行讨论,最终以讨论或对话结尾。

学生课前通过广泛阅读、搜集资料,了解赵州桥建造的时代背景。在课堂教学中,教师扮演朝廷官员(教师入戏),向百姓发布征集桥梁设计的布告(日记信札)。桥梁"设计师们"(集体角色)分

析历史文化与洨河周围环境,分别设计出木桥、铁桥、石桥等桥梁的图纸(绘画)。在征集大会上他们展示桥梁设计图纸,讲述设计原理与艺术价值。石匠李春介绍自己设计的石拱桥不但雄伟坚固,而且美观。现场的朝廷官员和百姓纷纷发表自己的见解(集体角色):当时根本不具备造铁桥的技术,而木桥不牢固,石桥的设计巧妙。"设计师们"有的设计石桥,有的设计造木桥,这看起来偏离了课文内容,但这样的教学设计帮助学生在设计桥梁时充分发挥想象力。

教师主要运用"教师入戏"习式保护学生入戏,建立虚拟情境,引导并带领学生扮演角色,经历了一个完整的戏剧形式。学生的注意力聚焦在探究桥梁设计上,他们的想象力被充分发挥,智慧被点燃。学生在情景中充分体验,对古代人民的智慧与才干敬佩不已,心中悄然升腾起浓浓的民族自豪感与文化自信。

2. 以叙事类活动理解人物形象,激发道德情感

(1)德智融合需要激发道德情感

语文教材中的德育因子可唤醒学生积极而丰富的情感体验:感受文本描绘的自然美,激发学生对大自然的热爱之情;体悟文本蕴藏的人文美,激发对人物品质的崇敬之情;感受文本运用的语言美,激发学生对祖国语言文字的热爱之情。

(2)叙事类活动促进披文入情

叙事类活动强调戏剧的故事发展,着眼在"下一步"将发生什么。它独特的叙事形式,发展曲折的故事情节,紧扣学生学习的兴趣点、文本的动情点,学生自然而然地把戏剧中的经历与现实生活联系起来,感同身受剧中的人物命运与情感,从而生情、移情,体会其中蕴含的作者思想感情,生成独特的道德情感体验。

(3)理解人物形象,激发学生道德情感

叙事类活动重在通过重要事件或场面来发展故事、引入故事情节,学生在戏剧活动中大胆假设,通过戏剧语言和符合情境的戏剧行为推进情节发展。叙事式手法非常接近真实生活,使得学生在特定情境中得以萌芽独特的情感,在情感陶冶中自我建构,在语言的理解与运用中披文入情,

---

① 中华人民共和国教育部:《义务教育语文课程标准(2022年版)》,北京师范大学出版社2022年版,第3页。
② 乔纳森·尼兰德,托尼·古德:《建构戏剧——戏剧教学策略70式》,舒志义、李慧心译,成长基金会出版社2005年版,第95-96页。

198

在身心体验基础上获得更高层次的情感体验，又以理智的方式表达作品的情感，进而激发自身的道德情感。

案例二："见物知人"习式在《苏武牧羊》教学片段中的运用。"见物知人"即学生从角色衣着或随身物件探索角色的性格、身份与背景故事。教师"展示呈现"剧中角色的个人物品，引介人物及背景，并从其个人物品中发现其背后的潜在信息以及同期时代的社会历史背景。①

课堂上，教师保护学生进入到苏武的境遇中。展示一张西汉地图，介绍西汉和匈奴之间的历史背景（地图）。苏武受命出使匈奴，媒体出示旌节的画面，介绍旌节。请"苏武"画一画旌节的样子，如颜色、质地、花纹等。（画图）讨论：旌节对于苏武意味着什么（关注旌节意义）。苏武一路骑马持节出使，动作是怎样的，说说为什么。（定镜）时间跨越19年，回国前苏武仔细端详旌节又变成了什么样子？（画图），说说为什么。苏武怀揣着旌节回到京城时，苏武是什么样子？（定镜）说说他的外貌、衣服、神态等。你发现出使始末苏武与旌节发生了什么变化？你觉得他是个怎样的人？

教师创设情境，让角色中的苏武"一见"旌节，初步感知旌节代表国家、代表气节的象征意义；"再见"旌节早已脱光了毛、破旧不堪；"三见""苏武本人"衣衫褴褛、白发苍苍、满含热泪。学生进入苏武的角色亲身体验，近距离"观察"19年间苏武外貌与旌节的巨大变化。强烈的对比激荡着苏武出使19年间经历的常人难以承受的艰辛与折磨，可他依然持节不弃，加深了学生对苏武这个人物形象的深入理解，突破教学的难点。

这个教学片段的文本教学价值是"旌节"这条主线贯穿文本之首尾。德育载体是贯通苏武出使19年始末的"旌节"寓意苏武矢志不渝的民族"气节"。教师运用"见物知人"法，"苏武"沉浸在角色中思考，自己又在思考中感受，获得了真实而深切的道德体验。"见物知人"拉近了学生与文本、历史人物以及自身生活经验的距离，促使学生在想象中深化对角色的理解，道德情感的激发也水到渠成，为进一步感悟他矢志不渝的民族气节做了铺垫，进一步激发学生对民族英雄的崇敬之情。

3. 以诗化类活动把握人文主题，实现道德内化

（1）德智融合需要道德内化

学生在积极的语文实践活动中积累并建构语言，认同和传承中华优秀传统文化、革命文化、社会主义先进文化，厚植爱国主义情怀，积淀深厚的文化底蕴。在对正确价值观与优良品质的学习、选择、发展的过程中，学生习文悟理，既习得语文知识与方法，又提升道德感悟力，深化道德感悟并将其内化为积极、正确的价值观与优良品格。

（2）诗化类活动促进习文悟理

诗化类活动通过准确选择并运用文字和身体语言，重点发展戏剧的象征意义。教师优选、运用诗化类方法，可为学生提供深入探讨以及多层面理解社会与人生问题的可能性，实现对主题、意义的深刻理解。在戏剧支架的帮助下，学生在表演中雕琢言语和动作，内心获得独一无二的道德感悟，又将这种道德感悟转换成语言文字进行表演、表达，将反省和分析"具象化"，在表达中培育优良品质和正确的价值观。

（3）学生把握人文主题，实现道德内化

学生在诗化类活动的引导下，与文本对话，与作者对话，与角色对话，在戏剧表演中准确选择语言和肢体动作，建构文本的意义。学生超越戏剧的故事情节，探讨并表现作品中的抽象意义，从而加深对文本内容深层含义的理解，以及对人文主题的深入理解。领悟作者的理想追求、价值取向，从而获得道德感悟。这样，学生便可习文悟理，既习得语文知识与方法，又实现道德内化。

案例三："小组演绎"习式在《一幅名扬中外的画》教学中的运用。"小组演绎"即学生以小组合作的方式设计、筹备、展示即兴演出，以表达对某个情况的假设或展示某种行事方式；所展示的即兴片段表达对某一戏剧中人物的处境或人类经验的理解。②

《一幅名扬中外的画》一文的学习要求：让学生体会为什么《清明上河图》会名扬中外，结合课文内容和画面向别人介绍《清明上河图》。教师引导学生每个小组选择一个画面，通过"静止雕塑""移动雕塑"塑造形象、表演情景，再现传神的画面

---

① 乔纳森·尼兰德，托尼·古德：《建构戏剧——戏剧教学策略70式》，舒志义，李慧心译，成长基金会出版社2005年版，第73页。

② 乔纳森·尼兰德，托尼·古德：《建构戏剧——戏剧教学策略70式》，舒志义，李慧心译，成长基金会出版社2005年版，第128页。

(小组演绎)。各个小组有的扮演街市上人来来往往、形态各异的情景,有的扮演桥北头骑马快撞上轿子的情景,还有的扮演船夫撑船入桥洞的情景……教师则扮演《清明上河图》的作者张择端,沿着画面边走边看,边向每组提问:你们做的是什么? 为什么能名扬中外?(坐针毡)

在整个学习过程中,学生都是在情境中建构并运用语言。首先,研读文本语言,经由想象转化为生动形象的表演,通过小组设计、即兴演出,表达对中华优秀文化的理解。随后结合文本语言和表演画面,按照教师的要求——"围绕一个意思把一段话说清楚",向别人介绍《清明上河图》上的画面。最后经过"消化"与思考,提取重要信息,对该画名扬中外的原因做出解释。学生亲身体会到该画作超高的艺术价值和历史价值,更体会到画家的高超画技离不开亲身考察、仔细观察与生活体验,愈发感受到中华优秀传统文化的魅力,提升学生的文化自信。

4. 以反思类活动深化文本理解,走向道德成长

(1)德智融合需要强调主观反应

在学科德育中,如果教师为人物贴标签、灌输大道理,学生被动接受教育,那么,这样的教育方式往往就入耳不入心。语文学科德育需要最大限度地激发并唤醒学生精神成长的内心需求,引发学生的主观反应。在语文教学中,当学生对某些道德表现或价值观表现出进退维谷或模棱两可时,教师可利用教育戏剧激发学生的感知,建构语言来表达自己对文本、对人物、对主题的主观反应,从而形成清晰、正确的认知。

(2)反思类活动方法促进内外交互

反思类方法强调戏剧中的"独白"或"内心思想",让学生在情境中反思。在戏剧片段体验后的停顿时刻,教师可引导学生"跳出角色"来审视角色人物与情境,反思自己的理解是否正确,并与他人分享自己所得。反思类方法促进学生在"虚实之间"内外交互:学生进入角色表演,又跳出角色捕捉相应的语言和动作来反思角色和情境,深化对文本意义的深刻理解;再将内心主观的反思与感悟转化为外部语言来表达角色的所思所想,深

化对文本、角色以及情境的理解,推动下一阶段的角色塑造更精准、更到位。学生经历了角色表演、角色反思的全过程,从阅读、表演到评议,其道德成长的主体地位得到充分尊重。

(3)深化文本理解,学生走向道德成长

学生层层深入研读文本后,一边沉浸在情境与角色中感受角色情感与思想,一边在思考角色与意义;随后教师让学生冷静地跳出角色,层层深入研读角色,带着对某一角色的感受来审视该角色,以旁观者的身份表达角色的所思所想,明白角色行为的真义,对角色做出"心理评论"。经过由浅入深、层层深入研读文本、研读角色,学生对文本的理解进入深层次。学生在感悟与评议中形成道德判断,塑造个人道德素质和道德人格,最终走向自我的道德成长。

案例四:"心底话"习式在《苏武牧羊》教学片段中的运用。"心底话"即参与者深入地理解某角色在特定处境下无法公开承认或表达的感受,并批判分析处境和角色,以设计"内心话"。①

教师说故事,交代苏武被匈奴王的手下押到北海牧羊的背景。教师引导"苏武"画出看到的北海景象。(画图)苏武清点完羊群发现了什么? 明白了什么?"苏武"对着旌节说出心里话。(心底话)"苏武"写出这 19 年中每一日都做些什么事,师生讨论:"苏武"会遇到哪些折磨,如何忍受? 画出吃的、喝的、穿的东西、睡的地方等。(画图)"苏武"做这些事的时候始终手"持"旌节,做个静止动作。(定格)师生讨论:苏武为什么这么做? 动作关乎什么? 从哪里学来的? 他相信什么?(意义的五个层次)就这样,日复一日,年复一年,度过了 19 年,每年"苏武"生日那天写日记,选择一个年份写日记,分享日记。(日记)

学生对《苏武牧羊》一文的内容产生的困惑:苏武见是一群公羊,他明白了一切,为什么还毫不动摇? 为什么苏武要这样对待那支旌节? 教师创设情境让"苏武"表达自己的心底话。"苏武"说出心底思绪之际,联系上文中匈奴王环环相扣的三个阴谋、步步紧逼的目的,读懂匈奴王看似让他放羊,实则以希望破灭、身心折磨迫使他屈服的险恶用心,深化了对文本的理解。转而又联系特定处

---

① 乔纳森·尼兰德,托尼·古德:《建构戏剧——戏剧教学策略 70 式》,舒志义,李慧心译,成长基金会出版社 2005 年版,第 103 页。

境中自己特定的身份,表达自己一波三折的情感、毫不动摇的立场。教师引导"苏武"探索课文故事中"手持旌节"这个戏剧动作意义的五个层次的过程,苏武的价值观也就显露出来,体会苏武面对威逼利诱与折磨,矢志不渝的民族气节也就水到渠成。

教师紧扣学生学习的障碍点,营造一个反思的时空,以使学生理解角色行为背后的动机。"苏武"在"虚实之间"表演、反思与表达,既沉浸于角色中表演,又跳出角色冷静地思考与分析,结合自身的身份与处境,运用课内外的历史知识来建构语言,捕捉文本中反思性的语言和动作,又将其内心主观的反思与感悟转化为外部语言。学生在表演、朗读与反思中感悟苏武在困境中宁死不屈、维护国家尊严的高尚品质,感悟民族气节,由此实现认识自我、突破自我、发展自我,并最终走向道德成长。

Drama in Education Promotes the Significance and Path of the Integration of Morality and Wisdom in Primary School Chinese Teaching

LU Suying

（Shanghai World Foreign Language Primary School, Shanghai, 200233）

Abstract: The concepts, characteristics and methods of D. I. E. (stands for Drama In Education) are intrinsically consistent with the Chinese curriculum, which can provide some reference for solving the problem of the integration of morality and wisdom in primary school Chinese teaching. Therefore, the introduction of the concept and method of DIE in Chinese teaching may achieve the goal of educating people in Chinese disciplines better. Through the context-buliding action, narrative action, poetic action, reflective action, students can be instructed to use imagination, understand character images, grasp humanistic themes, deepen text understanding, and constantly stimulate moral emotions, obtain moral experience, realize moral internalization, and move towards moral growth.

Key words: drama in education, primary school Chinese, integration of morality and wisdom, path

《现代基础教育研究》

第47卷，2022年9月　　　　　　　　　（Research on Modern Basic Education）　　　　　　　Vol.47, Sep. 2022

指向核心素养的高中思政课堂真实情境的建构

陈　耸

（华东师范大学第一附属中学，上海 200086）

摘　要：在真实情境中开展学习是实现学科知识向核心素养转化的有效途径。思政课堂的真实情境体现了核心素养和学科特点的有机融合，具有理论与实际相联系、"学思用"相贯通、"知情意行"相统一的意涵。建构思政课堂真实情境，需要秉持整体观、生活观和实践观，从内容、动机和互动三个维度优化情境脉络的组织，从静态零散走向动态和整体相结合，从简单搬运走向生活和学理相结合，从知识的情境走向学习的情境，以促进核心素养的内化、外显和可持续发展。

关键词：思政课核心素养；真实情境；情境学习；知行合一；对话协作

"素养"作为复杂概念，它不仅指知识和技能，还包括在特定情境中利用各种社会心理资源（包括情感和态度）满足复杂需求的各种能力。[①] 作为落实"立德树人"根本任务的关键课程，高中思想政治学科的核心素养不仅指向学生能够运用学科知识和思维，增强社会理解和参与能力，更指向学生能够具备良好政治素质、道德品质和健全人格，基本形成正确的世界观、人生观、价值观。换言之，思政学科的核心素养，培育的是学生在真实情境中学、思、用的贯通，知、情、意、行的统一，真、善、美的升华。

一、核心素养视域下思政学科真实情境的意涵

如何理解真实情境的意涵？崔允漷指出，情境的"真实"有三层含义：其一，把真实情境与任务背后的"真实世界"直接当作课程的组成部分，以实现课程与生活的关联；其二，只有学以致用、知行合一的学习才是真实的学习，中小学生对于知识意义的感受与理解往往是通过在真实情境中的应用来实现的；其三，评估学生是否习得核心素养的最好做法就是让学生"做事"，而"做事"必须要有真实的情境。[②] 换言之，指向核心素养的"教""学""评"活动的开展应该始终贯穿着真实情境的发生与发展，并通过真实情境衍生的真实问题与任务，培育学生的能力、品格与观念。就高中思政学科而言，真实情境的意涵体现了核心素养和学科特点的有机融合。

首先，思政课堂的真实情境强调理论联系实际。建构情境的素材，既来源于中国特色社会主义已经

基金项目：本文系 2021 年度上海市虹口区教育科学研究重点项目"基于深度学习的思政学科单元教学问题境脉的构建与运用"（项目编号：A21043）的研究成果。

作者简介：陈耸，华东师范大学第一附属中学高级教师，主要从事高中思想政治教学研究。

① 张紫屏：《论素养本位学习观》，《全球教育展望》2016 年第 3 期，第 3-14 页。
② 崔允漷：《学科核心素养呼唤大单元教学设计》，《上海教育科研》2019 年第 4 期，第 1 页。

发生、正在发生和有待发生的伟大理论和实践创造，也来自每一位学生在日常生活中亲身感受的"美好"和积极行为背后的"愿景"，它既是集体记忆的真实，又是个体经验的真实。这种"真实"对于思政教学的生命力在于，它成为贯通理论思考与实践行动、社会存在与个人经验、宏观叙事与微观生活的一面"透镜"，能够将时代使命和责任有效转化为学生的觉悟和担当。

其次，思政课堂的真实情境追求"学、思、用"相贯通。学习目标绝非指向传统意义上概念和知识点的单纯识记和再现，以及在相似场景中重复训练所获得的技能和方法，而是指向学生围绕国家、社会、家庭、个人所面临的真实情境、真实问题，运用学科基本原理，展开思辨和探究活动，并在此过程中逐步形成未来生活中能成事、能成人的核心素养。

最后，思政课堂的真实情境要求统整地评价"知情意行"。对于"知情意行"内在关系的整体把握和有效转化，体现了思政学科的育人特质。一旦情境从教材、书本的"既定"走向现实生活的"可能"，其考察的就不只是学生能否理解与掌握相对固定的概念及其体系的理论能力，而是学生在不确定的、易变化的复杂情境中，能否整体、稳定地展现出学科核心素养以解决各类生成性问题的综合品质。因此，在真实情境中，思政学科能够更为全面地评估学生的学科知识迁移能力、学科本质理解水平、价值观念内化程度，观察学生在认知与非认知能力方面是否实现了发展性平衡，亦能减少诸如"知行不一""表里不同"等德育痼疾的发生。

二、思政课堂真实情境的建构思路与组织原则

1. 建构思路

在真实情境中开展学习是实现学科知识向核心素养转化的有效途径。整体观、生活观和实践观是建构思政课堂真实情境的主要思路，这有助于发挥情境的载体作用，做到"上下得宜"，涵盖"知情意行"。

（1）立足整体，指向素养

《普通高中思想政治课程标准解读（2017 年版 2020 年修订）》指出，思想政治学科核心素养的四个要素不是政治学、法学、经济学、哲学、文化学、社会学等学科素养的组合，而是由这些学科内容构成的一个有机的统一体。[①] 以"政治认同"为例，其作为思想政治最根本、最核心的素养要求，渗透并统领科学精神、法治意识和公共参与等其他素养，既和政治学内容有密切的内容关联，又超越了学科内容的束缚，在思政课堂的不同场域体现核心地位。因此，教师在设计和建构真实情境时，应摆脱过去囿于知识点的"零敲碎打"思路，以统整的视野，综合地选取、组织和生成情境，使之既能突出重点，又能关联全局，高屋建瓴地实现对核心素养的全面培育。

（2）源于生活，高于生活

追求真实情境并不意味着可以在思政课堂上直接复刻"真实世界"。学校作为专门化与专业化的教育教学场域，学生的学习方式与社会生活有明显的区别。直接搬运"生活"情境，和过于强调学术化、概念化一样，都是有失偏颇的做法，不能真正建立学科与生活的有机联系。"源于生活"指的是教师基于核心素养和课程标准，结合学生认知起点和发展需求，有意识、有计划地选取真实生活素材并加工为适用于高中课堂的教学情境；"高于生活"是指情境不应"滞留"于生活现象的展示和解释水平，还应承担诸如发现和解决问题、辨析和审视价值、制订计划和实施行动等高阶思维活动的职责。换言之，素养导向的思政课堂真实情境，不仅应指向知识与生活的"链接"，更应体现循序渐进提升思维品质的要求。

（3）活化知识，知行合一

学科知识的组织方式是结构化的，但是当学科知识缺乏真实情境的支持时，即使是结构化的知识，也无法转化为解决问题的"做事能力"，所谓的结构也就成为僵化的图式。因此，思政课堂真实情境所起

---

① 韩震，朱明光：《普通高中思想政治课程标准解读（2017 年版 2020 年修订）》，高等教育出版社 2020 年版，第 2 页。

的介质作用,实质是将教材的确定性条件转化为真实生活的不确定条件,从而引导学生将框架化的学科知识转化为活学活用的认知图式和学科素养。这并不是说真实情境背后不需要学科逻辑,而是说真实情境通过打通学科逻辑和生活逻辑的界域,可以引导学生在对知识进行解构的过程中,实现认知的顺应和转换,这对思政学科这样一门强调铸魂育人的课程来说尤为重要。学生只有在真实情境中,围绕真实问题,开展互动探究,才能深刻体验能力锻造、思维深化、观念内化、人格健全的发展过程。

2. 组织原则

思政学科是一门知识性和价值性相统一的学科,这意味着教学价值除了"真学、真懂"之外,还需要能"真信、真用"。因此,思政课堂真实情境的组织,必须兼顾知识内容、学习动机和课堂互动三个维度,以促进学科核心素养的内化、外显和可持续发展。

(1)逻辑坚实,信源可靠

学习者的能力、见识和理解是通过内容维度得以发展的。[1] 学科逻辑是支持情境"站得住""理得顺""讲得通"的内容底蕴,也是有效组织情境线索的内在学术脉络。例如,在单元情境的设计中,情境主线需要以学科大概念、大观念作为支点和依据,情境的系列化演进需要以知识体系为结构和台阶。这样,情境的"真实"才能和学理的"有用"相契合、相贯通。情境是学科学理在现实社会生活的外显,而材料信息的来源是否真实可靠直接影响思政课堂的科学性和有效性。在海量信息充斥视听的信息社会,从权威媒体获取关键资料、对同题材信息进行多方面比对、慎用未经证实的自媒体信息、注意标注资料信息的来源,是思政课教师在建构课堂真实情境过程中政治意识和责任意识的体现,也是对"科学精神"这一学科素养的"身体力行"。

(2)富含思辨,情理交融

动机维度涵盖动力、情感、态度和意志,涉及学习所需心智能量的驱动。[2] 对于思政学科而言,高中学段学生身心发展的特点决定了其学习动机,不是主要依靠故事情节、氛围渲染、好奇心理的感性冲动,而应通过复杂情境中的分析综合、价值辨析、方案创造等高阶思维活动生成。这种富含思辨的真实情境是"热闹"与"门道"的统一,"生活"向"专业"的进阶,为学生"做事""成事"提供了操作对象和成长空间,由此带来的挑战性和成就感是驱动学生持续提升学习兴趣、发展学科素养的长效能量。值得注意的是,强调思辨并不意味着忽视情感因素在真实情境中的构成,只是随着高中生阅历和见识的增加,这种情感需要更多地和理性思辨相结合,和困境抉择相关联,才能形成对于复杂社会现象的鉴别力和理解力,才能在内心深处生成同理心和共情力,从"讲好中国故事"演进为"用好中国故事"与"写好中国故事"。

(3)关注对话,共同生成

学习发生于社会环境中的某一活动或行为中。学习者与情境接触、互动,选择或决定自身的行为,唯有将学习镶嵌于它所维系的情境之中,学习才会被赋予真正的意义。[3] 换言之,思政课堂的真实情境,具有知识和学习的两重性,因此,教师创设情境时不仅应重视知识情境,密切联系政治、经济、社会中的相关现象,还应注意课堂学习生活本身亦构成一种知识建构和生成的场域,即学习情境。这要求思政课堂将对话互动和共同学习作为真实情境的重要构成部分,以促进学生在学习活动中投入更多的热情和责任,主动认知复杂多维的社会和人际条件,积极获取协作交往能力。就学科核心素养培育而言,这是学生获得"公共参与"素养的具身性体验良机。

三、思政课堂真实情境的建构取径

具体到教学操作层面,高中思想政治课堂的真实情境可以有以下建构路径:

---

① 克努兹·伊列雷斯:《我们如何学习:全视角学习理论》,孙玫璐译,教育科学出版社2014年版,第27页。
② 克努兹·伊列雷斯:《我们如何学习:全视角学习理论》,孙玫璐译,教育科学出版社2014年版,第100-101页。
③ 贾义敏,詹春青:《情境学习:一种新的学习范式》,《开放教育研究》2011年第5期,第29-39页。

1. 从零散静态走向整体和动态相结合

传统教学存在的问题是以学科知识传授为中心，脱离真实的情境，对真实世界做碎片化和静态化的处理。思政学科所对应的真实生活情境充满变化和不确定性，对国家制度、政策的理解，往往会随着个人利益、立场的变化和时间的推移而发生相应的变化。简单、孤立、碎片化的情境是一种严格限定条件的情境，只能实现对于概念、方法的浅层认知，而无法帮助学生将知识转化为动态的、可迁移的图式，更无法在新的复杂情境中有效解决问题。通过创设动态的、整体的情境，有助于在思政课堂中建构接近真实生活世界的学习境脉，进而实现"知情意行"的统一。

所谓的"整体"和"动态"，指的是在真实情境的设计和实施中，教师应具备结构化和发展性思维，从单元教学和深度学习的视角对情境进行全局化的考量，展现情境变化的过程性和条件性，有机联系现象、本质和因果，培育学生以马克思主义的辩证观点，联系、全面、发展地正确看待社会现象及其本质的科学精神。例如，人大代表城乡"同票同权"问题是我国选举制度变迁的缩影，指向对于社会主义民主"广泛、真实、管用"这一重要观念的深度理解。如果教师在教学设计中仅将2010年全国人大修改《中华人民共和国选举法》这一事件作为材料情境，学生获得的只是对于民主制度"平等"的表层化理解。而当教师用表1将1953年到2010年三次《选举法》修订历程联系在一起，并提供每次《选举法》修订的时代背景时，孤立的、静止的材料情境开始转向整体、动态的学习境脉，学生需要综合掌握"政体"与"国体"的关系，理解政策、法律的制定和修改不仅要考虑理论层面的合理性，更要和实际情况相结合，并随着实际条件的变化做出适切的调整，由此获得在更复杂情境下整合政治和哲学知识的思维方法，提升对于马克思主义的思辨运用能力和价值认同程度。

表1 选举法"同票同权"条款的修订过程

年代	修订内容	修法背景
1953年	制定第一部选举法，规定将全国人大代表中农村与城市每一代表所代表的人口数的比例定为八比一	当时农民占全国总人口八成以上。农村人口职业单一，城镇中却存在着各种社会行业
1995年	修订选举法时，将农村与城市每一代表所代表的人口数的比例调整为四比一	改革开放多年来，我国政治经济文化有了很大发展，城乡人口比例也有较大变化
2010年	十一届全国人大三次会议表决通过关于修订选举法的决定，实行城乡按相同人口比例选举人大代表，将农村与城市每一代表所代表的人口数的比例调整为一比一	从2000年起，民间"同票同权"的呼声愈发强烈，2007年10月，中共十七大明确提出：逐步实行城乡按相同人口比例选举人大代表。2008年全国人大将选举法的修订已纳入立法计划

如果将情境建构的视角覆盖整个单元教学，还可以将上述经典材料与其他相关材料进行进一步结构化的整合，以更好地呈现新时代发展的动态全貌。如在教学中可以进一步联系"十三届全国人大五次会议对于第十四届全国人民代表大会代表名额问题的讨论"，《关于新时代坚持和完善人民代表大会制度、加强和改进人大工作的意见》等材料，可以更为整体和动态地帮助学生深入理解人大制度在党的领导下不断完善的历史进程和时代变化。换言之，真实情境的创设应当是一种有结构、有张力的教学行为，既要遵循学科单元的整体逻辑，又要善于运用经典案例，更要赋予其时代的生命力，彰显与时俱进的学科品质。

2. 从简单搬运走向生活和学理相结合

尽管学习离不开真实情境，但是课堂教学的情境不可能完全照搬或者直接套用现实生活情境，它要尽量创设"类似于真正从业者在真实境脉中的活动"，通过新颖的多样化的情境帮助学生参与问题解决，了解知识运用的条件,掌握知识迁移价值。①高中思政课堂的情境设计,使知识与生活、学校与社会有效关联起来,并统一于核心素养。一方面,思政课堂的情境应当具备生活境脉的多样性和相对不确定性;另一方面,情境组织的内在逻辑仍然是课程标准、学科核心素养和教材内容结构,必须基于学理逻辑对纷繁复杂的现实情境进行加工和组合,形成学理逻辑与生活逻辑相一致的大情境。如在"我国的根本政治制度"的教学设计中,主线情境"全国人大的召开和议程"是围绕单元大观念之一——"人民代表大会制度是与我国人民民主专政相适应的政权组织形式"进行组织的。之所以可以成为"主线情境",并非因其大而空泛,而是因为这一情境主线与学理逻辑高度一致——全国人大会议的召开过程既具有高度的内容整合性,从整体上体现我国根本政治制度设计思路及其运行的基本程序;又具有丰富的内容张力,无论是具象层面的全国人大的职权,或是人大代表的职责等学科知识,还是抽象层面的"人民代表大会制度是坚持党的领导、人民当家做主、依法治国的有机统一"等重要观念,均可以在这条境脉中获取足够的学习资源,并为问题提出、合作探究、问题解决提供多种情境组合方案。此外,从建设性与批判性的角度出发,虽然思政课需要呈现社会复杂问题情境,但是选取什么情境,如何呈现情境,仍然需要基于高度的政治性和学理性,符合马克思主义基本观点和社会主流价值观念。换言之,思政课的情境必须蕴含社会主义核心价值观的文化境脉,与学科育人目标保持高度一致。

3. 从知识的情境走向学习的情境

要让学生对马克思主义理论学懂弄通、真懂真信,思政课的情境就应该迈向更为广阔的视角。教师不仅要创设指向学科重要知识结构的知识情境,还需要从如何促进学生体验学习过程、学会学习策略、获得社会性发展的角度,创设符合学生认知发展规律的学习情境。知识情境旨在打通学理和现实,引发问题和探究,是一种教师预设的情境;而学习情境旨在打通客体知识结构与主体认知结构之间的隔断,赋予知识社会化的过程和价值的意涵,是学生与教师在教学实践环境中共同生成的学习境脉,有利于思政学科更好地实现知识性和价值性的统一。

两种情境尽管存在差异,但在课堂教学中应进行统整性的设计与操作。路径之一是基于学生的认知起点,通过真实问题或问题链的引导,在知识情境和学习情境之间构建"桥梁",推动学习的"开始""链接"和"持续",实现知识结构向认知结构的转化,个体经验向共同生成的转化。以表2"文化发展的基本路径"教学设计为例,转化分为四步:第一,情境的导入。教师选择当年大热的节目——河南春晚节目"唐宫夜宴"作为本课的主要材料,构建知识情境,意在走近学生现实生活,抛出社会热点问题,激发学生探究兴趣。第二,问题情境的延伸。教师结合情境,以问题链的方式布置一系列学习任务。情境和问题越来越具有开放和劣构的组织特征,学生的学习体验越来越接近于真实生活——复杂的社会(文化)现象,没有完全先验的标准答案,学生需要在情境和问题中,运用学科知识,借助合作力量,探求解决之路。第三,共识的生成。开展小组讨论的目的是让学习情境由个体转向共同体,由单一方案转向多方案的综合考量。在小组讨论过程中,学生既需要对学科基本概念、原则、观念进行辨析和运用,又需要基于自身认知视角对问题进行个性化分析和碰撞。这样的学习情境产生的是共同体的学习共识,这种学习共识由每位学生参与生成,也就更能带动学生对于思政学科价值观念的内在认同和自觉执行。第四,探究的继续。共识的产生并不意味着学习的结束,真正学会"做人""成事"还是需要回归真实生活。因此,思政课堂学习的"真实情境"需要具有向真实生活过渡和衔接的开放性和延伸性,学生课堂内形成的共识有待于在社会大课堂中接受真正生活情境的淬炼,从而真正实现"学思用"的贯通,"真善美"的内化。社会调查研究、志愿者服务、职业体验反思等项目化学习,是思政学科学习情境走向生活、走向社会、走向未来的重要途径。

---

① 张紫屏:《论素养本位学习观》,《全球教育展望》2016年第3期,第3-14页。

表2 "文化发展的基本路径"的问题情境设计

序号	问题情境设计	活动形式	问题情境结构	目的
1	河南卫视春晚的"唐宫夜宴"节目何以受到广大人民群众的追捧，成为现象级话题？	师生问答	良构为主	组织知识情境，引发学习兴趣
2	以"唐宫夜宴"为参照，为何人们对央视春晚的"霓裳羽衣"褒贬不一？ 你觉得他们的观点有道理吗？ 你的评价依据是什么？	师生问答	劣构为主	提供复杂情境，引发问题思考
3	优秀文化节目一般需要具备哪些要素？我们在创作文化产品时要遵循哪些规律？积极创设哪些条件？	小组讨论	劣构+良构	建构评价标准，达成基本共识
4	海派文化源远流长。选择一个海派文化代表产品，在查找相关资料和进行问卷调研基础上，制作一张 SWOT 表对其现状进行分析，并提出合理化发展建议	调查研究	劣构	生成新的问题，开始新的探究

总之，涵盖"政治认同、科学精神、法治意识、公共参与"的高中思政学科核心素养，其培育绝不是通过"坐而论道"，而是在真实情境中浸润发生和发展的。思政学科情境的建构，正从预设走向生成，从教师走向学生，从知识走向认知，从课堂走向社会，这在丰富和深化课堂学习场域的同时，也对思政课教师提出了更高要求，有待教师以自身的实践智慧做出更满意的回应。

The Construction of Real Situations in Core‑Literacy‑Oriented High School Politics Class

CHEN Song

（No. 1 High School Affiliated to East China Normal University, Shanghai, 200086）

Abstract: Learning in real situations is an effective way to realize the transformation of subject knowledge to core literacy. The real situations of the ideological and political classrooms reflect the organic integration of core literacy and subject characteristics, which has the meaning of linking theory with practice, connecting "learning, thinking, and applying", and unifying "knowledge, emotion, intention, and action". To construct the real situation for ideological and political classes, it is necessary to hold the holistic view, the view of life and the view of practice, optimize the organization of every part of the context from the three dimensions of content, motivation and interaction, from static fragmentation to dynamic and holistic integration, from simple handling to life and academic theory combined, from the situation of knowledge to the situation of learning, which can improve the internalization, explicitness and sustainable development of core literacy.

Key words: core literacy of ideological and political subject, real situation, situational learning, unity of knowledge and action, dialogue and collaboration

高中思想政治课教学情境的使用策略

李志慧

（上海师范大学附属外国语中学，上海 201699）

摘　要： 高中思想政治课教学需要依托一定的情境，而该教学情境一定要经过筛选和加工处理。高中思政课教学情境主题的选择应该关注社会热点，能够回应时代之关切；情境内容的处理应该依据情境本身的逻辑，进行解构与建构，并内隐教学内容(包括学科知识、学科思维方法等)，建构情境材料和教学内容之间的逻辑；情境任务的设计关系着学科教学活动是否能够顺利展开。学生在参与学科教学活动的过程中，通过执行具体的学科任务，能够获得学科知识，提升分析和解决问题的能力，从而培育学科核心素养。

关键词： 高中思想政治课；教学情境；情境主题；情境内容；情境任务

《普通高中思想政治课程标准(2017年版2020年修订)》指出，本次学科课程标准修订强调以学科大概念为核心，注重课程内容的结构化，把主题作为引领，使课程内容情境化，进而促进学科核心素养的培育和落实。[①]"情境是运用学科内容、执行任务、展现学科核心素养发展水平的平台。"[②]然而，在具体的教学实践中，不同的教师对教学情境的理解与运用存在差别。因此，厘清情境的内涵及其在思政课教学中的使用策略与方法尤为重要。对教学情境的筛选与加工设计需要关注三个问题：第一，教学情境的主题如何选择；第二，教学情境的内容如何组织；第三，教学情境的任务如何设计并有效实施才能真正培育学生的学科核心素养。在教学情境的使用过程中，情境主题的选择是否关切时代之问、是否回应社会热点，关系着能否激发起学生探究学习的兴趣与热情。选择好情境主题后，还需要对情境内容进行解构与建构。在解构与建构的时候，要关注情境内容是否内隐教学内容，能否帮助学生深刻理解学科内容(包括学科知识及学科思维方法)。教师要想将情景内容运用到学科教学中，还要考虑情境任务如何设计。情境任务的设计关系着课堂活动的展开。学生在参与学科教学活动的过程中，通过执行具体的学科任务，能够获得思想政治学科必备知识，提升学科关键能力，并基于此培育学科核心素养。

一、情境主题的选择——关注社会热点，回应时代现实关切

情境主题不同于议题，但是又和议题紧密联系。议题是可讨论且具有探究意义和价值的问题。情境主题是在大的议题下，能够将议题探究明白的情境材料的主题。如在"中国共产党为什么能"这一大议题之下，在教学过程中可以选择"中国共产党百年奋斗的历程"作为情境主题来探究和思考。

作者简介： 李志慧，上海师范大学附属外国语中学一级教师，博士，主要从事高中思想政治教学研究。

① 中华人民共和国教育部：《普通高中思想政治课程标准(2017年版2020年修订)》，人民教育出版社2017年版，第4页。

② 王礼新：《问题情境、学科任务与学科内容》，《思想政治课教学》2017年第12期，第17页。

1. 学科性主题

情境主题应该选择具有学科性的主题。情境主题的选择应该遵循学科本身的特点及规律。思想政治课作为落实"立德树人"根本任务的关键课程，应该有不同于其他学科的特点，情境主题的选择也应该遵循学科本身的特点及规律。正确选择思想政治课情境主题，将理论观点的阐述寓于能够回应时代关切的社会热点话题或者贴近学生社会生活的主题之中，这样有利于激发学生的学习兴趣，唤起求知和探究的欲望，帮助学生在探究思考中深入理解和运用学科知识，提高分析和解决问题的能力，从而培育学科核心素养。如在"矛盾是事物发展的动力和源泉"的教学中，教师可以选择"浙江余村的发展之路"作为情境主题，因为浙江余村的发展过程伴随着经济发展和环境保护之间的矛盾，在对余村发展过程中经济发展和环境保护这对矛盾的仔细剖析中，学生能够真正理解和体会矛盾是事物发展的动力和源泉，在这样真实的情境中，学生能更深刻地理解学科知识。

2. 时政性主题

具有学科性的情境主题还应该具有时政性。情境主题的选择应该关涉党和国家的重大时政热点。习近平总书记在学校思想政治理论课教师座谈会上的讲话中指出："我们办中国特色社会主义教育，就是要理直气壮开好思政课，用新时代中国特色社会主义思想铸魂育人，引导学生增强中国特色社会主义道路自信、理论自信、制度自信、文化自信，厚植爱国主义情怀，把爱国情、强国志、报国行自觉融入坚持和发展中国特色社会主义事业、建设社会主义现代化强国、实现中华民族伟大复兴的奋斗之中。"[①] 这就要求教师在选择情境主题的时候，要关涉党和国家的重大时政热点。关涉重大时政热点，既可以直接选择重大时政热点的情境素材，从这些情境素材中选择或者概括总结情境主题；也可以以小见大，从小细节中彰显大立意。例如，关于我国科技自立自强的情境素材，教师在教学时可以直接选择"我国科技自立自强的发展之路"作为情境主题，也可以从某一领域（如我国的"种业"自主创新的问题）的科技发展之路中进行选择。

3. 现实性主题

情境主题还应该选择具有现实性的主题。"'大思政课'我们要善用之，一定要跟现实结合起来。"[②] 选用情境素材应该注意思想引领，既可以从正面引导，坚持建设性、正面的主流意识形态，也可以让学生直面现实问题，思考分析各种错误观点和思潮，引导他们进行批判性分析。在具体的教学实践中，真实的、直击学生心灵的情境主题往往更受学生欢迎。如，教师可以选择类似"奋进新征程，建功新时代"这样让人昂扬向上的正面的情境主题，也可以选择类似"中美贸易摩擦""佩洛西窜访台湾"等这样的热点话题，或者如"薇娅偷税逃税"事件等进行剖析。在剖析过程中，进行正面的引导和指导。在对这些现实的情境主题的思考探究中，学生能够坚定政治认同，树立法治意识，学会科学理性思考问题，提高政治参与能力和水平，这一过程也正是思想政治学科核心素养培育和提高的过程。如在"一切从实际出发，实事求是"的教学中，可以选择"改革开放40年来我国高考政策的改革与发展"作为情境主题，高考是学生非常熟悉也是正在经历的事情，对这一情境主题的探究思考，能让学生通过了解我国高考制度，进而举一反三，理解党和国家的制度、政策等都是坚持一切从实际出发、实事求是的结果，在运用马克思主义基本观点、原理、方法进行科学理性分析的基础上，理解并认同党的路线、方针、政策，从而更加坚定中国特色社会主义制度。

二、情境内容的处理——内隐教学内容，建构情境内容逻辑

选好情境主题后，围绕该情境主题，对情境内容精心筛选、加工，并予以解构与重新建构之后，才能真正用于课堂教学实践。教师在进行教学设计时，有的教师会拘泥于教材的结构，想面面俱到地在课堂

---

① 人民网：《用新时代中国特色社会主义思想铸魂育人贯彻党的教育方针落实立德树人根本任务》，载人民网：http://politics.people.com.cn/n1/2019/0319/c1024-30982117.html，最后登录日期：2022年8月12日。

② 习近平：《"大思政课"我们要善用之》，《人民日报》2020年3月7日，第1版。

教学中把所有教材内容都呈现出来,这只是重视知识的逻辑,难免会忽略情境内容本身的逻辑。也有的教师会过多考虑情境内容的逻辑,认为带着学生探究情境更重要,而忽略了知识本身。为避免以上两种情况的出现,思想政治课必须从大量的素材中进行反复筛选、精选并进行加工和重新建构情境,才能为课堂所用。情境素材的正确选用必须符合思想政治课程的规律,符合教育教学规律,符合学生身心发展的规律。同时,情境内容本身也有自身的逻辑,这就需要教师在进行教学设计时,对情境内容进行解构和重构,使其能够真正为教学所用。

1. 精心筛选情境素材,解构情境内容

情境内容有自身的逻辑,教师可以根据教学目标和内容对情境内容进行解构。情境内容的逻辑可能是情境本身的发展脉络,教师要对情境进行深入的思考和解剖,这一过程也是对其解构的过程。在对情境内容进行解构的过程中,要厘清教学内容的逻辑,根据教学目标处理情境素材,厘清情境内容脉络,并思考其是否能结合教学内容进行重新建构。如,"改革开放 40 年来我国高考政策的改革与发展"有大量的素材可供选择,但是教师不能把这些素材都原封不动地搬到课堂上来,可以根据教学需要,对情境内容进行梳理加工。在课堂教学实践中,笔者选择了如下素材,见表 1。

表 1 改革开放 40 年来我国高考政策的改革与发展①

时间	背景	高考政策	影响
1978—1997 年	经济全球化,世界格局多极化,第三次科技革命的兴起,为我国经济社会发展带来了新的机遇与挑战,高考迎来改革的重大政策契机	高中会考与标准化考试为核心特征的高考改革	这次高考改革从一系列政策试验到新高考制度的建立,适应了改革开放加速推进过程中对于高层次人才的需要。通过这次改革,高考成为促进适龄青年学习科学文化、造就更多的知识型劳动者的激励机制
1998—2009 年	科技进步日新月异、知识经济初现端倪,民族素质和创新能力越来越成为综合国力的重要标志。教育显现出了与经济社会发展水平的巨大差距,高等教育的供求矛盾越来越突出。高考改革势在必行	以扩招、科目设置与命题方式改革为核心特征的高考改革	这次高考改革对于推动中学实施素质教育、扩大高校办学自主权发挥了重要作用。从建设人力资源强国的角度看,扩招使高等教育培养和造就高层次人才的甄选范围大大扩大
2010 年至今	21 世纪第二个十年,是我国全面建成小康社会、加快推进社会主义现代化的关键时期,对于高水平教育、高层次人才的需求比以往任何时候都更加迫切	分类考试、综合评价、多元录取为核心特征的高考改革	此次高考改革是近年来教育综合改革中最重要、最复杂的改革,体现"两依据一参考"要求,代表人才选拔的新模式,其不仅有利于创新人才的培养、学生的健康成长,而且对社会公平的维护、高等教育资源的分配也有重要影响,关系到维护我国改革发展稳定的大局

注:无论时代如何变迁,高考制度的具体内容和形式如何变化,高考仍是适应我国国情的考试制度,仍然具有选拔人才、维护教育公平的功能。只要不断完善、与时俱进,高考在中国就会有长远的生命力。

对这一情境内容的处理,情境的逻辑围绕"为什么改革(背景)—如何改革(高考政策)—改革带来的影响(影响)"展开。

2. 深入研究学科内容,建构情境内容逻辑

学科内容本身有其理论的逻辑,教师可以将学科内容的逻辑和情境内容的逻辑结合起来,对情境内容进行重新建构。创设真实性情境,是对真实的情境内容进行结构化的设计和处理。教材内容本身有其编写逻辑,学科内容也有其内在理论逻辑,教师对情境内容的处理,需要在解构的基础上进行结构化处理,重新建构情境内容的逻辑。具体的抓手就是单元教学设计,教师可以在研读教材和课程标准的基

① 表 1 参考刘恩贤:《改革开放 40 年来高考政策变迁的反思与前瞻》,《中国高教研究》2018 年第 5 期,第 33—39 页。

础上,对教材内容进行重新思考和建构,再结合具体情境进行教学设计。如,对于"改革开放 40 年来我国高考政策的改革与发展",材料背后的学科逻辑是我国的高考政策始终坚持从不断发展变化的实际出发,是坚持一切从实际出发、实事求是的真实写照。

正因为教材、学科内容、情境内容都有自身的内在逻辑,所以教师在进行教学设计时,需要对情境内容进行处理。在对情境内容进行处理时,既不能完全跟随教材知识内容,也不能完全照搬情境材料,而要根据情境主题,在情境主题背景下,紧扣情境主题,对情境内容进行筛选与解构。之后,再根据情境本身的逻辑与学科内容进行重构。在重构的过程中,要注意内隐教学内容,让学生在对情境主题的探究中,深刻理解并把握教学内容,进而实现教学目标,培育学科核心素养。

三、情境任务的设计——开展多样活动,执行具体明确任务

情境任务,即情境背景下的学习任务。学习任务不同于学习主题,也不同于学习目标。也有人把探究问题当作学习任务,还有人把学习活动当作学习任务。其实,情境背景下的学习任务与情境背景下的学习主题、学习目标、探究问题、学习活动等紧密相关、不可分割,又有所区别。《普通高中思想政治课程标准(2017 年版 2020 年修订)》指出,"界定基本的学科任务类别,如描述与分类、解释与论证、预测与选择、辨析与评价等"[1],完成情境任务的过程,也就是在情境背景下分析问题与解决问题的过程。情境任务的设计应该围绕学习主题,指向学习目标,依托探究问题,在学习活动的开展过程中执行情境任务。

1. 任务设计具有可操作性

情境任务应该具体可操作。在情境主题背景下,经过解构和重构的情境内容具有严谨的逻辑,情境任务的设计应该在此基础上,遵循学生的认知规律,循序渐进,结合课程标准的内容要求和水平要求,设计不同类别的学科任务。针对不同的情境内容和课程标准的内容要求,情境任务的指向应该具体明确、可操作。如,课程标准中关于模块三"政治与法治"部分内容要求中有一条:"简述我国法治建设的成就"。[2]针对这一内容要求,有教师设计这样的学习任务:查阅资料,列举中华人民共和国成立以来我国法治建设的成就。这样的学科任务设计还不够具体与可操作。针对这一内容要求,修改后的可操作的学科任务设计可以是:查阅相关资料,以表格形式或者时间轴的形式梳理中华人民共和国成立以来我国法治建设进程中具有重要意义的事件,并阐释从这些事件中获得的结论。修改后的学科任务设计更为具体明确,且呈现梯度,由浅入深,不同学习层次的学生都能够操作。且在执行任务的过程中,从现象到本质,学生能够对我国法治建设的成就有更深的认识与思考。

2. 情境任务可通过活动实施

情境任务应该通过多种活动去执行落实。不同的情境任务应该在不同的教学活动中执行落实。从广义上来讲,教学活动指教与学的各种活动,既包括课堂教学活动,也包括课后的学习活动,还包括参与社会实践大课堂的活动。情境任务可以是学生个体能够独立完成的,也可以是需要同伴之间进行讨论或者辩论,或者需要小组合作才能完成的,甚至有时候是需要寻求社会资源的帮助才能更好地完成的。高中思想政治课本身就是综合性、活动型学科课程,作为一门"立德树人"的关键课程,学科任务的执行落实需要通过活动,在具体的丰富多样的活动中完成。因此,为了更好地执行情境任务,活动的设计尤为重要。如,在"改革开放 40 年来我国高考政策的改革与发展"的教学中,笔者依托前述情境素材,进行了如下情境任务设计:

(1)结合材料,从"物质和意识的辩证关系"的角度,综合所学内容,尝试思考并分析我国高考政策改革的原因;

(2)结合材料,说说我国高考制度的"变"与"不变",并从"运动与静止"的角度进行阐释;

(3)从辩证唯物论的角度,综合所学内容,进行小组合作探究,建构图表中"时间—背景—高考政

---

① 中华人民共和国教育部:《普通高中思想政治课程标准(2017 年版 2020 年修订)》,人民教育出版社 2017 年版,第 50 页。

② 中华人民共和国教育部:《普通高中思想政治课程标准(2017 年版 2020 年修订)》,人民教育出版社 2017 年版,第 19 页。

策—影响"之间的关系,用图表示并做出论证。

　　3. 情境任务需要依托于评价

　　教师应该对情境任务的完成情况进行及时的点评或者评价。"学科素养以必备知识、关键能力为重要支撑和形成前提,是在正确的思想价值观念指导下,合理运用科学的思维方式与方法,有效组织必备知识,灵活运用关键能力,有效地认识、分析、解决问题的综合品质。"[①] 评价能让学生更客观真实地了解自己,也能激励学生反思,激发学生对思想政治学科的学习兴趣。评价应该做到以下几点:第一,评价应该指向学科核心素养的培育;第二,有利于改善学生的学习习惯、适合学生方式的评价才是有效的、适切的;第三,评价应该有据可循,而非泛泛而谈。执行情境任务的过程,实际上亦是内在的学科核心素养外显为可观测可评价行为表现的过程。情境任务执行完成后,教师依据课程标准的要求,制定科学严谨的评价标准,进行及时的评价,并给予语言或者文字的点评,这样能够让学生更清楚地知道同类或者类似的学科任务该如何更好地执行落实,进而提高学生的学科关键能力和学科核心素养。

　　高中思想政治课作为"立德树人"的关键课程,对于情境主题的选择,需要教师思维活跃,始终保持对时政的敏感性,同时更需要关注时代,关心学生真实的学习生活实际;对于情境内容的选择和加工处理,以及解构与建构,需要教师结合情境本身的发展脉络及学科性质、学科内容,进行不断思考、反复琢磨;对于情境任务的设计,需要教师潜心研究课程标准和学生真实的学业发展水平。只有这样,才能把思政课上得精彩,也才能真正担当起思政课教师应有的大任。

On the Strategies of Situation Use in High School Ideological and Political Teaching

LI Zhihui

(Foreign Language High School Affiliated to Shanghai Normal University, Shanghai, 201699)

Abstract: High school ideological and political teaching must rely on a certain situation, which must be screened and processed. The choice of the situations should pay attention to social hot spots and respond to the concerns of the times. The processing of the situational content should be based on the logic of the situation itself to deconstruct and construct the implicit teaching content and to construct the logic between the situational material and the teaching content. The design of situational tasks is related to whether classroom activities can be carried out smoothly. When students participate in classroom activities, they can acquire subject knowledge, improve the ability to analyze and solve problems, and to cultivate the core quality of the subject through the performance of the specific subject tasks.

Key words: high school ideological and political classes, the teaching situation, situational topics, situational content, situational task

---

① 教育部考试中心:《落实"五育并举"提升育人功能——2019 年全国高考试题评析》,《中国教育报》2019 年 6 月 13 日。

《现代基础教育研究》

（Research on Modern Basic Education）

第47卷，2022年9月

Vol.47, Sep. 2022

核心素养视域下高中思想政治课程实施路径

张　勤，刘晓兰

（贵州省贵阳市第三十七中学，贵州 贵阳 550003）

摘　要： 思想政治课程是高中课程体系的重要内容之一，也是培养学生政治认同、科学精神、法治意识、公共参与等核心素养的重要课程。培养学生的思想政治学科核心素养，教师需要遵循理论结合实际、优化整合教学资源、关注学生个性化发展的思路。具体实施路径如下：提供自主空间，启发学生政治认同感；适度引导与提携，帮助学生树立法治意识；依托政治情境，促进学生养成科学精神。

关键词： 核心素养；高中；思想政治课程；教学实施

政治认同、科学精神、法治意识、公共参与，是高中思想政治课程核心素养的四大构成内容，也是学生学习思想政治课程必须具备的基本素养。根据新课程标准的要求，教师需要在日常教学的过程中通过不同的教学活动发展学生的学科核心素养。这就要求教师注重课程教学活动的设计与规划，形成清晰明确的课程教学思路，将学科核心素养与课程内容紧密结合，促使学生自主探索与思考，从而发展相应的核心素养，同时形成良好的学习体验，获取更多的学习成果。[①]

一、高中思想政治课程核心素养的主要内容

1. 政治认同

政治认同是高中思想政治课程核心素养的重要构成部分，也是核心素养的基本组成。政治认同，是指学生在学习思想政治课程内容的过程中，对国家政策、发展方式、社会主义核心价值观等形成理念认同，同时对教师讲解的中国共产党的发展历史、发展过程、发展成就抱有真挚情感与认同。政治认同可以让学生更透彻地理解思想政治教材知识，在学习的过程中逐渐形成坚定的理想信念，形成良好的价值观与积极向上的思想品质，能将发展民族文化、弘扬民族精神、培育社会主义核心价值观作为自身学习目标之一，并且自觉拥护党的精神与党组织。

2. 科学精神

科学精神是学生在思想政治课程学习的过程中逐渐形成的求真务实、追求真理的思想意识。它要求学生尊重客观规律，对事物与问题保持实事求是的客观态度。思想政治课教师在教学的过程中培养学生的科学精神，主要是根据课程内容向学生介绍马克思主义思想与哲学理论，让学生在学习政治学科知识的过程中了解人类思想的发展过程，了解社会与国家的发展过程，能够正确理解社会发展、自身成长过程中遇到的问题，能够做出正确的价值选择与判断。

3. 法治意识

法治意识是依法治国的基本要素，也是社会发展、国家繁荣的要素之一。教师可以引导学生

作者简介： 张勤，贵州省贵阳市第三十七中学校长，副教授，主要从事思想政治理论与教学研究；刘晓兰，贵州省贵阳市第三十七中学一级教师，主要从事中学思想政治教学研究。

① 姚建华：《高中思想政治教学中培养学生核心素养的策略研究》，《新课程》2022年第20期，第56-57页。

尊重法律、认同法律、学习法律与运用法律的方法，让学生自觉参与依法治国的践行队伍中。教师根据学生的日常生活，营造适合的生活情境，让学生在情境中运用法律思维思考问题，逐渐培养法治意识。教师可以引入案例教学法，也可以组织模拟法庭活动，充分发挥学生的主观能动性，引导学生将法治意识落实在实践中，让学生懂法、知法、守法、用法，使用法律的武器维护自己的合法权益和维护公众利益。①

4. 公共参与

公共参与素养基于学生的集体精神、集体荣誉感与社会责任感而形成。在课堂教学中，教师引导学生形成"为人民服务"的思想，让学生可以积极行使人民当家做主的权利，主动履行公民义务。教师可引导学生关注生活话题，构建开放性课堂，将正确的价值观念引入课堂中，引入健康的生活行为与传统美德，将社会主人公的意识融入心中。结合时事热点话题，学生在真实的社会现象中得到启发，体验真实的社会参与过程，形成对社会主义民主政治的深刻认识。

二、核心素养视域下高中思想政治课程教学思路

1. 理论结合实际

教师应当将课程教材中的理论知识与当前实际情况相结合，加入最新的社会背景、时代特点与外部环境元素，将社会信息资源作为课程教学的基础资料，以此保证课程教学的时效性与实效性。教师将真实的社会素材融入课堂，利用现代化教育技术展示内容，引导学生通过社会实际素材来学习理论知识，在社会实际中运用理论知识，能够最大限度地调动学生学习积极性，促使学生产生深刻体验。教师也可以根据教学实际情况，为学生搭建开放性的学习平台，让学生自主思考与选择，促使学生在做出选择的同时形成相应的思想与素养，实现核心素养的发展。②

2. 优化整合教学资源

在思想政治课程教学中培养学生的核心素养，需要为学生提供充足的活动素材，以便于学生思考与探究；同时要确保使用的素材契合教材知识点，符合思想政治课程的理论观点与价值观念倾向。教材资源的使用能够对学生起到正向引领

作用，引导学生认识到公共参与、法治的重要性。在课堂教学设计中，教师应以教材为载体，全方位整合教学资源，将真实事件、政府政策、战略思想、社会发展趋势、历史资料等有机整合起来，为学生探究学习提供依据。

3. 关注学生的个性化发展

在新课程教学理念之下，我国教育愈发关注学生的个性化发展。思想政治课教师不仅要落实学科教学任务，更要满足学生的个性化发展需求，在尊重学生人格与个人情感态度的基础上，对学生进行引导。思想政治教学中，教师可以将各种优秀的思想品质融入课堂，比如责任意识、法治思想、社会主人公意识、家国情怀等，而且要根据学生的认知水平与实际思想状态，对学生进行适当的启发与引导。每一位学生在自己原本认知水平的基础上循序渐进地提升思维能力，优化看待事物的角度与方式，实现个性化发展。

**三、核心素养视域下高中思想政治课程
实施路径**

1. 提供自主学习空间，启发学生政治认同

为了激发学生的自主意识，教师需要为学生提供一个开放自主、交互丰富的学习空间，让学生根据自己的思想与认知探索课程知识，采用合作学习的方式共同交流理论知识。

以人教版高中思想政治《中国特色社会主义（2019年版）》为例，第一单元"科学社会主义的理论与实践"的教学内容包含丰富的理论知识点，但是若教师直接向学生灌输理论知识，不仅无法帮助学生理解知识内容，而且难以让学生对这些知识内化于心，不利于学生核心素养的发展。因此，教师可以采取学生自主学习以及小组合作的方法。教师根据课程内容，为学生提供"空想社会主义""科学社会主义"的背景资料，同时推荐学生查阅19世纪三四十年代的工人运动历史资料、图片与纪录片视频等，并提出任务：

观看视频，结合你对社会制度的认识，说说视频中提到了哪种社会主义思想，当时的情况是怎样的？

以小组为单位，思考与交流空想社会主义的局限性与历史条件、空想社会主义与科学社会主

① 李朝忠：《核心素养培养理念下的高中思想政治多样化教学方法研究》，《天天爱科学（教学研究）》2022年第5期，第47-48页。

② 杨勇：《基于核心素养理念下的高中思想政治议题式教学策略》，《名师在线》2022年第12期，第52-54期。

义的关系、科学社会主义产生的必然条件及其对后来社会发展的影响。①

在思考与交流的过程中，学生可以体悟和理解科学社会主义的优越性，主动构建自己的知识体系，最终对科学社会主义思想形成认同。

2. 依托政治情境，促进学生养成科学精神

所谓政治情境，是指在教学过程中教师有目的地创设相关问题情境，使学生身临其境，引起情感体验，从而帮助学生掌握、理解知识，提高分析、探究和解决问题的能力。

以人教版高中思想政治《哲学与文化（2019年版）》的"正确对待外来文化"教学为例，本节课的目标是让学生理性看待不同国家、民族文化的观念与思想。在教学中，教师可以利用现代教育技术剪辑"不同国家文化"的小视频，呈现中美日韩四个国家学生跨国界文化交流的过程。教师通过制作剪辑视频，构建外来文化的情境，提出情境问题，促使学生思考"如何看待外来文化"这一问题。学生根据具体的生活经历思考与研究，提出自己对待外来文化的正确态度。在这样的学习过程中，学生能够将政治课程知识与实际生活联系起来，能够进一步将政治思想运用到日常生活中，解决生活问题，进一步提升科学精神。

3. 教师适度引导，帮助学生树立法治意识

在实际教学中，教师可以与学校所在社区达成合作，组织学生参与疫苗注射现场治安维护、常态化核酸情况的统计与组织等志愿活动，让学生在力所能及的范围内贡献一分力量，真正参与到基层工作中。

在志愿活动中，学生需要遵守国家法律规定，认真负责完成信息统计、维护核酸采集队伍的秩序等工作，同时对社区居民进行法律普及宣传，让居民了解疫情防控常态化相关工作情况。通过此类实践活动，学生可以重新温习和巩固在思想政治课程中学习到的理论与思想，将抽象的遵守法律、有序参与社会生活等观念内化为核心素养。

4. 通过各种教学方式，提高公共参与能力

教师可以通过课前导学、访问、问卷调查、课后追踪、角色扮演等方式完成。比如，一位教师在一次市级公开课上教学《人民代表大会我国的国家权力机关》一课时，她在上课之前做了充分准备，也让提前学生预习，并列出自己的疑惑与问题。然后在上课学习完理论知识后，该教师找了一位某区人大代表，请她现身课堂。当区人大代表现身课堂时，情境就创设好了。学生就准备的疑惑向人大代表直接提问，然后人大代表对我国人大代表的职权、人大会议的召开等学生有疑惑的地方进行答疑，学生甚至还可以模拟人民向人大代表表达诉求。这事实上是在通过有序的参与公共事务，提升学生沟通合作、表达诉求和解决问题的能力，激发学生参与的积极性，进而提升学生公共参与的能力。

The Study on the Implementation Path of Ideological and Political Teaching in Senior High School from the Perspective of Core Literacy

ZHANG Qin, LIU Xiaolan

（Guiyang No. 37 middle school of Guizhou Province, Guiyang Guizhou, 550003）

Abstract：Ideological and political curriculum is one of the important contents of the high school curriculum system, and it is also an important course for cultivating students' core literacy such as rule of law awareness, scientific spirit, political identity, and public participation. How to cultivate students' core literacy in ideological and political disciplines, teachers need to follow the idea of combining theory with practice, optimizing and integrating teaching resources, and paying attention to the personalized development of students. The specific implementation path is as follows: provide autonomy space and inspire students' sense of political identity; appropriate guidance and promotion, to assist students in establishing a sense of the rule of law; relying on the political situation, promote students to develop a scientific spirit.

Key words：core literacy, high school, ideological and political courses, teaching implementation

① 杨勇：《基于核心素养理念下的高中思想政治议题式教学策略》，《名师在线》2022 年第 12 期，第52~54 期。

基于模型思想的小学数学单元教学设计

张绮婧

（上海市徐汇区向阳小学，上海　200031）

摘　要：数学建模是数学核心素养之一，它在数学学习和应用的过程中逐步形成和发展。数学建模的本质是将现实问题数学化，它既是数学思想方法，也是一种数学活动。文章从单元教学的角度，将沪教版小学《数学》第六册第七单元"谁围出的面积最大"与"乘与除"的教学内容进行整合，基于模型思想开展单元教学，旨在激发学生的模型意识，体验模型思想，发展学生的创新精神和实践能力。

关键词：小学数学；模型思想；数形结合；单元教学

数学思想方法是数学学习的精髓与灵魂，教师在教学中有意识地渗透，可以帮助学生更好地理解数学概念、运用数学方法，继而创造性地联系数学知识解决生活中的问题。[①] 然而在传统教学中，教师依照教材按部就班地教，学生根据知识点被动机械地学，数学思想方法的渗透并没有得到充分的重视。由于数学思想方法的缺失，学生虽然掌握了一定的数学知识，却不懂得运用，在解决实际问题时困难重重，甚至在后续学习中学力不足，出现问题。所以，教师应充分认识到传统小学数学课堂教学的不足，将数学思想方法有意识地渗透到日常教学中，关注学生之数学素养及数学学习能力的培养。

本文尝试从单元教学的角度，将沪教版小学《数学》第六册第七单元"谁围出的面积最大"与"乘与除"中的教学内容进行整合，基于模型思想开展单元教学，希望在提升学生学习质量的同时，激发他们的模型意识，并通过数学思想方法的渗透，发展学生的数学素养。

一、传统教学设计的现状与问题

"乘与除"是沪教版小学《数学》第六册第七单元"整理与提高"中的内容。如图 1 所示，"题 1"教学参考给出的建议是：先请学生自由编题，再估算积的大小，最后通过计算比较出最大积和最小积。在实际教学中，教师在组织学生交流时，评析的重点往往放在学生计算的易错点上（如乘法进位、运算顺序等）。也有教师会组织学生进一步观察总结，从十位与个位分别相乘的积进行比较，得出"两个数的和一定时，差越小，积越大；反之差越大，积越小"的一般结论并予以应用。由于结论相对抽象，学生没有直观感受，所以教学成效并不理想。

作者简介：张绮婧，上海市徐汇区向阳小学一级教师，主要从事小学数学教学研究。

① 中华人民共和国教育部：《义务教育数学课程标准（2022 年版）》，北京师范大学出版社 2022 年版，第 5—11 页。

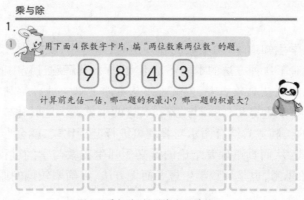

图 1 "乘与除"教学参考及建议

学生对于两位数的乘法计算已基本掌握到位，但在求最大积和最小积时，由于一知半解，正确率直线下滑。分析可得知，大部分错因集中在列不出算式或列式错误上，且对于最小积的列式尤甚。学生不敢尝试、犹豫不决的现象凸显，不禁让人深省：我们的计算教学就止步于计算正确？这一教学内容在单元中的定位仅属于"数与运算"？计算作为广义的数学模型难道没有更丰富的价值？在传统的课堂教学中，学生的学习往往处于被动接受知识的状态，他们偏重于机械记忆、浅层理解和简单应用，所以在遇到新问题时，即使掌握了基础知识，也不会分析问题和尝试运用。要改变这一现状，提高学生发现问题、分析问题、解决问题的能力，需要教师在教学设计时有所改进和创新。[①]

二、基于现状的问题分析

"利用给定的数字，怎样组合才能得到最大积或最小积"这一问题，学生在数学学习时经常遇到并对此颇感困惑，正确率普遍较低。在解决这类问题的过程中，学生常常不知所措，表现出极大的不自信。计算问题的背后所隐藏的并非不识算理，而是数学思想方法的缺失，由此导致不懂得或不理解构建最大积、最小积算式模型。究其原因，主要有如下几点：

1. 受限于抽象理解

乘法计算相对机械抽象，虽然教材引导学生先行估算，继而通过比较得出最大积与最小积，然而学生在实际解答中往往急于得到计算的结果，从而忽视了计算过程中局部的估算比较。以"题1"为例，在列出"94×83"与"93×84"这两个积可能最大的算式后，结合算理可以发现，它们都具备"90×80"与"4×3"这两部分，区别在于"94×83"包含"90 个 3"和"80 个 4"，而"93×84"包含"90 个 4"和"80 个 3"。通过估算，可以知道"90 个 3 和 80 个 4"小于"90 个 4 和 80 个 3"，即"93×84"的积更大，分析最小积的过程亦然。可见，由于算理分析较为抽象，理解起来有一定困难，学生很少能够准确分析，导致正确率较低。

2. 不善于建构联系

在处理计算问题时，学生往往只关注计算，就题解题，没有主动联系知识的意识。如果学生在列式过程中能够不急于计算，而是停下来观察一下算式，就能发现"94×83"与"93×84"其实就是十位与个位上的数字做了交换，它们的和并没有发生变化。结合周长与面积的关系，和相等也就相当于周长相等。如果求积最大，就要使面积最大。联系"周长相等时，两边长度越接近，面积越大"的定律，就可以通过比较"94－83"与"93－84"差的大小，得出"93×84 为最大积"的结论。由于学生没有意识到计算问题与图形问题间的巧妙关系，不善于建构联系，故而在解答时缺少了一条思考路径，找不到解决问题的方法，导致

① 袁红：《尝试数学建模 发展学生数学应用能力——从西方国家小学数学建模教学的一则案例谈起》，《外国中小学教育》2009 年第 5 期，第 56—61 页。

正确率较低。

3. 缺少可视化思考

虽然通过教学活动,学生知道了"两个数的和一定时,差越小,积越大;反之差越大,积越小"的一般结论并予以应用,但他们对于这种方法的本质还是不太明白,其解题过程中的思维状态是模糊的。这类抽象的数学问题,学生由于无法具象思考,也就难以从本质上真正地理解和掌握。正如题1所示,如果在教学活动中,教师能引导学生将"94×83"与"93×84"这两个算式对应转化成两个长方形(乘法算式的两个因数分别对应长方形的长和宽),结合图示与算理再进行分析比较,就会形象具体很多,更容易帮助学生找到最大积对应的算式,从而真正理解结论的意义。师生在教与学的过程中,缺少数形结合、转化比较的理念和可视化的具象思考,也是导致学生思考而无方法、正确率较低的原因。

三、寻求解决思路

受限于抽象理解、不善于建构联系、缺少可视化思考是学生在解决新问题时的障碍,也是教师在教授学科知识的过程中,需要引导学生提高的数学素养。如何改善上述现状,促使学生主动建立知识间的联系,并通过可视化的思考,提高抽象理解能力,让"计算"这一广义数学模型发挥更丰富的价值,需要教师结合单元学习内容,梳理可渗透的数学思想,并依据学情有针对性地选择教学方法和策略。

纵观这一单元的内容,教材将本学期所学知识进行了集中呈现,旨在帮助学生巩固提高,以期学生能综合应用所学知识,解决现实生活中的实际问题,逐步增强数学应用的意识。在本单元还有"谁围成的面积最大"这一教学内容,我们可以站在单元教学的角度,重新整合教学内容,将计算教学与图形教学有机结合,通过"数形结合"让学生体验模型思想,开展建模教学。① 这样既能有助于学生的抽象理解,又能引导他们将不同的知识进行联系与比较,学会建立可视化理念,从而发展数学素养。

数学建模的本质就是将现实问题数学化,它既是一种数学思想方法,也是一种数学活动,是"科学探究的过程"。其过程可用流程图表示,如图2所示。

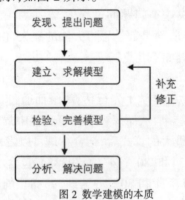

图 2 数学建模的本质

基于模型思想开展教学,就是要在日常教学活动中,基于学情,为学生提供自主学习的空间,让学生经历将现实问题简化、抽象,建立数学模型,求解验证,继而推广应用的全过程。②

在之前的学习中,学生已掌握两位数乘法算理,能熟练进行笔算。理解长方形面积与周长的概念并能利用公式灵活计算。通过对学生认知基础及单元整体内容的感知,结合单元教学内容所蕴藏的数学核心思想和方法,我们可以将单元教学目标设计如下:

---

① 上海市教育委员会教学研究室:《小学数学单元教学设计指南》,人民教育出版社2018年版,第15-18页。

② 中华人民共和国教育部:《普通高中数学课程标准(2017年版2020年修订)》,人民教育出版社2020年版,第5-6页。

1. 结合生活情境，通过动手操作，探究发现"长方形周长与面积的关系"；
2. 结合"形"的规律，探索"数"的奥秘，建构最值模型；
3. 经历模型建构的全过程，通过"数形结合"，体验模型思想；
4. 通过分析、观察、验证等各种形式的活动，激励学生探索与创造，在操作与实践中获得成功的体验。

四、探索实践路径

基于对单元内容及目标的确立，以模型思想的体验为线索，将单元教学内容分为 3 课时进行，其主题分别为"模型准备""模型初建""模型完善与应用"[①]，以期联系教材内容，围绕数学核心素养，整体性、模块化地开展实践学习。

1. 模型准备

现实生活中蕴含着与数量、图形有关的大量问题，这些问题可抽象成数学问题，用数学的方法来解决。[②] 模型准备包括三个环节：具体内容由三个活动构成（见图3）。教师可引导学生从现实生活中发现问题，通过操作实验将发现的问题数学化，从而进一步验证发现，并将发现的结果再应用于生活。在单元教学中，应创造情境让学生自己发现和提出问题，通过实践操作积累感性认识，将发现与思考贯穿小学数学单元教学的全过程。

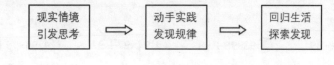

图 3 模型准备的具体呈现

通过活动一的现实情境，教师可引导学生思考：当长方形面积相等时，周长不一定相等。通过活动二的动手实践，学生发现了规律：长方形的长和宽的长度相差越大，面积就越小；长方形的长和宽的长度相差越小，面积就越大；当围成的长方形的长和宽相等，成为正方形时，面积最大。通过活动三回归生活，帮助学生再一次认识数学与现实生活的密切联系，利用所学知识灵活解决实际生活中的问题。至此，学生已经具备了"形"的经验，是否能助力于"数"的计算，转换为求最大积与最小积的计算模型呢？

---

① 曹培英：《跨越断层，走出误区："数学课程标准"核心词的实践解读之八——模型思想（上）》，《小学数学教师》2014 年第 12 期，第 4-9 页。

② 曹培英：《跨越断层，走出误区："数学课程标准"核心词的实践解读之八——模型思想（下）》，《小学数学教师》2015 年第 2 期，第 4-11 页。

2. 模型初建

单元教学具有整体性,强调在整体联系中进行数学学习。教师可将"数与运算"与"图形与几何"建立整体联系,根据学生对"形"的经验积累,引导他们将"形"的规律迁移至"数",通过"数形结合"初步构造模型。在回顾了周长与面积的关系后,教师抛出问题(见图4),引发学生思考:

不计算,请判断在下面四个算式中,得数最大的是（　　　　）号算式。

①92×99+99　　②93×98+98　　③94×97+97　　④95×96+96

图4　模型初建题例一

通过小组讨论,学生很快便发现了算式中的奥秘,不仅提交了正确选择,还给出了让人欣喜的解释:联系之前得到的周长与面积间的关系,我们知道周长指的是长宽之和,面积指的是长宽之积,因此,周长与面积间的关系也可以转换理解为:两数之和相等,它们的差越小,积反而越大;它们的差越大,积越小。在这四个选项中,我们利用乘法分配律将它转换为两数相乘之积的形式,进一步分析判断,这些数的和均为192,是相等的,而它们的差各不相同,其中96与96的差为0。因此,可以判断4号算式得数最大(见图5)。

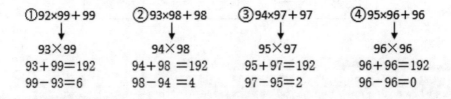

$$①92×99+99 \quad ②93×98+98 \quad ③94×97+97 \quad ④95×96+96$$

$$93×99 \quad\quad 94×98 \quad\quad 95×97 \quad\quad 96×96$$
$$93+99=192 \quad 94+98=192 \quad 95+97=192 \quad 96+96=192$$
$$99-93=6 \quad\quad 98-94=4 \quad\quad 97-95=2 \quad\quad 96-96=0$$

图5　模型初建题例一分析

在这个题例中,学生有意识地将"形"与"数"进行了联系,合理地利用"形"的模式解决了"数"的问题。教师乘胜追击,继续出示题例,(见图6)。

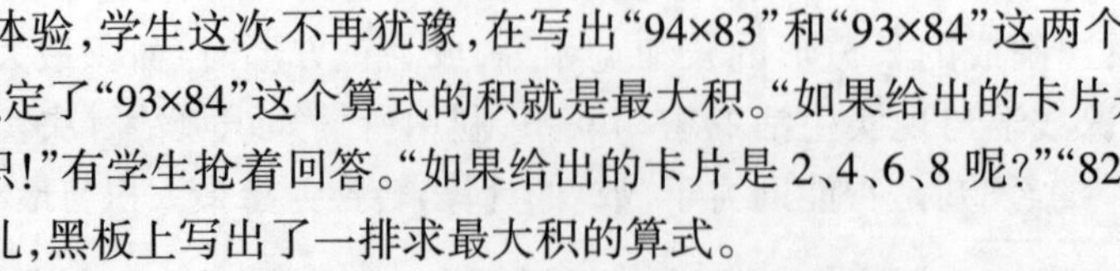

用下面四张数字卡片编两位数乘两位数的算式,使得积最大。

9 8 4 3

图6　模型初建题例二

有了刚才成功的体验,学生这次不再犹豫,在写出"94×83"和"93×84"这两个和相等的乘法算式后,通过比较它们的差,锁定了"93×84"这个算式的积就是最大积。"如果给出的卡片是3、5、6、7呢?"教师追问;"73×65就是最大积!"有学生抢着回答。"如果给出的卡片是2、4、6、8呢?""82×64是最大积!"抢答的学生更多了。不一会儿,黑板上写出了一排求最大积的算式。

"同学们,刚刚我们用图形的奥秘解决了计算的问题,这些最大积的算式在形态上又有什么特点呢?"笔者问了一个似乎有些奇怪的问题,期待他们能有新的发现。学生从刚才的兴奋中突然安静下来。"左大右小","十位大个位就小","从左往右有次序",学生你一言我一语起来。"像只碗!"一个极具想象力的回答引发了大家的进一步观察，"这些算式像字母 U！"（见图 7）学生眼里闪着光喊道。

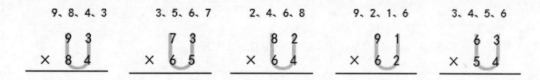

图 7 最大积"U"模型初建

学生在最大积"U"形态的基础上，又探索发现了最小积"N"形态（见图 8），根据给出的数据，有序排列后依次填入"U"或"N"的模型便能得到最大积或最小积的算式，学生利用模型列式玩得不亦乐乎。

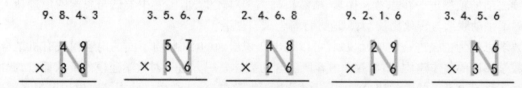

图 8 最小积"N"模型初建

在模型初建的过程中，学生将原本并无关联的几何知识与计算技能结合在了一起，并不断地探索发现，在近乎"游戏"的心境下，完成了"数"与"形"的规律转换，通过可视化的思考，体验了模型思想。通过这样的单元学习，有利于将新旧知识建立联系，将不同模块内容进行融合。

3. 模型完善与应用

在单元教学设计的最后，笔者安排了"模型完善与应用"的补充环节，希望借此让学生尽可能体验构建模型的全过程，能够意识到对特殊情况的处理，认识到普遍规律中存在特例，从而辩证地看待问题，这也是数学思想的一个表现。

于是，笔者提出问题：求最大积与最小积的"U""N"算式模型适用于所有数据吗？这个问题一提出，学生很快注意到了"0"这个特殊的存在。最大积模型不受影响，可在求最小积的算式中，由于"0"不能位于首位，其模型需要修正。通过实验，学生发现，在有"0"的情况下，还需在"N"模型的基础上将十位上的"0"与个位上的数据进行对调，这样才能得到准确的最小积。如：9、8、4、0，模型见图 9。

图 9 最小积"N"模型的修正

通过对于特殊情况的调整，学生进一步完善了求最大积、最小积的模型（见图 10）。在给定的 4 个数字中，要使组成的两个两位数乘积最大，必须满足两个条件：大数尽可能放在高位（十位）；两数之差尽可能小。结合"U"模型，由小到大排列后，列出算式。在给定的 4 个数中，要使组成的两个两位数乘积最小，也必须满足两个条件：小数尽可能放在高位（十位）；两数之差尽可能大。结合"N"模型，由小到大排列后，列出算式。如果给定的数字中有"0"，还需对调含"0"数据个位与十位上的数字，从而得到正解。

图 10 最大积"U"模型、最小积"N"模型

五、反思与总结

　　单元教学的内容已近尾声，但学生对于模型的探索仍意犹未尽，纷纷想要进一步探索多位数乘法，构建新的模型。有了可视化的思考路径，通过数形结合，体验了模型思想的学生在求解最大积和最小积时，正确率有显著提高，甚至在迁移至五个数据编两位数乘三位数乘法算式时，也有不错的表现。学生能够延续之前的模型进一步思考和探索，虽然正确率相对较低，但答卷中尝试与思索的痕迹让人欣喜。他们懂得了主动联系与转化比较，大胆地进行着尝试与创造。

　　以数学思想为主线进行的单元规划，可以跳出知识层面的限制，将不同的内容模块有机结合，有利于学生数学知识的整体建构，凸显教学内容所隐含的数学思想方法。对数学建模的要求而言，此次单元教学实践还称不上真正的数学建模教学，仅仅是基于教学内容，让学生体验了一次模型思想在解决问题中的价值。如何设计一个具有现实意义，又能够让学生应用已学知识去解决的非常规的数学问题；如何引导学生自觉主动地将现实问题与数学知识建立联系，继而尝试验证，建立模型；如何帮助学生经历数学化的过程，有效地开展数学建模活动，我们需要思考和探索的还有太多。希望基于"模型思想"的小学数学单元教学设计实践，能够抛砖引玉，引发更多一线工作者的关注与研究，智慧地规划单元学习内容，以这些学习内容为载体，在教学中更好地关注和体现数学思想方法的渗透。

Unit Teaching Design of Elementary School Mathematics Based on Model Ideas

ZHANG Qijing

(Shanghai Xiangyang Primary School of Xuhui District, Shanghai, 200031)

Abstract: Mathematical modeling is one of the core competencies of mathematics, which is gradually formed and developed in the process of mathematics learning and application. Its essence is to mathematize realistic problems, which is not only a method of mathematical thought, but also a mathematical activity. From the perspective of unit teaching, this paper integrates the teaching content of Unit 7, Book 6 (Shanghai Education Edition), "Who has the largest area" and "multiplication and division", and carries out unit teaching based on model ideas, hoping to stimulate students' model consciousness, to help them experience model ideas and to develop their innovative spirit and practical ability.

Key words: elementary school mathematics, model idea, combination of numbers with shapes, unit teaching

小学英语项目化学习中的单元教学策略

何香萍

（上海市徐汇区逸夫小学，上海200237）

摘 要：将项目化学习引进小学英语单元教学中，在学习实施流程和单元课时规划方面都具有一定的可行性。具体的教学策略如下：教学内容基于课程标准和教学基本要求、目标设计依托驱动性问题及本质问题，教学策略体现项目化学习准则，活动设计体现情境性、挑战性、开放性，作业设计助力项目成果形成，评价设计突出小组合作能力，资源设计着重拓宽学习渠道。

关键词：单元整体教学；项目化学习；小组合作

一、概念界定

小学英语学科单元教学设计，是指教师依据课程目标和课程内容，掌握教材单元功能和话题的特点，以单元为出发点，在课堂上进行有序教学并巩固词汇、语法等知识，以语言的运用为目标，带动语言知识的内化和能力转化，有效优化学生学习的过程。[①]

英语学科项目化学习，即通过"项目"形式学习语言，以学科大概念为引领，根据单元话题、学习目标和学生兴趣而确定驱动性问题，通过任务阐述、支架搭建、交流改进与成果展示四大步骤，学习语言知识，搜索、获取信息，寻找问题答案，在此过程中调用听、说、读、写、合作等多种学习技能，从而提升学科能力，培育学科核心素养，落实"立德树人"任务。[②]

二、项目化学习的教学设计

项目化学习的教学设计需要提炼学科核心知识，形成驱动性问题，澄清高阶认知策略，确认主要的学习实践，明确学习成果及公开方式，设计覆盖全过程的评价。[③]本案例遵循项目化学习设计的实践框架，结合英语学科单元教学的关键要素，基于《英语（牛津上海版）》五年级第二学期第四模块 More things to learn 第一单元 Museums（博物馆），确定项目化学习主题为 Museum Treasure Hunt in Shanghai。

1. 项目化学习的实施流程

教师围绕项目化学习实施流程（见图1），设计主题为 Museum Treasure Hunt in Shanghai 项目化学习的每一个阶段。

作者简介：何香萍，上海市徐汇区逸夫小学一级教师，硕士，主要从事小学英语教学研究。

① 上海市教育委员会教学研究室：《小学英语单元教学设计指南》，人民教育出版社2018年版，第9页。

② 车建琴：《指向学科核心素养的小学英语项目化学习研究》，《上海课程教学研究》2021年第11期，第55-60页。

③ 夏雪梅：《项目化学习设计：学习素养视角下的国际与本土实践》，教育科学出版社2018年版，第34-122页。

(1)阶段一:入项探索

步骤1:问题分解。教师结合《国家宝藏》节目英文宣传片及节目中提及的宝藏清单,提出驱动性问题供学生讨论,对驱动性问题进行分解。全班讨论如何解决这个问题,形成思考的路径和问题链。

步骤2:项目分组。学生依据个人意愿报名想去参观的博物馆,在充分尊重学生兴趣的前提下进行分组。组队成功后,学生自主讨论和确定队名、成员和活动规则,完成"小组公约"。

步骤3:节点公布。教师说明学习活动的进程、课时安排和时间节点,帮助学生形成总体规划。

(2)阶段二:项目展开

步骤1:信息搜集。学生借助互联网搜集信息,包括上海市的博物馆的基本类型、地址、参观时间、镇馆之宝、票价、订票方式、参观须知等英文信息,编写参观指南。小组互相交流调查结果,运用语篇结构来介绍某一博物馆,为小组的博物馆参观之旅做准备。

步骤2:行前准备。小组讨论集合时间与地点、离馆时间、出行方式、所需物品、小组分工、参观规则等信息,制订参观计划。学生在阅读中总结宝藏的基本信息和关键要素,绘制符合自己小组寻宝结果的思维导图。

步骤3:实地考察。小组成员按照计划到达博物馆后,依据自行绘制的思维导图,开展"Treasure Hunt in Shanghai(上海寻宝记)",收集照片、视频等素材,将具体信息填充在思维导图里。

步骤4:成果策划。讨论交流小组汇报成果的形式和内容,完成小组内的宝藏介绍文稿,整理成果汇报所需材料,准备汇报展示。

(3)阶段三:出项复盘

步骤1:成果呈现。在班级内呈现小组成果,之后教师提问,学生答辩。最后依据评价量表,进行师评、生评、自评,并根据评价结果选出若干奖项。

步骤2:复盘反思。小组成员回顾整个项目历程,借助教师提供的复盘清单,总结本小组的成功经验和需要改进之处。

步骤3:拓展延伸。教师可以将单元中 Look and Read:The Louvre Museum(看一看,读一读:卢浮宫)文本以及世界著名博物馆作为拓展阅读教材,帮助学生拓宽国际视野。

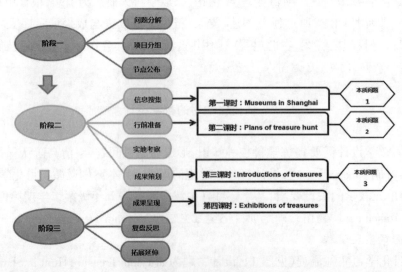

图1　项目化学习实施流程图

2. 单元课时规划

依据课程标准及教学基本要求,通过梳理教材内容板块,基于项目化学习理论,我们将单元任务进行拆分,确定了4个课时。

表 1 项目化学习的单元课时规划

表 1 项目化学习的单元课时规划

课时	主题	内容简述
1	Museums in Shanghai	以 Where are the treasures?(宝藏在哪里)为话题引入,导入 museums 主题,完成本单元核心词汇的教学。学生初步了解上海市的博物馆类型和名称,确定想去的博物馆,组成寻宝小队。利用网络资源搜索信息,并介绍某一博物馆的基本信息
2	Plans of Treasure Hunt	运用本单元核心句型,小组检查各自搜集的信息是否一致,思考参观前要做什么准备,形成参观前的规划。学生在教师的引导下,在阅读中学会概括关键信息,形成思维导图。本课时结束后,学生将利用课外时间,基于任务单,开展博物馆实地考察,学生需要利用博物馆内资源搜集信息
3	Introductions of Treasures	以本单元语篇为语言素材,基于学生实地考察中完成的任务单,运用过去时态介绍小队的博物馆之旅。教师引导学生回顾驱动性问题,讨论如何呈现成果。讨论结束后,小组策划出项目汇报成果的形式和内容,商量确定文稿内容,形成和完善项目成果
4	Exhibition of Treasures	小组展示成果,观众(师生)提问,汇报的小组答辩。基于评价量表进行自评、互评、师评,全场投票。各小组自我反思,为下一次项目化学习做准备

本单元的 4 个课时紧紧围绕内容主题(Museums)、语用功能(介绍博物馆及展品信息)、关键能力(获取、筛选及提炼信息)展开,各个课时聚焦学生英语学科核心素养的培养,学习活动和资源丰富且多样,学生能够在真实体验和经历中理解信息、表达信息,体现了单元整体设计的情境性、层次性、递进性。

三、项目化学习在英语单元教学中的策略

小学英语单元教学设计具有单元教学目标设计、单元学习活动设计、单元作业设计、单元评价设计以及单元教学资源设计等关键要素。如何将项目化学习融入学科单元教学？在本次项目化学习的实践中,笔者总结出以下策略:

1. 教学内容基于课程标准和教学基本要求

项目化学习是一种新兴的教学方法,但这并不意味着教师在创新过程中可以脱离课程标准和教学基本要求。反之,教师要仔细研究项目化学习主题和学科核心知识的内在联系,立足于教材的单元主题进行拓展。在确定项目化学习主题之初,笔者考虑过一些具有真实情境和需要的主题,如策划一场令人难忘的毕业聚会,设计一款受欢迎的校服,等等。但是在思考项目的教学目标时,这些主题都无法明确目标。问题在于项目所涉及的知识点过于零碎,不成体系,而且在《义务教育阶段英语课程标准(2011 年版)》和《上海市小学英语学科教学基本要求》中找不到足够的依据。

而 Museum Treasure Hunt in Shanghai 这一主题十分适合项目化学习,能够紧扣单元教学目标。在第一课时中,学生要掌握上海市的博物馆类型和相应的博物馆名称(词汇——核心词汇),运用句型确定同伴想去参观的博物馆(词法——一般现在时;句法——特殊疑问句)。在第二课时中,学生在小组讨论中确定参观计划(句法——特殊疑问句),在介绍展品的语篇阅读中训练记叙文阅读策略(语篇——记叙文的基本信息)。在第三课时中,学生基于在实地考察中完成的任务单,运用过去时态介绍小队的博物馆之旅(词法——一般过去时;语篇——记叙文的基本结构)。

因此,在确定项目化学习主题时,教师要充分结合教材单元的语音、词汇、词法、句法、语篇的核心知识,引导学生在完成项目的过程中强化语言知识、增长语言技能。

2. 教学目标依托驱动性问题

在本单元的教学中,单元目标定为"introduce the basic information of one museum and the important exhibit(s) in teams creatively"(以小组为单位,有创意地介绍某一个博物馆及重要展品的基本信息)。在项目化学习中,驱动性问题是项目的"心脏",它是在项目实施过程中学生需要始终思考的问题。教师对单

元教学目标进行了加工和转换,形成可以激励学生兴趣的驱动性问题:寻宝小分队,你们有信心成为《国家宝藏》的"001 号讲解员"吗? 如何有创意地将博物馆中的宝藏介绍给其他人,吸引更多的人参观博物馆、探索宝藏呢?

为了回答驱动性问题,师生将驱动性问题拆解为三个本质问题:(1)How to search for the information related to museums?(2)How to plan the museum treasure hunt in teams?(3)How to present the treasures creatively?(如何查找博物馆相关信息? 如何规划小组博物馆寻宝行动? 如何有创意地展示博物馆宝藏?)依据这三个本质问题,设计 4 个课时。在前三个课时中,教师引导学生将三个本质问题逐一解决,第 4 个课时用于成果的呈现和评价。

3. 活动设计体现情境性、挑战性、开放性

情境性体现在贯穿整个单元学习的真实问题情境,即成为博物馆"001 号讲解员",创造性地展示博物馆宝藏。结合国际博物馆日(5 月 18 日),教师可以营造博物馆参观学习的氛围,学生完全浸润在这样的情境中,能够看到知识和世界的联系。他们不再孤立地看待书本,会将学校与外面的世界联通起来。

挑战性是指学生需要经历持续探究的过程去解决复杂的问题,同时在探究过程中再次深入理解核心知识。这样的活动对学生的思维极具挑战性。在最后的成果准备的过程中,各小组需要确定呈现方式(小报、音频、视频等)和内容(文字、图片、音乐、视频等素材的组合等)。为了达成单元目标,学生需要深入思考,集思广益,发挥语言素养。

开放性是指学生对信息进行整理、分析和评价,多角度地去理解,从而寻求多样化的解决方法。另外,学生获取的信息不完全来源于教科书,所以他们还需要进行筛选,确定哪些是有效信息,哪些是正确信息。比如,在第三课时中,学生策划呈现博物馆和宝藏的方式和内容,他们拥有极大的选择空间,可以依据自己的理解,确定某一个或多个宝藏进行介绍,不一定要与博物馆主流的介绍一致。

4. 教学策略体现项目化学习准则

巴克教育研究所提出了项目化学习的八大"黄金准则":重点知识的学习和成功素养的培养;解决一个有挑战性的问题;持续性的研究;项目要有真实性;学生对项目要有发言权及选择权;学生和教师在项目中进行反思;评论与修正;项目化学习成果的公开展示。① 在项目化学习活动的设计中,教师可遵循八大准则,检验项目化学习特征是否匹配。本案例的匹配情况,如表 2 所示。

表 2 教学策略与项目化学习准则的匹配表

教学策略	项目化学习准则
引导学生归纳介绍博物馆和其中展品的要点,通过收集各类信息,将要点信息呈现出来。培育搜集信息、小组合作、制作视频的能力	重点知识的学习和成功素养的培养
寻宝视频没有标准答案,由学生亲自去参观博物馆、收集信息;学习在小组里高效合作	解决一个有挑战性的问题
整个项目化学习过程持续三周,第一周收集资料,第二周实地考察,第三周展示汇报。教师明确时间节点,跟踪各小组的项目实施进度	持续性的研究
驱动性问题由成为博物馆"001 号讲解员"为契机,创造性地展示和介绍博物馆宝藏	项目要有真实性
教师准备博物馆清单(名称、类型、图片等)供学生选择	学生对项目要有发言权及选择权
教师提问,学生答辩	学生和教师在项目中进行反思
教师评分,提出建议	评论与修正
各小组逐个展示寻宝视频	项目化学习成果的公开展示

---

① Buck Institute for Education, "Gold Standard PBL: Essential Project Design Elements", 载 https://www. pblworks. org/blog/gold-standard-pbl-essential-project-design-elements,最后登录日期:2022 年 3 月 1 日。

5. 作业设计助力项目成果形成

单元作业是为完成单元学习任务而进行的,具有明确指向性的系列化思维和实践活动。在本项目化学习中,每个小组都有一个档案袋,里面装有各个课时完成的练习,这些练习可给学生完成项目成果提供强有力的支持。在项目化学习融入单元教学的作业设计中,应体现真实性和合作性。

真实性是指作业的设计应指向真实需求的满足和真实问题的解决。如图 2 所示,为了呈现项目化学习成果,学生需要了解博物馆信息(作业 1:博物馆参观指南),做好参观博物馆的准备(作业 2:博物馆寻宝计划),确定成果呈现的方式和内容(作业 3:博物馆宝藏呈现计划)。合作性是指作业以小组为单位合作完成,一个小组完成一份练习单。因此,在设计作业时,教师要始终将学生看作独立的个体,给每个小组的每个成员充分的发言自由。

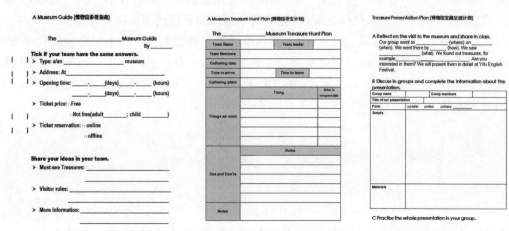

图 2 项目化学习成果展示

6. 评价设计突出小组合作能力

基于项目化学习的单元整体教学不能只关注学科知识和能力,还应当重点培养学生的小组合作能力。教师提供相应的指导,将小组合作列为评价的关键指标。所有的学习成果与相应的评价表以小组为单位,采用文件袋的方式保存,体现过程性评价,记录学生的进步与成长。

在项目启动之初,教师合理进行分组,各组成员思考队名和组内规定,完成"小组公约"。评价关注点在于小组公约中规则讨论和制订部分是否体现民主,以及在之后的项目实施过程中,小组是否严格遵守规则。

在项目开展过程中,教师要有意识地在课堂教学中培养学生的合作能力。在项目学习的课堂上,除了可采用以小组讨论为主的教学方式,教师还可以在全班进行头脑风暴,引导学生思考小组合作中如果出现问题,有哪些解决方法。在项目实施的过程中,学生会遇到许多合作上的问题,但有了教师的引导,学生会积极解决问题,小组合作能力也能在实践中得以提升。教师评价点在于依据自身能力选择角色并承担任务;积极参与讨论,有问有答;积极反馈,发表自己的看法,照顾他人感受;在规定时间内讨论出统一意见。

在项目结束之际,教师要组织好小组的复盘反思,在项目汇报答辩时,适当提出关于小组合作的问题,引导学生关注自己在小组合作能力方面的提升。

7. 资源设计着重拓宽学习渠道

在本项目中,学生的学习渠道得以拓宽,表现为搜集项目化学习相关材料、掌握信息技术、具备真实经历与体验、拓展阅读材料等。

在项目化学习融合单元教学的实践中,教师应搜集并整理出有助于学生进行项目管理和实践的素材。本项目中运用的"小组公约"、合作学习的相关指导、"项目复盘清单",在培养学生小组合作能力和引导学生进行项目化学习方面,发挥了一定的作用。

信息技术是学生获取信息、解决问题的主要工具。教师要做好信息技术使用的引导,比如在本项目中,教师通过示范在线词典的使用、网络及搜索引擎的使用、公众号和官网的使用,学生能够快速查找到所需信息,并确保信息的准确性,能够认读生词音标,理解生词的意义。此外,教师可以整合学校其他课程资源,实现跨学科项目化学习设计。学校俱乐部课程中有"抠图与视频剪辑",学生在学完俱乐部课程后,积累了视频剪辑的知识和技能,能够在新情境(Museum Treasure Hunt)中进行迁移和应用。

真实体验是项目化学习强调的要素,学生要在真实生活中去增加学习体验和经历,发现问题并解决问题。教师充分考虑学生的学习需求,通过精密的策划,给予学生一次组队参观博物馆的机会。学生通过小组参观博物馆,在听讲解、看实体展品、阅读展品标签和导览手册的过程中,能够形成对于本主题更深刻的理解,领略人文差异和艺术科技之美,而这样的学习体验是任何书本阅读都替代不了的。

将项目化学习融入小学英语单元教学,教师要在单元教学各要素的设计上整合项目化学习的特征,从而引导学生在解决驱动性问题的过程中发展综合素养,成为心智自由的学生。但是,实践中还存在着驱动性问题不够真实、跨学科融合不够深入、展示汇报流于形式等问题,还需要教师在接下来的实践中进一步思考解决方法,使得项目化学习真正进入小学英语单元教学。

Unit Teaching Strategies in Project-based English Learning or Primary Schools

HE Xiangping

（Shanghai Yifu Primary School of Xuhui District, Shanghai, 200237）

Abstract: The introduction of project-based learning into teaching English units in primary schools has certain feasibility in terms of learning implementation process and unit lesson planning. The specific teaching strategies are listed as follows: the teaching content is based on the curriculum standards and basic teaching requirements, the goal design relies on the driving questions and essential questions, the teaching strategy reflects the project-based learning guidelines, the activity design reflects the situationality, challenge, openness, the assignment design helps the project results to form, the evaluation design highlights the collaboration skills in group work, and the resource design focuses on broadening the learning channels.

Key words: unit overall teaching, project-based learning, group cooperation

音乐教学评价:现实困境与解决之道

曹景谐

（上海师范大学 音乐学院,上海 200234）

摘　要:由于长期受制于国内考试制度,音乐教学评价的现实困境主要表现在实践层面对评价功能、评价指标的误读以及对评价实操的无绪状态上。究其原因,一是音乐教学评价功能存在"二元对立";二是音乐教学评价研究发展缓慢,对权威评价项目应用不足;三是音乐教师评价专项能力存在短板。研究认为,应围绕"本土需求"实现评价功能的兼容并蓄,组织以"音乐性"为核心的评价指标,以"流程化"的评价路径帮助教师完成评价实操。

关键词:音乐教学评价;评价功能;评价指标;评价路径

教育评价是近30年全球教育发展的研究热点之一,亦是我国近五年教育发展的重中之重。2018年,教育部基础教育质量监测中心发布我国首份《中国义务教育质量监测报告》;2020年,国务院办公厅印发《深化新时代教育评价改革总体方案》;同年,印发《关于全面加强和改进新时代学校美育工作的意见》,计划2022年将美育纳入中考。在国家政策的不断推进和评价教育学的加持下,学校音乐教学评价在基本原则、价值导向和组织管理等宏观层面已取得阶段性成果。但由于长期受制于国内考试制度,音乐教学评价仍存在现实困境。

一、学校音乐教学评价的困境

1. 评价功能的割裂

过去几十年,教师对音乐课的认识存在不足。教师热衷于挖掘音乐尖子生,通过指导学生参加比赛和表演来获得荣誉,甄别和选拔是音乐教师最为关注的。近年来,受到教育思潮影响,评价价值观开始转变,音乐教师大都认识到应该重新审视评价功能:"评价反对甄选","评价在于促进"。这种功能的转变,虽然给了音乐教师崭新的立场,但同时也产生更多的困惑:"还要不要选拔音乐特长生?""让学生参与评价会不会一片混乱?""学生自己评价真能分辨好坏吗?"

2. 评价指标的偏移

教学评价包括评价目标、评价对象、评价内容、评价结果等要素,其中,评价指标是评价内容的重要组成部分,涉及"要不要评价""评价什么""怎么评价"的关键问题。评价指标的设定不仅反映特定时期的教育价值观,对教学管理也有很重要的导向作用。然而,当前有些区域性评价或校级评价将"出勤率""参与度""学习态度""学习环境",甚至"艺术特长""校外活动""考级证书"列为评价指标。评价指标的

作者简介:曹景谐,上海师范大学音乐学院副教授,博士,主要从事音乐课程与教学论研究。

设计与筛选不仅关乎学生音乐能力的表现,也关系到学校音乐教学的质量,因此,评价指标的内容偏移问题值得重视。

3. 评价实操的无绪

随着评价概念不断推进,音乐教师逐渐接受了评价的存在。但当教师亲自操作时,他们更多的却是茫然。评价理论体系本身就非常复杂,做量化统计的时候,"技术""软件""测量""统计"又成了新的教学难题:"评价从哪里开始? 到哪里结束? 怎样才能把评价和教学联系起来? 形成性评价与总结性评价的差异是否仅时间点不同? 表现性评价与量规之间是什么关系? SPSS、Stats是什么? 收到的信息应该告诉谁?"这些困惑使得评价似乎成了教学之外的事物。音乐教师擅长的感性思维无法厘清评价理论的概念指向和逻辑关系。

二、学校音乐教学评价困境的原因剖析

1. 音乐教学评价功能的"二元对立"

从学校音乐教育的发展历程来看,我国音乐学科性质从单一的"唱歌课"转化为内涵丰富的"音乐课",从人文学科的附属品发展成为独具价值的审美学科。课程性质的转变赋予了音乐学科更加丰富的教育价值,然而对学科评价功能的认识与挖掘却并没有实质性的突破,这使得学校音乐教育评价功能桎梏于"甄选"和"促进"的二元对立中。

这种对立既存在于现实教学情境中,也存在于教师对评价功能的刻板印象里:在现实学校情境中,"甄选"是教师通过比赛、表演、节庆活动获得个人绩效和职业晋升的重要指标;而"促进"却似乎挑战了音乐教师的主体地位和教学权威,教师不习惯让权给学生,亦无法信任评价能够帮助学生实现音乐素养的提升。教师一方面对评价的"甄选"功能心存留恋,另一方面则对评价的"促进"功能产生排斥。同时,音乐教学评价理论建设上的薄弱亦加剧了矛盾的出现。

2. 音乐教学评价指标的"无章可循"

评价指标偏移的症结主要来源于两个方面:一是国内音乐教学评价研究的"无章可循",这不仅体现在成果数量上,也体现在文献类型上。仅以"Web of Science"(以下简称"WoS")与中国知网(截至2022年3月7日)的横向比较结果来看,以"音乐教育"并含"评价"或"评估"或"测量"为检索词,WoS搜索总量为1061,知网仅为46;WoS绝大多数为音乐教学评价的实证研究,且有评价指标和数据支持;而知网文献尚停留在理论推理层面,评价实证研究仍有很大发展空间。

二是教师向权威评价项目谋求参考"无章可循"。国家教育质量检测与上海学业质量"绿色指标"评价是目前国内较具代表性的评价项目,理应起到示范作用,从而达到引导基层教学实现科学评价的目的。然而,从目前可利用资源上来看,相关研究报告均围绕宏观理论与调研结果展开,具体评价指标与试卷样张在官网均处于保密状态。2021年出台的《义务教育质量评价指标》虽然将音乐评价内容定义为"审美素养",但"考察要点"几乎重复了2011年课程标准的表达方式和维度设计,缺乏对评价指标的进一步细化。这使得权威评价项目无法真正惠及基础教育,教师无法通过参考或模仿权威评估项目获得技术支持。

3. 音乐教师教学评价的"能力短板"

职前教育阶段,音乐师范教育缺乏有关教育评价的系统学习和储备。国内绝大多数音乐师范专业没有开设教育评价、教育统计、教育测量等相关课程,这使得师范生在评价知识与技能上存在"先天"短板。

职后教育阶段,音乐教师又因缺乏专业指引导致评价的"能力短板"无法在短时间内提高,具体而言:一是缺乏终身学习意识。音乐教师由于长期处于弱势地位,容易产生"一次教育,终身受用"的惰性思想,固守原本的知识结构,缺少主动学习探究的动力。二是缺乏评价专项培训。评价是伴随"基于课

程标准的教学"与"教育质量检测"热点，逐渐进入音乐学科视野的，而大多数培训仍然围绕"怎么上好一节课"的思路，缺少有针对性的评价培训。三是缺乏评价专业人才引领。教育学评价专家懂评价，但不了解音乐学科特征；基层音乐专家型教师懂教学，但不了解评价；高层次音乐教育人才懂评价，但与音乐学科评价实践，尚存差距。

三、音乐学科教学评价困境的解决之道

1. 围绕"本土需求"实现评价类型的整合

现实困境中对"甄选"或"促进"的争议，反映的是由不同评价立场带来的差异，即"对学习的评价"（assessment of learning）、"促进学习的评价"（assessment for learning）和"作为学习的评价"（assessment as learning）。对三者在具体教学情境中的功能和作用进行反思，是解决理论建构与实际教学之现实矛盾的必要之举。

（1）理性认识三种评价功能的角色任务

"对学习的评价"是一种目标参照评价，注重的是绝对的教育目标的达成情况，因此符合教育实际对评价的要求。[1]"促进学习的评价"，即运用收集相关的信息或证据以支持教师的教学决策和学生的学习决策，从而促使学生有效地达成预定的学习目标。这种变革源于知识观和学习观的变化，也与社会发展和教育发展的目标的变化有关。[2]"作为学习的评价"是教学的终极目标之一，旨在帮助学生从第三人视角看待自己，并寻找与标准之间的差距。当学生最终理解并内化这些标准的时候，他们将不再依赖权威去改正或判断他们的作品，他们将有能力运用标准并建立自己的目标以保持持续不断的进步。[3]

三种评价功能不仅体现了评价价值观的发展，同时也体现了由于评价主体转换带来的结果差异。评价主体在不同的评价过程中能够找到满足自己的发展诉求：教师、学校管理者或更高层次的行政官员，他们期待的是利用"对学习的评价"获取一手信息，掌握教学的实际表现；"促进学习的评价"则旨在通过师生共同参与，帮助教师调动学生的学习积极性，利用评价产生的即时效应及时调整教学策略，促进有效教学；"作为学习的评价"则以学生自我为中心，注重建立主动反思的学习方式，以终身学习作为目标导向。

（2）三种评价类型在本土情境应用中的兼容并蓄

对评价类型的选择，必须基于对基本的教育逻辑哲学的认知，即评价的终极目标在于促进教学。各种评价都注重收集评价信息。评价任务的差异在于教师和学生如何利用评价收集到的信息。[4]因此可以形成基本的方法论假设：评价类型的选择应该具体情况具体分析，依据教学发生的时机和需要来选择最适合的评价。

音乐学科的本土教学情境特征是"教学质量监控化""课堂教学常规化"和"演出比赛周期化"：在宏观发展上，教育部和各区域均已开始研制或实施统一的学科水平监测，"自上而下"地考查学生音乐能力的总体习得水平，将其作为下一阶段课程教学改革的目标和推进依据。课堂教学是日常教学的主要形式，教师根据音乐课程标准，结合教科书，依据学情组织教学，并根据学生反馈，及时修改或更替教学安排。除此之外，"三团一队"、比赛表演、节日庆典仍是中小学音乐教学的"刚需"和"标配"，这些任务都呈现出"周期性"的特征。

音乐学科的本土教学情境，使得三种评价类型各有施展空间，各自发挥功能，具体功能如图1所示。

① 辛涛，李雪燕：《教育评价理论与实践的新进展》，《清华大学教育研究》2005 年第 12 期，第 40 页。

② 崔允漷：《促进学习：学业评价的新范式》，《教育科学研究》2010 年第 3 期，第 11-12 页。

③ Connie L. Hale，Susan K. Green，"Six Key Principles for Music Assessment"，*Music Educators Journal*，Vol. 95，no. 4(2009)，p. 29.

④ Sheila J. Scott，"Rethinking the Roles of Assessment in Music Education"，*Music Educators Journal*，Vol. 98, no. 3(2012)，p. 34.

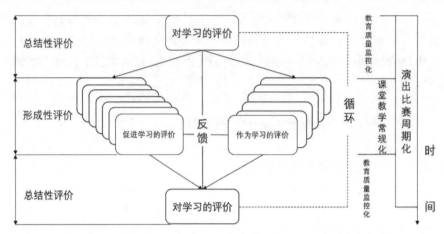

图1　三种评价在本土音乐教学情境中的应用

具体来说,"对学习的评价"适用于本土情境中的"教学质量监控化"和"演出比赛周期化"。开学伊始,教师可通过地方学科质量监测、自行设计测量问卷或社团招募,实施"对学习的评价"。这时,评价是以教师或教学行政管理者为中心的,是对学生进行的评价。尤其在团队选拔时,评价往往带有竞争性。这种"总结性评价"(summative assessment)虽然略显单一,却能让教师在最短的时间内掌握学生情况,合理预设本学期的教学目标。"促进学习的评价"和"作为学习的评价",则体现在日常课堂教学过程与日常团队训练之中。

应该积极开展"促进学习的评价"。教师可通过音乐表现性任务,利用音乐家表演、教师示范或学生示范,与学生一起商议评价标准,让学生以合作演奏的方式进行表现。对于学生来说,主动参与标准的制定,一方面会帮助他们增强对美好声音的向往,另一方面也会使他们更清晰地知道教师是如何运用标准进行评价的。对于教师来说,由"促进学生的评价"得来的评价信息是"形成性"(formative)的,不仅能及时指出学生表演中的错误并予以纠正,同样也有利于教师更有针对性地及时调整教学方案。

亦应适时开展"作为学习的评价"。在学生进行小组合作表演时,教师可引导学生通过相互观摩来进行同伴评价。在这一过程中,学生"以自我为中心",主动学习,能够利用评价标准完成自我反馈、自我判断、自我管理的一系列程序,最终达到自我提高的效果。表现性任务成为学习和评价的载体,而学习和评价成为共同体。需要注意的是,"作为学习的评价"在学生年龄较小且音乐经验很有限时,需要教师更多的指导和关注。

在整个循环过程中,随着时间线的推移,三种评价依据不同教学目标,设定不同的评价任务展开,对不同评价主体负责,各自发挥不同的功能,在音乐学科教学中都有合理的存在价值。

2. 组织以"音乐性"为核心的评价指标

评价作为教学完整流程中的重要环节,它应该回答"学什么""学到什么程度""如何提升学习质量"等一系列问题。如果要回答音乐学科教学应该评价什么,那么首先要厘清音乐学科的教学内容和教学特性。应该按照学科教学的内容特性拟定评价指标的具体维度,从而达到音乐学科特性与评价指标的一致性。

(1)突出"音乐性"评价指标的学科意义

根据音乐课程标准,音乐教学领域主要包括感知与欣赏、表现、创造、音乐与相关文化。知识传授与能力培养的最终目的,在于学生对音乐从理论到实践的深刻理解;无论对于学生的外显行为,还是隐性行为,主流音乐教学法都强调对音乐的整体感知与体验,强调对音乐表现力的鉴赏与演绎,强调音乐的个性化创造。毋庸置疑,"音乐性"是音乐学科教学评价最具核心意义的关键所在。

美国国家音乐教育评估(NAEP)认为,音乐评估应该包含能够让学生表演、创作、解释、交流的一系列音乐活动。因而,音乐学科的评估指标维度由"创作""表演""反应"三个艺术过程组成。在监测时,要求由专业音乐教育家开发可用于表演的曲目清单,并使用高品质音乐为聆听提供素材,以此考查学生即兴组合和创作新音乐的能力、演唱和演奏乐器的能力,以及学生对音乐的身体反应、理性思考和情感反应。所有的评估框架、维度、指标、细则、题型、素材、表现标准都与"音乐性"息息相关,表现出与学科特性的高度统一,以此保障真实可靠的国家音乐学科评估结果。

(2)选择与"音乐性"相符合的评价指标

音乐学科教学的音乐特性,决定了它区别于社会音乐教育对表演技能的单一追求,也突出了它在学校教育体系中的独特功能,当然,这也规约了音乐学科教学的评价指标不能脱离其自身属性。

音乐教育评价专家马丁(Martin Fautley)以课堂教学中的学生创作评价为例,予以很好的诠释。他认为作曲是一个能动的生成过程,其结果是有意而为之的、带有目的性而产生的一段音乐。作曲教学应该区分为八个方面,分别是作曲动机、初次确定、生成并探索乐思、组织材料、过程中的表演、调整、转变与发展、最后的表演。[①]因此,从教学评价的观点看,音乐课堂评价自然应该通过分析作曲活动本身的创作特点来设计教学,由此发生的过程及产生的作品都可以是评价的对象。在此过程的每个阶段,教师应该设置相应的任务并开展评价,或是以个人、小组合作形式进行监控或者汇报。需要指出,所有的评价指标都以作曲教学中的过程、作品、表演为中心展开,目的在于促进或培育学生的音乐创作思维。

教学评价如何分析和看待非音乐评价,这一问题值得关注。正如一些研究者所指出的那样,非音乐评价内容不针对音乐本身,因此,通过非音乐评价指标获得的学生信息或数据,与学生实际掌握的音乐技能和音乐理解水平无关。在形成性评价甚至总结性评价中使用非音乐指标进行打分,这会导致音乐与其他学科相比沦为一个缺乏严肃性的学科。[②]非音乐评价对音乐知识技巧的学习和发展并没有什么显著的作用。显然,基于音乐内容的评估,例如音乐表现或音乐作曲,才是促进教与学最有效的方式。[③]这是因为,"我们不仅需要一般课堂评价的视点","而且需要基于学科的固有逻辑、体现学科特色的评价视点",否则会是一种"课堂评价的误区"。[④]

3. 以"流程化"的路径厘清评价实操

评价路径将抽象理论转化为可预设、可选择的"流程"路线,音乐教师可依据教学目标与评价主体的不同需求,选择最适合的评价工具以达到预期效果。

(1)评价路径的流程图结构

流程图分为三个部分,分别描述评价的起点、过程和终点,包括评价目标的建立、评价方式的选择、评价工具的开发和对评价结果的反思,完整展现了从评价起点到终点的全过程。

(2)流程路径的阶段划分及其任务

①第一阶段:确定评价目标

评价主体决定了"为什么评价"和"为谁评价"的问题,教学目标则决定"学什么"和"学到什么程度"。在确定教学目标的技术手段上,布卢姆(Bloom)和安德森(Anderson)的教学目标分类学能够提供有力支持;在教学目标与评价目标的关系上,威金斯(Grant Wiggins)和麦克泰(Jay McTighe)的"逆向设计"理论是目前获得公认并且行之有效的策略,即从教学开始就考虑如何评价,保持"教—学—评"的一致性。

[①] Martin Fautley, *Assessment in Music Education*, Oxford, England: Oxford University Press, 2010, p. 138.

[②] Reimer, M. U, "Assessing Individual Performance in the College Band", *Research and Issues in Music Education*, Vol. 7, no. 1(September 2009), p. 13.

[③] Russell, J. A., Austin, J. R., "Assessment Practices of Secondary Music Teachers", *Journal of Research in Music Education*, Vol. 58, no. 1(April 2010), p. 58.

[④] 钟启泉:《课堂评价的挑战》,《全球教育展望》2012年第1期,第12页。

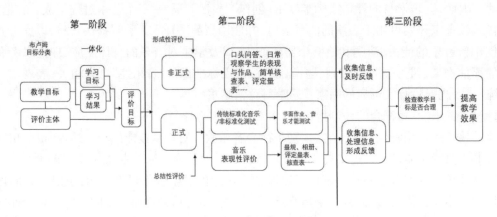

图2　音乐教学评价整体路径流程

　　强调"逆向设计"的应用,源于对音乐课堂实际问题的解决。中外音乐教育研究者都曾不同程度地报告,有的教师为了保持音乐课堂的"热度"或者出于"讨好学生""让学生感到有趣"的想法,安排很多与实际教学目标不相关的活动环节。有的甚至在歌唱教学中,无论面对哪个年段的学生,无论出于什么作品,都统一要求"唱准""能读谱""有感情地歌唱"。如果教学目标的设定是合理并且有逻辑的,那么我们相信教师不会在那些无谓的教学环节上浪费时间,这同样也关系到把控评价目标的指向问题。对于整个评价路径来说,教学目标是否精准,在很大程度上决定了后续评价目标能否真正实现,而提前逆向预设评价结果也是斟酌教学目标是否切实的有效手段。事实上,绝大多数评估专家都要求同时设计教学目标和评价目标,这样才能使二者保持统一并得到增强。①

　　②第二阶段:根据现实需要决定评价方式和评价工具

　　从图2第二阶段的组成内容来看,正式评价的路径一分为二。其中,一路走向标准化或非标准化音乐测试,另一路则走向音乐表现性评价。音乐的标准化或非标准化测试是由教师或音乐教育主管部门实施的总结性评价,形式包括书面测试、听力测试、音乐才能测试等,用来判断学生在经过一段时间学习之后的音乐成就水平。与之相对,表现性评价则通过设计表现性任务而非回答问题来判断学生的能力。表现任务对真实世界复杂性的高度模拟,克服了标准化或非标准化测试过于刻板与片面化的弊端。由于音乐学科教学本身的强表现特征,表现性评价已经被认为是音乐评估中最常见的形式之一。在具体评价工具的选择中,核查表、评定量表、量规(rubric)、相册(portfolios)都属于表现性评价的选择范围,其中量规与相册是评价专家倾力研发的评价工具。无论选择哪个路径,正式评价都要求严格遵守评价程序,通过反复校验得到评价工具,以保证最后的评价结果是真实有效的。

　　非正式评价包括口头问答、日常观察学生的表现和作品、简单核查表、评分量表等。非正式评价是一种非程式化的评价方式,没有严格的工具开发过程,更多倾向于评价反馈是否能"产生及时效应"、能否为学生提供"具体指导"。非正式评价虽然较多带有教师的主观性,但是评价结果往往贴近教学实际,能够以"形成性评价"的方式连续呈现教学的动态发展。以口头评价为例,系列关键问题可"即时性"地帮助教师了解学生的已有基础,同时为下一步教学制订计划。甚至,在学生回答问题之后,教师还可以继续追问:"有没有同学同意他(她)的回答?""为什么这位同学的回答是正确(错误)的?"尤其是当教师引导学生对问题做进一步说明或进行概念澄清、分析与判断时,教师对学生的回应就是评价性对话,这对引发学生对音乐理解的高阶思维十分有益。因此,预设高质量的问题是非常值得推荐的形成性评价策略。再如,在日常小乐器练习中,教师可以用最简单的评分量表(rating scales),仅用数字1、2、3掌握学生当前的演奏水平;或者使用简单核查表(checklist),在学生练习时通过观察快速勾选,了解学生即刻

---

① Connie L. Hale,Susan K. Green,"Six Key Principles for Music Assessment",*Music Educators Journal*,Vol. 95,no. 4(2009),p. 28.

的演奏水平。

③第三阶段:处理评价信息

依据第二阶段评价程度的差异,正式评价在评价程序上多了一个数据处理的过程,正式评价与非正式评价的差异在于反馈是否具有"即时"性。除此之外,从评价结果反思教学目标是第三阶段的一个隐性任务。虽然整个评价路径的关注点都在"如何评价"上,但是检验教学目标仍然是评价过程中的重要步骤,这直接决定了教师的评价能否"提高教学效果",体现出对全体评价参与者的尊重和信任。

(3)评价流程路径走向的选择原则

在流程图(见图 2)中,第二阶段是评价实际操作的重中之重。在决定路径之前,首先需要认识到,正式评价与非正式评价各有利弊。正式评价的优点在于合乎操作规范,因而产出的信息具有较高的可信度,尤其当采用多种评价工具组合时,对学生音乐能力的判断会更全面、准确,更有利于管理层和教师调整教学策略;但缺点是评价周期长,任务开发难度大,对教师评价素养要求高,因此,大多数评价专家建议在一阶段结束时再做正式评价,即发挥总结性评价的功能。非正式评价的优点在于,评价随堂随时发生,能得到即时反馈,有利于提高学生的学习积极性,但缺点是评价过程需要教师保持高度自律,克服主观偏见和先入为主的心理,并保证评价目标不偏移。

对非正式评价与正式评价在路径上的选择,应该结合两个要素进行综合考虑:一是教学实际需求,二是音乐教师的评价能力。以上海市为例,小学班级规模基本在 45 人左右,一个年级 8 至 10 个班,通常一位音乐教师的周工作量是 22 节课以上,这还不包括其他庆典活动的组织和筹备。教学现状决定了音乐教师不太可能会在这么繁重的教学压力下,自学评价理论、独立研发评价工具,然后进行大规模带数据统计的评价。正式评价尤其是音乐才能测试、量规和相册评价,在个人技术、时间成本、资源配备上要求较高,可能需要团队共同研发才能实现。这就使得教学日常中非正式评价的运用频率大大超过正式评价。这些非正式评价是构成"形成性评价"的主体。在条件许可的情况下,如果教研员能组织团队进行正式评价,同时再与教师的日常非正式评价相结合,那么对于教学的整体推动无疑大有裨益。

Music Education Evaluation: Dilemma and Solutions

CAO Jingxie

(School of Music, Shanghai Normal University, Shanghai, 200234)

Abstract: Due to the long-term restriction of the domestic examination system, the practical dilemma of music education evaluation is mainly reflected in the misreading of the evaluation function and evaluation indicators at the practical level, and a lack of thinking threads in the practical operation of evaluation. The following reasons can be found for explanation: firstly, there exists "binary opposition" in the function of music education evaluation; secondly, music education evaluation research has been developing slowly and there has been an insufficient application of authoritative evaluation projects; and thirdly, there has been a lack of evaluation ability among music teachers. This study believes that we should realize the inclusive evaluation function by focusing on "the local demand", organize the evaluation index with "musicality" as the core, and use the "process" evaluation path to help teachers complete the evaluation practice.

Key words: music education evaluation, evaluation function, evaluation index, evaluation path

能指与所指关系下教学语言提升探赜

贺睿智

（上海理工大学 马克思主义学院，上海 200093）

摘　要：索绪尔把语言看作一个符号结构系统，音响形象称为能指，概念称为所指。教学语言具有语言的一般性质、功能和特征，因此，从能指与所指的视角探究教学语言问题，可谓是真正着眼于内因和根源层面探索教学语言提升策略的一次尝试。基于能指与所指具有的任意性、规约性和依存性关系，应相应地提升教学语言的启发性、通俗性和整体性。

关键词：能指；所指；教学语言；提升

语言是人们用来沟通思想和交流感情的最为直接的工具和纽带。教学语言作为教师在特定的时空范围内从事各项教学活动过程中所使用的工作语言，并非如人们所想象和司空见惯的声音那样简单，其在向学生阐释教学内容、表达思想情感中起着至关重要的作用，正如苏霍姆林斯基在《给教师的建议》一书中在谈及教师素养时所言："教师的语言素养在极大程度上决定着学生在课堂上的脑力劳动效率。"可是究竟如何提升教学语言？这一问题非常复杂，影响因素也是多方面的。瑞士语言学家索绪尔从符号学角度探寻语言的本质，不仅提出"能指"与"所指"的概念，而且论述了两者间存在的任意性、规约性、依存性关系，深入揭示了语言符号形成的机理和本质特征，对教学语言提升具有重要的指导意义。

一、能指与所指的提出

索绪尔指出，语言是一种用声音表达思想的特殊的符号系统，就其结构形式而言，语言符号是一个由能指与所指双面组成的统一心理实体。能指是语言的声音和形象，所指是语言的意义内涵。在索绪尔眼中，能指对应的不是实物，而是人脑中的观念，这就切断了语言与实体的联系，语言既摆脱了人又摆脱了所谓的"客观世界"。[1]索绪尔指出，语言并不是一种物质构成，而是由分散抑或是结合的生理、心理和精神活动构成的。[2]既然语言具有心理性质，作为语言符号两个要素的能指与所指也具有心理性。由于能指所具有的心理性往往不被理解，为此，索绪尔在《普通语言学教程》中专门加以解释：能指不是指纯粹物理或物质的声音，而是这种声音给我们留下的、可以通过感觉证明的心理印迹。我们之所以有时会把能指作为一种物质性的存在，只是为了把与它相对立的另一个联想的要素或抽象的概念区别开来。[3]

在索绪尔看来，语言符号是二元性的，能指是看得见的符号形式，所指是看不见的符号意义。能指和所指彼此对立，又和所从属的整体对立。

作者简介：贺睿智，上海理工大学马克思主义学院助理研究员，硕士研究生，主要从事思想政治教育研究。

[1] 冯文坤：《翻译与翻译之存在》，四川人民出版社2009年版，第391页。

[2] J·卡勒：《索绪尔》，张景智译，中国社会科学出版社1989年版，第67页。

[3] 费尔迪南·德·索绪尔：《普通语言学教程》，高名凯译，商务印书馆2019年版，第106页。

没有能指的所指不可表现，没有所指的能指不算是能指，因为其所传达的不是固定的意义。语言符号的能指与所指是一对难解难分的统一体，其中一个与另一个结合才有它的价值。同一能指在不同的文化背景中可以有不同的所指。能指所处的环境不同可造成所指的转移或改变。受众以其文化经验对同一能指的理解也可能不尽相同，因为人们只能认出自己所知道的东西。索绪尔就此明确指出，语言是一个多项要素组成的大系统，其中每一项要素都与其他要素有一定的连带关系，正因为有其他各项要素同时存在，每一项要素的价值才最终得以显现。①

二、语言符号的能指与所指关系

索绪尔在《普通语言学教程》中不仅把传统认识中的形式和意义分解为能指与所指两个互不从属的部分，而且在此基础上提出语言符号能指与所指之间具有任意性、规约性、依存性，从而进一步说明了形式和意义的不可分离。

1. 任意性

语言符号的能指与所指关系具有任意性。"能指和所指的联系是任意的，或者，因为我们所说的符号是能指和所指相联结产生的整体，因此我们可以更简单地说：语言符号是任意的。"②索绪尔在这里说得很清楚，语言符号能指与所指之间不存在自然的或一定的、必然的联系，不存在任何可以论证的实质性关系。

需要注意的是，索绪尔语言符号之能指与所指的"任意性"并非日常生活中一般意义上的任随其意，不受约束，而是指语言符号的听觉形象与概念之间不存在相互可以对应的理据。语言符号能指和所指之间的联系是任意的，产生的后果便是语言在一切可能达到它的声音或意义的因素的影响下，随着时间的改变而在旧有基础上的不断发展和变化。任意性给予语言符号更多的灵活性，人类在使用语言符号的过程中，可以能动地不断

创造出新的词语、概念和新的表达方法，扩充新的语意空间。

2. 规约性

索绪尔在特别强调语言符号能指与所指之间关系任意性的同时，又指出：若任意性原则"漫无限制地加以应用，结果将会弄得非常复杂"。③在他看来，语言的任意性伴随的不是个人决定、自由选择，而是通过大多数人的承认、经过时间的检验后固定下来的。语言符号一经国家和社会集团公认后使用，存在于集体之中，就成了相对固定的准则，大众运用语言来进行交际活动必须遵循这个准则。

能指与所指二者的结合是任意性的，不存在必然的联系，但这种任意性的联系一旦成为集体习惯被约定俗成后，其间便建立起某种联系，不再是完全任意的了。语言符号的任意性是就其最初创立时的情形而言的，语言符号的规约性指的是其能指与所指关系建立后的情形。

3. 依存性

能指与所指是语言符号系统中两个因素，二者不可分离，互为依存对象而存在。索绪尔多次强调了这一点："能与物质声音相对置的'音=观念'的结合体，而绝非观念本身。"④"只有符号能指与符号所指两者结合在一起时语言实体才存在。二者缺一，语言实体便荡然无存，我们面对的便只是一个抽象概念而不是有形实体。"⑤

三、能指与所指关系下教学语言提升的策略

基于能指与所指具有的任意性、规约性和依存性关系，教师在运用语言符号传递教学信息时，应特别注意语言的启发性、通俗性和整体性，以提升语言表达能力。

1. 提升教学语言的启发性

语言符号的任意性为教学语言的提升提供了广阔天地。既然语言符号是任意的，就"没有什么东西会妨碍我们把任何一个观念和任何一连串声

① 费尔迪南·德·索绪尔：《普通语言学教程》，高名凯译，商务印书馆 2019 年版，第 167 页。

② 费尔迪南·德·索绪尔：《普通语言学教程》，高名凯译，商务印书馆 2019 年版，第 107 页。

③ 费尔迪南·德·索绪尔：《普通语言学教程》，高名凯译，商务印书馆 2019 年版，第 191 页。

④ 赵蓉晖：《索绪尔研究在中国》，商务印书馆 2005 年版，第 161 页。

⑤ Ferdinand de Saussure, *Course in General Linguistics*, New York, the U. S. A：McGraw-Hill Book Company, 1966, p. 102.

音联结起来"。① 根据索绪尔的看法,教师可根据教学对象和教学内容的不同变换教学语言,并在教学实践中形成自己的语言特色。此外,由于语言符号的能指与所指之间的任意性,彼此间的联系需要符号使用者借助一定的想象才能完成,据此教师可以提升教学语言的启发性。有学者把语言传播看作想象的艺术,并从能指与所指的关系视角进行分析,指出:"语言传播之所以是想象的艺术,根本原因在于其符号能指与所指的不相似性,从作为能指的语言形式到头脑中所指的形成,完全靠信息接收者的想象,也正是这种不相似性为想象提供了可能和空间。"② 在教学中,教师是信息的发送者,学生是信息的接受者,如果教师引导得当,则可以更有效地启迪学生的创造想象能力。教学的首要目的是培养学生的思维能力,启发学生思考,这就要求教师的教学语言要有一定的张力,富有启发性和延展性,给学生留下想象的空间。

想象以一定的知识经验为内在基础,同时也离不开语言描述的外在示意。叶圣陶先生曾指出:"教师所务惟在启发导引,使学生逐步增益其智能,展卷而自能通解,执笔而自能合度。"③ 英国教育家威廉·雅斯把教师分为"平庸""好""优异"和"伟大"四个等级,并以其表现对应四个层次:"平庸的教师只是叙述,好的教师讲解,优异的教师示范,伟大的教师启发。"④ 可见,启发对于教师来说至关重要,教师只有用好启发性语言,才能点亮学生心灵。教师富有启发性的语言,是调动学生学习热情、激发学生的求知欲、发展学生思维和智力的有效手段。

笔者认为,增强教师教学语言启发性的关键在于:一是教学语言要贴近学生生活实际,与学生的思维水平和习惯相一致;二是教学语言要能够把抽象的概念具体化,把深奥的理论形象化。建构主义教学观认为,知识不是学习者被动接受获得的,而是学习者主动建构并引入教学语言中,要求教师在教学过程中有效地组织和运用语言,引导学生借助已掌握的知识和学习资源,从不同的视角去思考、去理解新旧知识的联系,自我主动地建构知识。因此,做到以上两点,才有可能使学生对所学内容产生兴趣,激起学生丰富的联想、再造甚至创造性想象。

2. 提升教学语言的通俗性

教学语言作为一种特殊的符号系统,同样体现了规约性的特征。"就专业术语来说,它们作为某一门学科专业性的语言,是指对一些特定事物的统一的业内称谓,因此必然具备规约性;就教学中的自然语言来说,能指与所指之间的联系受到社会或班集体的规约。"⑤ 另外,因约定性对个人具有强制性,教学语言的提升应注意从语言的通俗性入手。教学语言是科学性、教育性和艺术性的融合,既不同于书面语言,又不同于一般的口头语言,是教材规范书面语言的通俗化。通俗易懂是教学语言的最基本的要求,而要达到这一要求,教学语言首先应当符合语法和约定俗成的搭配习惯。一个人说的话能否被听懂,取决于别人是否都这样说。同样,教师说的话能不能使学生听懂,取决于学生是不是都这样说。教学语言的通俗易懂体现在规约性上,只有适合学生的表达习惯和知识层次,才容易被学生理解和接受,发挥传递知识、表情达意的中介作用。

总之,教师可根据教学内容和学生的实际情况,如生活环境和年龄等特点,采用学生能够接受的语言,灵活性地开展教学。其中最为重要的是,教师在教学中既可使用常用语言和词汇,也可适当选用一些流行且合乎规范的网络语言,借助比喻、表演等手法,巧妙地引用学生所熟知的事例,化难为易,让学生轻松理解、学会所学的内容。

3. 提升教学语言的整体性

语言符号能指与所指的依存性决定了教学语言整体性的必要。信息论认为,人们在信息传输过程中为避免信道和噪音的干扰,往往通过发出比实际需要更多的信息来保证对方接受和正确理解,这些超出最低需要量、重复和累加的信息叫作

① 费尔迪南·德·索绪尔:《普通语言学教程》,高名凯译,商务印书馆2019年版,第118页。

② 隋岩:《符号中国》,中国人民大学出版社2014年版,第78—79页。

③ 中央教育科学研究所:《叶圣陶语文教育论集》下册,教育科学出版社1980年版,第741页。

④ 翁向新:《谈教师的素质与修养》,群众出版社1992年版,第93页。

⑤ 徐敏,李如密:《教学语言的特点、功能及策略的符号学审视》,《教育学术月刊》2016年第8期,第100—105页。

冗余。教学语言不是纯粹的书面语，不可避免地会存在冗余现象。为了让学生掌握得更好，理解得更加深入、透彻，教师对知识的重点、难点重复一遍或几遍，是无可怀疑的。但不含有实质性教学内容的啰唆累赘、无关紧要的用语，如口头禅、同词同句的重复等，不仅浪费教学时间、稀释教学信息的浓度，而且影响学生的思维。在教学中，教师应尽力摒弃牵强附会的题外话、言之无物的空话、违背事实的假话、没头没尾的半截话，把问题说得清楚透彻，把意图表达准确。此外，还要避免毫无价值的提问、无聊热闹的讨论等没有意义的哗众取宠行为。

按照索绪尔的观点，语言是由作为语言本身韵律、辞采的能指和作为语言所负载内容的所指联合构成的整体，因此，提升教学语言的整体性，既要解决语言能指"怎么说"的问题，也要解决语言所指"说什么"的问题。整体不等于其组成部分之和，不能还原或拆解为各个组成部分，而是由各个组成部分以一定关系互相配合而形成的统一体。基于这种理解，教师在教学中既要关注语言的形式，同时还要关注语言的功能或意义。换言之，就是一方面要思考什么样的教学语言形式可以生动表达教材内容，又能为学生接受，另一方面要思考教学语言如何能够真实传达教材的本意或蕴含的精神实质和价值意向。

长期以来，由于学校专门针对教学用语的教育和培训较少、一些教师自身对教学语言的作用重视不够和自我约束意识不强等方面的原因，教学语言存在着缺乏启发性、通俗性和整体性等诸多问题，严重影响了教学质量和学生的学习效率，有待进一步提升。索绪尔从语言学的角度把与符号有关的概念一分为二，划分出能指和所指两个概念，并对它们之间的关系展开论述。将索绪尔的观点浓缩到教学中，我们会发现语言的能指与所指关系对教学语言提升具有启发意义。

Research on the Improvement of Teaching Language under the Relation of Signifier and Signified

HE Ruizhi

（Institute of Ideological and Political Education, University of Shanghai for Science and Technology, Shanghai, 200093）

Abstract：Saussure regarded language as a system of symbolic structures, with sound images called signifiers and concepts called signified. Teaching language has the general nature, function and characteristics of language. Therefore, to explore the problems of teaching language from the perspective of signifier and signified is a real attempt to explore the improvement strategies of teaching language at the level of internal causes and root causes. Based on the relationship of arbitrariness, regulation and dependence between signifier and signified, the enlightenment, popularity and integrity of teaching language should be improved accordingly.

Key words：signifier, signified, teaching language, improvement

图书在版编目（CIP）数据

现代基础教育研究. 第47卷 / 何云峰主编. — 上海：
上海教育出版社，2022.9
ISBN 978-7-5720-1695-0

Ⅰ.①现… Ⅱ.①何… Ⅲ.①基础教育－研究－中国
Ⅳ.①G639.2

中国版本图书馆CIP数据核字(2022)第180993号

执行编辑　孙　珏　王中男　张雪梅
责任编辑　戴燕玲

现代基础教育研究　第47卷
何云峰　主编

出版发行　上海教育出版社有限公司
官　　网　www.seph.com.cn
地　　址　上海市闵行区号景路159弄C座
邮　　编　201101
印　　刷　上海昌鑫龙印务有限公司
开　　本　889×1194　1/16　印张15　插页2
字　　数　440千字
版　　次　2022年9月第1版
印　　次　2022年9月第1次印刷
书　　号　ISBN 978-7-5720-1695-0/G·1559
定　　价　50.00 元

如发现质量问题，读者可向本社调换　电话：021-64373213

培育生态文明素养　助力育人方式转变
——上海师范大学第二附属中学"生态科技教育"特色简介

上海师范大学第二附属中学成立于1985年,由金山区人民政府、上海石化股份公司、上海师范大学三方联合办学,属于金山区实验性示范性高中。学校毗邻上海化工区,生态环境质量成为人们关注的热点问题,但也为学校开展生态科技教育提供了内驱力与特色育人资源。

生态科技研究院

学校传承"品正才实、思锐志远"的校训,恪守"务实、进取、坚韧、创新"的学校精神,确立"一切以学生的全面可持续发展为本"的办学思想。以"生态科技教育"特色撬动学校发展,以育人方式转变点亮学生"未来生态学家"的梦想,砥砺36年,2022年6月8日,学校被上海市教委正式命名为"生态科技教育"特色普通高中。

红枫小径

学校以"源于生态、基于科技、归于生命"的课程理念,构建满足基础需求、兴趣发展、特长培养的三阶课程群,建成融通"双新"课程体系的"生态科技教育"特色课程群。学校将"生态科技教育"特色课程系统与现行国家课程融为一体,分类渗透融合,分层发展能力,共同培育学生的核心素养和生态文明素养。

近年来,学校不断丰富"生态科技教育"特色内涵,学生在生态科技、人文社科、体育艺术、思想品德各方面均有显著成绩,荣获第7届国际青少年教育机器人奥林匹克赛·机器人舞蹈赛冠军、全国中学生水科技发明比赛暨斯德哥尔摩青少年水奖中国地区二等奖、上海市青少年科技创新大赛一等奖、上海市明日科技之星提名奖(二等奖)、呵护自然——青少年生物限时寻活动一等奖、环球自然日——青少年科普绘画大赛一等奖、上海市中小学生常见植物识别一等奖、"低碳杯"上海市中学生地球科学知识比赛一等奖、上海市创客新星大赛一等奖、上海市未来工程师大赛一等奖、全国青少年教育机器人奥林匹克竞赛一等奖等市级以上大奖150多项。

在全体师生的共同努力下,学校的生态科技教育得到社会各界的认可。学校先后获得"国际生态学校""(国家)节约型公共机构示范单位""上海市文明校园""上海市中小学劳动教育特色学校""上海市花园单位""上海市科技教育特色示范学校""上海市绿色学校"等荣誉称号。

追云桥

明规知礼，做优雅的市三女孩

——上海市第三女子中学"IACE至雅之旅"行规教育品牌课程介绍

IACE女孩评选

上海市第三女子中学（以下简称"市三"）即将迎来130周年校庆。百年历史底蕴，百年人文经典，百年育人佳话，凝炼成市三"雅文化"，成就了女校女生行为规范教育的气韵。学校行为规范示范教育的总目标是"明规知礼，做优雅的市三女孩"，学校总结出具有女校特色的行为规范教育的成功经验和做法，形成"IACE至雅之旅"品牌课程，为实现培养"独立（Independent）、能干（Ability）、关爱（Care）、优雅（Elegance）"女生的育人目标打下坚实基础。"IACE至雅之旅"系列品牌课程是针对学校全体女生的常态化长效性行规课程，以《至雅——上海市第三女子中学文化读本》为校本读本，将"IACE至雅之旅"分三个阶段推进：

★ **高一"做知雅女孩"**

专题礼仪教育包括中国传统女子礼仪、交谈礼仪、聆听礼仪、课堂礼仪、服饰礼仪、餐饮礼仪、交往礼仪、外事礼仪、仪式礼仪等方面，从"礼"的角度培养女生的行为规范，倡导以礼待人、以礼处事、知雅懂雅。

★ **高二"做尚雅女孩"**

在激励每个女孩遵守行为规范的基础上，推出行为习惯

市三女生与成功女性

优秀的女孩作为候选人，参与"IACE女孩年度评选"，评选出当年度的20位榜样女孩。"IACE女孩"称号是学生在学校层面获得最高荣誉，学校通过升旗仪式、午会课、校班会、班级板报、校内宣传栏等方式对"IACE女孩"进行宣传，使她们在全校起到模范示范作用。

至雅手册

★ **高三"做至雅女孩"**

突出"学姐担当"，通过寻访校友足迹，总结成功校友关键品质的习惯养成法，形成"她说"微信公众号专题板块。运用"学姐力量"传递自我管理理念对学习生活的正向作用，示范传承，做至雅、传雅的女孩。

市三"至雅"是对行为规范教育的集中概括，学校以此为追求，已培养出一批批"志趣高雅""学识博雅""形象优雅"的优秀女性。

立足科技创新　助推智慧娄山

——上海市娄山中学着力打造科技教育特色学校

上海市娄山中学以"为学生的终身发展与幸福奠基"为办学理念,形成了娄山特有的创新科技教育品牌。学校重视科技创新教育,确立了以科技英才培养为目标,以创新教育为主题的学科教育体系。在素质教育中积极贯彻科技教育,在学科教育中渗透科技教育,并注重科学精神与人文精神相结合,注重培养学生的科学认识、科学态度、科学意识、科学精神以及创新实践能力。学校广泛开展科普活动,多形式、多渠道地为学生提供发挥能力的科普平台,全面提高学生的科学素质。

学校光影科技空间

作为市级绿色学校,学校把环境教育列入课表,进入课堂,并组织多样的环境知识普及和竞赛活动,如认养学校校园内外绿地,实行绿色小卫士的行动护绿,开展废品分类回收,设计美境方案和实施行动,与环境教育基地牵手等。环境保护行动已经成为娄山学子的自觉行为。近年来,学生在各级环保绿色活动中获得较好的成绩。

学校环保协会检测苏州河水质

学校模型科技活动是区重要项目之一。多年来,空模、车模、船模、建模、机器人在市、区各类科技竞赛中成绩优异,硕果累累。计算机项目是学校的又一特色项目,也是区人工智能普及教育实验点,近年来在国内外各级信息奥林匹克竞赛中屡获大奖。学校的创造发明项目注重发掘培养学生的科技创新潜能,为他们提供研究和试验的条件,成为一个优势项目,娄山学子近两年连续获得区、市级创造发明诸多奖项。学校积极参加全国和上海市青少年科技创新大赛、明日科技之星评选,并获得优良的成绩。在第 37 届上海市青少年科技创新大赛中,学校获得 9 个一等奖,23 个二等奖,25 个三等奖,13 个专项奖。

学校先后被命名为上海市文明单位、上海市绿色学校、上海市科技教育特色示范学校、上海市环境保护教育特色学校、上海市"英特尔"青少年科普教育基地、联合国教科文组织环境人口与可持续发展教育(EPD)项目成员学校等,被授予上海市教育科研先进集体、长宁区文明单位等称号。学校连续多年被评为区科技特色示范学校,在"十三五"期间,成功申报了空模、车船模、建模、环保、计算机 5 个区级科技项目示范点。

参加长宁区青少年国际科学
探索挑战活动

务本奠基　尚智创新
——上海市黄浦区卢湾二中心小学科学长周期实践活动简介

学校DI团队在全球赛、全国赛屡获佳绩

上海市黄浦区卢湾二中心小学创立于1902年,前身为"务本女塾"。在一百多年的发展中,学校形成了"务本尚智"的办学理念与"脚踏实地、心存高远的智慧人"的培养目标。1999年起,学校开始探索学生的综合探究实践能力培养,大力发展科学教育,被评为"上海市科技特色示范校"、首批"上海科技馆馆校合作优秀示范校"、全国"十佳科技教育创新学校"。

★教育科研与教学相结合,探索科学实践活动模式

自然学科组教师结合教学,开展了"科学探究中学生质疑意识的培养""小学自然课程背景下学生开放性探究活动的研究与实践""阅读在小学自然学科教学中的应用策略""小学低年级科学课程开展游戏教学的策略研究"等市/区级课题项目,探索并形成"导疑→引探→启思→总结"的科学实践活动模式。

★充分挖掘科学实践资源,营造科学实践活动环境

学校改造和创建校内科学实践资源,挖掘校外科技相关展馆教育资源。如将自然实验室中橱窗改造成半开放式、陈列式器材储物柜,增添互动实验体验区;创建科技创新实验室,引进和自主开发"机器人""3D打印""乐高""模型""新能源"等科学兴趣课程;对校园内的植物进行挂牌,丰富校园植物种类和分布;挖掘上海科技馆、钱学森图书馆、豫园等场馆资源,开发馆校合作课程。

★指向学生科学素养培养,开展系列科学实践活动

学校借助自然课堂、科技节、博物馆课程、研学活动等,开展系列科学实践活动,培养和发展学生科学观念、科学思维与探究实践。科学实践活动主题内容的选择,主要以学生感兴趣、体验感强、参与度高为标准。多个长周期项目荣获市教委长周期探究一、二等奖,其中"机

学生探究操场不同位置
温度的变化

智豆向前冲""绿梦树综合实践活动"还在全国科技创新赛中交流展示并获奖。

★激发学生创新能力发展,指导参与科技各类赛事

在科技实践活动中,学校注重选拔科创小达人,鼓励有潜力的学生挖掘和培养科技特长,激发他们提出有创意的探究问题,指导并孵化成学生各类科创研究项目。近年来,学校DI团队在DI全球赛、全国赛屡获佳绩,且在市区科技节比赛、青少年科技创新大赛、赛复创智杯比赛、青少年小院士评比等各类科技赛事中成绩突出。

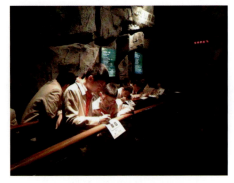

学生在科技馆开展实践活动